KB119023

인셀 테러

MEN WHO HATE WOMEN

Copyright © 2020, 2021 by Laura Bates

Korean translation rights © 2023 by Wisdom House, Inc.

All rights reserved.

This translation is published by arrangement with Rachel Mills Literary
Ltd. through Shinwon Agency.

이 책의 한국어판 저작권은 신원 에이전시를 통한 Rachel Mills Literary와의 독
점계약으로 (주)위즈덤하우스에 있습니다.

저작권법에 의하여 한국 내에서 보호를 받는 저작물이므로 무단전재와 무단복제
를 금합니다.

온라인 여성혐오는 어떻게 현실의 폭력이 되었나

인셀
Men who hate Women
테러

로라 베이츠 지음   성원 옮김

위즈덤하우스

이 책의 숨은 기여자, 닉에게

일러두기

- 저자의 의도를 살리기 위하여 역자와 협의하에 비속어, 은어, 성적 비하 표현을 순화하지 않았다. 또한 원뜻에 가깝도록 최대한 우리말로 옮겼다.
- 본문에서 인명, 지명 등 고유명사의 외래어는 국립국어원의 외래어 표기법 및 용례를 따랐다. 단, 표기가 불분명한 일부는 실제 발음을 따라 썼다.
- 본문의 각주는 모두 옮긴이의 주고, 미주는 모두 저자의 주다.
- 본문에서 괄호 ( ) 안에 쓰인 내용은 모두 저자가 덧붙인 것이다.

차례

우리는 그들을 거의 생각하지 않는다

    수만 명의 여성이 단지 여자라는 이유만으로 강간이나 구타를 당하고, 불구가 되고, 학대당하거나 살해되는 세상을 상상해보라. 여성혐오에 기름을 끼얹고 부채질할 목적으로 남성 커뮤니티들이 우후죽순처럼 생겨나 여성혐오를 적극적으로 조장하는 세상을 상상해보라. 이런 증오가 마치 처음부터 하나였던 듯 인종주의적 분노와 뒤섞여서 나타나는 세상을, 그래서 '창녀들'이 우월한 혈통을 오염시킨다고 핏대를 올리고, 혐오를 연료 삼는 상상 속에서 '미개인' 침략자들이 연약한 백인 여성이라는 비인간 상품을 약탈한다는 프레임에 갇히는 그런 세상을 상상해보라. 수천 명의 남자가 독기 어린 분노 아래 단결하여 손에 손잡고, 사악하고 부정하고 탐욕스러운 여자들을 악마화하고 욕하고, 이들을 강간하고 파멸시키는 영예롭고 고집스러운 봉기를 아주 생생하게 모의하는 세상을 상상해보라. 몇몇 남성이 대량살상을 통해 여성을 살해하여 이런 판타지를 실제로 이행하고, 자신의 테러 행위 이면의 이데올로기를 설명하는 선언문을 발표하는 그런 사회를 상상해보라. 이런 커뮤니티들이 취약한 남성들, 방황하는 소년들, 혼란과 두려움에 사로잡힌 십 대들을 낚아서 이들의 두려움을 자양분으로 삼고 이들을 증오와 폭력과 자멸의 길로 몰아가는 세상을 상상해보라.

당신은 그런 세상을 상상할 필요가 없다. 지금이 이미 그런 세상이기 때문이다. 하지만 아마 몰랐을 것이다. 우리는 그런 얘기를 별로 좋아하지 않으니까.

우리는 남자들을 불쾌하게 만드는 위험을 달가워하지 않는다. 우리가 다른 유형의 사람들에 대해선 잘도 그러면서 백인 이성애자 남성을 동질적인 집단이라고 생각하기 어려워하는 까닭은 이들에게는 별개의 정체성이라는 특권을 부여하기 때문이다. 이런 남성들은 복잡하고, 영웅적이고, 개별적이다. 이들의 결정과 선택은 일단의 고유하고 독자적인 환경에서 비롯되는 것으로 인식된다. 이들을 고유하고 독자적인 인간으로 보기 때문이다. 여성을 하나의 집단으로, 여성을 상대로 자행되는 폭력은 놀라운 기현상으로 뭉뚱그려 이야기하는 데는 거리낌이 없지만, 그 바탕에는 그런 일은 원래 그냥 일어난다는 식의 태도가 깔려 있다. 우리는 여성에게 폭력을 행사한 남성 가해자에 대해서는 약속이나 한 것처럼 잘 이야기하지 않는다. 우린 한 여자가 강간을 당했다고 묘사하고, 성폭행을 당하거나 구타당한 여성의 비율에 대해 이야기한다. 강간이나 성폭행을 저지른 남성, 폭력적인 가해자에 관해서는 말하지 않는다. 이 때문에 성폭행을 거론할 때 너무 쉽게 여성의 옷차림, 행실, 선택만을 부각한다. 여성에게 자신을 보호할 수 있도록 예방 조치를 하라고 경고하고 그러지 않은 피해자에게는 은연중에든 노골적으로든 책임을 전가한다. 강간은 현실의 남성이 내리는 의도적인 범죄적 선택이 아니라 짧은 치마를 입고 골목을 걸어가는 여자에게 닥치는 그늘지고 어두운 일이므로. 세간을 떠들썩하게 만든 사건이 신문 머리기사를 장식하는 바람에 어쩔 수 없이 이런 남성들을 대면해야만 할 때는 우리가 매일 지나치는 정상적이고 멀쩡한 남자들과 분명하게 선을 긋기 위해 이들을 '짐승' '괴물'이라고 묘사한다. 우리는 이들을 셈하거나, 정량화하거나, 유의미한 방식으로 연구하지 않는다. 사실 우리는 그들을 거의 생각하지 않는다.

남성성, 가부장제, 남성의 특권에 관해 이야기하려고 하면 대화는 지나친 일반화와 편견이라는 비난 때문에 곧장 옆길로 새버린다. 어디서든 '모든 남자가 그런 건 아니다'라는 외침이 튀어나온다. 지나치게 단순하고, 공격적이고, 너무 싸잡아서 하는 말이라고. 하지만 피부색이 갈색이나 검은색인 남자가 저지른 범죄를 가해자의 인종이나 종교와 관련 있는 것 같다고 넘겨짚을 때는 그런 반론을 찾아볼 수 없다. 남성성을 나쁘게 말하는 것(현사회에서 반복적으로 나타나는 현상을 문제적이라고 묘사하는 것)은 남성 전체에 대한 공격으로 받아들여진다. 일부 남성들이 특정한 방식으로 행동하는 이유를 문제 삼는 것은 모든 남성에 대한 공격으로 이해되고, 따라서 받아들여지지 않는다.

사실은 그와 정반대다. '유해한 남성성toxic masculinity'에 대해 말하는 사람들은 남성을 비난하는 것이 아니라 변호하는 것이다.

우리 사회, 우리 가정에 있는 소년과 남성들을 압박하여 비현실적이고 건강하지 못하고 지속 가능하지 않은 관념에 순응하게 만드는 이데올로기와 시스템을 설명하는 것이다. 억압적인 성별 고정관념은 남성들이 사는 사회뿐 아니라 각각의 남성들에게도 해롭다. 이 억압을 해소하고 문제를 해결하는 것은 오늘날 소년들에게는 생사가 걸린 문제다. 이 문제에 대해 직면하기를 거부하고 피해 다닌다면 이 아이들은 우리가 내버려 둔 틈새로 우르르 추락할 것이다.

하지만 우리는 남자들의 기분을 상하게 하기를 꺼린다. 그래서 그런 말을 삼간다. 특정 인구집단에 대한 증오를 확산하고 공포를 조장하겠다는 확연한 의도를 가지고 백인 남성이 저지른 대량살상 범죄를 묘사할 때(바로 이것이 테러리즘의 정의임에도 불구하고) 그 대상 인구집단이 여성일 경우 '테러리즘'이라는 단어를 쓰지 않는다. 이 남성은 그저 '정신적인 문제가 있고' '제정신이 아닌' '외로운 늑대'일 뿐이다. 우리는 이 남성을 '변종' '이탈자'라고 부른다. 이 남자의 온라인 행보를 '급진화'라고 부르거나, 그가 몰두했던 온라인 커뮤니티에 '극단주의'라는 딱지를 붙이지 않는다. 다른 유형의 남자들이 저지른 유사한 범죄를 설명할 때는 즉각 이런 단어를 들먹이는데도. 그 남자가 어떻게 그런 행동을 저지르게 되었는지, 또는 어떻게 그렇게 증오로 가득 차게 되었는지 알려고 하지 않는다.

남자들 대다수는 선량하고 친절하며 이런 범죄는 꿈도 꾸지 않는다. 하지만 그렇다고 해서 범죄를 저지르는 남성들이 항상 자기만의 섬에 뚝 떨어져서 사는 게 아니라는 사실 역시 직시해야 한다. 그리고 그 관계를 이해하지 못하면, 남성성과 그것이 빚어낸 유해한 사회구조가 이런 범죄 안에서 하나의 요인으로 작용한다는 사실을 받아들이지 않는다면, 이런 범죄를 절대 효과적으로 감시하거나 예방하지 못할 것이다.

모든 남자를 적으로 대해야 한다는 말이 아니다. 오히려 그와 정반대다. 이 문제에 정면으로 맞서고 있는 남성 운동가들과 교육자들, 일선에서 활동하는 수많은 남성을 포용해야 한다는 말이다. 남성의 삶에 영향을 미치는 다양한 문제를 해결하려고 진심으로 애쓰는 커뮤니티들과 폭력적 관계 같은 문제를 일소하려고 싸우는 남성들을 포괄하는 진정한 남성운동(1960년대에 만개한 여성해방운동을 보완하려고 출범해서 현재도 활발하게 움직이는)이 존재한다. 이런 운동들은 유해한 남성성이 여성에게만큼이나 남성에게 해롭다는 사실을 깨닫고 이런 남성성을 문제 삼고 해체하려고 한다. 그러나 증오로 가득한 다른 남자들의 운동으로 인해 이 운동은 위협받고 빛을 잃고 있다.

이 문제는 여성과 소녀들에게만 해당하는 게 아니다. 길을 잃고 방황하다 사회적 고정관념의 틈새로 추락해서, 너희의 남성성, 생계, 나라가 위협당한다는 공포를 주입하려고 기회를 엿보는 커뮤니티의 품속으로 직행하게 된 소년들을 보호하기 위한 전투이기도 하다. 그들은 여성, 이민자, 비백인 남성들이 소년들을 위협하고 있다고 겁을 주지만, 진짜 위협은 이들의 구세주들이 필사적으로 고수하고 확산시키고자 하는 바로 그 경직된 '남성성'에서 비롯된다. 하지만 당장은 소년들을 적극적으로 꼬드기고 급진화하는 이런 여성혐오운동을 힘들여 대면하기보다는 모르고 지내는 쪽이 더 속 편하다.

어쩌면 이 모든 게 너무 극단적이고 다소 과장된 것처럼 들릴 수도 있다. 여성에 대한 거친 의견과 걱정스러운 관점을 가진 남자 한두 명이 온라인에 있을 수 있지만, 그건 그냥 인터넷일 뿐이라고 생각할지도 모르겠다. 걔들은 그냥 지저분한 팬티 차림으로 도리토스 봉지나 옆구리에 끼고 부모 집 지하실에서 시간을 죽이는 서글픈 십 대들일 뿐이라고. 실제 위협은 전혀 가하지 않는다고. 두려워하기보다는 불쌍히 여겨야 할 애들이라고.

여성혐오 커뮤니티를 묘사할 때 사용하는 단어 역시 이런 태도를 완벽하게 압축한다. 가끔 뉴스로 보도되거나 페미니스트 활동가들 사이에서 약간의 대화가 오가는 것 외에는 우리 대부분은 이 책이 다루게 될 집단, 신념체계, 생활 양식, 종교에 가까운 광신으로 촘촘하게 얽힌 그물망이 제멋대로 뻗어 나가고 있다는 사실을 알지 못한다. 아는 사람들은 그것을 '매노스피어Manosphere'라고 부른다. 맨케이브Man Cave, 맨플루Man Flu, 맨백Man Bag♦처럼 우리는 '맨'을 전통적인 남성성과는 거리가 있고 약간 애처로운 무언가를 암시하는, 가벼운 조롱기가 담긴 접두사로 사용한다. 매노스피어 또한 농담으로, 따라서 무해한 것으로 이해된다. 하지만 그렇지 않다. 매노스피어는 각자 견고한 신념체계, 언어, 세뇌의 형태들이 있는 서로 다르지만 연관된 여러 집단의 스펙트럼이다. 이 책에서 우리는 인셀Incel부터 픽업아티스트, 믹타우MGTOW, 남성권리운동가Men's Rights Activists, MRAs에 이르기까지, 이 사슬에 연결된 고리들과 이들이 백인우월주의자와 트롤 같은 다른 온라인 커뮤

♦ 맨케이브는 남성이 자기만의 시간을 보낼 수 있게 마련된 공간을 뜻한다. 맨플루는 남성 환자가 일반 감기에 걸렸을 때 더 심각한 증상을 경험하고 스스로 독감이라고 생각하는 것으로, 호들갑 떠는 남성을 비꼬는 표현이다. 맨백은 말 그대로 여성 핸드백과 유사한 기능을 하는 소형 남성용 가방이다.

니티들과 긴밀한 공생 관계 속에서 호흡하는 하나의 생태계로 존재하는 방식을 살펴볼 것이다. 이런 집단들이 웹사이트, 블로그, 포럼, 채팅방, 소셜미디어 계정과 그룹을 포괄하는 거대한 거미줄로 확장하는 방식을 살펴보고, 소년들이 이 거미줄의 끄트머리에 얼마나 쉽게 걸려들어서 매끄럽게, 그리고 효과적으로 그 중심부로 조금씩 끌려 들어가는지를 밝혀낼 것이다. 대체로 온라인상에 존재하는 이런 커뮤니티들은 거대한 아랫부분이 수면 아래 잠기고, 윗부분만 '현실' 세계로 노출된 채 매일같이 더 가팔라지고 날카로워지는 빙하와 같다.

어쩌면 당신은 우리 모두 흥분을 가라앉히고 온라인상에서 벌어지는 일은 현실이 아니라는 점을 기억해야 한다고 생각할지도 모르겠다. 어쨌든 실제로 상해를 입히는 일은 없지 않냐면서.

어쩌면 당신은 표현의 자유가 위협받고 있어서, 눈송이 같은 밀레니얼 세대snowflakes♦와 피시충PC warriors들이 날뛰게 내버려 두면 누구도 다시는 온라인에서 여성이나 소수집단에 대해 비판적인 말을 할 수 없게 될 거라는 소리를 들어봤을지도 모른다. 아니면 야한 농담 몇 마디에 파르르 떠는 유머 감각 없는 유리멘탈 여자들 때문에 중요한 자유 하나가 침해당하고 있다는 말을 들어봤을지도.

하지만 그런 차원을 넘어선다면 어쩔 것인가?

우리가 이 문제에 분명하게 이름을 붙이고 그것을 들여다보지 못하는 바람에 여성과 소녀들에게 가해지는 만연한 폭력에 대처하기가 거의 불가능하다면? 우리가 다양한 폭력 행위의 관계를

♦　젊은 세대가 지나치게 예민하고 자아가 비대하다며 비아냥대는 표현.

인정하지도 설명하지도 못해서 이런 폭력을 제어할 수 있는 포괄적이고 실효성 있는 접근법을 취하지 못하고 있다면? 우리가 특정 형태의 폭력에 너무 익숙해진 나머지 그것을 문화적이고, 개인적이고… 불가피한 것으로 받아들이고 있는 거라면? 남성과 여성, 여성혐오와 증오범죄, 테러리스트가 어떤 모습인지에 관한 우리의 생각이 고정관념에 완전히 갇혀 있어서 끔찍한 실수를 하고 있다면? 이 실수가 참담한 결과로 이어진다면?

폭력이 일어날 때마다 비극의 가능성을 미리 알려주는 일종의 조기경보 시스템이 있었지만, 우리가 그 빨간 깃발을 전혀 알아보지 못했다면? 수많은 피학대 여성이 탄광에서 노래를 부르는 카나리아였는데 우리가 이들의 노래를 듣지 못했던 거라면? 여성 대상 범죄가 삶의 배경에 완전히 섞여 들어가서 더 이상 눈에 띄지 않게 된 거라면? 어디서나 볼 수 있는 낮은 수준의 여성혐오에 무감각해진 바람에 완전히 절정에 이른 위기를 알아차리지 못하고 있는 거라면?

여성일 경우 그 신호를 알아차리는 게 아주 조금 더 쉽다. 온라인상에서 자기 의견을 피력해본 경험이 있는 여성이라면 그 신호가 훨씬 더 분명하게 느껴진다. 페미니즘운동에 참여하는 여성이라면 그 신호는 모른 척할 수 없을 정도로 분명하다. 그런 사람에게는 계속 딴전을 피울 여유가 없기 때문에, 그런 사람에게는 그 혐오가 자신을 향하기 때문에, 그런 사람에게는 그들이 손길을 뻗쳐오기 때문에 그렇다.

근 10년간 남자들은 매일 내게 메시지를 보냈다. 보통은 수백 통씩 메시지를 보내 나를 얼마나 증오하는지 늘어놓고, 나를 잔인하게 강간하고 살해하는 판타지를 펼쳐 보이고, 어떤 무기로 내 몸을 베고 내장을 끄집어낼지 세세하게 설명하고, 나를 줄줄 새어 나오는 유독물질로 묘사하고, 우리 집 밖에 숨어서 나를 기다리는 상상을 구체적으로 그려 보이고, 자기가 내 목숨을 끝낼 때 어떤 연쇄살인범을 특히 모방하고 싶은지를 알려주었다.

이 남자들은 왜 그렇게 화가 나 있는 걸까? 어째서 나를 그렇게까지 증오하는 걸까? 내가 (어느 성별에 속하든) 사람들이 자신의 성차별과 불평등 경험을 나눌 수 있는 일상 속 성차별 프로젝트Everyday Sexism Project라는 작은 웹사이트를 시작했기 때문이다. 나는 사람들에게 자신의 이야기를 나눠달라고 부탁했고 그렇게 할 수 있는 공간을 제공했다. 그리고 2012년의 이 악의 없고 단순한 행동은 오늘날까지 빗발치는 악성 댓글의 행렬을 불러일으켰고, 내가 온라인이나 미디어상에서 이 프로젝트를 이야기할 때마다 그 수는 새로운 기록을 경신하며 곱절로 심화됐다. 그래서 내가 강연장에 나타나면 분노한 남자들이 나를 거짓말쟁이라고 부르는 전단을 돌리거나, 서점에 비치된 내 책에 여자는 강간에 대해 거짓말한다는 손글씨 메모를 남겨서 예비 독자들에게 경고하는 일들이 벌어졌다. 내가 텔레비전에 출연한 뒤 집으로 돌아와서 노트북을 열었을 때 뉴스로 나를 봤던 남자들이 남긴 메시지를, 내 머리칼을 손잡이처럼 잡고 내가 죽을 때까지 강간하겠다는 메시지를 발견하는 일도 있었다.

어떻게 학대하고 능욕할지에 대한 기나긴 묘사들. 미래에 있을 내 가상의 아이들을 강간하겠다는 메시지들. 내 음부와 질을 망가뜨려 놓겠다는 메시지들. 나를 악마라고 묘사하는 동영상들. 내 파트너에 대한 망상에 가까운 폭언과 가족을 해치겠다는 위협들. 나를 추적해서 가구를 이용해 나를 어떻게 능욕하고 자신이 나를 강간하는 영상을 어떻게 찍을지 아주 생생하게 설명하는 내용들을 보내왔다.

그 후로는 경고신호가 훨씬 쉽게 눈에 들어왔다. 온라인상에서 여성과 소수인종 정치인을 향해 던져지는 각종 모욕과 의회에 다양성이 부족하다는 사실과 자신의 선거구에서 무참히 살해된 여성 하원의원 사건 등 점과 점들을 잇기가 쉬워졌다. 온라인 게임을 하는 소녀들이 맞닥뜨리는 독설과 이들의 베일 듯 날카로운 소셜미디어 피드들과 절반이 자해 경험이 있고 1/4이 정신질환을 앓고 있는 십 대 소녀들의 몸에 어지럽게 널린 진짜 상처라는 점들을.[1] 집계되지도 해명되지도 않은 채 소리 없이 세상을 떠난 여성들과 불쌍하고 상심한 그들의 살인자에게 공감을 내비치는 기사들과 성관계를 거부한 아내들이 착한 남자들을 강간으로 내몬다고 주장하는 이야기들과 자신과 잠자리를 하지 않으려는 사람들에 대한 '복수'로 수십 명의 여성을 죽이는 살인자들이라는 점들을. 정말로 모든 남자에게 신이 내린 섹스권이 있다고 생각하는 걸까?

이런 부류에게는 관심을 쏟는 것도 아깝다고, 이들을 어떤 식으로든 거론하는 순간 이들의 존재를 정당화하고 우쭐하게 만드는 거라고 믿는 사람들도 있다. 몇 년 전이었다면 나도 같은 입장이었을 것이다.

지난 8년간 나는 거의 매주 영국 전역의 학교에서 어린 학생들을 만나 성차별을 이야기했다. 하지만 갑자기 2년쯤 전부터 남학생들의 반응이 바뀌기 시작했다. 이들은 화를 내며 성차별에 관한 대화라는 말 자체에 거부감을 드러냈다. 그들은 정치적 올바름이 광기를 부리고, 백인 남자들이 박해를 당하고, 여자들이 강간에 대해 거짓말을 하는 사회에서 진짜 피해자는 남자들이라고 내게 말했다. 스코틀랜드 농촌부터 런던 중심부까지 온갖 학교에서 나는 똑같은 주장을 듣기 시작했다. 서로 만나본 적도 없는 소년들이 정확히 똑같은 단어를 사용하고, 똑같은 틀린 통계를 인용해서 자기들의 주장을 뒷받침한다는 걸 깨닫는 순간 팔에 소름이 돋았다. 거의 같은 시기에 나는 유명 정치인과 주요 뉴스 매체의 권위자들이 똑같은 수사적 표현(내가 페미니즘 활동가로서 한 번씩 접하곤 했던 여성혐오 성향의 은밀한 온라인 공간에서 사용하는 것과 똑같은 표현)을 토씨 하나 틀리지 않고 되뇌는 것을 보았다. 나는 이런 온라인상의 메시지와 커뮤니티들의 힘이 밖으로 새어나와서 그런 걸 들어본 적도 없는 사람들의 일상에 영향을 미치기 시작했다는 걸 알 수 있었다. 과거에는 인터넷의 가장 음습한 구석에서만 유통되던 생각들이 가까운 등잔 밑에 몸을 숨기고 새 생명을 얻고 있다는 사실을 깨달았다.

그래서 이제 나는 더 이상 이런 집단들을 무시하는 것이 상책이라고 생각하지 않는다. 자신들의 메시지를 이미 들불처럼 퍼뜨리고 있는 그들이 탁월한 선동가임을 믿지 않는다면 그건 스스로를 기만하는 형국이기 때문이다. 그리고 이런 메시지들은 우리의 조심스러운 침묵, 시선을 돌리기로 한 우리의 선택을 연료 삼아더욱 확산한다. 그러므로 나는 이들을 무시해야 한다고 생각하지 않는다. 증오를 퍼뜨리고 분열을 조장하는 이들에게 '귀 기울일 만한 정당한' 가치가 있어서가 아니다. 그것을 타당한 논쟁의 한쪽 입장으로 인정하고 극단적인 선입견을 정당화하기 위해서가 아니다. 그것을 직시할 대비를 하지 않고서는 이 집단이 제기하는 실체적 위협에 맞서지 못하기 때문이다. 바로 이 순간, 이 집단이 전국의 십 대 소년들에게 발톱을 깊이 박아 넣고 있는데, 부모들은 문제가 존재한다는 사실도 모른다면 아들을 위해 싸우지 못하기 때문이다. 음지에 몸을 숨긴 매노스피어를 그냥 내버려 두는 것은 다른 종류의 정당성, 그러니까 허접하고 나약한 아웃사이더의 정당성을 인정하는 것과 같은 의미기 때문이다. 이 집단의 앞잡이가 소외된 피해자가 전혀 아니라는 것이 백일하에 드러나더라도, 이 집단이 정당한 불만을 토로하는 소외된 피해자 행세를 할 수 있게 만들기 때문이다.

그러므로 나는 1년 동안 이 모든 일이 어떻게 벌어지는지 파악하기 위해서, 그 존재를 아는 소수에게는 저평가되고, 나머지 사람들에게는 아예 보이지도 않는, 증오를 연료 삼는 강력한 세력을 드러내기 위해서 이런 커뮤니티들 안에 잠복하기로 했다. 우리가 존재 자체조차 잘 모르는 혐오운동의 실상을 낱낱이 까발리고 질문하고 싶었다. 무엇이 소년과 남성들을 이 이데올로기로 끌어들이는가? 그것은 어떻게 확산하는가? 거기에 맞서 싸우려면 무엇이 필요할까?

뒤에 이어질 내용 중 일부는 읽기가 대단히 괴로울 것이다. 이런 커뮤니티의 뚜껑을 여는 게 불편한 일이라는 건 알고 있다. 일부 담론의 적나라하고 폭력적인 성격이 충격을 안기리라는 것도 안다. 최악의 표현을 순화하거나 검열하는 방법도 생각해보았다. 하지만 이것이 내가 사는 세상 아닌가. 감히 위험을 무릅쓰고 변화를 위해 싸우고자 하는 사람이라면 누구에게나 닥치는 현실이다. 또한 십 대 소녀들이 살아가는 일상의 배경이다. 이 문제의 절반은 그 누구도 이게 얼마나 심각한지 이해하지 못한다는 데 있다. 우리가 논의하려고 할 때마다 표현을 순화하고, 돌려서 말하고, 변죽만 울리는 것도 문제 중 하나라는 말이다. 나는 BBC 라디오에 출연해서 온라인 능욕에 관해 이야기할 수는 있지만, 내가 무슨 일을 당하고 있는지는 입에 담지 못한다. 집단으로서의 우리가 비위가 약하면 이것은 아주 해결하기 곤란한 문제가 되고 만다. 우리는 그것을 직시할 수 있을 정도로 튼튼해야 한다. 그래서 나는 이 책에서 그런 표현들을 피하지 않았다. 온라인 포럼에서 가져온 인용문을 수정하거나, 순화하거나, 변경하지 않았다. 그러니까 의도적으로 원문 그대로 실었다.

물론 표면상 이 모든 게 테러, 살인, 폭력, 심지어는 여성혐오처럼 보이지는 않는다. 그렇게 보인다면 알아차리기가 더 쉬울 것이다. 이보다는 더 머리를 써야 한다. 격렬한 증오의 검은 심장에서 그 동맥이 스멀스멀 뻗어 나와, 온라인의 경로를 따라 자기 길을 굽이굽이 만들고 소셜미디어 플랫폼들을 가로지르며 거미줄을 잣고, 더 가느다란 모세혈관으로 갈라지고 나뉘어 채팅방으로 스며들고, 게시판으로 뻗어 나가고, 잠시 머뭇대며 바깥 공기를 마시다가 눅눅한 인터넷 공간 바깥으로 일순 도약하여, 오프라인으로 스르르 진출하고, 술집을 뚫고 들어가고 길거리를 활보하고, 식탁 나무다리를 조심조심 휘감고 올라오고, 권력의 회랑을 기웃대고, 제도와 일터에 참호를 파고, 토크쇼와 뉴스룸을 향해 그 촉수를 뻗치고, 뿌리를 깊숙이 내리다가 결국 우리 모두의 의식 구조 안에 자리를 잡을 경우, 그것은 감지할 수 없을 정도로 교묘하게 위장이 되어 걷잡을 수 없이, 감탄스러울 정도로 성공할 것이기 때문이다. 그래서 결국 새순이 돋고, 열매가 맺고, 꽃이 만개할 때 이들의 취향과 색깔에 익숙해진 우리는 역겨워하거나 놀라지도 않을 것이다. 그 뿌리가 가장 어두운 곳에 도사리고 있고, 똑같은 독극물이 네트워크 전체의 잎맥에서 뚝뚝 떨어지고 있다 해도.

1

여자를
험오하는
남자들

"걔네는 강간당해도 싸니까 나는 강간 때문에
걔네가 겪는 고통은 신경 안 써."
_한 인셀 포럼의 게시글

사람들 대부분은 인셀을 들어본 적도 없다. 내가 이 책을 쓰는 동안 무슨 작업 중인지 물어보는 사람들은 대부분 눈썹을 치켜올리며 "인 뭐라고요?"라고 되묻는다. 그게 무슨 배터리라고 생각하는 사람도 있고 혹시 미생물에 관심이 있냐면서 놀라워하는 사람들도 있다. 길거리에서 인셀과 함께 걸어 다니면서도 그들이 존재하는지조차 잘 모른다.

그래서 사람들은 인셀이 뉴스 보도나 대화의 주제로 한 번씩 불쑥 등장할 때 온라인에서 활동하는 이상한 소규모 비주류 모임 정도로 쉽게 일축한다. 인셀에 대해서 들리는 내용이 너무 기괴하고, 너무 극단적이고, 너무 믿기가 힘들고, 심지어는 너무 우스워서 어깨를 한번 으쓱하고 말기가 쉬운 것이다. 하지만 그건 실수다.

인셀 커뮤니티는 소위 매노스피어 중에서도 가장 난폭한 곳이다. 여성에 대한 사나운 증오심으로 똘똘 뭉친 커뮤니티. 실제 문제와 약점을 가진 사람들을 적극적으로 발굴해서 여성이 그 모든 우환의 원흉이라고 속삭이는 커뮤니티. 지난 10년 동안 대부분이 여성이었던 100여 명을 살상한 범죄자들에게 명분을 제공해준 커뮤니티. 그리고 여러분은 들어본 적도 없는 커뮤니티.

강간 합법화를 지지하는 사람들

이 책을 쓰기 1년 전만 해도 알렉스 역시 그 커뮤니티에 대해 한 번도 들어보지 못했다. 알렉스는 환멸에 빠진 20대 초반의 젊은 백인 남성이다. 강경하게 여성을 혐오하는 사람은 아니고 그냥 인터넷을 배회하며 시간을 죽이는 남자일 뿐이다. 뉴스에 보도되는 성적 괴롭힘과 성별 임금 격차에 대해 사람들이 말이 많다는 걸 어렴풋이 알고 있고, 그게 어쩌면 자신에게 썩 좋은 얘긴 아닐지 모른다며 편치 않다고 느끼는 만사가 따분한 남자. 스물네 살의 알렉스는 모태솔로였다. 돈이 별로 없었고 좌절감과 외로움에 시달렸다. '특권을 가진' 백인 남자여야 하는 자신의 형편이 그렇게 변변찮은데도 여성들이 궁지에 몰렸다며 사람들이 불평하는 게 부당한 것 같았다. 알렉스는 전혀 특권을 누린다는 기분이 들지 않았고, 그래서 사람들이 너는 특권층이라고 말하면 성질이 났다. 그는 밤마다 외모를 향상시키는 팁을 찾아 유튜브와 보디빌딩 사이트를 돌아다니며 시간을 보냈다. 온라인상의 비디오게임 포럼에서 전술 이야기를 나눴다. 그는 그러면서도 내가 인셀 커뮤니티를 접할 때까지 한 번도 그곳을 접해보지 못했다. 하지만 별로 놀랄 일이 아닌 게, 실제 온라인상에는 알렉스 같은 사람이 수없이 많지만, 어쨌든 알렉스는 내가 지어낸 가공의 인물이기 때문이다.

어느 날 나는 알렉스의 정체성을 가진 채 평범한 게시판에서 인셀에 관한 대화를 접했다. 비슷한 헛헛함과 좌절감을 느끼는 다른 남자들의 생각이 알렉스를 강하게 끌어당겼다. 그는 괴짜 외톨이가 되기보다는 다수 중 하나가 된다는 생각이 마음에 들었다. 다른 곳에서는 말하기 어렵다고 느끼는 감정들을 토로할 기회가 있어서 안도감이 들었다. 그래서 자신이 우연히 접한 대화에서 언급된 커뮤니티 몇 곳을 찾아갔다.

처음으로 한 인셀 포럼에 가입했을 때 알렉스는 그게 싱글이어서 불행하다고 느끼는 사람들의 커뮤니티라는 것 말고는 별로 아는 게 없었다. 알렉스 역시 싱글이었고 그게 불만이었다. 그는 자신의 나이, 싱글이라는 사실, 여성에 대한 좌절감 등의 기본 정보를 넣고 뻔한 가입 인사말을 몇 줄 올렸다. 알렉스는 하루도 안 되어 '진실'을 주입당했다. 이 세상은 알렉스 같은 남자들에게 불리하게 짜여 있다는 말. 넌 차라리 자살하는 게 나을 것 같다, 네 인생은 살 가치가 없다, 아무것도 바뀌지 않을 거다 같은 조언들. 그의 가입 인사에 대한 반응으로 극단적이고 외설적인 이미지들이 올라오기도 했다. 어떤 이용자들은 너의 존재는 송두리째 거짓이었다고 발 빠르게 말을 건넸다. 이 사회가 너를 속여서 남자들이 장악하고 있다고 믿게 만든 거라고, 실상 남자는 먹이사슬의 밑바닥에 있다고. 특권을 가진 건, 모든 패를 쥐고 모든 혜택을 누리는 건 여자들이라고. 진짜 피해자는 남자들이라고. 무엇보다 여자는 악마라는 말을 듣고 또 들었다.

알렉스는 처음엔 혼란스러웠지만 곧 호기심을 느꼈고, 그다음에는 분노가 치밀어올랐다. 세상이 이 모양이라는 것도 모르고 평생 이런 세상에서 살아왔다는 거야? 하지만 그러다가 알렉스는 자신의 경험을 되짚어보았고 그러자 모든 게 말이 되기 시작했다. 매력적인 생각이었다. 그때까지 그는 자신을 아주 평범한 실패자라고 생각했는데 이제는 자신이 생존자라는 사실을 깨달았으니까. 역경에 맞서 사악한 무리와 싸우는 다윗 같은 약체 무리의 일원이니까. 알렉스는 홀대당하다가 복수에 나선 주인공이 된 것만 같았다. 자신의 모습으로서는 과거의 현실보다 이게 훨씬 더 매력적이었다.

그 후로 알렉스는 많은 말을 하지 않았다. 계속 지켜보기만 했다. 온라인 플랫폼에서 다른 사람들이 그러듯 그저 관찰하고, 듣고, 흡수하는 동안 그의 계정은 휴면 상태인가 싶을 정도였다. 그즈음 '나는 왜 강간 합법화를 지지하는가'라는 제목의 6점짜리 스레드♦를 보았다. 처음에는 그 스레드의 메시지에 당황하고 약간 압도당했다. 하지만 설득력이 있었다. 이 글은 사실과 역사적 사례들을 가지고 자기주장을 뒷받침했다. 유혹적이었다. 자신에게는 아무런 잘못이 없는 세상, 자신은 사회가 과장한 것처럼 특권이 있는데도 지질한 남자가 아니라 그저 핍박받는 순교자인 세상이라니. 무엇보다 그건 커뮤니티였다. 그렇다. 일부 스레드는 극단적이었고, 일부 댓글은 적대적이고 비열했다. 하지만 그들은

♦   온라인 토론 사이트인 포럼에는 대개 여러 카테고리가 있고, 한 카테고리 안에도 관련 주제의 서브포럼이 다양하게 있다. 포럼 안에는 토론 주제를 일컫는 '스레드'가 있으며, 스레드는 게시글과 답글을 한눈에 보여주는 구조로 되어 있다. 수백, 수천 개의 답글이 달린 스레드도 있고, 스레드에 점수를 매기는 곳도 있다.

알렉스를 동료로 대했다. 그는 그들이 그리는 남성혐오 세상에 맞서 함께 싸우는 전우였다. 그는 같은 대의를 믿고 같은 적을 물리치기 위해 싸우는, 그들 중 하나였다. 시간이 지나면서 여성이 정말 적이라는 게 점점 더 눈에 잘 보이기 시작했다. 의심이 고개를 들 때면, 커뮤니티의 메시지들이 남자들을 유순하고 소극적으로 길들이려는 여성 중심적인 음모 때문에 그의 눈이 가려졌다는 걸 상기시켰다. 그는 속임수에 넘어가서 자신을 짓밟고 차별하는 걸 내버려 두게 된 거였다. 똑같이 믿는 남자가 수천 명이었다. 그는 빠르게 점점 더 많은 포럼에 가입했고, 페이스북 그룹과 사적인 채팅방에 가입하고 유튜브를 보고 또 보고 점점 더 많은 걸 배웠다. 그는 매일같이 이런 메시지 수백 개를 접했다. '나는 모든 여자를 증오해. 걔넨 인간말종이야. 네가 여자고 어쩌다가 이걸 읽게 된다면 난 널 증오해. 씨발 창녀야.' 또는 '여자들은 역겹고 불쾌한 기생충이야.' 자꾸 봤더니 그렇게 극단적이라고 느껴지지 않았다. 결국 이런 생각들이 일상이 되었다. 그리고 알렉스의 눈을 통해 이 모든 걸 관찰한 나는 신체적으로 아픔을 느꼈다.

빨간 알약을 먹고 눈을 뜨다

데이팅 앱이나 페이스북, 심지어는 마이스페이스가 등장하기 오래전인 1990년대 중반, 알라나Alana라고 알려진 한 젊고 외로운 캐나다 여성이 간단한 웹사이트를 만들었다.

20대 중반의 알라나는 연인을 찾으려고 애쓰는 중이었다. '외로운 숫처녀' 농담에 상처받고 자신만 이런 기분을 느끼는 건 아닐 거라고 확신한 알라나는 메일링 리스트를 만들고 '알라나의 비자발적인 독신 프로젝트Alana's Involuntary Celibacy Project'라는 웹사이트를 만들어 글을 올리기 시작했다.

시간이 지나면서 이 프로젝트는 남성과 여성이 각자의 두려움, 좌절감, 불행을 공유하며 서로를 다독이는 작은 온라인 커뮤니티로 발전했다.

알라나는 조금씩 데이트에서 성공을 거두기 시작했고 더 이상 로맨스에서의 좌절에 집중할 필요가 없어지면서 자신이 시작한 커뮤니티에서 차츰 멀어졌다.

20여 년 뒤 알라나가 Involuntarily Celibate를 적당히 섞어서 '인브셀'이라고 불렀던 작은 프로젝트는 알아볼 수 없을 정도로 완전히 다른 뭔가로 변해 있었다. 소규모 지지 모임으로 시작했던 프로젝트가 여자를 혐오하는 남자들이 상주하는(또는 상당 비중의 콘텐츠를 보고 그렇게 짐작할 수 있는) 몸서리쳐지는 세상으로 탈바꿈한 것이다. 나중에 알라나는《가디언》의 한 기자에게 '핵분열을 알아냈는데 나중에 그게 전쟁용 무기로 사용되고 있다는 걸 알아버린 과학자가 된 기분'이라고 말했다.[1]

지금은 '인셀'이라고 알려진 이 커뮤니티는 우후죽순 만들어지는 웹사이트, 블로그, 포럼, 팟캐스트, 유튜브 채널, 채팅방 등의 네트워크로 이루어져 있다. 이 운동의 성장세는 부분적으로 인터넷이 널리 보급된 시기와 맞물리지만, 특히 유럽과 북미에서 진보적인 페미니즘운동의 인기와 인지도가 비슷하게 성장하던 지난 5~10년간에 두드러지게 세가 불어났다. 극심한 여성혐오 이데올로기를 개발하는 데 거의 종교적인 열의를 보이는 이 히드라 같은 인셀 하위문화는 상세하고 종종 망상과 다를 바 없으며, 폭력적일 정도로 반페미니즘적인 세계관을 증식시켰다.

신입들이 인셀 커뮤니티를 접하는 경로는 다양하다. 인생 문제나 외로움의 답을 찾다가 흘러들어 오는 사람도 있고 좀 더 보편적인 게시판이나 웹사이트 같은 다른 인터넷 영역을 통해 들어오는 사람도 있다. 어떤 사람들은 찾아보지도 않았는데 인셀 콘텐츠를 추천하는 유튜브 같은 비디오 플랫폼을 거쳐 알고리즘에 의해 떠밀려 오고, 어떤 사람들은 게임 채팅방이나 십 대 소년들이 자주 드나드는 포럼 게시판 같은 더 악의적인 유혹에 혹해서 빨려 들어온다. 이런 경로의 일부는 뒤에서 더 자세히 살펴볼 것이다. 하지만 당신이 인셀 커뮤니티를 발견했다 해도 '빨간 알약'을 삼키라는 첫 관문(다른 숱한 매노스피어 커뮤니티에도 이런 관행이 있다)이 남아 있다.

마니아가 많은 영화 〈매트릭스〉에서 가져온 이 관문은 주인공 네오가 주변 세상을 원래 방식대로 계속 보게 하는 파란 알약과 갑자기 관점을 변화시켜서 '매트릭스'를 볼 수 있게 해주고, 그러면서 이 세상은 지금까지 그가 생각했던 것과는 완전히 딴판이라는 걸 깨닫게 해주는 빨간 알약 중에서 어느 쪽을 삼킬 텐가 하는 선택 앞에 놓인 장면과 관련이 있다. 아이러니하게도 나는 이 책을 쓰고 난 뒤 빨간 알약을 삼킨 것 같은 기분을 조금 느낀다. 저밖에는 모든 여자를 몰살시켜야 한다고 믿을 정도로 여성을 경멸하는 수십만 명이 있다는 사실을 일단 알고 나면 다시는 그 전으로 돌아가지 못한다.

인셀은 빨간 알약 은유를 사용해서 남자들의 눈을 가리고 있던 콩깍지가 벗겨지고 갑자기 평생 속고 살았음을 깨닫는 순간을 묘사한다. 자신에게 우호적이라고 믿을 수밖에 없었던 세상이 알고 보니 철저하게 자신한테 불리하게 짜여 있다. 정부부터 더 넓게는 사회에 이르기까지, 모든 것이 남성보다 여성의 잇속을 챙기도록 설계되어 있다. 그러므로 이 이야기에 따르면 남성의 특권이라는 신화는 거대한 페미니즘 음모 세력이 영속시키는 것이다. 인셀은 남성을 증오하는 이 세상을 '지노크라시gynocracy'♦라고 부른다. (억압의 진정한 피해자인) 남자들을 종속적인 입장에 묶어두고도 알아차리지 못하게 하는 아주 영악한 시스템이라고.

'빨간 알약' 은유는 이데올로기를 전달하는 강력하고 극적인 방법으로, 종류를 막론하고 억울함이나 고충이 있는 사람의 마음을 즉각 사로잡는다. 일자리를 잃었다고? 그게 당신 잘못이 아니라고 주장하는 새로운 세계관보다 더 매력적인 게 있을까? 당신은 여자와 소수인종이 권력을 장악한 세상의 희생자일 뿐이다. 차이거나 이혼했다고? 그 거짓말쟁이 쌍년의 배후에는 당신과 다른 남자들에 대한 더 거대한 공격이 숨어 있다. 연애 운이 별로여서 화가 난다고? 문제는 당신이 아니라 그 여자다. 정확히는 그 여자들 모두 다.

이 중 일부는 개인적인 불만이지만, 많은 커뮤니티가 남성과 소년들에게 특히 타격을 입히는 더 다양한 고충을 활용한다. 점점 기세등등해지는 페미니즘운동은 흔한 위협으로 여겨진다. 반페미니스트들은 최근 평등에 대한 사회적 관심을 의도적으로 모든 남성에 대한 비판으로 해석하고 그 프레임에 가둬버린다. 그리고 이 책에서 탐구하는 커뮤니티들은 더 이상 남성성이 받아들여지지 않는다는 생각을 퍼뜨린다. 많은 '선한' 남성과 소년들은 이를 부당한 사회가 자신들을 공격한다는 의미로 해석하고 방어

♦　　여성 또는 여성의 생식기를 의미하는 접두사 'gyno'와 통치를 뜻하는 'cracy'의 합성어.

적인 반사행동을 할 수 있다. 그리고 당신이 수세에 몰렸다는 기분이 들 때 당신이 제일 먼저 달려가고 싶은 곳은 당신 잘못이 아니라는 말을 들을 수 있는 어딘가다. 매노스피어는 여기서 한발 더 들어간다. 특권층과 피해자 서사를 완전히 뒤집는 것이다. 그들은 남성들에게 힘든 건 당신들이라고, 그 책임은 여자들에게 있다고 말한다.

물론 많은 남성이 어려운 상황에 놓여 있다, 그것도 대단히. 우린 남성의 자살률이 여성의 약 3배라는 사실을, 남성은 여성에 비해 정신건강 문제에 대한 지원을 받을 공산이 훨씬 적다는 사실을, 그리고 부양자이자 보호자가 되는 것이 너희의 의무이자 역할이라고 가르치는 사회에서 실업과 산업재해 같은 문제는 특히 남성에게 큰 타격을 준다는 사실을 잘 알고 있다.

여기서 우리는 매노스피어의 요체를 확인한다. 그것은 복잡하고, 가슴 아픈 아이러니까지 품고 있다. 뒤에서 보겠지만 이 마구잡이로 뻗어 나가는 커뮤니티들의 그물망에는 의도적으로, 그리고 조직적으로 여성을 대상으로 한 물리적, 성적 괴롭힘을 조장하는 집단들뿐 아니라, 남성에게 악영향을 미치는 실제 문제들을 해결하기 위해 애쓰는 좋은 의도를 가진 집단들도 망라되어 있다. 지지자 중에는 순진한 십 대들부터 강간 옹호주의자, 취약한 은둔자, 난폭한 여성혐오주의자, 비폭력적인 선동가, 비통해하는 아버지, 온라인 괴롭힘 가해자, 오프라인 스토커, 목청이 큰 선동가, 신체적인 학대자들까지 다양하다. 이런 공간에 드나들어 본 모든 사람이 똑같은 취급을 당하거나 똑같은 딱지를 붙여도 싼 건 아니라는 점은 분명하다. 사실 이 가운데는 지원이 절실하게 필요한 남성과 소년도 많을 수 있다. 그래서 역설적이게도 이 스펙트럼의 한쪽 끝에 있는 집단은 반대편 끝에 있는 집단에 가장 극심한 피해를 입히는 당사자라고 할 수 있다. 경직된 가부장적 성별 고정관념을 가장 강력하게 떠받드는 사람들이 거기서 벗어날 필요가 있는 가장 절실한 사람들의 숨통을 쥐고 있는 것이다.

나는 결백하고 비극적인 피해자

인셀 커뮤니티에 대한 피상적인 분석들은 신입들을 이곳으로 끌어들이는 가장 큰 요인이 계급이라며, 찬밥 신세가 된 가난한 백인 소년들이 문제라는 암시를 주려고 애써왔다. 육체노동 일거리가 갈수록 줄어들고 여성들이 더 힘 있는 역할에 훨씬 많이 채용되는 노동시장 변화에 대한 구체적인 반응임을 시사하는 분석도 있었다. 하지만 내가 이런 대화와 게시글에서 죽치고 지내던 시기에는 회원들의 사회적·경제적 배경이 전반적으로 너무 다양해서 이런 이론 중 어느 것도 들어맞지 않는다는 것이 확실해졌다. 이런 집단의 회원들은 일터와 침실에서 자신들의 '자리를 빼앗는' 이민자들에게 화가 난 블루칼라 노동자부터, 졸업 이후 마땅히 자신의 몫이어야 하는 정치적 먹이사슬 최상단의 자리가 위협받고 있다며 광분하는 일류 사립대 대학원생에 이르기까지 광범위하다.

이들의 공통점은 소속에 대한 갈망인 듯하다. 그런데 이런 갈망은 응집력이라는 부족적 감각을 전달하는 데 탁월한 커뮤니티에 의해서 완벽하게 충족된다. 모든 추종자에게는 즉각 선지자의 운명을 타고난 영웅의 자리를, 모든 비판자나 불신자에게는 측은

할 정도로 무지하거나 억압적인 제도의 일부라고 하는 기원설화를 차용하는 것보다 신입을 끌어들이고 비판을 물리치는 더 좋은 방법이 있을까? (〈매트릭스〉 3부작을 연출한 두 감독이 트랜스젠더 여성이라거나, 그 영화에 등장하는 강인한 여성 인물들이라면 매노스피어 커뮤니티의 여성혐오 이데올로기에 맞섰을 거라는 아이러니에 인셀은 전혀 관심을 두지 않는다.)

빨간 알약을 삼킨다는 근본 교리는 픽업아티스트, 소위 남성 권리운동가, 믹타우 등 이 책에서 우리가 보게 될 거의 모든 주요 매노스피어 집단의 뿌리에 있다. 하지만 각 커뮤니티는 같은 곳에서 출발해서 극적으로 다른 경로로 뻗어 나간다. 인셀의 경우 섹스에 대한 광적인 집착과 그것을 '거부당한' 데 대한 분노에 집중한다. 그렇다. 그 커뮤니티의 남성들은 이 세상(그리고 특히 여성 개인들)이 중요한 인권인 섹스권을 자신들에게 내어주지 않는다고 주장한다. 신기하게도, 여성이 어째서 사악한 인간 이하의 존재인지 장황하게 불평을 늘어놓는 한편, 섹스가 너무 부족하다며 몇 시간씩 떠들어대는 수천 건의 대화에서 이 남자들은 여성에 대한 자신들의 증오가 연애 관계의 실패와 관련 있을지 모른다는 생각은 전혀 못 하는 듯하다. 사실 인셀 포럼에서는 그런 점을 넌지시 암시하기만 해도 모독으로 간주하고 차단당한다. 대신 인셀들은 자신을 결백하고 비극적인 피해자로 여기며, 자신들에게 돌이킬 수 없는 적개심을 품고 있는 암담한 사회의 초상을 생생하게 그려낸다.

온라인 커뮤니티의 사회적 상호작용을 연구하는 팀 스퀴럴Tim Squirrell은 이렇게 말한다.

인셀 포럼을 처음 접했을 때 눈에 띄는 것은 절망과 분노의 혼합이에요. 이 사람들은 자기 자신을 진심으로 증오하고 연민하면서 동시에(그리고 거의 역설적일 정도로) 자신들이 가장 밑바닥에 있긴 하지만, 세상을 있는 그대로 바라볼 수 있다는 의로운 분노와 정당성을 느끼죠. 자신이 옳다는 절대적인 확신과 자신의 불행에 대해서도 옳다는 사실이 맞물리면서 강력하고 기묘한 칵테일이 됩니다.

어디든 인셀 웹사이트에 들어가 보면 당신은 이런 세계관을 빠르게 주입당해서 따분하고, 자기 집착적이고, 탐욕스럽고, 난잡한 여자들이 적이라는 생각을 받아들이지 않을 수 없다.

그리고 여자들은 끊임없이 섹스에 굶주려 있지만 가장 매력적인 남자와의 잠자리만을 선택한다는 이야기가 이어진다. 인셀들은 소위 80 대 20 이론에 집착하는데, 이 이론에 따르면 상위 20%에 속하는 가장 매력적인 남성들이 우리 사회에서 섹스의 80%를 즐긴다. 이들은 '성시장'이 잔인하게 계급화되어 있고, 여성들에게 완전히 장악당했다고 한탄한다. 이들은 여자들이 섹스 파트너를 선택할 때 성격이나 다른 어떤 속성보다 외모를 훨씬 중시하고, 못생기고 키가 작고 대머리고 비백인이고 여드름이 많고 그 외 눈에 띄는 결함이 있는, 날 때부터 불행한 남자들은 부당한 성적 불만이라는 저주 속에 평생 살아야 한다고 믿는다.

젊은 여성들 역시 극도로 매력적인 남성들과 어마어마하게 많은 섹스를 하다가, 나중에는 진짜 사랑하지는 않지만, 금전적 지원 수단으로 가차 없이 착취할 수 있는 볼품없는 남자에게 정착한다는 비난을 산다. '베타 호구beta cucks'라고 불리기도 하는 이런 남자들은 이미 처녀성을 잃은, 그러니까 다 써버려서 이미 성적으로 가치가 없는 여자에게 모든 돈을 갖다 바쳐야 한다는 이유로 동정의 대상이 된다. 아무리 이 여자가 한 번씩 남편에게 잠자리를 허락하는 은혜를 베풀어주더라도 말이다. 인셀들은 자신들이 상상하는 이런 여성들의 성적 전략을 '알파는 썹 상대, 베타는 돈주머니alpha fucks, beta bucks'라고 부른다.

인셀들이 스스로 생각하는 신체적 단점은 아주 구체적인 단어로 표현되어 온갖 하위문화가 만들어졌는데, '하이트셀height-cels'(용서받지 못할 정도로 키가 작은 인셀), '진저셀gingercels'(머리색이 너무 빨간 인셀), '볼드셀baldcels'(돌이킬 수 없는 대머리의 인셀), '스컬셀skullcels'(볼품없는 안면 골격구조를 가진 인셀), 심지어는 '리스트셀wristcels'(손목 둘레가 6.5인치 이하인 인셀)까지 있을 정도다. 또한 인셀은 아시아, 아프리카, 인도 혈통 남자들은 인종 때문에 연애 관계가 잘 성사되지 않는다는 의미에서 '커리셀' '블랙셀' '라이스셀' '에스니셀' 같은 용어를 사용하며 특정한 인종주의적 고정관념에 집착한다.

얼핏 보면 후자의 용어가 인셀 커뮤니티 내에 교차적 관점이 있음을 의미한다고, 그러니까 편견에 사로잡힌 집단이긴 해도 인종차별에 대해서는 약간의 공감대가 형성되어 있다고 넘겨짚을 수도 있다. 하지만 사실 (자신의 피부색 때문에 여자에게 퇴짜 맞았다고 생각하는 소수인종 인셀이 전혀 없는 것은 아니지만) 주로 백인 구성원들이 사용하는 이런 꼬리표는 유색인송 남성은 열능하다는 인종주의적 관념을 그대로 드러내고, 이는 인셀과 더 넓은 매노스피어 이데올로기의 광범위한 인종주의적 요소들과 맞아떨어진다. 예를 들어, 인셀의 분노 중 대부분은 비백인 남성과 데이트를 하는 백인 여성에게 쏠린다. 인셀들은 비백인 남성이 자신보다 열등하다고 인식하기 때문이다. 실제로 인셀 커뮤니티의 회원 중 다수는 주로 고학력 백인 이성애자 중산층 남성인 것으로 추정된다.

포츠머스대학교 범죄학과 사이버범죄학 부교수인 리사 스기우라 박사Lisa Sugiura는 이렇게 설명한다.

> 매노스피어의 역사와 기원을 살펴볼 필요가 있습니다. 1990년대의 초창기 유저넷 집단으로 돌아가서 그걸 이용했던 사람들의 인구학적 특징들을 생각해보면, 그들은 주로 기술 교육을 받은 해박한 백인 남성들이에요. 그리고 거기는 자기네 공간이라는, 그 공간에 대한 소유의식 같은 게 있습니다. 이는 우리가 매노스피어와 그들의 독설(그들은 '정당한 자신들의 소유물을 요구'한다고 주장합니다)에 대해 생각할 때 눈여겨볼 지점입니다. 그 인구학적 특징은 사실 바뀌지 않았어요. 인종과 성별의 측면에서(백인 서양 남자) 그리고 교육 수준이라는 측면에서 수년 전의 모습과 비슷합니다. 선진국 비중이 높고, 그중에서도 미국, 캐나다, 호주, 영국의 비중이 높아요. 그리고 제가 데이터를 살펴보고 파악한 점은 그것이 대안우파로 다시 연결된다는 겁니다. 그러니까 백인우월주의와도 관계가 깊고, 흑인과 아시아계 남성들을 향한 심각한 비하 표현들이 있는데, 그걸 보면 이곳이 주로 백인이 우글대는 공간이라는 걸 짐작할 수 있죠.

게다가 인셀은 거의 전적으로 남자들의 공간이기도 하다. 인셀에 따르면, 성시장은 젠더적 편견이 너무나 심각해서 우리 사회에서는 여자기만 하면 아무리 신체적으로 별 볼 일 없어도 항상 자신과 섹스를 원하는 누군가를 찾을 수 있다. 그러므로 여자가 인셀이 되는 건 불가능에 가깝다는 게 그들의 논리다. 그 결과 오늘날의 인셀 커뮤니티들은 거의 전적으로 남성이 지배한다(인셀이라는 용어를 만든 사람이 양성애 여성이라는 점은 그 이후 인셀의 신념이 얼마나 터무니없이 협소해졌는지를 쓸쓸하게 부각시킨다).

매노스피어와 대안우파의 연결고리

매노스피어와 일명 대안우파alt-right가 밀접하게 관련되어 있다는 스기우라 박사의 언급은 양쪽 집단 모두를 이해하는 데 매우 중요하다. '대안우파'는 일반적으로 극우, 백인민족주의 또는 백인우월주의 관점을 대변하는 것으로 간주되는, 느슨하게 연결된 운동들과 지도자와 온라인 커뮤니티와 집단들의 네트워크를 가리킬 뿐 그 정의가 딱히 분명하지는 않다. 미국의 선도적인 비영리 법률지원기구인 남부빈곤법센터Southern Poverty Law는 이 용어와 관계된 집단들을 증오 단체라고 설명한다. 이 단체의 구성원 대부분이 지금은 악명이 높아진 2017년 버지니아 샬러츠빌에서 열린 '우파여 단결하라' 집회에 참석했다. 백인우월주의자들이 타오르는 횃불과 나치 문장을 들고 반유대주의와 인종주의 구호를 연호하며 행진했던 그 집회 말이다. 그 집회에서 빚어진 폭력 사태는 자칭 백인우월주의자 제임스 알렉스 필즈 주니어James Alex Fields Jr가 이 시위에 반대하는 군중을 겨냥하고 고의적으로 차를 몰아서 젊은 여성 헤더 헤이어Heather Heyer를 살해하고 약 40명에게 상해를 입히는 참사로 극에 치달았다.

매노스피어가 그렇듯 대안우파는 최근까지 극단적인 비주류

운동으로 간주되었지만, 어느 정도 같은 이름 아래 묶여 있는 다종다기한 집단들의 군집을 의미한다. 그리고 매노스피어가 그렇듯 이 운동이 포괄하는 다양한 커뮤니티 중에는 온라인에 뿌리를 둔 곳이 많다. '대안우파'라는 용어가 대중화된 곳은 사용자들이 보통 익명으로 메시지를 게시해서 길고 상세하게 대화를 나누는 영어 전용 이미지보드 웹사이트 포챈4chan 같은 인터넷 게시판과 포럼들이 대표적인 예다. 매노스피어처럼 대안우파도 '반어법', 빈정댐, 의도적인 도발이라는 연막으로 독기와 편견이 가득한 폭력적인 이데올로기를 감추는 데서 희열을 느낀다. 남부빈곤법센터는 '무질서한' 온라인 포럼들이 어떻게 백인민족주의적인 사고, '가장 두드러지게는 백인 정체성이 다문화주의와 정치적 올바름의 공세에 시달린다는 믿음'을 '어지럽고 유독한 겹겹의 반어법들 속에서 무럭무럭 키워내는지'를 설명한다. 그리고 매노스피어처럼 대안우파는 특권 집단(백인)에 손을 내밀어, 유색인종과 이민자 같은 편견의 실제 피해자들이 압제자고 이들 때문에 차별당하는 건 당신들이라는 위로의 말로 유혹한다.

　대안우파에 대한, 특히 그들과 트럼프 대통령의 등장과의 관계에 대한 글은 많이 나와 있다. 하지만 이 운동을 관통하는 매우 여성혐오적인 신념과 이들의 근본 교리에서 여성혐오가 하는 역할은 놓치고 넘어갈 때가 많다. 마찬가지로 인셀운동의 인종주의적 요소들은 논평에서 종종 생략되어, 마치 인셀이 여성혐오만 일삼는 섹스에 미친 커뮤니티라는 암시를 준다. 둘 중 어느 쪽을 주제로 글을 쓰는 사람이건 간에 모든 남성은 이성애자고(또는 그래야 하고) 모든 여성은 남성을 성적으로 만족시키거나 (백인) 아이를 출산하는 성적 도구일 뿐이라는 생각에 의지하는, 극단적이고 때로는 폭력적인 이들의 이성애 중심주의 세계관에 관심을 두는 경우는 거의 없다. 이런 이성애 중심주의는 다양한 방식으로 표출되고 있지만(인셀 커뮤니티들에서 성소수자를 완전히 배제하는 형태부터, 일부 대안우파 포럼에서 게이들을 건물 밖으로 던져서 살해하자는 의견이 표출되는 형태에 이르기까지) 그냥 넘어가기 힘든 두 집단의 아주 의미심장한 특징을 보여준다. 매노스피어 커뮤니티와 백인우월주의의 뿌리에는 남성에게 있어 핵심적이고 신성한 목적이 섹스하고 번식하고 지배하는 것이라는 공통된 믿음이 있다. 그러므로 양쪽 모두의 이데올로기에서는 권력과 통제가 절대적으로 중요하다. 틀에 박힌 남성성을 구현한, 완전히 전능한 백인 이성애자 남성이라는 관념은 아이러니하게도 애당초 남성들이 이런 커뮤니티에 가입하게 만든 절망적으로 억압적인 사회적 기준이지만, 동시에 그 어느 때보다 극단적인 수단을 동원해서 추구해야 한다고 세뇌당하는 해법이기도 하다는 점에서 핵심적인 실마리다. 그러므로 두 경우 모두에서 현실은 피상적인 수준의 보고서들이 시사하는 것보다 훨씬 복잡하다. 즉 다중의 갈등을 살피는 교차적인 관점이 없다면, 이 두 온라인 커뮤니티 사이의 복잡하고, 경계가 없으며, 공생하는 관계를 알아보지 못하는 우를 흔히 범하게 된다.

이것이 현실에서는 어떤 모습일지 간단한 예를 들어볼까? 샬럿츠빌에서 군중을 향해 차를 몰고 돌진해서 시위에 항의하던 헤이어를 잔혹하게 살해했을 때 필즈 주니어는 똑같은 세 단어를 반복해서 외쳤다. "당장 백인 샤리아를White sharia now"이라고.[2] 백인우월주의자들이 만들어낸 풍자적인 밈에서 출발한 '백인 샤리아'라는 표현은 이제 대안우파 웹사이트를 거의 장악하다시피 했다.

이 하나의 개념 안에는 대안우파가 지향하는 인종주의, 이슬람혐오, 반유대주의, 여성혐오, 이성애 중심주의가 모두 녹아 있다. 한마디로 '백인 샤리아'는 백인 남성들이 여성을 노예로 만드는 이슬람의 관행을 자기 식대로 차용해야 한다는 주장이다. 그렇게 하는 이유는 백인 여성의 성적 자율성을 박탈하고 이들을 (야만적인 강간과 예속을 통해) '아기 공장'으로 만들기 위해서다. 이를 통해 백인우월주의자들은 인종의 '순수성'을 유지하고 같은 대의에 투신할 수 있는 충분한 신입을 확보하여, 침략 중인 이민자 부대와 우리 사회를 지배하고 모든 것을 장악하고 부패한 유대 세력들의 폭압을 전복하려고 한다. '백인 샤리아' 밈을 만든 사람으로 알려진 백인우월주의자 사코 반달Sacco Vandal은 '우리 남자들에게는 하렘♦이 필요하고, 이 하렘 구성원들은 아기 공장이 되어야 한다'고 적었다.³

　유색인종 여성을 향한 폭력과 학대는 이런 여성혐오 이데올로기와 한 쌍을 이룬다. 대안우파의 백인우월주의자들은 백인 여성들로 하여금 미래에 단일인종 국가 시민들을 낳게 만든다는 꿈을 꾸면서도 다른 인종 여성들에게는 재생산 자율권을 허락하지 않고 임신중단을 강요한다는 또 다른 판타지에 빠져 있다.

　이 모든 이야기가 허황되게 들린다면 어떤 남자가 문제의 표현을 함께 외치는 다른 수백 명과 함께 행진하던 날 밤에 이 이데올로기의 이름으로, 대규모 폭력과 살인을 저지를 만반의 준비를 했다는 사실을 떠올려보라. 아무리 질 나쁜 농담으로 시작되었다 해도 이제 대안우파 추종자들은 그것을 지독할 정도로 진지하게

♦　　원래는 이슬람 문화권에서 여성의 거처를 부르는 말이나, 한 남자가 많은 여자에게 둘러싸여 사는 것으로 그 뜻이 왜곡되어 사용되곤 한다.

여긴다.

매노스피어나 대안우파에 대해 다른 사람과 이야기를 해보면 너무 진지하게 생각하지 말라는 소리를 들을 때가 많다. 하지만 그 반어법을 알아차리지 못하거나, 그걸 유머라고 받아들이는 인터넷 사용자들에게도 그렇게 충고해주는 사람이 있을까? 헤이어의 부모에게 그것이 모두 무해한 농담이라고 생각하는지 한번 물어보라.

대안우파와 매노스피어가 항상 제휴 관계라거나, 한쪽의 회원들이 반드시 다른 쪽에 연계되어 있다는 말이 아니다. 하지만 둘 사이의 복잡한 관계를 파악하지 못한다면 또는 매노스피어에 내재한 인종주의를, 그리고 대안우파 안에 깔린 여성혐오를 등한시한다면 그림의 절반만 파악할 수밖에 없다.

테러 공격을 부추기는 범죄적인 온라인 선언문을 작성하고 나서 2019년 6월 런던에서 투옥된 두 십 대 소년을 예로 들어보자. 언론의 머리기사에서는 이들을 '신나치' 또는 '극우 극단주의자'라고 언급했다. 여성혐오적 극단주의를 언급한 머리기사는 하나도 없었다. 하지만 이들은 온라인상에서 여성을 벌하기 위해 강간해야 한다고 수차례 선동했다. 이들은 해리 왕자와 메건 마클의 결혼에 광적으로 집착하면서 해리 왕자는 '인종 반역자'라고 썼고 비백인 남성과 데이트하는 백인 여성은 교수형에 처해야 한다고 말했다. 검사는 법정에서 소년 중 한 명이 '극도로 폭력적이고 과하게 여성혐오적'인 블로그를 운영하며 여성의 강간, 고문, 살인을 부추겼다고 말했다.[4] 머리기사가 전체 그림의 절반을 놓쳤던 것이다.

스퀄럴은 대안우파 인사들을 비롯해서 다른 온라인 커뮤니티들이 인셀을 나약하고 한심한 실패자로 묘사하면서 이들을 모욕하고 혐오하는 경향을 나타낸다고 지적한다. 그럼에도 불구하고 스퀴럴에 따르면 이 집단들이 사용하는 난해한 용어에는 그 유사성이 예시하듯 상당한 교차점이 존재한다. '지난 몇 년간 반동적인 우파가 채택한 많은 어휘는 사실 인셀 커뮤니티에서 온 것이다. 이들은 정치적으로 통합되어 있지는 않지만 문화적인 영향력이 지대하다.'

지독하게 혐오스럽고, 믿을 수 없이 일상적인

사실 인셀 커뮤니티는 은어를 워낙 많이 써서 우연히 수백만 개의 게시물 중 하나를 접한 외부인이라면 대화를 해독하기가 어려워서 쩔쩔맬지도 모른다. 알렉스와 내가 처음으로 인셀 세계를 탐험하기 시작했을 때 나는 한 포럼에서 찾아낸 용어집을 한 번씩 확인해가며 한 단어씩 대화문을 천천히 독해해야 했고, 새로운 용어를 확인할 때마다 가슴이 철렁 내려앉곤 했다. 나는 기존 단어를 가지고는 인셀이 일상적으로 사용하는 수많은 극단적인 개념들을 담아낼 수가 없어서 자체적인 언어를 만들어야 했음을 깨달았다. 가령 '로스티roastie'는 섹스를 '지나치게 많이' 해서 음순이 로스트비프처럼 보일 정도로 변형된 여성을 일컫는다. '포이드foid'는 '여자 휴머노이드female humanoid'의 약칭으로, '여성'이라는 단어는 너무 인간적이라며 인셀들이 여성 대신 사용하는 용어다. 자체적인 포럼과 토론 그룹이 있을 정도로, 역겹게도 온라인에서 널리 사용되는 '레이프셀Rapecel'은 자신의 성적 좌절을 '해소'하기 위해 강간에 의지하는 인셀을 의미한다. 이런 내용을 설명해주는 단어 하나가 생기면, 그 순간부터 그것은 평범하고 일상적인 개념처럼 보이게 된다. 추종자들의 입장에서 배타적인 용어는 우월하고 결속이 단단한 커뮤니티 소속이라는 은밀한 쾌감을 강화하고, 잠재적인 신입들에게는 이 집단의 매력을 높이는 데 중요한 역할을 한다.

1년 동안 외로운 알렉스라는 가면을 쓰고 인셀 포럼에서 죽치고 시간을 보내면서 가장 슬프고 심란했던 부분은 시간이 갈수록 그 내용들이 나에게 미친 영향 또한 점점 변했다는 것이다. 처음 며칠, 그리고 몇 주 동안 내가 읽었던 생생하고 역겨운 내용에 짓눌려 나는 밤에도 뜬눈으로 누워 있곤 했다. 천천히 해독하기 시작한 은어의 폭력적인 의미를 이해해가며 초기의 게시물들을 번역할 때는 놀라서 움찔거리기도 했다. 하지만 시간이 지나면서 용어집을 참조하는 일이 점점 줄어들었다. 나는 여성을 포이드라고 지칭하는 글에 익숙해졌고, 여성혐오적인 대학살을 개시하자는 선동은 거의 기억에 남지도 않았다. 강간에 대한 게시글은 너무 흔해서 대충만 훑어보았다. 마침내 어느 날 포이드에게 호구 잡히지 않도록 그년이 당해 마땅한 폭력을 행사하자는 내용의 게시글을 읽던 나는 내가 모든 단어를 이해한다는 사실을 깨달았다. 한마디로 나는 거기에 적응이 되었다. 아니, 그러니까 알렉스가.

인셀과 다른 매노스피어 커뮤니티를 연구해온 스기우라 박사는 극단적인 편견을 품고 있지만 그걸 오프라인의 면대면 대화에서 드러낼 수 없다고 생각하는 사람들에게는 일관성 있는 세계관과 공통된 언어가 크게 어필할 수 있다고 경고한다.

이런 형태의 혐오는 인터넷이 등장하기 훨씬 전부터 있었지만, 온라인 커뮤니티들과 가상의 플랫폼은 이런 생각들이 형태를 갖추고, 장악력을 가지고 세를 불릴 수 있는 수단을 제공합니다. 이런 생각을 했어도 그걸 사람들 앞에서 털어놓기는 힘들다고 느끼던 사람들이 이제는 새로운 방법을 찾아낸 거죠. 비슷한 생각을 하는 다른 사람들이 지지와 근거를 제공함으로써 이런 생각이 확산하기 좋은 조건이 만들어집니다. 과거에는 혐오의 움직임이 분절적이었지만 이제는 기술 덕분에 함께 모이고, 결합하고, 번성하고, 더 많은 사람을 찾아낼 수 있게 된 거죠. 이 과정에서 구성원도 충원되고 급진화가 일어납니다. 이런 생각들은 기술을 통해 기하급수적인 규모로 비화할 수 있어요.

인셀의 대부분은 성시장이 페미니즘의 음모, 그리고 남자들에게 적대적인 농간이 판을 친다는 생각을 출발점으로 삼는다. 하지만 이런 상황에 대한 최선의 해결책을 판단할 때는 몇 갈래로 쪼개진다. 일부는 외모를 향상시키기 위해 안간힘을 씀으로써 독신 상태를 극복('상승')하거나 최소한 자신의 상태를 개선하는 것이 가능하다고 믿는다. 커뮤니티 내에서는 이를 '룩스매싱looks-maxing'이라고 부르는데, 이는 외모를 극대화할 수 있는 팁을 공유하는 거대한 포럼을 만들었다. 관련 웹사이트에 노출된 수천 개 길이의 스레드에는 남성들이 자신의 사진을 올리고 10점 만점의 '평점'을 매겨달라고 서로 애처롭게 요청하면서, 자신의 외모를 어떻게든 극복할 방법을 조언해달라고 애걸복걸하거나 '끝난 건가요?'라고 묻는다.

이에 대해 사람들은 잔인한 솔직함, 무자비한 조롱, 동정 어린 지지가 뒤섞인 묘한 반응을 보인다. 형제애에 기반한 격려와 몸단장 조언도 있지만, 가슴을 후벼 파는 모욕과 완전히 포기하라는 야유도 있다. 일부 인셀들은 자신들의 온라인 세상을 공통의 투쟁 앞에서 단결한, 진정한 공동체로 여기는 듯하다. 하지만 다른 남성들에게 최대한 큰 상처를 안길 기회로, 그럼으로써 어쩌면 자신의 고통을 누그러뜨리기 위한 수단으로 여기는 이들도 있다. 이 사실은 내게 다시 한번 이 커뮤니티가 하나의 동질적인 집단이 아니라는 점을 일깨웠다.

이 커뮤니티의 거대한 하위 집단 중에는 외모를 향상시키기 위해 운동에 공을 들이는 부류도 있지만(이 방법을 추구하는 남자들은 '짐셀'이라고 한다), '뮤잉'(인셀들 내에서 얼굴 뼈 구조를 바꿔서 턱선을 더 매력적으로 만들어준다고 알려진 일종의 턱 운동)부터 성형수술, 두개골 임플란트, 페니스 연장술까지 방법을 가리지 않는 극단적인 경향도 많고, 이를 지지하는 사람들도 적지 않다. 이런 극단적인 방법들은 자신을 인셀이라고 생각하는 남성들의 어두운 절박감과 자기혐오를 상기시킨다. 동시에 이는 이 남성들이 외부 세계에서 자신을 위해 선택할 수 있는 대안이 얼마나 적은지를 적나라하게 보여주기도 한다.

또 다른 인셀 집단(한 포럼의 내부 설문조사를 신뢰한다고 했을 때 이 커뮤니티의 약 90%를 차지하는, 현재로서는 가장 규모가 큰 집단)은 자신들을 '블랙필러blackpillers' 또는 '블랙필blackpills'이라고 일컫는다. 이 집단의 관점은 더 패배주의적인데, 이들은 사회적, 유전적 로또가 너무 견고하게 고정되어 있고 자신들의 선천적 결함 때문에 자신은 완전한 실패자로 독신의 삶을 살 수밖에 없으며 자기 개선 시도는 전혀 도움이 되지 않는다고 믿는다. 이들은 비인셀 사회(이들이 '일반인normies'이라고 부르는 사람들)의 부당함, 가장 매력적인 남성들('채드')의 이기심, 아름다운 여성들('스테이시')의 천박함, 매력은 떨어지지만 그래도 성적인 파트너를 유혹할 수 있는 여성들('베키')◆의 난잡함을 사납게 헐뜯는 데 많은 시간을 할애한다. 이 남성들은 자주 자살에 대해 심도 있게 토론하고, 자신의 게시글에는 독자들에게 자살을 부추길 만한 소재를 태그한다. 이들이 자살을 특수한 약어로 표현하고, 상대에게 자살하라고 선동하는 건 흔한 일이다. 이런 남자들은 대부분 도움이 절박하게 필요한 상황임이 분명하다.

이런 게시글들을 보다 보면 커뮤니티 내부의 모순이 아주 분명하게 느껴진다. 취약한 상태에 있는 불행한 남자들이, 최대한 많은 파괴를 자행하겠다고 벼르는 남자들과 긴밀하게 뒤섞이는 모습. 정신건강에 대한 지원이 절실하게 필요한데 어찌어찌 이 여성혐오의 늪에 빨려 들어온 사람들이, 온라인 혐오에서 짜릿한 즐거움을 얻는 다른 남자들의 독설과 조롱, 자해 선동에 여과 없이 노출되는 모습에서.

한 이용자가 인셀 포럼에 '총으로 확실하게 죽을 수 있는 제일 좋은 장소'를 물어보는 게시글을 올리면 70개 정도의 답글이 달리고, 대다수가 이 이용자의 등을 떠밀며 냉정하게 기술적인 조언을 한다.

아마도 가장 속이 뒤집히는 것은 여성을 강간하고 살해하는 생생한 판타지부터, 포럼 이용자들이 '인셀 반란' '베타 봉기' '심판의 날'을 감행하자며 서로를 자극하는 게시글에 이르기까지,

---

◆   채드(Chad)와 스테이시(Stacy)는 각각 이성에게 인기 많은 남성과 여성을, 베키(Becky)는 덜 매력적인 평범한 여성을 조롱하는 인셀들의 은어다.

폭력적인 여성혐오로 도배되는 높은 빈도의 게시글들일 것이다. 비자발적인 독신 남성들이 이들을 괴롭히는 여성들과 '성시장'을 부당하게 독점하는 채드를 도륙함으로써 세상을 벌한다는 메스꺼운 판타지. 한 이용자는 '모든 여자는 우리의 절대적인 증오를 받아 마땅하다'고 적었다.

인셀의 신념체계: 섹스 재분배

인셀의 논리는 절망적인 모순을 보여준다. 여성은 남성과 잠자리를 한다는 이유로 욕을 먹는 동시에 남성과의 잠자리를 거부한다는 이유로 욕을 먹는다. 가령 한 이용자는 여성을 '성실하고 괜찮은 남자들이 생물학적 목적을 달성하지 못하게 방해하는 탐욕스럽고 이기적이고 사악하고 정신 나간 잡년들'이라고 묘사한다.

하지만 근본적인 인셀의 신념이라는 렌즈로 이 상황을 바라보면 사태는 더 분명해진다. 이들의 주장은 가장 단순하게 표현하면 이런 식이다. 여성이 성적 자율성을 누리는 통에 남성의 삶을 사악하고 압제적으로 통제하게 되었으므로 모든 남성의 고통의 근원에는 여성해방이 있다. 그러므로 확실한 해결책은 여성의 자유와 독립성을 박탈하는 것인데, 특히 이를 위해 (강간과 성노예 같은) 성적인 수단을 활용해야 한다. 다시 말해서 문제는 여성이 섹스를 하는 것이 아니라, 여성이 누구와 섹스를 할지 선택권을 갖는 것이다.

이렇게 이해하고 나면 셀 수 없이 많은 블로그와 포럼의 토론들과 유튜브 영상에서 끝없이 되풀이되는 인셀의 신념들이 몇 가지로 소름 끼치게 분명해진다.

첫째, 여성은 인간 이하의 사물, 너무 사악하거나 너무 멍청해서 자기 인생과 몸에 대해 결정할 자격이 없는 인간만도 못한 존재라는 생각이 있다. 이 생각은 여성이 고통과 슬픔을 느끼고, 성적 즐거움을 누리고, 합리적인 결정을 할 수 있는 인간이라는 생각을 완전히 끊어내도록 부추긴다. 이 같은 비인격화는 의무적인 섹스 재분배, 여성의 성노예화, 여성과 소녀들의 대대적인 살육 같은 다른 인셀 판타지를 정당화하는 데 대단히 중요하다.

'여자를 인간으로 봐야 하나?'라는 제목의 게시글들은 장황한 논쟁으로 이어지는데, 대부분이 그렇게 볼 수 없다는 주장으로 귀결된다. 이 정도는 흔한 토론 주제다. 어떤 이용자는 '여자에게는 지각능력이 없다. 모든 여자는 창녀다'라고 적었다. 여성에게 법적 권리가 주어져야 하는지에 대한 대화에서 한 이용자는 '나는 여자가 인권을 누릴 자격이 있는 건 고사하고 살아 있는 인체라고 보기도 어렵다고 생각한다'라고 적기도 했다.

여자는 로봇과 같아서 감정이 없다는 주장이 담긴 게시글을 내가 공포심에 몸부림치며 겨우겨우 읽어나갔다는 사실은 아이러니가 아닐 수 없다. 여성은 섹스로봇과 동급으로 취급당하고, 인셀들은 이로써 자신들의 문제에 종지부를 찍을 수 있다고 믿는다. 한 포럼 이용자는 '우린 합법적으로 걔네를 때리고 고문할 수 있어. 진짜 기분 째지는데'라고 적었다.

둘째, 여성은 성적 자율성을 누릴 권리가 없는 텅 빈 성적 도구일 뿐이라는 생각은 성폭력에 대한 광적인 집착으로 자연스럽게 귀결된다. 여기에는 다양한 폭력 판타지와 공개적인 강간 지지부터, 강간 합법화를 두고 벌이는 섬뜩할 정도로 가볍고 기나긴 주장들이 있다. 성폭행을 감행하거나 계획하고 있다는 것을 떠벌리는 것은 드문 일이 아니며, 이에 대한 반응은 한결같이 질책이 아니라 격려다.

한 남자가 한 여자를 구타하고 발로 차는 영상 하나 때문에 이용자들이 득달같이 몰려든 한 포럼에서는 어떤 사람이 오디오가 없다며 실망스럽게 투덜댔다. '이 여자 비명이 듣고 싶다고.' 한 이용자는 '여기다가 10쪽짜리 게시글을 남길 수 있게 썅년 하나를 강간'하고픈 유혹이 든다고 적었고, 또 다른 이용자는 '레이프셀이 되기로 결심'했다면서 다른 이용자들에게 '생각, 조언, 경험'을 구했다. 동료들은 이에 응원하는 반응을 보였다. '미친개가 되는 거야! … 제대로만 하면 잡힐 가능성이 없다는 걸 알게 될 거야. … 강간을 하고도 빠져나갈 확률이 98.95%라고.'

강간 합법화에 대해 차분한 논쟁이 벌어질 때면, 이용자의 대부분은 찬성표를 던진다(일부는 강간이 합법화되면 재미가 사라진다는 이유로 반대한다). '강간은 자연스러운 행위고 자기들 구멍이 그 많은 자지를 받아내느라 너덜너덜해진 잡년들은 어떤 고추를 받아들일지 발언권을 가져서는 안 된다'고 한 포럼 회원은 적었다. 다른 '합리화'로는 애당초 남자들이 강간하고 싶게 만든 건 여자들의 잘못이므로(여자가 남자에게 섹스 제공을 거부하기 때문이므로) 강간범들에게는 책임이 없다는 주장이 있다. 이는 피해자와 가해자의 위치를 역전시키는 인셀의 전형적인 논리다.

한 이용자는 피해자가 사별한 여성, 결혼하지 않은 처녀, 수녀일 때만 강간이 불법이어야 한다고 주장한다. 그의 주장에 따르면 '잡년'을 강간하는 것은 '칭찬받아 마땅한 행동이고, 좋은 사회를 만들기 위한 건강하고 위생적인 조치'다.

전형적인 또 다른 게시글은 이렇게 주장한다. '대부분의 미국 여자가 남자들의 성적 배출구인 매춘을 반대하기 때문에 강간당해도 싸다는 사실만 아니면 나는 강간으로 인한 고통의 수위에 더 많은 관심을 가질 거야. 근데 걔네들은 강간을 당해도 싸기 때문에 나는 강간이 걔네한테 유발하는 고통에 관심을 둘 수가 없어.'

고상한 도덕률을 비틀어놓은 것 같지만, 여성 대다수가 강간당해 마땅하다는 극악무도한 주장이 타당하다는 인상을 주기 위해 고안한 또 다른 형태의 여성혐오적인 헛소리일 뿐이다.

어떤 인셀 웹사이트에서는 이용자들이 입주 노예, 강간, 강제임신이라는 목적에 이상적으로 부합하는 성노예가 될 만한 여성의 유형을 놓고 논쟁을 벌인다.

하지만 인셀 웹사이트에서 이런 진술은 그렇게 충격적이거나 내밀한 고백 같은 게 아니다. 그냥 되는대로, 특별할 것 없이 사실을 진술하는 것일 뿐이다. 인셀 커뮤니티에 연루된 어떤 남자들도 이런 종류의 게시글 때문에 역풍을 맞으리라 두려워한다는 증거는 거의 없다. 때로 웹사이트들이 일정한 형태의 혐오 발언을 금지하는 규정을 두기도 하지만 이런 시도는 필연적으로 깡그리 무시당한다. 때로 이용자들은 포스팅을 차단 또는 금지당할 수 있지만 이런 일은 여성이 강간당해도 싸다고 주장해서가 아니라 감히 인셀이 무고한 피해자가 아니라는 주장을 함부로 입에 올려서인 경우가 훨씬 많다. 때로 인셀 포럼들은 호스팅 회사에 의해 폐쇄되거나 거부된 것처럼 보일 때도 있지만 재빠르게 새로운 경로를 찾아서 다시 온라인으로 복귀한다. 내가 이런 글들을 탐독했던 기간에 이런 사이트를 외부에서 실효성 있게 단속하거나 감시하고 있다는 조짐은 전혀 접해보지 못했다.

물론 우리가 여기서 문제 삼고 있는 건 인터넷상의 이야기지만, 온라인 트롤들과 복잡하게 연결되고 중첩되어 있으며, 자신들의 핵심 목적은 가장 극단적이고 최대한 사회적으로 혐오스러운 발언을 활용해서 충격을 안기고 반발을 부추기는 것이라고 스스로 밝힌 집단이다(트롤에 대해서는 뒤에서 더 자세히 이야기할 것이다). 극도로 여성혐오적이고 폭력적인 수천 개의 게시글 사이에서, 진심을 담아 열광적으로 이런 행동을 선동하려는 사람들과 화가 나서든 가학적인 유머의 형태로서든 온라인상에 글은 게시하고 오프라인에서 실제로 해를 끼칠 의도가 없는 사람들을 가려내기는 불가능하다. 후자 집단이 선천적으로 무해하다는 말이 아니라, 이 문제를 효과적으로 다루고자 한다면 상황의 복잡성을 알아둘 필요가 있다는 뜻이다.

이런 포럼들을 강력하게 전면 금지해야 한다거나, 이런 포럼에 참여하는 모든 사람이 체포되어 감옥에 가야 마땅하다고 생각하지는 않는다. 하지만 뒤에서 자세히 설명하겠지만, 여기서 현실의 폭력을 부추기는 불법적인 선동을 하고도 아무런 처벌을 받지 않는 불합리가 판을 친다는 건 분명하다.

인셀 집단 내부에는 정해진 위계가 있어서, '약자'는 지나치게 자기연민에 빠져 있거나 인셀 지식에 별로 정통하지 못한 사람들로 인식되어 기성 회원들에게 무자비하게 난자당한다. 이 위계가 이용자가 쓴 게시글의 수로 정해지는 포럼도 있고, 동료들에게 받는 '추천 수'로 정해지는 포럼도 있다. 모든 커뮤니티마다 나머지 구성원들에게 아주 잘 알려진 소수의 전설적인 인물들이 있어서 다른 이용자들에게 우상처럼 숭배받는다. 매일 하루 대부분을 포럼에서 보내는 이런 남자들은 일종의 커뮤니티 원로나 지도자처럼 불쑥 등장해서 분란을 해결하고 미숙한 이용자에 대한 심판을 내린다. 이들은 인셀 이데올로기에 순응하지 못하는 듯 보이는 포럼 회원들에게 신속하고 가차 없이 철퇴를 내린다.

스퀴럴은 인셀 커뮤니티의 구성원이 대부분 젊고 예민한 남성들이라고 지적한다. 그는 '그들 대부분이 궁극적으로는 거기에서 빠져나올 것'이라고 믿지만, 취약한 소수의 경우 더 단단하게 똬리를 튼 구성원들에 의해 급진화될 잠재적 위험이 있다고 우려한다. "오래된 회원들이 더 극단성을 보이는 경우가 많아요. 그들은 장기간 이 좌절감을 경험했고 자신의 환경이 개선될 기미를 느끼지 못하기 때문이죠." 스퀴럴은 "그냥 '롤lols'(유머를 지칭하는 인터넷과 인셀의 표현) 때문에 점점 더 극단적인 말을 하도록 조장"하고 '감정적인 나약함을 드러내는 표현을 혐오'하는 문화의 위험성을 강조한다.

> (이 문화는) 부정적인 감정은 타인을 조롱하고 탓하는 방식으로 해소해야 한다고 강조합니다. 게시자들은 항상 자신의 말이 반어법이라거나 농담, 아니면 그냥 반응을 떠보려고 한 거라고 주장할 수 있지만, 이런 게시글과 게시자들이 너무 많을 때 그 말이 진심인 사람과 그렇지 않은 사람을 분간하는 건 불가능해지죠.

이런 커뮤니티에 첫발을 내디딘 젊고 잠재적으로 취약한 신입들의 관점에서 특히 섬뜩한 부분은, 게시자들의 비이성적인 폭언이 사이비 과학이나 수학을 동원해서 학술적인 듯한 거짓된 인상을 풍기는 긴 논쟁들과 짝을 이루는 방식이다. 이런 포럼에 자주 출몰하는 남자들은 그런 유의 사이비 학술 논쟁에 끼어들어 자신의 가학적 판타지를 합리화하는 주장들을 구구절절 늘어놓는다.

이런 포스팅은 다른 사람들을 설득하고 같은 대의로 개종시키는 것을 목표로 하는 일종의 모집 활동이기도 하다. 본질적으로 강간과 폭력을 적극적으로 권장하는 내용에 학술적인 무게감을 애매하게 더하기 때문에 왜곡된 고전신화나 고대 그리스 문화에 대한 심각한 오류가 있는 내용이 들어 있기도 하다. 80 대 20 이론 역시 19세기 이탈리아 경제학자의 이름을 따서 만든 파레토법칙을 엉터리로 끌어다 쓴 경우다. 이 경제학자가 원래 주장한 내용은 이탈리아에서 토지의 약 80%를 인구의 단 20%가 소유하고 있다는 것이었다.

예를 들어 한 게시글에서 어떤 이용자는 강간에 대한 처벌이 훨씬 가벼워져야 한다는 자신의 주장에 대한 근거로 고대 그리스 도시에서는 강간을 오로지 벌금형으로 다스렸을 뿐이라는 말을 갖다 붙인다. 과거 문명은 위대하고 고귀하다는 식의 이런 자동적인 전제는 고대사회의 법칙과 고정관념에 대한 광범위하고 향수 어린 갈망과 맞닿아 있다. 이런 경향은 인셀 커뮤니티와 그를 포괄하는 매노스피어 내에서 두드러지게 나타날 뿐 아니라 대안우파와 백인민족주의자들과의 추가적인 연결고리기도 하다.

한 인셀 포럼 회원은 강간과 노예제를 열정적으로 옹호하는 글을 이렇게 썼다.

> 여자 노예를 취하는 것은 인류사에서 흔한 일 중 하나였다. 적들이 서로 전투를 벌일 때 이긴 쪽이 여자 노예를 취해서 전사들에게 분배하곤 했던 것처럼. 군대에 들어가서 도시와 마을을 습격하고 자신을 위해 여자 노예를 취해서 그들과 아기를 만들었던 역사에서는 인셀이 보상을 받았다. 역사 속에는 인셀을 위한 자리가 있었다. 로마나 다른 어떤 제

국에서도 인셀은 지금의 우리보다 훨씬 나은 선택지가 있었다.

일찍이 2003년부터 인셀의 신념을 뒷받침하기 위해 '역사적인' 주장을 들먹이는 이런 경향은 두드러졌다. 지금은 폐쇄된 한 사이트에서 어떤 이용자는 여성의 성적 자율성이 '여자에게 직업이 없던 시절에는 괜찮았다'라고 적었다.

> 자연은 자원이 부족한 여자들에게 풍성한 사회적, 성적 혜택을 줌으로써 이를 상쇄했다. 이제 여자들이 자원과 성적 권력을 가지게 되면서 균형이 깨져버렸다. 우린 여자들이 대학에 진학할 수 없게 하거나, 가족을 부양할 일자리를 남자들로부터 빼앗지 못하게 해야 한다. 감옥은 자기 가족을 먹여 살리지 못하는 남자들로 가득하다. 강간법은 폐지되어야 한다. 여자들은 출산 가능한 여자들의 공급을 인위적으로 제한하고 있다. 강간이 답이다. 사회는 여자들과 일자리 부족 때문에 전쟁을 벌인다. 여자들이 사회의 위협이 되었으므로 다시 원래 자리로 돌려보내야 한다.

이 글을 보면 노동시장에서 여성이 남성의 자리를 잠식하고 있다는 생각이 어떻게 인셀들을 움직이는 힘으로 작용하는지 알 수 있다. 그런데 이런 정서에는 강간이 해답이라는 기이한 논리가 뒤얽혀 있다.

이런 세계관이 허무맹랑하게 들릴지도 모른다. 하지만 인셀들은 상당히 끈질기게 이 이데올로기를 고수한다. 인셀은 남자들이 상스럽고 무례한 말을 되는대로 쏟아내는 그렇고 그런 웹사이트 집단이기만 한 게 아니다. 추종자들의 충성과 열정이 광신에 가까운 하나의 운동이다. 인셀들은 그저 강간 판타지와 폭력적인 게시물을 공유할 공간을 찾는 게 아니라 이런 생각을 뒷받침하고 장려하는, 완결된 신념체계를 구축하고 확산하는 데 골몰한다.

알렉스로 위장하고서 캄캄하고 깊숙한 이런 커뮤니티들을 파헤치고 다니는 동안, 나는 이것이 어떤 회원들은 취약한 피해자고, 다른 이들은 극단적인 여성혐오자들이라고 쉽게 말할 수 없는 문제라는 사실을 깨달았다. 한 사람이 두 경우 모두에 속하는 사례가 꽤 있고 심지어는 일반적이다. 어느 늦은 밤 나는 조명을 켜지 않은 채 침대에 앉아서 유명 인셀 포럼의 새 게시글을 읽고 있었다. 글쓴이는 친구나 다른 가족에게서 아무런 지원도 받지 못한 채 심각한 장애가 있는 부모를 돌보는, 소변과 배설물로 뒤범벅되는 일이 다반사인 자신의 고된 일상을 아주 생생하고 고통스럽게 묘사하고 있었다. 더 나아가 그는 영구적인 상흔을 남긴 어린 시절의 학대와 아들을 의학적으로 치료하기는커녕 체포에 대한 두려움 때문에 상황을 덮어버렸던 부모의 모습을 그렸다. 글쓴이가 안타까워서 나는 마음이 아파왔다. 어째서 그가 온라인상에서 지지와 소속감을 얻을 수 있는 커뮤니티에 들어오게 되었는지, 그가 왜 처절한 외로움을 느끼는지 이해할 수 있을 것 같다는 기분이 들었다.

몇 분 뒤, 나는 똑같은 이용자가 다른 토론에 무심하게 남긴 글을 접하게 되었다. '난 합의된 섹스를 하면 진짜 남자 같은 기분이 들지 않아. 강간은 쾌락과 번식을 위한 알파들의 방식이고, 포이드들도 이걸 알아. 그래서 걔네가 강간당하는 걸 더 좋아하는 거야.'

이건 이데올로기에 피해자가 꼼짝없이 선동당하는 그런 상황이 아니다. 한 명의 인셀이 피해자도 될 수 있고 선동가도 될 수 있다.

방구석에 처박힌 외톨이라는 착각

이런 온라인 커뮤니티에 대해 들어본 적이 있는 소수의 사람에게 그들이 일삼는 독설과 여성혐오에 대한 우려를 제기해보라. 그러면 이런 우려를 일축하는 세 가지 유형의 주장을 접하게 될 것이다. 이 세 주장 모두 흔하디흔하고, 이런 네트워크가 오프라인에서 실제로 위협을 가한다는 생각을 무시한다. 첫 번째 주장은 이런 집단들이 다른 극도로 고립된 비주류 인터넷 커뮤니티들이 그렇듯, 극단적이고 비정상적인 의견을 가진 소수의 남자로 이루어진 소규모 세력이라는 것이다. 첫 번째 주장에서 논리적으로 파생되는 두 번째 주장은 이런 집단의 회원들은 사회에서 동떨어져 있을 가능성이 크므로 오프라인에 충격이나 영향을 거의 미치지 못한다는 것이다. 세 번째 주장은 앞의 두 가정을 근거로 이 집단들은 현실에서 구체적인 위협을 전혀 가하지 못하므로, 따라서 무시하거나 불쌍히 여겨야 한다는 것이다.

안타깝게도 이 세 주장은 모두 틀렸고, 그렇기 때문에 한데 뭉쳐 위험한 현실 안주를 낳고 있다.

인셀 커뮤니티의 크기를 아주 정확하게 가늠하는 건 거의 불가능하다. 각양각색의 웹사이트, 포럼, 하위 집단을 모두 아우르는 공식적인 데이터베이스도, 이 다양한 사이트의 이용자들이 어떤 식으로 중첩되는지 확실하게 판별할 방법도 없다. 하지만 이 운동이 사람들이 이야기하듯 무시해도 상관없는 '몇 안 되는 괴짜들'보다 훨씬 크다는 건 자신 있게 말할 수 있다. 가장 인기 많은 인셀 웹사이트의 일부 회원들, 적극적인 이용자들, 게시글의 수를 살펴보는 건 빙산의 일각을 훑는 것과 다를 바 없지만(꼭 회원이 아니더라도 이런 포럼들을 둘러보고 글을 읽을 수 있으므로 이런 사이트들은 조회 수가 대단히 높을 가능성이 크다), 규모를 짐작하는 데 약간은 도움이 된다.

이 글을 쓰는 시점에 가장 인기 많은 인셀 웹사이트 중 하나는 35만 개 이상의 스레드와 300만 개의 게시글, 그리고 9000명의 회원을 자랑한다. 또 다른 웹사이트에는 8500명의 회원과 약 200만 개의 게시글, 8만 7000개의 스레드가 있다. 이 사이트는 회원 수가 약 6000명이고 스레드가 4만 5000개였던 이전 사이트를 2018년 중반에 도메인명을 바꾸고 재단장한 곳으로, 이런 커뮤니티들의 빠른 증가 속도를 어느 정도 가늠할 수 있게 해준다.

이제는 많은 회원이 다른 웹사이트와 포럼으로 떠나긴 했지만 한때 (구체적인 사안은 별도의 페이지 또는 '서브레딧'에서 다루는 인기 있는 인터넷 토론 포럼인) 레딧Reddit은 인셀 커뮤니티의 초기 배양실 역할을 한 곳 중 하나다. 가장 활동이 왕성한 서브레딧 중 하나는 가입자가 4만 명이었는데, 한 이용자가 체포되지 않고 강간을 저지르는 방법을 물어보는 스레드를 올리고 난 뒤 여성 대상 범죄를 조장한다는 이유로 2017년 11월에 폐쇄되었다. 하지만 회원이 10만 명인 한 서브레딧을 비롯한 다른 인셀 커뮤니티들은 여전히 레딧에 남아 있다. 페이스북에서 제일 큰 인셀 그룹에는 매달 약 2000명의 회원과 약 700개의 새로운 게시물들이 추가된다. 또 다른 대형 인셀 포럼에는 1만 명의 고정 게시자들과 73만 개의 게시글이 열거되어 있다. 남성의 신체적 외형을 향상시키는 방법에 대한 인셀들의 토론에 주력하는 한 사이트에는 605명의 회원과 8만 3000개의 게시글, 5000개의 스레드가 있다. 자기들 입으로 '픽업아티스트 커뮤니티를 공격'하는 데 주력한다고 말한다는 점에서 지금은 없어진 인셀 웹사이트 PUAHate와 살짝 유사한 또 다른 사이트에는 약 1만 명의 회원과 100만여 개의 게시글이 있다.

이 수치들과 여러 사이트와 포럼 간에 회원이 어느 정도 중첩되리란 점을 고려하면, 인셀 커뮤니티의 크기는 보수적으로 잡아도 몇만 명의 회원을 보유하고 있을 것으로 추정된다. 물론 공식적으로 가입하지 않고 몸을 숨긴 채 이런 사이트를 들락거리며 구경만 하는 사람들은 논외다. 그리고 이렇게 아주 잘 알려진 사례들 외에도, 더 작은 블로그와 토론 그룹, 웹페이지는 셀 수 없을 정도로 많다. 물론 우리가 이야기하는 건 소수의 남자지만, 이건 작은 숫자가 아니다. 이들은 몇 안 되는 왕따들로 이루어진 고립된 집단이 아니다.

인셀 등의 매노스피어 집단을 연구해온 전략대화연구소Institute for Strategic Dialogue의 프로젝트 관리자 제이컵 데이비Jacob Davey는 나와 만난 자리에서 이것은 '초국가적인' 운동이라고 강조했다. 데이비는 가장 큰 인셀 커뮤니티는 미국에 근거지를 두고 있지만, 영국 한 나라에서만 (인셀뿐 아니라 이 책에서 살피는 다른 집단들을 아우르는) 매노스피어의 규모가 1만 명에 달할 수 있다고 추정한다. 이 운동이 극소수의 괴짜들 모임이라며 일축하는 건 잘못이라는 또 다른 증거라고 할 수 있다.

그다음으로 이 남자들과 그들의 생각이 오프라인에서는 충격이나 영향을 거의 주지 못한다는 주장을 살펴보자.

2018년 3월, 활동가와 저널리스트들이 웹사이트 인셀로칼립스Incelocalpyse의 콘텐츠 일부를 호스팅 회사인 드림호스트에 신고한 뒤 이 사이트는 온라인에서 퇴출당했다. 이 사이트에는 강간을 지지하는 스레드들과 아동 포르노에 대한 묘사들이 적나라하게 들어 있었다. 이 홈페이지의 상단 배너에 당당하게 적힌 이 사이트의 슬로건은 '우리가 제일바이트jailbaits♦를 우리의 강간 노예로 만드는 날'이다. 이들은 숫처녀와 십 대를 종종 '제일바이트'라고 부르면서 성적으로 집착한다.

'갈색양진이Leucosticte'라는 필명으로 통하던 이 포럼의 창시자 겸 관리자를 비롯한 일부 이용자들은 스스로를 레이프셀로 규정했다. '갈색양진이'는 '당신이 여자의 동의하에 섹스할 수 있다 해도, 여전히 계집애들을 강간하고 싶어 해야 한다' '아버지와 딸의 근친상간은 그 어느 때보다 요즘 합리적이다' 같은 제목의 스레드를 올렸다. '염산 테러는 평등을 이루는 위대한 수단이다'라는 제목의 게시글도 있었는데, 여자들은 '못생겨서 불구가 된' 듯한 기분이 어떤 건지를 배워야 한다는 내용이었다.

인셀로칼립스는 소아성애자를 위한 은밀한 공간도 제공했다.

이런 커뮤니티의 회원들, 특히 '너 자신이 강간할 자격이 있다고 느끼도록 정신을 고양하는 방법'('잊어서는 안 된다: 문제는 페미니즘이고 해결책은 강간이다')이라는 제목의 3300단어짜리 소론을 쓰기도 했던 '갈색양진이' 같은 특히 더 열정적이고 집착이 강한 사람들은 흔히 대중 사회에 영향을 미치는 건 고사하고 거기에 거의 참여하지도 못하는 광기 어리고 고립된 패배자로 일축당하곤 한다.

하지만 이후 '갈색양진이'는 37세의 회계사이자 버지니아의 의원 후보인 네이선 라슨Nathan Larson임이 밝혀졌다.

♦ 　　　　정확히는 동의 여부와 관계없이 성관계를 했을 때 법에 저촉되는 연령의 여성을 일컫는 말.

라슨은《허프포스트》와의 인터뷰에서 자신이 인셀로칼립스 웹사이트 소유자고, 아버지와 딸의 근친상간에 대한 글을 썼다는 사실을 인정했다. 라슨은 자신이 온라인에 쓴 글과 전혀 거리를 두지 않고 인터뷰에서 이렇게 말했다. "많은 사람이 정치적 올바름에 신물을 느끼고 그 굴레에서 벗어나고 싶어 합니다. 잃을 게 전혀 없는 아웃사이더가 기꺼이 사람들의 속마음을 이야기할 때 사람늘은 더 좋아하죠." 다시 말해서 그는 자신의 관점이 표를 끌어모으는 데 큰 도움이 될 거라고 주장했다. 라슨은 아돌프 히틀러를 영웅으로 칭송했을 뿐 아니라 정치 캠페인에서 '다른 남자들의 자식을 위한 학교, 복지, 다른 지원 때문에 세금을 내도록 강요'하는 건 부당하다고 주장하면서 인셀을 노골적으로 지지했다. 또한 라슨은 '여자를 처음에는 아버지의, 그리고 나중에는 남편의 재산으로 분류하는 시스템으로 전환해야 하기' 때문에 여성폭력방지법Violence Against Women Act을 폐지해야 한다고 주장하기도 했다. 이 정치 지망생이 작성한 다른 온라인 게시글 중에는 '아내가 허락 없이 머리를 짧게 잘랐거나 다른 중대한 반항을 했을 경우 남편이 아내를 목 졸라 죽이는 처벌을 할 수 있어야 한다'도 있었다. 잠재적인 유권자들이 자신의 관점에 어떤 반응을 보일 것 같냐는 질문에 라슨은 트럼프의 성공에서 고무받은 듯 이렇게 말했다. "트럼프 같은 인물에 동의하지 않는 많은 사람도 … 어쨌든 기득권층에게 냉대를 받는다는 이유로 그런 사람들에게 투표할 수도 있습니다."[5]

수천 명의 남자가 우글대는 커뮤니티 안에는 당연히 실업자나, 자발적으로 사회와 거리를 두는 사람이 있을 것이다. 인셀을 다루는 극소수의 언론 보도는 주로 이런 사람들에게 초점을 맞추고 이들을 사회적 왕따와 은둔자로 그린다. 하지만 돈을 잘 버는 직장에 다니는 사람, 우리 사회에서 영향력과 직업을 가진 사람들, 또는 라슨처럼 공직에 출마한 사람들도 많을 수 있다.

2018년 6월, 미국의 기술 투자자이자 레딧의 전임 CEO 엘런 파오Ellen Pao는《와이어드》의 한 기사에서 '인셀 중엔 기술 산업과 공학 분야에 종사하는 사람이 흔하고' 그래서 '기술 플랫폼과 직장 커뮤니티를 활용해서 자신들의 생각을 퍼뜨리고, 신입들을 끌어들이고, 직장에서 이런 생각을 실행에 옮기는 법을 이들에게 가르칠' 수 있다고 경고했다. 파오는 기술이 '이런 혐오집단에서 커리어로서, 그리고 무기로서 중요한 역할을 한다'고 말하면서, 자신은 기술 고용인과 임원들로부터 이들 집단이 기술 산업에 어떻게 침투하고 있는지에 대한 '일일' 보고서를 받는다고 덧붙였다. 또한 파오는 인셀들의 온라인 게시글을 근거로 인용하면서 이렇게 지적했다. '인셀 포럼에서 그들은 자신들이 기술에 기여한다며 자신감을 드러낸다. 네트워크 인프라를 유지하는 자신들이 없으면 이 세상이 무너질 거라고, 자신들이 없으면 자기 회사가 망할 거라고 농담한다.'[6]

하지만 인셀의 오프라인 영향력은 기술과 정치 같은 우리 일상에 영향을 미치는 영역에서도 그 물리적 존재감과 직업에만 국한되지 않는다. 이들의 생각과 언어가 온오프라인 모두의 다른 커뮤니티들과 이데올로기 집단에 침투하고 영향을 미치는 방식을 보면 인셀의 파급력이 얼마나 큰지 실감할 수 있다. 이런 집단들 속에는 일종의 낙수효과가 있어서, 인셀 웹사이트에서 씨앗처럼 시작된 어떤 신화나 편견이 대안우파나 남성권리운동가를 통해 배양되고 무럭무럭 자라나다가 결국 더 넓은 주류 사회의 의식 속으로 스며들게 된다. 이 과정은 이어지는 여러 장에서 추적할 것이다. 따라서 우리는 인셀의 생각이 음지에 머물러 있다는 이유만으로 인셀 커뮤니티를 무시해서는 안 된다.

그래서 인셀에 대한 마지막, 그리고 어쩌면 가장 일반적인 방어는 이런 식이다. 그들은 온라인상에서 울분을 터뜨리는 좌절한 남자들이고, 표현의 자유는 불가침의 영역이며, 웹사이트와 포럼의 여성혐오적인 생각들은 오프라인에서 실제로 피해를 유발하지는 못한다.

인셀, 총을 들고 거리로 나오다

2014년 5월 23일, 22세의 엘리엇 로저Elliot Rodger는 샌타바버라 캘리포니아대학교 캠퍼스 인근의 알파 파이 여학생 클럽회관으로 차를 몰고 가서 문을 두드렸다. 아무런 대답이 없자 그는 주변의 여학생들을 향해 총을 쏘기 시작했다. 로저는 세 여학생을 쏘았고, 그중 두 명은 목숨을 잃었으며(22세의 캐서린 브린 쿠퍼, 19세의 베로니카 엘리자베스 바이스), 나머지 한 명은 부상을 당했다. 이 총격을 시작으로 로저는 피해자를 향해 총을 쏘거나 일부러 차로 치어서 총 6명을 살해하고 14명에게 상해를 입히는 기나긴 살인 난동을 벌였다.[7]

이 사건은 무작위적이거나 충동적인 결정이 아니었다. 여학생 클럽회관으로 차를 몰고 가기 전 로저는 유튜브에 '엘리엇 로저의 심판'이라는 영상을 올렸다.

영상에서 "안녕, 난 엘리엇 로저야"라고 말문을 연 그는 이렇게 선언한다. "내일은 심판의 날, 내가 복수를 하는 날이야." 이어서 그는 여성에 대한 자신의 불만을 늘어놓고 자신과의 성적 접촉을 거부한 여성들을 처벌할 계획을 설명한다. "나는 외로움과 거절과 충족되지 않은 욕망을 견디며 살아야 했어. 이게 다 계집년들이 나한테 전혀 끌리지 않았기 때문이야. 계집년들은 다른 남자들한텐 애정과 섹스와 사랑을 퍼부으면서 나한테는 절대 안 그랬어." 로저의 어조는 하소연과 분노 사이를 오락가락하지만 ("난 아직도 동정을 못 뗐어. 이건 거의 고문이야… 나는 외로움 속에 썩어 문드러져야 했어. 그건 공평하지 않아.") 여성을 직접 언급할 때는 훨씬 어두워진다. 로저는 자신의 행동이 그런 상황의 원인으로 작용했을 가능성에 대해서는 전혀 언급하지 않음으로써, 인셀 이데올로기의 전형적인 특징을 보여준다.

> 어째서 너희 여자애들이 나한테 끌리지 않는지 모르겠지만, 그래서 나는 이제 너희 모두를 응징할 거야. 이건 부당한 범죄라고. 너네가 어째서 내 매력을 알아보지 못하는지를 모르겠거든. 나는 완벽한 남잔데 너희는 나 같은 최고의 신사가 아니라 이 온갖 재수 없는 남자들한테 아양을 떨지.

로저는 웃으면서 "너희 모두를 응징할 거야"라고 선언하고 이렇게 말을 이어간다.

> 심판의 날에 나는 샌타바버라 캘리포니아대학교에 있는 제일 핫한 여학생 클럽회관으로 들어가서 그 안에서 내 눈에 띄는 모든 타락하고 건방진 금발 잡년들을 도륙할 거야. 내가 그렇게 탐내던 계집년들을 전부. 걔네는 내가 자기들한테 성적으로 접근하기만 하면 모두 나를 거절

하고 열등한 남자라도 되는 것처럼 깔봤어. 그 재수 없는 짐승들한테는 아양을 떨면서.

로저는 자신의 폭력 행위를 여성혐오와 직결시키고, 그것을 알파 수컷으로서 자신의 지위를 지키기 위한 수단으로 자리매김한다. "너희 모두를 도륙할 생각을 하니 얼마나 기쁜지 몰라. 결국 너희들은 내가 진짜로 우월한 존재, 진짜 알파 수컷이라는 걸 알게 되겠지." 그는 다시 웃는다.[8]

유튜브는 로저가 처음에 올린 영상을 삭제했지만, 복사본이 여러 차례 이 사이트에 업로드되었다. 이 글을 쓰고 있는 시점에 확인한 한 영상은 조회 수가 150만 회가 넘고 좋아요가 1만 회에 달한다.

살인난동 마지막에 총구를 자신에게 돌린 로저는 자신이 쓴 10만 7000단어짜리 선언문을 가족들과 과거의 친구, 지인들에게 이메일로 보내기도 했다. 이 선언문의 제목은 '나의 뒤틀린 세상: 엘리엇 로저의 이야기'였다. 이 글에서 로저는 자신의 불행과 외로움을 '인간 암컷들이 내 안에 있는 가치를 보지 못한' 탓으로 돌렸다.

로저가 사망한 뒤 그가 인셀들이 자주 드나드는 포럼에 많은 게시글을 올렸던 것으로 드러났다. 로저는 자신의 선언문에서 그 사이트를 '바로 나처럼 섹스에 굶주린 남자들로 가득한 포럼'이라고 묘사했다. 그는 자신이 온라인에서 급진화된 경험을 섬뜩할 정도로 차분하게 상세히 설명했지만, 스스로는 그걸 그렇게 인식하지는 않았다.

> 거기에 있는 사람들은 여자들이 무엇에 매력을 느끼는지에 대한 자기만의 이론이 있고, 나처럼 여자를 증오한다. (…) 그 사이트에 있는 게시글들을 읽다 보면 여자들이 실제로 얼마나 사악하고 퇴폐적인지에 대해 내가 가지고 있던 이론들이 맞는다는 확신이 들 뿐이었다. (…) 그것은 사악한 여자들 때문에 이 세상이 얼마나 황량하고 잔인한지를 보여준다.

로저가 온라인에 올린 게시글들은 전형적인 인셀 이데올로기를 압축적으로 보여준다. 한 게시글에서 그는 여자의 정신은 '완전히 진화하지 않았다'고 적었다. 웹사이트 PUAHate에는 이렇게 썼다. '언젠가 인셀이 자신들의 참된 장점과 쪽수를 깨닫고, 이 억압적인 페미니즘 체제를 전복할 것이다. 여자들이 당신을 두려워하는 세계를 상상하기 시작하라.'

로저의 선언문을 보면 그가 주요 인셀 웹사이트에서 가장 흔한 주장들에 크게 영향받았음이 분명하게 드러난다. 그는 이렇게도 썼다.

> 섹슈얼리티 뒤에 있는 궁극의 악마는 인간 여자다. 얘네들은 섹스를 부추기는 주요 행위자다. 얘네는 어느 남자는 섹스를 하고 어느 남자는 못 하는지를 통제한다. 여자들은 결함이 있는 피조물인데, 나는 얘네에게 부당한 대우를 받으면서 이 슬픈 진실을 깨닫게 되었다. 얘네들의 뇌는 아주 비틀리고 잘못된 방식으로 배선되어 있다. 얘네들은 짐승처럼 생각하고, 실제로 짐승이다.

로저의 온라인 급진화는 극단적인 인셀 이데올로기로 이어졌고 이는 오프라인에서 대규모 여성혐오 폭력을 저지르는 결과로 직결되었다.

그 후 얼마 되지 않아 토론토의 어떤 작은 서점에서 잡지를 뒤적이다가 로저의 살인난동 기사를 읽은 알라나는 자신이 15년 전에 만든 커뮤니티에서 무슨 일이 벌어졌는지를 깨닫고는 가슴이 철렁했다.

로저는 여성혐오라는 명백한 동기를 가지고 대규모 폭력 행위를 저지른 첫 번째 남자도, 마지막 남자도 아니었다. 그리고 인셀과 다른 매노스피어 커뮤니티와 직접적으로 관련이 있는 유일한 사람도 아니었다. 실제로 샌타바버라 대학살에 대한 경찰 보고서는 로저의 노트북을 조사해본 결과 검색 기록 중에 조지 소디니 George Sodini 에 대한 내용도 있었다고 밝혔다.

2009년 8월 4일, 48세의 시스템 분석가 조지 소디니는 펜실베이니아 콜리어타운십에 있는 LA피트니스센터의 여성 에어로빅 수업에 들어갔다. 조명을 끈 그는 총 두 자루를 꺼내 세 명의 여성을 살해하고 다른 9명에게 상해를 입혔다.[9]

그 사건 이후 소디니는 인셀과 일부 매노스피어에 직접 관련된 픽업아티스트 커뮤니티의 회원임이 드러났다. ABC뉴스에 따르면 '경찰은 현장에 있던 소디니의 가방에서 타이핑된 두 개의 메모를 발견했는데 모두 여성에 대한 극도의 좌절과 우울감을 드러낸 것이었다.'[10]

총격이 있기 전 9개월 동안 소디니가 썼던 블로그의 글은 이런 질문으로 시작한다. '왜 이런 거야?? 어린 계집애들한테? 아래 글을 읽어봐. 내 생각과 행동을 포함한 운영일지를 기록해놨어.'

이 블로그는 소디니의 뿌리 깊은 여성혐오를 드러내 보인다. 심지어 그는 1984년 이후로 여자친구가 없었다거나 1990년 이후로 섹스를 하지 못했다며 한탄했다. 로저처럼 소디니는 자신이 아닌 다른 남자들과 잠자리를 하기로 선택한 젊고 매력적인 여자들에게 집착했는데, 흑인 남자들에게 끌리는 '젊은 백인 갈보년'도 여기에 속했다. 그는 매노스피어 커뮤니티에서 전형적으로 나타나는 비틀린 논리로 자신이 싱글로 지냈던 햇수와 '매력적인 싱글 여자의 숫자에 대한 자신의 개략적인 추정치'를 가지고 기묘하고 과장된 결론을 도출했다. '3000만 명의 여자가 나를 거부했다. … 나는 내키는 대로 뭐든 요구하는 매력적인 여자들에게 아무런 빚이 없다.'[11]

로저가 대학살을 벌이고 한 달이 채 안 됐을 때, 영국의 십 대 벤 모이니한Ben Moynihan이 2014년 6월부터 7월까지 한 달간 세 차례에 걸쳐 포츠머스에서 세 여성을 칼로 찔러 살해하려는 난동을 벌였다. 모이니한의 유죄가 확정된 뒤 이런 말이 담긴 그의 일기가 발견되었다. '나는 복수를 위해 주로 여자들을 살해하려고 계획 중이다. 여자들이 나를 이렇게 살도록 만들었으니까. 난 아직도 동정을 떼지 못했다. … 내가 어자들을 공격하는 건 어자들이 인간 중에서 더 약한 쪽이라고 믿으며 자랐기 때문이다.'[12] 모이니한은 인셀 이데올로기의 모순을 정확하게 드러내며 이렇게 적었다. '나는 모든 여자애가 잡년이라고 생각한다. 요즘에는 여자애들이 남자들한테 까탈을 부려서 우리 같은 남자애들한테는 기회를 주지 않는다.' 공격을 감행하는 동안 모이니한은 경찰에게 이렇게 적은 편지를 보내기도 했다. '모든 여자는 죽어야 하고 그 다음에는 내가 여자들 눈알을 후벼 파면 좋겠다.' 로저와 아주 비숫하게 모이니한의 컴퓨터에서 발견된 동영상에서 모이니한은 이렇게 선언했다. '나는 아직도 동정을 떼지 못했다. 다들 나보다 먼저 떼는데. 그게 너희가 내 목표물로 선택된 이유다.' 모이니한에게 선고를 내리면서 판사는 '당신의 컴퓨터에 있는 내용은 충격적이면서도 섬뜩하다'고 말했다. 하지만 그 이상의 자세한 내용은 대중에 공개되지 않았다.[13] 그런데도 영국의 언론 가운데 모이니한과 로저 사이의 연관성을 지적하는 보도는 거의 전무했디. 두 사건이 불과 몇 주 간격을 두고 벌어졌는데도.

2015년 10월 1일, 26세의 대학생 크리스 하퍼머서Chris Harper-Mercer가 엄프콰커뮤니티대학의 한 강의실에 들어가서 학생들을 강의실 가운데로 몰아넣고는 7명을 총으로 쏴 죽인 후 자신도 목숨을 끊었다. 또 다른 피해자 한 명은 나중에 병원에서 숨을 거뒀고 그 외에도 8명의 학생이 상해를 입었다.

하퍼머서는 자신이 여자친구도 없는 숫총각이라고 한탄하는 내용이 담긴 선언문을 남겼다. 또한 로저를 '엘리트'이자 '신에 가까운' 인물로 여긴다고 거론하며 이렇게 덧붙였다.

> 다른 사람들이 내 외침을 듣고 실행에 옮기는 게 나의 희망이다. 나도 한때 너희처럼 사회에서 거부당한 패배자였다. 계집애들이 알파 폭력배 흑인 남자들과 놀아날 때 우린 모두 이 세상이 뭔가 잘못되었다고 의견을 모을 수 있다. 나 같은 착한 사람이 혼자인데 사악한 흑인 남자들이 질 약탈자처럼 전리품을 얻는다는 건 공평하지가 않다.

하퍼머서는 이런 경고를 남겼다. '그리고 바로 나 같은 다른 사람들이 있을 것이다. … 우리는 당신의 아들, 당신의 형제고, 우리

는 모든 곳에 있다.'

익명의 법률 집행관은 《USA투데이》에 하퍼머서가 "'베타보이스'라는 온라인 커뮤니티에 어느 정도 연루된 것으로 보인다"고 말했는데, 이 이름은 일반인을 폭력적으로 살육하는 인셀 판타지를 묘사할 때 사용되는 '베타 수컷' '베타 봉기' 같은 인셀 용어와 대단히 가깝다.[14]

2016년 7월 31일, 셸던 벤틀리Sheldon Bentley라는 보안요원이 캐나다 에드먼트 중심가의 한 골목에서 자고 있던 노숙인 남성의 복부를 발로 차서 살해했다. 판결 전 보고서에서 벤틀리는 자신의 행동이 부분적으로는 4년간의 '비자발적인 독신 상태'에서 비롯된 좌절과 스트레스 때문이라고 주장했다.[15]

2017년 12월 7일, 21세의 주유소 노동자 윌리엄 애치슨William Atchison은 학생으로 위장해 뉴멕시코 아즈텍고등학교에 들어가서 권총으로 학생 두 명을 쏴 죽인 뒤 스스로 목숨을 끊었다. 뉴스 웹사이트 《데일리비스트Daily Beast》는 애치슨이 온라인 필명 중 하나로 로저의 이름을 사용해서 온라인상에서 활발히 활동했다고 보도했다. 남부빈곤법센터의 보고서에 따르면 애치슨은 온라인 게시글에서 로저를 '최고의 신사'라며 칭송했다.[16]

2018년 2월 14일, 19세의 퇴학생 니콜라스 크루즈Nikolas Cruz는 플로리다 파크랜드의 마저리스턴맨 더글라스고등학교에서 발포를 해서 17명을 죽이고 17명에게 상해를 입혔다. 이 대학살은 대량총격과 총기폭력에 반대하는 기대한 학생운동으로 이어졌다. 크루즈는 로저의 선언문에 관한 유튜브 영상에서 '엘리엇 로저는 기억에서 사라지지 않을 것'이라고 논평했다.[17] 크루즈가 이 학교에 재학 중인 어린 여성을 수차례 스토킹했던 사실이 나중에 밝혀졌다.[18] 또한 사귀던 여성이 그와 결별을 선언하자 이 여성을 누차 위협하고 괴롭혔다고 전해졌다.[19]

2018년 4월 23일, 25세의 소프트웨어 개발자 알렉 미내시언 **Alek Minassian**은 고의적으로 행인을 노리고 캐나다 토론토의 노스욕 시티센터 지구에서 렌트한 밴을 과속으로 운전해 10명의 목숨을 빼앗고 16명에게 상해를 입혔다. 이 공격 직전, 나중에 미내시언의 것으로 확인된 한 페이스북 계정에 이렇게 적힌 게시물이 올라왔다. '비공개 (모집) 미내시언 보병대 00010, 포챈 병장에게 알려주기 바람. C23249161. 인셀 반란이 이미 시작되었다! 우린 모든 채드와 스테이시를 타도할 것이다! 최고의 신사 엘리엇 로저 만세!' 이 공격에서 목숨을 잃은 사람은 여성 8명, 남성 두 명으로 미내시언의 피해자 중 다수가 여성이었다. 경찰은 나중에 미내시언을 체포한 후 면담한 영상을 공개했는데, 영상에서 미내시언은 자신이 인셀이라는 점을 강조하며, 자신은 온라인상에서 급진화되었고 이데올로기의 이름으로 응징을 감행했다고 말한다. 미내시언은 '나는 내가 최고의 신사(이는 로저를 일컫는 또 다른 표현이다)라고 생각한다' '나는 걔네가 재수 없는 짐승들한테 사랑과 애정을 바쳐서 화가 났다'고 말하며 자신과의 연애를 거부한 여성에 대해 세세하게 늘어놓는다. 그리고 이렇게 덧붙인다. '나랑 똑같이 느끼는 다른 남자들이 인터넷에 여럿 있는 거로 안다'고. 미내시언은 로저처럼 자신의 공격을 '심판의 날'로 묘사했다. 경찰이 그가 살해한 10명의 죽음에 대해 어떤 감정을 느끼는지 묻자 미내시언은 '내가 사명을 완수했다고 생각한다'고 대답했다.[20]

2018년 11월 2일, 40세의 스콧 베이얼**Scott Beierle**은 플로리다에 있는 탤러해시 핫요가스튜디오에 들어가서 6명의 여성에게 총을 쏴 두 명을 살해하고 스스로 목숨을 끊었다.[21] 총격 이후《버즈피드》는 여성을 '잡년' '창녀'라고 묘사하고 소녀들의 '집단적인 배반'을 토로하는 동영상을 비롯해, 여성혐오적이고 인종주의적인 혐오가 가득한 베이얼의 유튜브 채널을 공개했다. 그는 인셀들이 그렇듯 다른 인종과 연애하는 여성들을 '혈족'에 대한 배신이라고 성토했다. '내 여성혐오주의의 재탄생'이라는 제목의 영상에서는 자신과의 데이트를 취소한 여자에 대해 '걔 머리 가죽을 벗길 수도 있었다'고 말했다. '남자 청소년들의 고난'이라는 또 다른 영상에서 베이얼은 로저를 언급하며 '엘리엇 로저의, 아무것도, 어떤 사랑도, 그 어떤 것도 얻지 못한 … 상황'에 놓이는 것은 '이 갈망과 이 좌절을 양산하는 끝없는 황무지'라고 주장했다.

2019년 콜로라도 덴버에 거주하는 27세의 크리스토퍼 클리어리Christopher Cleary는 여성의 행진women's marches이 예정된 바로 그 날 유타에서 체포되었다.[22] 당국에 따르면 클리어리는 자신의 페이스북 페이지에 이렇게 적었다.

> 나는 27세고 이제까지 한 번도 여자친구가 있어 본 적이 없다. 나는 아직도 동정을 떼지 못했고, 그래서 곧 공공장소에서 총질을 해서 다음번 대량총격범이 될 생각이다. 나는 죽을 각오로 눈에 띄는 대로 많은 여자애를 죽임으로써 나를 거절했던 모든 여자애의 잘못을 바로잡을 것이다.

2019년 6월 3일, 20대 중반의 알렉스 스타브로폴로스Alex Stavropoulous는 캐나다 온타리오에서 버스를 타고 홈디포 매장에 가서 만능 칼을 구매했다. 그런 뒤 주차장으로 나와서 칼을 꺼내 들고 유모차에 탄 아기와 어린 딸을 데리고 있는 한 여성이 시야로 들어올 때까지 기다렸다. 스타브로폴로스는 이들을 공격해서 여성의 목동맥을 절단하고 아기에게 상해를 입혔다. 지나가던 사람들이 스타브로폴로스를 제압하고 출혈 속도를 늦춘 덕에 이 여성은 병원으로 급히 이송되어 목숨을 건졌다. 스타브로폴로스는 나중에 경찰에게 이렇게 말했다. '나는 백인 여자들에게 화가 났다. 나는 백인 여자를 좋아하는데 그들은 나와 떡을 치려 하지 않는다. 그래서 (여자아이를 죽이는 것이) 어떤 느낌인지 알고 싶었다.' 그리고 '나는 따먹어 보지 못했다'라는 말도 했는데 이는 자신이 인셀임을 드러내는 표현이었다.[23]

2019년 7월 17일에는 텍사스 댈러스에서 전술복 차림의 한 남자가 소총과 탄창 여러 개를 들고 계획적인 총격으로 보이는 범행을 저지르기 전에 경찰의 총에 맞아 치명상을 입었다. 22세의 브라이언 아이작 클라이드Brian Isaack Clyde로 밝혀진 이 무장 남성은 경찰과 교전을 벌이기 전 연방 법원의 문을 향해 총격을 가했다. 클라이드의 페이스북 페이지는 곧 있을 공격에 대한 경고를 암시하는 글과 인셀에 대한 언급과 밈들로 가득했다.[24]

2020년 2월 24일, 한 17세 소년이 토론토의 한 마사지 가게에 마체테 칼을 들고 가서 24세의 애슐리 노엘 아르자가Ashely Noell Arzaga를 살해하고 또 다른 여성을 찔렀다. 경찰은 나이 때문에 이름을 밝힐 수 없는 이 용의자가 인셀 커뮤니티를 보고 충동을 느껴서 범행했다는 증거를 발견했다. 형사들은 인셀의 여성혐오가 살인의 주요 동기가 되었다고 확신하여, 원래 1급 살인으로 기소했다가 용의자에게 테러 혐의까지 적용했다. 놀랍게도 이 사건은 알려진 사례 가운데 당국이 인셀의 공격을 테러 범죄로 다룬 유일한 사례다. 이는 유사하게 극단주의적인 동기가 분명하게 드러났던 미내시언 사건에 대한 캐나다 당국의 태도와 극명하게 대조를 이룬다.[25]

2020년 6월, 23세의 콜 카리니Cole Carini가 손이 절단되고 파편에 상해를 입는 등 심각한 부상을 입고 버지니아의 한 의료원을 찾았다. 그는 그 부상이 예초기 사고 때문이라고 주장했지만 당국은 카리니의 집 안에서 폭탄 제조 장비와 핏방울을 발견했다. 사제 기폭장치를 만들다가 다친 것으로 추정할 수 있는 상황이었다. 그의 집에서 발견된 손글씨 메모에는 이렇게 적혀 있었다.

> 그는 치명적인 물건을 재킷에 숨기고서 쇼핑몰을 태평하게 걸었다. 그는 그 일을 하고 있었고 꼭 해야만 한다는 확신이 있었다. 그가 아무리 죽는다고 해도 이 성명서는 그만한 가치가 있었다! (…) 그는 이제 화끈한 치어리더들의 무대에 접근했다. (…) 그는 굳게 마음먹었다. 나는 물러서지 않을 거야, 내가 어떤 영웅이 될지라도 나는 결과를 두려워하지 않을 거야, 나는 엘리엇 로저가 했던 것처럼 성명서를 남길 거라고 그는 혼자 생각했다.[26]

여자라서 죽은 게 아니다?

이 남성들은 노골적인 여성혐오 이데올로기를 바탕으로 대학살을 실행하거나 시도한 최초의 인물들이 아니다(그리고 여성에 대한 비방을 대량살상으로 연결시킨 유일한 인물들도 아니다. 이에 대해서는 뒤에서 더 자세히 설명할 것이다). 하지만 위의 살인자들(이들이 살해한 사람은 모두 51명이고 상해를 입힌 사람은 69명이다) 모두가 (판사가 관련이 있다는 암시가 담긴 말을 하긴 했지만, 어쨌든 인터넷 활동 기록이 공개되지 않은 모이니한을 제외하면) 이 책에서 다루는 여성을 혐오하는 남자들의 온라인 커뮤니티와 어느 정도 직접적인 관련이 있었다.

이 증거는 인셀 같은 데 관심을 쏟을 필요가 전혀 없다는 생각을 강력하게 반박한다. 인셀은 증오를 연료 삼아 타오르는 여성혐오와 남성우월주의 교리를 의도적으로 확산하고, 무자비한 강간과 여성 살해를 적극적으로 찬성하는, 최소 수만 명에 달하는 강성 회원을 보유한 급진적이고 극단주의적인 운동이다. 이 운동은 연애에 대한 답을 찾는 젊은 남성들을 끌어들이고, 신입들에게 독단적인 이데올로기와 자체적으로 만든 용어를 주입하고, 그 이름으로 살인을 저지르는 자들의 무죄를 주장하며 추앙한다. 무엇보다 인셀은 테러 행위라고 불러 마땅한 일을 저지른, 적지 않은 수의 대량살상범을 양산했다. 그런데도 인셀에 대해 들어보지도 못한 사람들이 대다수라는 것은 솔직히 통탄할 일이다.

우리가 이 위협을 진지하게 여기지 못하게 가로막는 가장 큰 장애물 중 하나는 온라인 세상과 실제 세상을 동떨어진 별개의 영역으로 생각하는 고집스러운 경향이다. 이 둘이 견고한 장벽으로 가로막혀 있다는 듯이 말이다. 이런 생각을 하는 사람들은 온라인에 있는 것은 가상이고 현실이 아니므로 절대적으로 무해하다고 본다. 하지만 인셀의 신념을 가슴 깊이 새기고, 온라인상에서 급진화를 경험하고, 진짜 총알과 칼날을 이용해서 이 생각을 실제로 감행한 살인자들이 오프라인에 미친 영향은 이런 편견이 진실과 얼마나 거리가 있는지를 보여주는 매우 참혹한 증거다.

하지만 사람들 대다수가 인셀을 진지하게 여기지 않거나, 그 존재를 알지도 못하는 이유는 이뿐이 아니다. 어쨌든 우리는 이슬람 극단주의자들처럼 젊은 개종자들을 유혹해서 왜곡되고 편향된 신념의 이름으로 폭력을 저지르게 만드는 다른 형태의 온라인 급진화의 위협은 재빨리 파악하고 조치를 한다. 인셀이 등한시되는 이유 중 하나는 그들의 표적이 여성이라는 데 있다. 우리는 인터넷은 고사하고 오프라인에서 여성을 대상으로 벌어지는 폭력을 진지하게 여기는 일이 좀처럼 없고, 장난이니 농담이니 하면서 쉽게 웃어넘긴다. 어떤 무슬림 공격자가 온라인 급진화를 거쳐 길을 가던 백인을 차로 덮치면 언론 보도와 정치 논평가들은 즉각 우리에게 그 관계에 대해 경보를 울리고, '테러'라는 단어가 재빨리 신문 1면을 장식하며, 살인범의 이데올로기와 온라인 행적이 모두가 볼 수 있도록 낱낱이 까발려진다. 남성이 노골적인 여성혐오 때문에 살인을 저지를 때는 이렇지가 않다. 축소 보도된 이런 유의 공격에 대해 들어본 적 있는 사람들조차도 범인이 명백하게 밝힌 의도에 대해서는 거의 알지 못한다. 그리고 그러는 동안 인셀 커뮤니티는 조용히 성장하고, 새로운 사람들을 충원하고, 승리에 도취한다.

로저의 대학살 이후 언론 보도는 뒤죽박죽이었다. 일부 매체가 인셀 집단과의 연관성을 보도하거나, 범인이 직접 밝힌 여성혐오라는 의도를 인정하긴 했지만, 많은 경우 이 연관성을 깡그리 무시하거나 누락시켰다. 여자를 혐오하는 남자들이 자행하는 살인이 대중에게 전달되는 방식을 살펴보면, 사람들이 그런 살인 이면의 극단주의적인 의도를 거의 알지 못한다는 사실이 당연하게 느껴진다. 로저의 대학살 이후 머리기사는 이런 식이었다. '캘리포니아 주행 중 차량의 총격: 엘리엇 로저 샌타바버라대학교

인근에서 6명 살해'[27] "캘리포니아 총격 '대량살상'으로 총격범 포함 7명 사망"[28] "캘리포니아 '대량살상'으로 '정신장애가 있는' 남성에게 7명이 살해되다"[29] 로저의 선언문이나 동영상을 명확히 인용한 머리기사나 카피를 통해 언론이 그의 극단주의적인 여성혐오 콘텐츠를 인지했음을 짐작할 수 있는 상황임에도, 기사는 다른 요소들을 다루는 데 치중하느라 이런 내용은 완전히 무시할 때가 많았다. "〈헝거게임〉 조감독의 아들, 22세, '더 나은 삶을 사는 사람들을 완전히 절멸'하겠다고 맹세"가 단적인 예다.[30] 뉴스 기사들은 총격을 '미친놈의 행각'으로, 로저를 '정신적으로 심각한 문제가 있는' 인물로 묘사한 샌타바버라 카운티의 보안관 빌 브라운의 말을 인용했다. 사건 직후에 발표된 뉴스 보도에서조차 주류 매체들은 로저 아버지의 변호사 앨런 시프먼의 말을 인용해, 몇 주 전에 경찰이 로저를 면담했을 때 "그는 '완벽하게 예의를 갖췄으며 친절하고 경이로운 인간'임을 확인"했다고 보도했다.[31]

몇몇 미디어 채널은 살인사건들이 성별과 관련 있다는 생각에 대해 노골적으로 의문을 제기하거나 거부했는데, 가령 《포브스》의 한 기사는 이 생각이 '심각한 일반화고 심판을 향한 너무 성급한 돌진'이라고 주장하면서 로저는 '남성과 여성 모두'를 혐오했다고 덧붙였다.[32] 수많은 매체가 로저의 정신질환을 언급했는데, 물론 이 역시 그의 행동에서 적지 않은 역할을 했을 것이다. 하지만 그는 공식적으로 특정 정신질환을 진단받지 않은 채 정신과 진료만 받고 있었다. 그런데도 논의는 총기규제나, 로저가 여자뿐 아니라 많은 수의 남자 역시 죽이거나 상해를 입혔다는 사실에 주로 방점을 찍었다.

《타임》의 한 기사는 우리 사회에 여성혐오가 존재한다는 사실을 인정하면서도 이런 생각이 로저에게 미쳤을 수도 있는 잠재적인 영향을 과소평가하며 '대량살상을 저지르는 범인들은 고립감을 느끼므로, 이들이 사회적 트렌드에 부응했을 가능성은 낮다'고 적었다. 오프라인의 고립은 남성들이 인셀 같은 온라인 커뮤니티의 회원이 되는 가장 큰 이유 중 하나라는 점에서 이는 현실과 대단히 동떨어진 주장이다. 다른 이들처럼 이 글을 쓴 사람은 일반적으로 대량살상범들이 '화가 나 있고, 억울해하고, 정신적으로 아픈 개인들'이라고 묘사하면서 정신건강 문제로 몰아가려 했다. 하지만 이와 정반대로 무슬림 테러리스트들을 '정신적으로 아프다'고 표현하는 일은 거의 없다.[33]

로저가 극단주의적인 여성혐오 때문에 그런 일을 저지른 게 아니라고 이렇게까지 단호하게 주장하려면 그가 남긴 많은 증거를 의도적으로 오독하거나 누락해야 한다. 이런 점에서 샌타바버라의 아일라비스타 경찰 보고서 요약본에 여성혐오에 대한 언급이 거의 없다는 사실은 놀랍다. 보고서 자체가 로저의 일기 내용과 선언문을 인용해가며 광범위하게 표현된 여성혐오적인 의도를 제시하고 있다는 사실을 감안하면 상당히 예상 밖이다.

> 나는 신이 되어서 타락한 여자들과 모든 인간을 벌할 것이다. (…) 나는 지구상에 있는 여자들을 모조리 죽일 수는 없지만 파괴적인 한 방을 날려서 모두의 그 사악한 심장이 덜덜 떨리게 만들 수 있다. 나는 여자라는 성별에서 내가 증오하는 모든 것을 상징하는 바로 그 계집애들을 공격할 것이다.

로저는 첫 권총을 구입한 직후 이렇게 적었다. '권총을 손에 넣고 나서 내 방으로 들고 오니 새로운 힘이 솟는 기분이다. 이제 나는 무장을 했다. 이제 알파 수컷이 누군지 알겠냐, 쌍년들아?'[34]

그렇다, 로저는 남자 하우스메이트들도 살해했다. 뉴스 매체들은 그의 의도가 순전히 성별과 관련된 것은 아니라는 주장의 근거로 이 사실을 거론한다. 하지만 로저 자신은 살인을 저지르기로 한 결심을 이런 식으로 설명했다. '이 첫 단계는 내가 힘들어하는 동안 즐거운 성생활을 했던 남자들 모두에 대한 나의 응징을 상징할 것이다. 내가 힘들었던 것처럼 걔네를 힘들게 하면 공평해질 거다. 결국 나는 동점을 만들 것이다.'

그렇다, 로저는 나중엔 남성을 비롯한 여러 무리의 사람들을 겨냥했지만, 이때도 역시 이 행동을 자신과 섹스하지 않은 여성에 대한 분노라는 프레임으로 바라보았다. '나는 특히 외모가 출중한 사람들, 모든 커플을 겨냥할 것이다. … 감히 여자애들이 내가 아니라 다른 남자들한테 사랑과 섹스를 갖다 바치다니.'

살인범들이 극단주의적인 여성혐오라는 동기를 분명하게 밝힌 다른 대량살상에 대한 보도에서도 이런 패턴은 동일하게 나타난다. 미내시언이 '인셀 봉기'라는 이름으로 10명을 살해하고 16명에게 상해를 입혔을 때 머리기사는 "토론토의 밴 운전사 '완전한 대학살Pure Carnage'에서 최소 10명 살해"였고, 관계자의 말을 이런 식으로 인용했다. "그들은 운전자의 행동이 의도적인 것 같긴 하지만 테러 행위는 아닌 듯하다고 말했다. 토론토 경찰서장 마스 선더스는 '도시는 안전하다'고 말했다."[35] 서장이 이런 말을 한 것은 미내시언이 경찰 조사에서 온라인 급진화와 인셀이 공격 동기라고 분명하게 진술한 뒤였다.[36]

그리고 하퍼머서의 선언문에 대한 보도는 수차례 그것이 인종

80

주의적이었다고 묘사했지만(그렇다, 인종주의는 많은 인셀 선언문에서 그렇듯 분명한 특징이다), 여성혐오에 대한 언급은 일절 없었다. 그의 글을 '인종주의적이고 사회적인 혐오를 신봉한다'고 묘사했을 뿐이다.

이런 살상 행위에 여성혐오라는 동기가 있다는 명백한 사실을 제대로 짚어내지 못한다면 어떻게 이 끔찍한 폭력의 물결과 맞서 싸울 수 있을 것인가?

결국 토론토 밴 공격 이후 일부 미디어들은 미내시언이 로저를 언급한 일과 여성혐오라는 살인 공격의 동기가 직접적으로 관련이 있다는 사실을 알아차리기 시작했고, 그러면서 매노스피어와 인셀에 대해 '설명'해주는 온라인 영상이 봇물처럼 쏟아져 나왔다. 하지만 이런 영상들조차도 진보적인 온라인 매체에 국한될 때가 많았고, 주류 신문들이 이 문제를 다룬다 해도 아주 가볍게 언급할 뿐이었다. 그리고 이런 경우마저도 저항이 있었다.《내셔널포스트》의 한 기사는 인셀과 살인 공격의 관련성을 지적하는 사람들이 '미숙하고' '역효과를 초래'한다고 비난했다. 기사는 그 공격이 피해자의 성별과 관계가 있다 해도 공포가 더하거나 덜해지는 건 아니라고 주장했다.[37]

물론 모든 큰 집단에는 괴짜와 극단주의자들이 있기 마련이라고 주장하는 것도 가능하긴 하다. 한 개인의 폭력 행위가 집단 전체를 반드시 대변하는 것도 아니고, 그 커뮤니티 소속이기 때문에 빚어진 일이라고 단순히 넘겨짚을 수도 없다. 실제로 위의 사례 대부분에서 정신건강 문제, 유년기의 학대, 순탄치 않은 가족사 등 살인범의 행위에 일정하게 기여했을 수도 있는 다른 여러 요인이 있었다. 하지만 정신건강 문제를 겪거나, 유년기 학대에서 살아남았거나, 가족 붕괴를 경험한 사람들이 모두 대량의 인명을 살상하는 폭력을 저지르는 것은 아니다. 그리고 이런 일은 성별을 가리지 않고 벌어지는데도, 어째서 범인들은 유독 남성들뿐인지 이런 요인들로는 설명하지 못한다.

우리의 영웅적인 살인자

사건이 벌어지고 난 뒤 이런 커뮤니티 내에서 살인범들의 행각을 대하는 태도를 봐도, 이 살인범들과 그들의 범행이 이들이 들락거렸거나 언급했던 온라인 커뮤니티와는 완전히 별개라는 주장은 받아들이기 어렵다. 인셀 웹사이트와 포럼에서는 살인범의 이름을 칭송하고 영웅으로 떠받들고 추앙하는 일이 다반사다. 회원들은 살인범들을 마치 광신도처럼 숭배하면서 다른 사람들에게 이들을 모방하라고 적극적으로, 반복적으로 부추긴다. 한 게시물은 '인셀 혁명은 멈출 수 없다. … 심판이 있으리라'라고 선언하기도 했다.

아일라비스타 대학살 이후 '엘리엇 로저의 팬들'이라는 이름의 서브레딧이 발 빠르게 만들어졌다. 그 직후 레딧이 금지하긴 했지만 말이다. 로저가 자주 드나들었던 포럼인 PUAHate에서는 그의 행동을 칭찬하며 그를 '영웅' '인셀의 왕'으로 묘사하고 그의 죽음을 '잘자요사랑스러운왕자님'이라며 애도하고 '이제는 인셀이 주류다, 인셀의 분노, 인셀의 테러는 정당하다'고 떠들어대는 댓글이 이어졌다. 로저와 이 포럼의 연결고리가 드러나자 사이트는 폐쇄되었다.

하지만 그렇다고 해서 다른 인셀 커뮤니티들이 로저를 우상화하는 걸 막지는 못했다. 이제 그의 이름 머리글자만 딴 ER은 여성 혐오라는 대의의 순교자를 의미하게 되었다. 'ER하러 가다_{go ER}'라는 말은 인셀 대학살을 자행한다는 뜻으로 널리 쓰이게 되었고, 그 외에도 다른 단어들과 결합해서 같은 의미로 쓰인다. 많은 게시글이 포럼 회원들에게 'hERoes'가 되자고 부추긴다. 로저에 대한 게시글들은 대개 이런 식이다. '그는 꿈처럼 살았고, 전사처럼 죽었다.' 시간이 지나도 로저를 향한 뜨거운 팬심은 가라앉을 줄 모른다. 오히려 광신도 같은 숭배는 증가하고 있다. 한 이용자는 이렇게 적었다. **'인셀들이 봉기한다, 우리는 채드의 자리를 차지하고, 훌륭하게 지배할 것이다, 엘리엇 로저 만세.'** 다른 게시글들은 그를 '예언자' '순교자'라고 부른다. 잔잔한 배경음악이 흘러나오는 가운데 주로 소프트포커싱 효과를 준 로저의 이미지가 나타났다가 사라지는 방식으로 구성된 한 유튜브 영상은 조회 수가 5만에 가깝고 좋아요가 295개다.

인셀 포럼에서 떠받드는 대량살상범은 엘리엇 로저만이 아니다. 마저리스턴맨 더글라스고등학교 총격 사건 이후 언론에서 크루즈가 자신을 거절한 여학생을 스토킹해왔을지 모른다는 주장을 제기하자 인셀로칼립스 게시판에서 회원들은 그 사건을 놓고 토론을 벌였다. 한 이용자는 '그 쌍년이 매를 벌었네. 크루즈가 걔네를 죽였다니 기쁘다'고 적었고 다른 이용자는 맞장구를 치며 이렇게 말했다. '맞아. 멍청한 잡년들은 남자를 거절하면 강간하거나 바로 죽여버려야 해.' 이런 포럼들을 수 개월간 연구하며 내가 목격한, 인간 이하의 여성혐오 가운데 아마 가장 극단적인 사례는 다음과 같은 게시글일 것이다. '이 불쌍한 남자가 살인 전에 그 계집애를 강간했어야 하는데, 그래야 그년이 자기가 거

절했던 남자가 아직 자기 몸 안에 있다는 걸 느끼면서 죽어갔을 테니까.'

인셀 커뮤니티의 회원들은 미내시언이 '인셀의 성자 반열'에 올랐다고 말하며 발 빠르게 그 역시 새로운 영웅으로 칭송하고 갈채를 보냈다. 한 회원은 '18~35세 사이의 젊은 여자들로 밝혀진 피해자 한 명당 맥주 한 잔씩 축하주를 마셔야지'라는 게시물을 올렸다. '알렉 미내시언. 그 이름을 퍼뜨려라, 우리의 대의를 위해 그가 희생했음을 알려라, 그를 경배하라, 그는 우리의 미래를 위해 자기 목숨을 버렸나니'라고 덧붙인 이용자도 있었다.[38]

그러는 한편 하퍼머서에 관한 밈에는 총을 들고 있는 그의 사진과 함께 '머서는 자비가 없어No Mercy from The Mercer'라는 섬뜩한 글씨가 쓰여 있다. 그리고 벤틀리가 노숙인 남성을 잔인하게 살해하고서 비자발적인 독신으로 지낸 탓이라는 궤변을 늘어놓은 뒤 포럼 이용자들은 이 사건을 놓고 광분하며 토론을 벌였다. 댓글은 이런 식이었다. '느낌이 오나 형제들이여? 때가 되었다' '그들한테 ER하러 갈 때다' '어째서 포이드한테 그러지 않았던 거야?' '대신 여자한테 그랬어야지' '이걸 보고 나만 흥분되는 거야?' '베타 수컷 혁명의 때가 왔다. ER하러 가자.'

인셀과 뚜렷한 연결고리가 없는 대량살상이 일어날 때도 인셀 커뮤니티에서는 범인이 자기 중 한 명일지 모른다는 생각에 들떠서 다 같이 게거품을 물며, 살인자를 칭송하고, 범행 수법을 놓고 갑론을박을 벌이면서 희생자 수를 더 늘리거나 더 많은 희생자가 여성이었을 것이라는 아이디어를 교환한다.

이 글을 쓰는 동안 나는 실시간으로 폭력을 이렇게 예찬하는 모습을 신물 나도록 보고 또 본다. 아르자가가 살인을 저질렀다는 뉴스가 보도될 때 나는 인셀 포럼 회원들이 그것을 '좋은 소식'이라고 표현하면서 '값진 어떤 것도 잃어버리지 않았다'고 주장하고 '그 여자는 스파에서 일하니까 스테이시일지 모른다'고 추측하는 모습을 본다. 한 커뮤니티 회원은 살인범을 일컬어 이렇게 쓴다. '그리고 그 남자는 오른손에는 총을, 왼손에는 칼을, 그리고 발밑에는 자기가 사냥감이라고 부르는 숱한 쓸모없는 창녀들을 밟고서 평안하게 잠들기를.'

위의 인용문들은 다양한 인셀 커뮤니티의 드넓은 흐름 가운데 일부 사례에 불과하고, 대놓고 인셀 살인범 '숭배'라는 목적 아래 추가로 만들어진 웹사이트들이 있다는 사실까지 감안하면 이런 폭력적인 남성들의 행동이 전체 인셀 커뮤니티와 무관하다는 주장은 받아들이기가 힘들다.

사실 하퍼머서의 총격 사건이 있기 전날, 한 익명의 포럼 이용자가 이 공격의 상세한 계획을 온라인에 밝히며 이렇게 적었다. '너희는 걱정 안 해도 돼. 북서부에 산다면 내일은 학교 가지 마.' 이 익명의 계정과 하퍼머서의 연관성은 확인되지 않았지만, 이 인물이 온라인 친구들에게 자신의 살해 의도를 차분히 경고해두려는 살인범이었을지 모른다는 강력한 증거가 있다. 이에 대한 다른 회원들의 반응은 할 말을 잃게 만들었다. 한 이용자는 그 게시글을 올린 인물이 '여학교를 타깃으로 삼고 싶을 수 있다'고 주장하면서 가장 좋은 무기에 대해 조언했다. 또 다른 이용자는 전술적인 조언을 하면서 이런 말을 남겼다. '최후의 수단으로 벨트 안에 칼을 가져가는 게 좋겠어.' 단순한 반응도 있었다. '우리를 자랑스럽게 만들어봐.' 한 이용자는 이렇게 덧붙였다. '우리를 위해 싹 다 죽여버려.'

이 계정이 실제로 하퍼머서의 것이었든 아니었든, 인셀 커뮤니티에서 어떤 사람이 살인을 저지르겠다고 선언했을 때 회원들이 반응하는 방식을 보면, 모든 인셀 커뮤니티를 똑같은 부류로 취급해서는 안 된다는 주장은 설득력이 크게 떨어진다. 이 스레드에 참여했던 사람 중 누구든 법 집행기관에 이 사실을 신고했더라면 8명의 생명을 살렸을지 모른다. 그래서 이 커뮤니티가 개별 회원의 행동에 절대적으로 아무런 책임이 없다는 주장을 완전히 받아들일 수 없는 것이다. 하지만 이는 흔한 돌림노래다. 한 포럼 이용자가 아일라비스타 대학살의 배후에 로저가 있다는 사실을 깨닫고 그의 온라인 게시글을 경찰에 알려야 하지 않느냐는 글을 올렸을 때 다른 이용자는 이렇게 대꾸했다. '하지 마. 뭔 일이 일어나든. 우린 아무 짓도 하지 않았어. 그러니까 일어날 일은 그냥 일어나게 내버려 둬.'³⁹

취약한 남자들에게 혐오가 스며드는 방식

매노스피어 자체가 여성을 뭉뚱그려 거칠게 일반화한다는 사실을 고려하면 인셀들이 자기들을 싸잡아서 다 같은 부류로 취급해서는 안 된다며 성토하는 건 다소 모순적이기도 하다. 단적으로 인셀 포럼에서는 '여자는 다 그런 식all women are like that'이라는 표현을 워낙 많이 쓰다 보니 아예 AWALT라는 축약어가 숱한 게시물에 남발된다.

그럼에도 불구하고 인셀 커뮤니티의 수많은 회원이 해결책과 지원이 필요한, 진짜로 슬프거나 외롭거나 우울한 남자들이라는 데는 의문의 여지가 없다. 예를 들면 인셀 포럼의 이용자명은

'ugly creep'부터 'ugly as fuck' 'fat virgin guy' 같은 식이다.

대부분의 게시물은 도와달라는 외침으로 읽힌다. '내가 자연의 변종 같다는 기분이 한 번씩 든다'라는 제목의 한 스레드는 정력적이고 우월한 남성성에 대한 사회의 고정관념이 무능함과 수치심이라는 감정에 어떻게 기여할 수 있는지를 보여준다. '섹스를 하는 건 남자가 되는 과정, 그리고 인간이 되는 과정의 일부다. 때로 나는 내가 인간도 아닌 거 같다는 기분이 든다. 따먹어 본 적이 없으니까.' 한 무리의 이용자들 역시 자존감이 워낙 바닥인 데다 왜 그래야 하는지 알 수가 없어서 머리를 거의 감지 않거나 옷을 빨지 않는다는 사실을 늘어놓고 유대감을 형성한다. 또 다른 남성은 자신이 '밧줄질'(자살을 뜻하는 인셀 용어)을 하지 않은 유일한 이유는 가족의 크리스마스를 망치고 싶지 않기 때문이라고 적는다.

동료들을 위해 성 노동자에게 가서 동정을 잃은 경험을 설명하는 유튜브 영상에서 한 인셀은 부드러운 목소리로 말한다. "유혹당한다는 기분은 좋더라고… 실제론 그런 건 아니었지만… 처음으로 그런 기분을 느껴본 거라서 좋았어." 그리고 이렇게 덧붙인다. "그냥 섹스가 중요한 게 아니었어, 난 거기서 친밀감을 배우고 싶었던 거야."

흐름을 거스르려고 적극적으로 시도하는 소수의 인셀 회원들도 있다. 로저를 영웅으로 칭송하는 게시물에 대한 반응으로 한 포럼의 이용자는 '엘리엇 로저는 살인자다. 걘 나쁜 인간이야. 폭력은 항상 틀린 거라고'라고 적었다.

1990년대 말 초기 인셀 커뮤니티 가운데 일부에서 활동했던 예전 회원들은 그 사이트가 데이트 조언과 대처 전략을 나누고 문제를 알리는 혼성의 포럼이었다고 설명한다. 오늘날에도 알라나가 처음에 의도했던 것과 같은 성격을 띤 커뮤니티가 한 귀퉁이에 소규모로 존재한다. 800여 명의 회원을 보유한 페이스북의 한 '펨셀 지지 그룹femcel support group'은 스스로를 비자발적인 독신으로 규정하는 여성들을 위해 안전한 공간을 제공하고, '혐오 없는 인셀'이라는 한 서브레딧은 '긍정적이고 유익한 커뮤니티'라며 자부심을 뽐낸다. 하지만 이들은 인셀로스피어incelosphere의 주류에 비하면 한없이 작을 뿐이다.

알렉스로 위장해서 인셀계에 몸담았던 경험에서 가장 당혹스러웠던 것은 취약하거나 고통에 빠진 남성들의 게시글을 보는 일이었다. 대부분 호르몬이 야기한 십 대 특유의 불안이라는 전형적인 격류에 휘말린 어린 소년들로, 그들은 그 속을 헤쳐나갈 조언을 찾다가 어쩌면 외부의 영향에 가장 취약한 바로 그 순간, 사이비 과학과 엉터리 통계로 치장한, 대단히 비틀리고 여성혐오적인 관점과 비극적으로 조우한다. 그 모습을 나는 숱하게 목격했다.

특히 대량살상 사건이 벌어질 때면 한 번씩 등장하는 인셀 집단에 대한 온라인 기사에는 분명하게 양극화된 두 부류가 있다. 한쪽에서는 인셀 커뮤니티를 여성 대상 폭력을 조장하는 대단히 폭력적이고 여성혐오적이며 위험한 집단으로, 다른 한쪽에서는 어떤 운동에나 존재할 수 있는 극소수의 썩은 사과 때문에 싸잡아서 욕을 먹지만 실제로는 불쌍하고 외로운 남자들의 모임이라는 식으로 묘사한다. 누구도 제대로 직시하지 못한 것 같지만 사실 두 이야기 모두 맞다. 가장 극단적인 이데올로기의 폭력적인 언어에 오래 노출되다 보면 다른 회원들 역시 가랑비에 옷 젖듯

감각이 둔해지고 빨려 들게 된다. 그리고 어쩌면 이 조합이 가장 폭발력이 있는지도 모른다.

안타깝게도 젊은 남성들이 인셀 커뮤니티에 애착을 느끼고 거기서 소속감과 정체성을 얻게 되면 사고와 온라인 발언이 점점 과격해지면서 관계를 끊어내기가 점점 힘들어질 수 있다. 스쿼럴은 이렇게 설명한다.

> 그들이 스스로를 인셀로 규정한다는 것은 인셀을 넘어서려면 자신을 지지한다고 느끼는 유일한 커뮤니티를 잃게 된다는 뜻입니다. 그들은 너무 극단적이어서 되돌리거나 물러서기 힘든 말을 뱉어요. 그들은 어떤 기준으로 봐도 커뮤니티라기보다는 광신도예요.

스기우라 박사 역시 급진화의 위험성을 경고하며 이런 커뮤니티들이 어린 남성들에게 가할 수 있는 잠재적인 피해를 깊이 우려한다.

> 확산하고 전파되는 메시지들과 담론들은… 그들은 새로운 사람을 끌어들이려고 자기들의 사고방식, 자기들의 이데올로기로 사람들을 개종시키려 합니다. 그것은 사회가 시스젠더♦ 이성애 백인 남성에게 어떻게 해왔는가를 완전히 새로운 어휘로 설명하는 그루밍(빨간 알약을 먹은 상태)을 아주 강력하게 시사하죠.

어떤 면에서는 젊은 남성들이 워낙 순수(하고 점진적으로 동화)

♦ 생물학적 성과 실제 성 정체성이 일치한다고 여기는 사람을 일컫는 말.

해서 자기가 발 담그고 있는 커뮤니티의 실체를 인식하지 못할 수도 있다. 토론토 밴 공격 이후 예기치 못하게 국제적인 미디어의 조명을 받게 된 젊은 미국 남성 잭 피터슨Jack Peterson은 이런 위험을 잘 보여주는 사례에 해당한다.

피터슨은 2010년 인터넷 커뮤니티 포챈을 처음으로 접했을 때 겨우 열한 살이었다. 그는 여러 해에 걸쳐 차츰 온라인 문화에 빠져들며 광범위한 커뮤니티와 발상들을 발견했고, 그러다가 결국 2016년 레딧을 통해 인셀 커뮤니티를 접하고선 자신을 이해하는 집단을 발견했다고 생각했다. 피터슨은 나와 장시간 통화를 하면서 "인셀이라는 용어를 읽는 순간 그게 나한테 적용된다는 걸 깨달았죠"라고 말했다. 자신이 여성혐오적인 표현에 충격을 받지 않은 것은 이미 유사한 웹사이트에서 6년간 시간을 보냈기 때문이었다고 설명했다.

> 제가 생각하기에, 그렇게 오랫동안 그런 커뮤니티에서 지내다 보면 여성혐오적인 표현에 둔감해지는 거 같아요. 그건 온라인에서 읽는 내용의 평범한 일부일 뿐인 거니까요. 반대로 그런 사이트에 들어가 본 적 없는 애들은 어쩌다가 그런 인셀 커뮤니티를 발견하면 충격을 받을 수 있겠죠. 근데 전 그렇지가 않았으니까, 별로 놀랍지 않았어요.

자신을 이해하고 지지하는 커뮤니티를 발견했다고 믿으며 거기서 자신이 접한 폭력적인 표현에 어느 정도 둔감해진 피터슨은 토론토 밴 공격이 일어나고 살인범 미내시언이 인셀 커뮤니티의 회원이라는 사실을 알았을 때 충격에 빠졌다. 일부 언론에서 인셀이 퍼뜨린 온라인 사상과 그 살인 공격이 관계가 있다는 시각으로 보도하고 있다는 걸 알게 된 피터슨은 화를 내며 자신의 커뮤니티를 옹호하고 나섰고, 그러자 미디어들의 인터뷰 요청이 쏟아져 들어왔다. 외롭고 상당히 고립된, 자존감이 낮은 젊은 남성에게는 흥분되고 강렬한 경험이었다. 물론 지금의 피터슨은 후회를 담아 '나는 카메라를 정면으로 응시할 정도로 멍청한 유일한 사람'이었다고 자조적으로 말한다.

피터슨의 말은 이렇게 채택되어 인터넷 기사와 블로그에 퍼날라졌다. 그는 대학살을 규탄했지만 미디어들이 '인셀 커뮤니티를 잘못 설명'하고 있다고 주장하면서 '인셀이 된다는 건 폭력이나 여성혐오와는 관계없다'는 입장을 피력했다. 미디어가 부각하는 대부분의 극단적인 게시물들은 그냥 음울한 농담이나 비꼬는 말들일 뿐이고, 거기서 중요한 것은 동지애, 상호 지지, 공동체적 감각이라고 피터슨은 힘주어 말했다. 그래서 그다음에 벌어진 일은 피터슨에게 심각한 내상을 입혔다.

피터슨을 향해 욕설과 분노가 쏟아지기 시작했다. 하지만 피터슨의 예상과 달리 그 진원은 주류 언론이나 그 인터뷰를 본 대중이 아니었다. 바로 자신이 옹호했던 인셀 내부였다. 이들은 피터슨이 자신들을 잘못 대변하고 있다며 그들 중 많은 수가 실제 느끼고 있는 여성혐오를 깎아내렸다고 광분했다. "인셀 커뮤니티는 자기들은 음울한 농담을 한 게 아니라 진심이었다면서 나한테 화를 냈어요…. 그래서 내가 자기들 메시지를 희석시켰다면서 분노한 거죠."

피터슨은 그 일이 '내가 예상한 것과는 영 딴판이었다'고 말했다. 그리고 많은 게시물이 '이런 메시지가 거기서 퍼져나가는 건 좋은 일이라고 말하면서' 미내시언을 칭찬하기 시작한 모습 역시 피터슨의 기대와는 완전히 어긋났다. 그런데도 피터슨이 여성혐오라는 신랄한 비난으로부터 인셀을 변호하려 하자 성난 반발이 이어졌다. "그 사람들은 '아니야, 미디어가 우릴 100% 정확하게 그리고 있는 거야, 네가 틀렸어'라고 말하고 있었죠."

피터슨의 입장에서 이야기는 행복한 결말로 마무리되었다. 이 일을 거치며 그와 온라인 커뮤니티와의 안온한 관계가 덜커덕거렸고 미디어, 페미니스트, 대중들의 놀라울 정도로 따뜻한 반응 덕분에 수년간 경험했던 것보다 더 사회적인 상호작용을 용감하게 상대할 수 있게 되었다. 지난 6년간 두려워하고 욕해야 하는 대상이라고 주입당했던 바로 그 집단(페미니스트, 여성, 일반인)이 갑자기 스스로 가족이라 생각했던 커뮤니티보다 더 따뜻하게 그를 품어주었다. 피터슨은 단시일 안에 인셀 공간에 영영 작별을 고했다.

이제 겨우 스무 살이 된 피터슨은 그 중간에 '여자와 조금 성공한' 적이 있었고 이제는 전반적으로 자신에게 더 나은 기분을 느낀다고 수줍게 인정한다. 하지만 그의 흔치 않은 경험은 미숙한 젊은 남성들이 자신이 어떤 곳에 가입하는지 제대로 알아차리지 못한 채 어떤 커뮤니티에 발을 들이고 그곳을 안전한 피난처로 여기게 될 위험이 있음을 보여준다. 피터슨의 이야기에서 놀라운 반전이 없었더라면 그 역시 점진적으로 둔감해지다가 토끼굴에 깊이 빠져들었을 수도 있었다.

그는 생각을 더듬으며 천천히 말했다. "그 커뮤니티에서 멀어지면서 얻게 된 가장 큰 소득은… 이제는 길거리에 있는 일반 사람들이 생각하는 것처럼 나 역시 그렇게 볼 수 있게 된 거라고 생각해요…. 그런 내용을 매일 들여다보지 않다가 다시 거기로 가서 그 내용을 보면, 그래요, 인셀 커뮤니티가 정상적인 경로에서 얼마나 동떨어져 있는지 분명히 보이죠."

극단주의의 배양실

대부분의 인셀 회원들은 오프라인에서 폭력을 분출한 로저나 미내시언의 경험과 깨달음을 통해 다시 방향을 선회한 피터슨의 경험 사이의 어딘가에 놓여 있을 공산이 크다. 어느 정도 여성혐오 성향이 있었던 사람들은 이런 성향이 공고해질 것이고, 남성이 섹스할 '권리'를 타고난다는 등의 성차별주의적인 생각을 한 번도 해본 적 없는 사람들은 이런 주장을 처음으로 접할 것이며, 현실에서 행동을 감행하는 오락을 소심하게 즐기던 사람들은 다른 사람들의 격려를 받으며 점점 과감해질 수도 있다.

그리고 어떤 면에서 이는 인셀이 우리 사회에 가하는 가장 큰 위협 중 하나일 수 있다. 인셀 공간이 수만의 회원과 팔로워들에게 은근슬쩍 부추기는 행동들을 생각해보자. 머리기사나 신문 1면을 장식하지 못하거나, 인셀 포럼과 관계가 있다는 생각은 전혀 못 할 수도 있지만, 그럼에도 불구하고 이런 증오로 가득한 웹사이트에서 싹트거나 배양된 생각과 충동에서 비롯된 그런 행동들을.

한 남성은 어떤 인셀 포럼에 늦은 밤 어깨너머로 자신을 돌아보는 여자를 뒤따라간, 사소해 보일 수 있는 경험을 글로 남겼다.

즉각 '그 여자를 강간했어야지'라는 반응이 올라왔다.

또 다른 포럼 회원은 이렇게 적었다. '나는 퇴근하고서 주차장에서 여자들을 뒤따라가는 걸 좋아해. 공포에 사로잡힌 여자들을

보면 엄청나게 서거든.'

이용자들은 인셀 집단에 대한 소속감이 여성에 대한 생각과 태도를 어떻게 바꾸었는지에 대한 글을 자주 올리는데, 그들의 지독한 여성혐오와 폭력적인 충동에 대해 동료들은 칭찬하고, 정상적으로 여기고, 두둔할 뿐이다.

한 이용자가 어떤 포럼에 '너네는 인셀이 되고 나서 이상하고 어두운 성적 판타지를 갖게 됐어?'라는 질문을 올렸다. 그의 설명은 이랬다. '난 포이드들이 나를 증오하고, 내 연애 가능성이 거의 제로라는 걸 깨닫고 나서 어둡고 폭력적인 판타지를 가지기 시작했어. 나는 팬티스타킹을 입은 여자를 목 조르는데 … 걔네가 겁에 질려서 축축해지는 생각을 하면 흥분돼.'

다른 이용자는 인셀 커뮤니티의 일원이 되고 난 뒤 성적 취향이 크게 바뀌어서 포이드를 '목 조르고 뺨을 때리는' 판타지가 생겼다고 맞장구쳤다. 또 다른 이용자는 '포이드는 살려달라고 울고 빌어야 제맛'이라고 거들고 나섰다. '이제 내 성적 판타지는 전부 적대적이고 약탈적인 것들 일색이야… 섹스는 폭력의 한 형태일 뿐이라고 생각해'라고 적은 이용자도 있었다.

몇 시간 동안 이런 게시글들을 들여다보면서 나는 남자들이 밤낮으로 인셀 포럼에 죽치고 있을 때 오프라인 삶에 얼마나 많은 영향을 미칠 수 있는지 깨달았다. 그리고 남자들이 일상생활에서 인셀의 사고를 표출하는 일에 대해 털어놓은 많은 이야기가 성적 괴롭힘, 폭행, 학대당하는 여성에 대해 내가 매년 수집하는 수천 건의 이야기들과 어떻게 공명하고 맞아떨어지는지 확인되기 시작했다.

인셀을 놓고 그저 이들이 대규모 폭력 행위를 저지를 가능성만을 문제 삼는다면 핵심을 놓치는 것이다. 지금 가장 큰 문제는 우리가 아무런 질문도 하지 않고 있다는 사실이다.

2

여자를
사냥하는
남자들

"싫어는 싫어라는 뜻이지,
좋아를 의미하기 전까지는."
_다리우시 발리자데('루시V'), 전직 픽업 전문가

"당신 아버지는 도둑인가요? 하늘의 별을 훔쳐서 당신 눈에 박아놓으셨군요."

"건포도 있어요? 데이트는 어때요?"◆

내가 아는 여자들 대부분은 인생에서 한 번쯤 술집에서 처음 보는 사람에게 이런 상투적인 유혹의 말을 한두 마디 들어본 적이 있다. 그러고 나면 보통은 어색한 웃음이 흐를 뿐 로맨틱한 일은 거의 일어나지 않는다. 내 경험 중에서 가장 기억에 남지만 가장 매력이 떨어지는 말은 '혹시 방금 방귀 뀐 거예요? 날 완전히 날려버리다니'였다. 뭐, 나는 그 남자의 옷을 풀어헤쳤고 우린 일주일 뒤에 결혼하긴 했다.

◆　　　데이트(date)는 대추야자라는 뜻도 있다. 동음이의어를 이용한 말장난이다.

'픽업'이라는 말을 들었을 때 사람들은 반사적으로 이런 식의 어처구니없는 예를 떠올린다. 질 낮은 농담 뒤에 자신의 수줍음을 숨기려는 웃긴 남자 내지는 짧은 농담으로 자신의 거부할 수 없는 매력을 뽐내고 싶어 하는 약간 방탕한 바람둥이 같은(시트콤 〈프렌즈〉의 조이를 떠올려보자). 그래서 우리가 할 픽업아티스트 이야기는 이런 농담과 같은 게 아니라는 사실을 먼저 짚어둘 필요가 있다. 남자들이 여자에게 접근하거나, 찬사를 늘어놓거나, 데이트 신청을 하지 못하게 하려는 게 아니라는 뜻이다.

인셀과 픽업아티스트의 공통점

내가 하려는 이야기는 미디어의 보도에 따르면 그 시장이 약 1억 달러로 여러 차례 추산된 바 있는 국제적인 신성장 산업에 대한 것이다.[1] 이 커뮤니티는 얼핏 인셀과는 동떨어진 세계처럼 보일 수 있다. 온라인에서 상당한 공간을 차지하긴 하지만 입문자용 캠프부터 관련 도서, 개인 트레이너에 이르기까지 현실에서도 상당한 비중을 차지하기 때문이다. 이 커뮤니티는 '방탕한 바람둥이'라는 대중문화의 전형이 보호해주는, 대중에게 용인 가능한 수준의 외피 밑에 숨어서 인셀보다 훨씬 느물느물하게 공개적으로 활동한다. 그리고 인셀들이 섹스에 대해 절망하듯 픽업아티스트들은 섹스를 쉴 새 없이 추구한다. 하지만 이 두 집단은 당장 눈에 보이는 것보다 더 많은 공통점이 있다. 두 집단 모두 남성과 여성을 고정관념에 갇힌 협소한 범주로 구분한다. 두 집단 모두 이성애적 섹스를 남성이 도달할 수 있는 최고의 성취로 여기고, 여성을 마치 포르노적인 슬롯머신처럼 남성에게 성적인 쾌락을 제공하는 것이 유일한 목적인 물건으로 취급한다. 차이가 있다면 인셀은 이 기계를 이미 정해진 사회적으로 우월한 소수의 엘리트에게만 일확천금을 안기는 편협한 존재로 여기고, 다른 남자들은 이 기계에 아무리 동전을 넣어도 보상을 받지 못하거나, 애당초 접근하지 못한다고 여긴다는 점이다. 일부 인셀들에게 확실한 해법은 최대한 많은 기계를 파괴하는 것이다. 반면 픽업아티스트들은 충분히 높은 가격을 지불하면 어느 버튼을 누르고 어느 레버를 당겨야 하는지 정확한 비밀의 조합을 배울 수 있고, 이 기계가 고객이 누구건 간에 매번 일확천금을 안기도록 조작할 수 있다고 주장한다. 두 세계관 모두 여성에게는 인간성도, 개성도, 영혼도 없다는 인식에 크게 의존한다. 인셀과 다른 매노스피어 집단들처럼 픽업아티스트들에게는 수많은 약어를 비롯한 자체적인 언어가 있어서 처음 접하는 사람들은 당황스러울 수 있다. 한 유명 픽업 교육 웹사이트는 '당신이 가진 남성으로서의 권력에 눈을 뜨고, 당신이 날 때부터 주어진 권리인 여자들과의 성공을 만끽하라'고 호령한다.

우리가 말하고 있는 이 픽업아티스트 산업은 남자들이 가진 최악의 두려움을 이용하고 약점을 노려서 이들에게 말 그대로 성적 괴롭힘, 스토킹, 심지어는 성폭력을 가르친다. 소위 픽업 전문가들은 수줍음이 많거나 연애에서 별로 성공하지 못한 남자들을 제자로 노리고, 접근에서부터 시시콜콜한 대화 내용, 그리고 섹스라는 육체적인 행위에 이르기까지 성적인 만남의 모든 단계에 철두철미하고 구체적인 지침을 내려준다고 큰소리친다. 문제는 이들이 하는 조언들이 좋게 봐도 대단히 여성혐오적이고 최악의 경우에는 성폭력 설명서로 볼 수 있다는 데 있다. 픽업 커뮤니티

최고의 스타 가운데 일부는 강간을 공개적으로 시인했거나, 사유지에서의 강간을 합법화해야 한다고 주장했던 인물들이다. 이 '전문가들'은 수천 파운드를 받고 자신의 지혜를 다른 남성들에게 전수한다. 가장 섬뜩한 것은 이들의 과정이 대개 매진이라는 사실이다.

'아트'라는 단어는 이들을 설명해주는 꽤 훌륭한 표현이다. 사실 픽업아트라는 표현은 일종의 모순어법이다. 하지만 소위 아트와 자칭 전문가들은 수백만에 달하는 신도들이 그 제단에 엎드려 경배하고, 입문서 내용을 실전에 써먹느라 진땀을 빼고, 교육용 캠프부터 인생을 바꿀 조언을 해주는 세미나에 이르기까지 오만데 거금을 들이는 종교의 경지에 이르렀다.

궁극적인 목표는 AFC Average Frustrated Chump('평범한 욕구 불만의 얼간이'를 뜻하며, 인셀 용어의 베타와 유사하다)에서 MPUA Master Pickup Artist(수석 픽업아티스트)나 PUG Pickup Guru(픽업 전문가)로 진화하는 것이다. 이는 '게임'을 향상시키는 기교와 가르침, 부단한 연습(농락 기법)을 통해 달성한다. 대개는 화려한 옷이나 보석으로 이목 끌기('공작새 전술'), '실전 탐험' 떠나기(여성에게 접근하기), FUGs fucking ugly girls(좆나 못생긴 년들)와 워피그스 warpigs(못생긴 여자들) 피하기, HBs(핫한 아가씨 hot babes, 단단한 몸 hard bodies, 또는 달달한 귀염둥이 hunny bunnies, 종종 10점 만점을 기준으로 점수가 따라붙는다) 겨냥하기, AMOGs Alpha Males Of the Group(알파 수컷들)와 '콕블로커 cockblockers'(친구들)와의 경쟁 피하기, '네깅 negging'(상대가 확신을 갖기 어려운 우회적 칭찬하기) 또는 FTC(상대가 바로 반응할 수밖에 없도록 가짜로 시간 제한 꾸며내기) 같은 기법 사용하기 등이다. 목적은 '종결'('전화번호 종결'부터 '키스 종결' '섹스 종결'까지 범위가 다양한 성공적인 결과)에 이르는 것이다. 하지만 이 목표를 달성하려면 여성의 '쌍년 방패막'(당신을 물리치려는 시도들)과 UFEA 즉, 여자들의 흔한 핑계 모음집universal female excuse archive의 사용 가능성을 극복해내야 한다.

헷갈린다고? 익숙해지게 될 것이다. 그리고 여자들을 약어로 부르는 데 점점 익숙해지면 그들이 사람이라는 사실 역시 잊기 쉬워진다.

이런 많은 용어가 여자들을 글자 그대로 먹잇감으로 표현한다는 사실은 우연이 아니다. 인기 있는 픽업 기법 중에는 BHRR, 즉 물고, 걸고, 줄을 감고, 풀고bait, hook, reel, release가 있고 픽업 시나리오에서 여성을 묘사하는 가장 일반적인 단어는 '목표물'이다. 여성에게 속임수를 써서 성적인 만남을 유도하는 행동은 '게이밍gaming'이라고 한다. 커뮤니티 회원들이 '현장 보고서'(자신의 경험을 온라인에서 공유하는 것)를 쓸 때 이런 단어는 묘하게 초연하고 냉담한 분위기를 자아낸다. 현장 보고서의 대표적인 사례는 이런 식이다. '나는 커피숍에서 두 개짜리 세트를 개시했다. 이들을 HB7 금발과 HB9 파란 눈이라고 부르겠다.' 이 모든 게 사냥하고 많이 비슷하게 느껴진다면 그 느낌이 맞다. 실제로 사냥이니까.

이 커뮤니티를 관찰하는 동안 가장 심란해지는 순간은 내가 아무래도 이곳의 회원들과 개인적으로 접촉한 적이 있었나 싶은 불편한 깨달음이 서서히 밀려오는 때다. '됐어요'를 대답으로 여기지 않고, 대화보다는 공격에 더 가깝게 느껴지는 성적인 '칭찬'을 쏟아내며, 백주 대낮에 거침없이 당신을 따라오던 이상한 모자를 쓴 소름 끼치는 남자가 당신의 기억에 불쑥 떠오른다.

가장 가까운 안전한 장소를 떠올리려고 애쓰며 빠르게 머리를 굴리던 일이, 그 순간에 빨라지던 심박수가, 그 남자에게 따라오지 말라고 이야기할 때 무심한 표정을 유지하려고 안간힘을 쓰던 일이 떠오른다. 예의 바르게, 언제나 예의 바르게, 그 남자가 갑자기 돌변해서 상황이 당신의 통제를 벗어날지 모른다는 두려움 때문에. 무슨 말이든 해서, 심지어는 결국 당신의 전화번호를 넘겨주고 그 순간을 모면하려는 본능이. 나중에 당신이 이제 그만하라고 말했는데도 이 무뢰배가 끈덕지게 전화하고, 문자를 보내고 또 보낼 때 무너져 내리던 그 기분이.

내가 아는 여자들에게 이건 낯선 경험이 아니다. 이런 경험은 당신을 두렵고, 궁지에 몰리게 하고, 지치고, 불안하게 만든다. 나는 공공장소에서 끝없이 이어지는 성적 괴롭힘과의 진 빠지는 전투가 지긋지긋해서(또는 무서워서) 죽을 지경인 전 세계의 여성들이 기록한 일상 속 성차별 프로젝트 경험담과 이메일을 매일 100건 정도 받는다. 그래서 남자들이 이런 기교를 활발히 교육받는 거대한 온라인 세계를 갑자기 발견하면 대단히 우울해진다. 하지만 이건 현실이기도 하다.

혀 빨기의 기술자들

픽업아티스트 커뮤니티의 남자들은 여성을 쾌락의 수단으로, 해결해야 할 문제로, 복종하도록 길들여야 하는 아이로, 또는 훈육이 필요한 강아지로 여기도록 반복적으로 훈련받는다. 여성을 지배하고 통제하려면 이들의 귀찮은 저항을 이겨내야 한다. 그러려면 남자들이 여성을 변덕스럽고 멍청한 존재로 바라보도록 부추겨야 하고, 필연적으로 여성이라는 성별 전체를 어린애 취급하거나 인간 이하로 여겨야 한다. 픽업 전문가 로스 제프리스 Ross Jeffries는 한 교육용 영상에서 "난 여자들이 원하는 게 뭔지 신경 안 써요. 내가 신경 쓰는 건 여자들이 무엇에 반응하는가예요"라고 말한다. 픽업계의 '성경'으로, 수백만 부가 팔린 베스트셀러 《더 게임The Game》에서 닐 스트라우스Neil Strauss는 여성을 '온갖 구멍: 내 말을 듣는 귀, 내게 말하는 입, 나로부터 오르가즘을 쥐어짜는 질'로 묘사한다.[2]

픽업아티스트가 쓰는 용어들은 매노스피어처럼 사이비 과학과 심리학자연 하는 말투를 활용해서, 이 경우에는 여성혐오를 재밌고, 용인 가능하고, 궁극적으로는 바보라도 써먹을 수 있는 섹스용 지침으로 포장한 다음 남자들에게 팔아먹을 수 있는 인상적이고 학술적인 느낌을 풍기는 근거를 만들어낸다. 수천 달러짜리 입문자용 캠프를 제공하는 한 픽업 전문가는 '세포 수준의 심오한 정체성 변화에서 절정에 달한' 집중 연구와 몰두를 통한 자기 변화의 경험을 언급하며 자신의 기술을 홍보한다. 그리고 단 몇천 달러면 당신의 세포 역시 바꿔줄 수 있다고 암시한다.

다양한 웹사이트와 전문가들이 권하는 기법과 조언들은 남성의 외모를 가꾸고 자신감을 향상하는 자기계발 기법부터, 여성의 면전에서 얼쩡거리는 법에 관한 약간 불쾌한 지침들, 심지어는 노골적인 성폭력 권장과 그 세세한 방법에 이르기까지 다양하다.

분명 인셀 커뮤니티처럼 여기에도 여러 부류가 섞여 있다. 한 픽업 전문가의 '혀 빨기 기술'을 읽다 보면 여자 앞에서 긴장을 다스릴 만한 작은 조언을 찾고 있는 불안하고 숫기 없는 남자들임이 분명한 이 전문가의 추종자들이 살짝 안쓰러워진다. 이 전문가는 추종자들에게 이렇게 말한다. "매력적인 여성을 만났을 때는 긴장하고 압도당하는 게 정상입니다. 말이 평소보다 빨라지고 어쩌면 더 가늘어지는 데서 전형적으로 드러나죠. 혀 빨기 기술은 이런 상황에서 우리가 말을 하는 대신 안에서 자기 혀를 빨아서 말을 하지 못하게 막고자 할 때 사용할 수 있습니다."

하지만 여성과의 관계를 개선하고 싶은 진심 어린 희망을 품고 소위 이런 전문가들을 찾았다가 모욕, 헛소리, 비인격화 같은 난처한 세상에 완전히 빠져버리는 취약한 젊은이들의 수를 생각하면 우울하다. 예를 들어 남자는 '여자애가 열 단어를 말할 때마다 끼어들어서' 상대의 균형을 무너뜨리고 자신감을 잃게 해야 한다고 주장하는 한 픽업 전문가의 말을 떠올려보라.

픽업아티스트 기술은 전문가 같은 느낌의 '키노에스컬레이션 kino escalation'(보통은 여성의 동의를 구하지 않고 신체적으로 접촉할 핑계 찾기와 이 접촉의 강도를 높이려고 시도하기)부터 '혈거인처럼 굴기'(성적인 접촉을 공격적으로 고조시키기)에 이르기까지 다양하다. 한 픽업 웹사이트는 '혈거인 작전의 몇 가지 사례로는 여자의 손목 잡기와 여자를 당신 쪽으로 끌어당기기, 그리고 침실에서는 여자를 들어 올렸다가 침대에 내동댕이치기 같은 게 있다'고 조언한다. 이 모든 것이 여성에게 지시를 내리고 통제하는 '알파 수컷'의 기본사항이라는 프레임으로 정당화된다. 픽업아티스트 지망생들은 가장 약한 가젤을 무리에서 떼어놓는 굶주린 사자가 연상되는 말투로, 여성을 친구들로부터 '고립시키는 일'이 중요하다고 배운다. 이걸 보고 나는 일상 속 성차별 프로젝트에 올라온 사연이 곧바로 떠올랐다. 한 연상의 대학생이 여자 신입생에게 "난 널 돌고래라고 여기고, 네가 나한테 넘어올 때까지 널 무리에서 떼어놓을 거야"라고 말했다는. 한 사이트는 친절하게도 이렇게 제안한다. '만일 여자가 저항하면 잠시 외면하며 벌을 줘라, 그다음 이 지침을 반복하라.' 이 말은 고집이 특히 센 래브라도리트리버의 훈련 기법 같다는 인상을 준다. 똑같은 사이트에서는 여성의 머리칼을 '단호하고 위엄 있게 잡아당겨서' 우위를 점하는 '계책'도 권장한다. 혀 빨기 훈련생들은 이런 식으로 조금씩 물들어간다.

이 스펙트럼에서 더 해로운 극단에 있는 픽업 용어로는 '잡년 타도술Anti-Slut Defence, ASD'과 '최후의 저항Last-Minute Resistance, LMR'이라고 알려진 개념이 있다. 이 개념은 (당연히도 가짜 학문에 기댄 방대한 생물학적 논증을 동원해서) 여자가 남자와 섹스하고 싶지 않다는 결론을 내렸을 때, 이는 합리적이거나 타당한 개인적 선택을 하는 게 아니라 생물학적 요구에 속수무책으로 넘어간 거라고 가르친다. 픽업 전문가들의 주장에 따르면 여성의 몸은 아이를 낳다가 죽거나, 아이 아버지에게 버림받을지 모른다는 두려움 때문에 본능적으로 겁에 질려 섹스를 피하게 되어 있다. 대부분의 픽업아티스트들은 여성이 사실 당신을 별로 좋아하지 않을 수 있다는 가능성, 그러니까 그 존재조차 인정하지 못하는 가능성만 아니면 뭐든 주워섬길 준비가 되어 있다. 여성의 '저항'(이는 종종 '허울'이나 '사기'라고 표현된다)을 피해서 섹스를 하게 만들려면 몇 가지 기술만 익히면 된다. '최후의 저항 극복하기'는 픽업 포럼, 세미나, 입문자용 캠프에서 가장 일반적이고 인기 있는 주제 중 하나다. 이게 아직도 무해하고 매력적인 놀이처럼 느껴지는가?

한 인기 있는 포럼의 이용자들은 건드리지 말라고 분명하게 요구하는 여자애의 저항을 '헤치고 나아가는' 방법에 대한 조언을 교환하며 '헐거인은 원하는 걸 쟁취한다'고 덧붙인다. 여기서 공유하는 일반적인 기술은 허락을 구하지 않고 공개적으로 그냥 붙들기다. '당신은 당신이 따라다니는 여자를 힘으로 찍어 누르고' 싶으니까. 한 포럼 이용자는 이렇게 으스댔다. '나는 여자애들을 내 어깨너머로 숱하게 집어 던졌지.'

성적인 상황에서 여성을 조종하거나 강제하는 가장 좋은 방법에 초점을 맞추는 스레드들도 있다. '영계가 삼키게 만드는 법'이라는 제목의 한 스레드에서 이용자들은 정자가 여성의 건강에 좋다는 가짜 뉴스 기사를 교환한다. 이 정보를 가지고 성적 파트너에게 자신의 정액을 삼키게 하거나 '얼굴에 뿌리는 걸' 납득하게 만들 심산으로. '때가 됐을 때 빼내는 걸 잊어버리기와 그냥 안에다 해버리기'처럼 여성의 동의를 그냥 무시해버리는 더 직접적인 방법을 권하는 사람들도 있다. 또 다른 이용자는 이렇게 제안한다. '여자 입이랑 코를 막아버려. 개한테 약을 먹일 때처럼 말야.' 또 개 훈련 비유를 든다.

픽업 커뮤니티의 회원들은 자기들은 연애가 중요하고 인셀과 다르다고 흔히 주장하지만, 여기에도 높은 수준의 폭력적이고 여성혐오적인 콘텐츠가 있다는 건 시사하는 바가 크다.

'임신한 여자애들 후리기'에 대한 어떤 스레드는 당신이 아직 태어나지 않은 태아를 먹여 살릴 거라고 생각하도록 꼬드겨서 여성과 섹스를 하고 난 다음 다시는 연락하지 않는 가장 좋은 방법에 대해 토론한다. 한 포럼 회원에 따르면 임신한 여자를 '게이밍'하는 데 따르는 '이득' 중에는 '감정적으로 취약'해서 조종하기 쉽다는 것도 있다. 또 다른 포럼 이용자는 이렇게 '농담'한다. '한번

은 임신한 영계를 후렸는데 일주일 뒤에 나온 애를 보니까 검은 눈이더라고.'

다른 삶의 영역에서도 픽업아티스트 기술을 이용하라고 남자들을 부추기는 스레드들도 있다. 가령 직장에서 여성의 엉덩이를 움켜쥐라거나 지나가면서 여성의 몸에 대고 성기를 위아래로 문지르라는 식이다.

하지만 픽업아티스트들은 인셀보다는 공개적으로 활동하는 까닭에, 또 이들은 매력적이거나, 재밌거나, 무해한 인물들로 이해되는 까닭에, 미디어에서 발언권을 얻을 일이 훨씬 많다. 그러다 보니 이 두 집단에서 똑같이 유통되는 생각들, 우물 속처럼 깊은 인셀 포럼에서는 전혀 빛 볼 일이 없었을 생각들이 픽업아티스트 대변자를 통해 주류 담론에 한 번씩 불쑥 등장한다. 가령 한 픽업아티스트는《인디펜던트》와의 인터뷰에서 남자는 '전신에 온통 테스토스테론이 솟구치는 상황에서' 섹스를 하려다 마는 것이 신체적으로 불가능하므로 강간을 피하는 건 여성의 책임이라고 설명했다. 그래서 '성공적인 짝짓기에 모든 게 걸린 동물이라는 선천적인 약점 때문에 평균적인 남자는 중간에 그만둘 수 없으므로, 그런 상황은 처음부터 피하는 게 신중한 태도일 것'이라고도 주장했다.[3]

일반적인 픽업 조언에서는 여자를 제압하고 통제하라고, '싫어'는 대답으로 인정하지 말라고, 여성의 저항을 대놓고 무시하거나 피하라고 한다. 한 대표적인 게시글에서는 '누군가를 지배하는 가장 분명한 방법은 무엇인가? 허락을 구하지 않고 신체적인 접촉을 개시하는 것'이라고 말한다. 한 '수석' 픽업아티스트의 블로그에는 '여자는 지배와 권력을 과시하면 흥분한다'고 적혀 있다. 모든 이야기가 미투운동 이후 주류의 의식에 마침내 진입하기 시작한 동의와 관련된 논의에 정면으로 역행한다. 우리가 앞으로 나아가고 있다고 생각하다가 수십만 건의 조회 수, 게시글, 스레드가 있는 이런 포럼을 들여다보면 현실은 기껏해야 한 발 앞으로 나갔다가 여러 발 뒤로 후퇴하는 것이었다는 걸 깨닫게 된다.

이런 강압은 여자들이 진짜로 원하고 필요로 하는 것이므로, (진실을 파악할 능력이 있는지 여부와 무관하게) 거의 이들에게 자비처럼 베풀어야 하는 일로 표현되기 일쑤다. 한 저명한 픽업 전문가는 자신의 웹사이트에 이렇게 적어놓았다. '그 여자에게 필요한 게 아주 조금만 더 밀어붙이는 것일 수 있다는 걸 생각해봐… 상당히 거친 섹스(남자와 연결되기)가 그 여자한테 필요한 걸수도 있어.' 또한 그는 여자의 거절을 무시하라고 주장하면서, 다시 한번 그 여자를 위한 너그러운 제스처로 포장한다. "나는 여자의 첫 '무릎반사' 같은 반응에 굴복하지 않는 게 좋다고 믿는다. 나는 그 여자가 새로운 선택을 할 수 있는, 더 자유롭게 반응하고 다르게 행동할 수 있는 공간을 만들 것이다." 아주 대단한 신사 납셨다.

이런 극단적인 게시글들이 픽업이라고 하는 광범위한 장르를 모두 대변한다고 볼 수는 없다. 하지만 이런 국제적인 커뮤니티 안에서 온라인 팬과 팔로워 수천 명을 거느리고 베스트셀러 책을 내고 '세미나'가 매진되는 몇몇 유명한 남자들이 폭력적이고 여성혐오적인 메시지를 적극적으로 팔고 다닌다는 사실은 단순한 문제가 아니다.

예를 들어 자칭 '데이트 조언의 국제적 선도자'인 줄리언 블랑

Julien Blanc은 2014년 '백인 남자가 도쿄에서 아시아 여자와 떡을 치다(그리고 그 아름다운 방법들)'라는 제목의 영상을 유튜브에 올렸다. 영상에서 방 안 가득 남자들을 모아놓고 세미나 중인 블랑은 청중을 향해 '도쿄에서는 백인 남자이기만 하면 하고 싶은 건 다 할 수 있다'고 말하며 남자들은 여자들에게 "'피카츄'나 '포켓몬'이나 '다마고치' 같은 소리"를 외치며 접근해야 한다고 주장한다. 그는 도쿄의 '길거리에서 난잡하게 놀아나고' '여자를 움켜쥐고' 머리를 자기 사타구니로 밀어 넣을 수 있는 능력을 으스댄다. ("그냥 여자애들 머리를, 그냥, 이렇게, 머리를, 풋, 거시기에다가. 머리를 거시기에 대고 '피카츄' 하고 소리치는 거야.") 그런 다음 길거리에서 여자들의 머리를 자신의 사타구니에 강제로 밀어 넣는 영상을 남자들에게 보여준다.[4]

수많은 매노스피어가 그렇듯 픽업아티스트 커뮤니티는 대단히 문제가 많은 인종주의적 고정관념을 특히 나라별 여성의 '유형'에 대한 터무니없는 일반화를 통해 제시하고, 그들 모두가 비인간적인 고정관념에 들어맞는다는 듯이 말한다(특정 유럽 국가의 여자들은 섹스광이고, 아시아 여자들은 백인 남자들에게 순종한다는 식으로). 가령 어떤 유명 픽업 전문가의 웹사이트에서는 '동양 여자를 꼬시고 싶은 미국 남자를 위한 안내서'를 제공하는데, 이 안내서는 독자들에게 자신은 인종주의자가 아니라며 안심시킨 다음 남자들에게 '의욕적이고, 고분고분하고, 순종적인 동양 영계들의 하렘'을 건설함으로써 '당신이 감당할 수 있는 모든 노랑이와 분홍이를 손에 넣는' 방법을 배울 수 있다고 약속한다. 주제로는 '동양 여자애들을 낚아서 사탕(아니면 포천쿠키!)처럼 먹어치울 수 있는 확실한 방법' '미국 문화에 대한 당신의 완전 우월한 지식을 활용해서 슈퍼맨처럼 보이게 만든 다음 여자가 복종하고, 시중들고, 만족시키려고 애쓰지 않을 수 없게 만드는 법!!(하! 미국 여자애한테 이렇게 해보라고!)' 같은 것이 있다. 그런데 맙소사, 이게 인종주의가 아니라니.

　다른 생각들이 그렇듯 픽업 전문가들이 발설한 이런 생각들이 더 넓은 커뮤니티 안으로, 추종자들 사이로 퍼져나가는 게 눈에 보일 정도다. '무슬림 여자애'와 섹스를 했을 때 좋은 점을 극찬하는 한 픽업 포럼의 스레드에서 어떤 이용자는 이들이 "십 대 시절부터 요리사, 훌륭한 가정부가 되도록 문화적으로 '훈련'되어 있다"고 떠벌린 다음 '유럽 여자애들과 그들의 음탕한 성적 모험'보다는 이들이 낫다고 주장하는데, 최대한 많은 여자와 잠자리를 갖는 게 지상과제인 포럼에 장문의 게시글을 올리는 남자가 하기에는 조금 위선적인 말 같다. 하지만 그가 가장 입이 마르게 칭찬하는 부분은 '남편과의 섹스를 거부하는 건 이슬람 전통과 문화에서는 불법으로 간주'되기 때문에 무슬림 여자애들은 싫다는 말을 할 줄 모른다고 생각하는 자신의 고정관념이다. 이 스레드는 일부 인셀 포럼의 편견을 연상시키는 이슬람혐오와 인종주의로 빠르게 넘어간다. 어떤 이용자들은 이 게시자에게 당신이 무슬림 여자와 잠을 자면 테러리스트가 될 거라고 경고한다. 이런 글도 있다. '난 백인이나 아시아 영계가 좋아. 아무리 죽여줘도 무슬림하고는 절대 얽히고 싶지 않아.'

　이 커뮤니티는 성소수자에게 대단히 적대적이다. 예컨대 한 포럼의 규칙 중에는 이런 게 있다. '여자, 동성애자, 트랜스 금지. 여기선 그들의 의견이나 댓글을 환영하지 않음.' 픽업 전문가들은 레즈비언(그냥 아직 제대로 된 남자에게 '후림'을 당해보지 않았다고 묘사될 때가 많다. 그래서 이성애자 남성들을 향해 이들을 성적으로 괴롭히라며 적극적으로 부추긴다)과 양성애자 여성(이성애자 남성의 성생활에 풍미를 더하는 것이 중요한 존재 이유인, 에로틱하고 성적으로 탐욕스러운 인간으로 설명된다)에 대한 위험하고 편향된 고정관념을 설파한다. 심지어 일부 픽업 전문가들은 이 고정관념을 이용해서 이런 여성과 잠자리를 하는 게 자기 '전문 분야'라고 내세운다. 한 전문가는 신도들에게 '양성애자 여자 하나가 다른 여자들을 당신의 잠자리로 끌어들이게 만드는 법'과 '양쪽에 호기심을 가진 여자들의 실험 욕구를 인정해주는 척하면서 실은 끔찍한 제재 조치로 이런 욕구 탐색 이외의 모든 것을 그 여자가 그만두게 만드는 법!'을 가르쳐준다고 약속한다.

픽업아트의 유구한 역사

픽업이라는 개념은 인터넷이 등장하기 훨씬 전부터 존재했고, 그때부터 여성혐오와 관계가 깊었다. 사실 섹스를 목적으로 한 가벼운 친분을 뜻하는 '픽업'이라는 용어는 제2차 세계대전 중에 미국에서 장병들이 일정치 않은 상대와 섹스를 하거나 성 노동자를 찾지 못하게 함으로써 성병을 다스리고자 하는 그런 선전 포스터들을 통해 대중화되었다. 총 한 자루 밑에 매력적인 젊은 여성들이 몰려 있는 한 포스터에는 '한가득이라고? 그래도 픽업하고는 안 됩니다!'라고 적혀 있다. 또 다른 포스터에는 군복을 입은 세 남자가 선망의 눈빛으로 쳐다보는 가운데 볼우물이 패인 예쁜 아가씨가 미소를 짓고 있다. 그리고 이런 경고 문구가 그림을 가로지른다. "이 여성은 깨끗해 보일 수 있지만, 픽업, '좋은 시간' 아가씨들, 매춘부는 매독과 임질을 퍼뜨립니다. 성병에 걸리면 추축국을 무찌르지 못합니다."

이런 초기의 판본에서조차 픽업이라는 용어에는 여성혐오적인 가설이 이미 깔려 있었다. 어떤 포스터에는 '한 남자에게 굴복한 여자는 아마 다른 남자와도 관계가 있었을 것입니다. 그 여자는 병에 걸렸을 가능성이 큽니다'라고 적혀 있다. 다른 포스터는 검은 머리에 베레모를 쓰고 담배를 피우는 화장이 진한 여성의 그림을 암시하듯 내세우고 그 아래 '이 여자는 골칫덩이일 수 있다'고 적어놓았다.

1960년대와 1970년대에 피임법과 반문화와 성 혁명이 위세를 떨치면서 '픽업아티스트'라는 용어에 있던 사악한 함의가 거의 사라졌다. 독자들이 성적인 관계에서 성공을 거두도록 도와준다고 유혹하면서, 자조와 치유기법을 섞으면 상당한 이득을 챙길 수 있다는 사실을 깨달은 심리학자들이 이 용어를 가져다 쓰기 시작했던 것이다. 심리학자 앨버트 엘리스Albert Ellis와 로저 콘웨이Roger Conway가 1967년에 《에로틱한 유혹의 기술The Art of Erotic Seduction》을 출간하자 뒤이어 1970년에 에릭 베버Eric Weber가 《소녀들을 픽업하는 법!How to Pick Up Girls!》이라는 책을 냈다. 이 초기 안내서들은 오늘날의 활동들에 비하면 상대적으로 유순해 보인다. 가령 인지행동 치료가 대두된 데 큰 영향력을 행사한 인물로 손꼽히는 엘리스는 대중, 특히 여성 앞에서 말할 때 자신을 괴롭히던 만성적인 수줍음과 공포를 어떻게 극복했는지 털어놓은 것으로 유명하다.

물론 사람들이 자신감을 쌓도록 도움을 주는 것은, 심지어는 관계를 맺을 때 긴장하는 사람들이 몇 가지 기술을 배워서 대화의 물꼬를 틀 수 있도록 조언을 하는 것은 전혀 문제 될 게 없다. 진짜 '자신감 코치'나 동의와 존중에 기반한 관계를 지원하는 오늘날의 커뮤니티 회원들도 마찬가지다. 베버는 '내가 결혼해야 한다고 항상 생각했던 유의 여자애들'에게 둘러싸이면 '수줍어지는' 사람이라고 자신을 설명하면서 고풍스럽지만 순수함이 느껴지는 방식으로 책을 쓰게 된 배경을 설명한다. 하지만 성인 잡지 《펜트하우스》에 단 한 번 광고를 하고 나서 1만 달러어치의 구매 주문이 들어온 뒤로 우편을 통해 판매하는 그의 책은 건전함과는 거리가 멀었고, 어떤 면에서 현대의 대다수 픽업 산업의 전조가 되었다.

베버는 길거리에서 매력적인('누가 봐도 군침 도는') 여성을 봤을 때의 경험을 회상하며 이렇게 적었다. '당신은 여자의 가는 다리 이상의 것을 보고 말았다. 그 여자의 멋진 동그란 가슴. 여자의 높고 탄탄한 엉덩이. 순간적으로 당신은 강간까지 고려한다.'

책 전반에서 그는 오늘날의 매노스피어를 깊이 관통하는 생물학적 특성과 성별에 대한 본질주의적이고 이성애 중심적인 사고를 설파한다.

> 당신이 알든 모르든 영계를 꼬실 때 당신에게는 이미 한 가지 유리한 점이 있다. 그건 당신이 남자라는 사실이다. (…) 남자로서 당신이 원할 때면 언제든 여자에게 다가가는 것은 당신의 권리, 당신의 특권이다. 하지만 여자들은 거기 앉아서 그냥 기다려야 한다.

심지어는 길거리에서 한 여성이 자신의 접근을 무시하자 맹렬하게 닦아 세웠더니 결국 그 일장 연설로 '이 여자의 방어막을 허무는 데' 성공한 '친구'의 경험을 신나게 들먹이며, 여자들을 유혹하기 위해 의도적으로 가혹하게 대하는 트렌드와 '네깅' 열풍을 예측하기도 한다.[5]

그의 책은 300만 부 이상 팔렸고 12개 이상의 언어로 번역되었다. 오늘날에도 아마존에서 구입 가능하다.

1970년대와 1980년대에는 픽업아트가 서서히 관심을 얻어서, 소수의 독립 작가와 소위 스승들이 생겼고, 오래가진 못했지만 잡지 《픽업타임스The Pick-Up Times》가 발간되었으며, 로버트 다우니 주니어와 몰리 링월드를 내세운 〈더 픽업아티스트〉라는 영화가 1987년에 개봉하기도 했다(우연이겠지만 2017년 《로스앤젤레스타임스》의 한 폭로 기사는 이 영화의 감독인 제임스 토박James Toback이 38명의 여성을 성폭행하거나 성적으로 괴롭혔다는 혐의를 제기했다. 그 이후 추가적으로 357명의 여성이 그에게 성적 괴롭힘을 당했다며 신문사로 연락을 취했는데, 그 시간적 범위가 40년에 이른다. 토박은 모든 혐의를 부인했고 기소되지 않았는데 가장 큰 이유는 대다수 사건의 공소시효가 이미 지났기 때문이었다).[6]

하지만 우리가 생각하는 현대적인 픽업 커뮤니티의 시작을 알린 사람은 앞서 언급했던 실패한 코미디 작가 로스 제프리스라고도 볼 수 있다. 제프리스는 1987년(전직 심리치료사 R. 던 스틸이 《젊은 여성과 데이트하는 법: 35세 이상 남성용How to Date Young Women: For Men over 35》을 출간한 바로 그해)에 픽업 워크숍을 시작하면서 《침대로 끌어들이고 싶은 여자를 손에 넣는 법How to Get the Women You Desire into Bed》이라는 책을 출간하고, 신경언어학적 프로그래밍으로 '신속 유혹speed seduction' 기술을 만들어냈다고 주장했다. 이 기술은 사실상 여성에게 최면을 걸어서 남자들에게 빠져드는 법을 가르쳐준다고 약속했고, 제프리스는 자신의 웹사이트에 자기 방법이 신경언어학적 프로그래밍과 '에릭슨의 은밀한 최면법, 실바의 마인드컨트롤, 후나Huna♦, 매직Magick♦♦ 등'을 결합했다고 호들갑을 떨었다. 제프리스는 인기와 성공이 날로 고조되자 7개 언어로 된 재택수업 과정과 3000달러짜리 세미나를 제공하며 '따먹지 못하면, 돈 안 받는다'는 유명한 말로 남자들을 안심시켰다.[7]

이 글을 쓰는 시점에 온라인에서 구매할 수 있는 제프리스의 상품 중에는 그의 첫 책과 '고급 신속 유혹 재택수업 과정'(할인가로 179.40달러) 등 수많은 콘텐츠가 있다. 그중 하나인 단돈 19.95달러짜리《꿈의 여자를 찾고, 통제하고, 매혹하라》라는 안내서는 '모든 여자를 조종하고 통제하는' 방법, '어떤 게임이든 할 때마다 여성을 이기는' 방법, '여성을 복종하게 만드는' 방법, 그리고 '당신의 하렘을 싱싱한 얼굴로 채우고 싶을 때 기존 여자를 화나게 해서 제거하는' 방법을 가르쳐준다고 약속한다.

여기서 픽업아트의 주요한 특징이 확인된다. 여성과 관계를 맺는 법을 가르쳐준다면서 정작 남성과 여성 사이에 장벽을 세우는 데 이상할 정도로 집착하고 있다는 점이다. 학생들은 여성의 감정과 욕구를 열린 마음으로 대하는 대신 그것을 무시하고 부정하라고 배운다. 중심은 상호적인 즐거움이 아니라 여성의 선택을 희생시켜 남성의 욕구를 채우는 데 온통 쏠려 있다. 픽업 기술을 배우는 학생들은 자신이 좋아하는 여자를 찾는 게 아니라, 아무

♦ 하와이 토착어로 '비밀'을 뜻하는 단어, 한 뉴에이지 저술가가 고대 하와이의 영적 수련을 지칭하려고 차용한 표현.

♦♦ 형이상학적인 'magic'과는 달리 자신의 의지를 실현하는 데 도움이 되는 일체의 행동.

여자나 찾아내서 자기 입맛에 맞게 그 여자를 바꾸면 된다고 배운다.

가령 어떤 207달러짜리 동영상 패키지는 '당신이 욕망하는 여자에게 안으로부터의 영구적인 행동 변화를 유도하여, 당신이 필요하고, 요구하고, 꿈꾸는 바로 그 에로틱한 사양으로 빚어내는' 방법을 남자들에게 가르쳐준다고 약속한다. 가격이 올라가면 심리학을 가장한 헛소리도 심해진다. 무려 350달러에 달하는 한 동영상 세트는 '상징 분별법' '반대의 나열' '최면 트랜스 기법' 같은 해괴한 기술을 알려준다고 약속한다. 이 모든 게 매우 전문적인 듯 느껴지지만, 알고 보면 제프리스의 초자연적인 능력은 대화 중에 'below me'와 'succeed' 같은 단어와 표현들을 자주 사용해서 여성이 저도 모르게 섹스를 하도록 유도하겠다는 억지 주장일 뿐이다. 이 표현들이 'blow me(나를 빨아줘)'와 'suck seed(정액을 빨아)'와 비슷한 소리가 난다는 이유만으로.

그럼에도 불구하고 제프리스는 말도 안 되게 성공해서 〈닥터 필쇼〉부터 〈더데일리쇼〉 같은 유명 프로그램에 출연하는가 하면 영화 〈매그놀리아〉에서 톰 크루즈의 배역에 영감을 제공하기도 했다. 첫 책이 출간된 지 40년이 지났지만 제프리스의 오래된 웹사이트는 꾸준히 초창기 제품들을 팔고 있고, 번드르르하게 포장된 새 인터페이스를 통해 '여성과의 신속하고 전면적인 성공'을 약속하는 신속 유혹 과정을 온라인으로 제공한다.

픽업 기술의 표현들이 주류로 퍼져나가면서 온라인 포럼, 채팅방, 웹사이트, 블로그와 이메일 리스트로 이루어진 생태계가 형성되기 시작했다. 현대적인 픽업 커뮤니티가 등장한 것이다. 2005년 이 커뮤니티는 앞서 언급했던 저널리스트 닐 스트라우스의 책《더 게임》덕분에 처음으로 대중의 의식에 크게 자리 잡게 되었다.《더 게임》은 일종의 잠입 취재물 같은 형식을 띠었지만 (부제는 '픽업아티스트들의 은밀한 세계에 침투하다'다), 사실 스트라우스는 이 시점에 이미 그 동네에서 잘 알려진 진성 회원이었다. 이 책은 스트라우스가 '미스터리'라고 하는 실존 픽업 스승(실제 이름은 에릭 폰 마르코빅Erik von Markovik이다)의 지도하에 픽업아티스트로 변모해가는 과정(작전명 '스타일')을 시간순으로 기록했고 결국 픽업 전문가의 반열에 오르게 되었다고 설명한다. 전문가가 된 시점에 그는 다른 전문가 한 무리와 함께 자신들의 소위 전문 지식을 커뮤니티의 다른 회원들과 나누기 위해서 대저택에 '할리우드 프로젝트'라는 사무실을 차렸다. 스트라우스의 책은 마케팅을 위해 일부러 성경을 모방하여 검은 가죽 표지에, 금박을 두른 가장자리, 빨간색 새틴 가름끈으로 포장했다. 500만 부가 넘게 팔린 이 책은 대중들에게 픽업아트를 소개했고 수많은 남성에게 그 성차별적인 생각을 심어주었다.

한 픽업 전문가는 여성의 저항을 으스러뜨리는 고집불통 기술을 설명하면서 '당신은 그냥 좆나게 밀어붙이고, 밀어붙이고 밀어붙여야 해. 그러면 먹히지 않을 수가 없어'라고 말한다('난 그년들한테 본때를 보여줄 거야'). 스트라우스는 또 다른 픽업 전문가의 '전술'을 설명하면서 이렇게 적었다. '어떤 여자가 남자의 집에 처음 찾아갔는데, 그가 여자 목을 잡고 벽으로 밀친 다음 풀어주는 척하다가 키스하는 걸 봤다. 그 여자는 아드레날린이 지붕을 뚫고 수직상승했고 겁에 질린 만큼 달아올랐다.' 이런 유의 내용은 여자들은 모두 강간당하고 싶어 하는 은밀한 판타지를 품고 있다는 인셀의 믿음을 어쩔 수 없이 연상시킨다.

스라우스는 이어서 두 권의 후속 도서를 출간했는데 그중 하나인 《진실: 관계에 대한 불편한 책*The Truth: An Uncomfortable Book About Relationships*》에서는 전혀 놀랍지 않게도, '유혹 커뮤니티'를 떠난 뒤 의미 있는 관계를 맺고 유지하기가 곤란하다고 털어놓았다. 나중에 그는 《더 게임》에서 소개했던 기술들이 (상대방을) '대상화하고 공포로 몰아넣었다'고 설명했다.

> 나는 그 커뮤니티에 너무 깊이 발을 들였고 거기에 매혹된 나머지 그 속에서 완전히 길을 잃었다. (…) 그때 당신이 내게 그에 관해서 이야기했더라면 나는 그 기술들은 구애법을 배우는 수단이라고 방어했을 것이다. 지금 당신이 그에 대해 묻는다면 나는 어떤 결과를 의도하거나 인위적인 조종이 포함된 건 그게 뭐든 전혀 건강하지 않다고 말할 것이다.[8]

픽업아트는 2007년 VH1의 텔레비전 시리즈 〈더 픽업아티스트〉가 방영되면서 명성이 더 높아졌다. 이 시리즈에서는 폰 마르코빅의 지도를 받는 남성 경연자들이 나와서 픽업 기술을 겨룬다. 이 프로그램 이후 폰 마르코빅은 픽업 회사 베누시안 아츠를 설립하고 10년에 걸쳐 이곳저곳을 떠돌며 '수업'을 진행했다. 2018년 10월 그는 할리우드로 돌아와서 997달러짜리 온라인 과정부터 약 5000달러에 달하는 입문자용 캠프, 1만 달러짜리 사흘간의 숙식 과정 등 다양한 세미나와 멘토 프로그램을 진행했다. 여기서 참가자들은 몸단장과 패션 조언부터 여성에게 다가가기, 휴대폰 번호 받아내기, 여성을 침실로 끌어들이기 기술을 배웠다. 이 글을 쓰는 시점에 라스베이거스부터 헬싱키에 이르기까지 다양한 장소에서 펼쳐지는 내년 과정을 예약할 수 있는

데, 이미 절반이 판매되어서 픽업아트가 여전히 성업 중임을 보여준다.

강간하는 법을 가르쳐드립니다

픽업아트가 점점 인기와 유명세를 얻으면서 픽업 커뮤니티와 픽업 산업 모두 급성장했다. 전 세계에 남성들이 만나서 자신들의 기술을 토론하고 연마하는 실제 오프라인 공간이 늘어남과 동시에 인터넷 픽업 포럼이 폭발적으로 증가한 것이다. 온라인에서 은밀하게 공조하는 이런 지하 회합 집단을 '소굴lairs'이라고 하는데, 이런 목록을 모아놓은 한 웹 디렉토리는 현재 두바이, 튀르키예, 이스라엘, 인도, 한국, 슬로베니아, 싱가포르, 남아메리카공화국, 루마니아, 페루, 필리핀, 멕시코, 일본 등 전 세계 약 200개의 소굴 목록을 제공하면서 각각에 대한 설명과 연락 담당자 정보를 달아놓았다. 매노스피어 핫스폿에 대한 추정과 전반적으로 일치하는 이 목록은 프랑스, 스페인 같은 몇몇 유럽 나라도 높은 숫자를 자랑하긴 하지만, 주로는 호주, 캐나다, 미국, 영국에 눈에 띄게 많은 소굴이 몰려 있음을 보여준다.

2014년에 등장한 유명한 픽업 전문가 오언 쿡Owen Cook('테일러 더든'이라는 가명을 사용하는)의 영상은 이른바 픽업 입문자용 캠프의 오싹한 현실을 보여준다. 영상에서 쿡은 남성들에게 여성을 상대하는 법에 대한 수업을 진행하면서 자신과 하룻밤을 같이 보냈던 여자와의 일화를 들려준다.

> 그 여자는 스트리퍼였어… 난 그런 좆 같은 쌍년들을 좆나게 증오했거
> 든. 망할년… 그 여자는 그냥 잡년이었어, 갈보 같은 년. 나는 그 여자가
> 정신을 못 차리도록 씹질을 해댔지… 내가 마지막으로 했을 때도 그랬
> 는데, 그게 아침이었거든, 그년은 샤워를 했고, 그래서 난 그년이 다시
> 섹스할 생각이 없다고 생각했어, 그치만 그냥 침대에 패대기를 치고 그
> 냥 밀고 들어갔지, 안에 들어가서 뭘 제대로 할 수도 없었어, 그년은 그
> 런 짓을 할 상태가 완전 아니었거든. 그래도 난 이런 마음이었어. '알 게
> 뭐야, 난 이 쌍년을 다시 볼 일이 없어. 상관없다고.' 그래서 그냥 그 안
> 에 막 쑤셔넣고 있었지, 완전 뻑뻑하고 건조한데, 그냥 그년을 쑤시는
> 거야. 그래서 난 그냥 이렇게 생각했어. '그냥 빨리 해치우지 뭐, 얘는
> 하고 싶은 마음도 없으니까.'[9]

　　이런 '내밀한 비밀'을 공유하는 특권을 위해서 수천 달러를 지
불하는 픽업 '학생들'에게 이렇듯 명백한 강간 행위가 가르칠 만
한 것으로 당당하게 자리매김되기도 한다. 매주 이런 수업을 듣
고 있는 수천 명의 남자 중 한 명과 어떤 지점에서 접촉할 가능성
이 있는 이 세상의 여성으로서, 이건 상당히 끔찍한 가능성이다.

　　'루시 V'라는 이름으로 통하는 또 다른 악명 높은 픽업아티스
트 다리우시 발리자데Daryush Valizedeh는 '강간을 근절하는 법'이라
는 웹사이트에 동명의 시리즈를 연재했다. 이 시리즈에서 그는
강간의 진짜 원인이 '자신의 안전에 완전히 무심한 여자들'이라
고 하면서 많은 강간 신고가 '자신이 제대로 기억하지 못하는 성
적인 만남에 대해 난감함이나 슬픔, 죄책감'을 느끼거나, '지난밤
의 연인'을 투옥하거나 대학에서 몰아낼 계략을 꾸미는 여자들

이 제기하는 것이라고 덧붙였다. 그는 '사유지에서 벌어진 강간을 합법화하는 것'이 해법이라고 주장하면서 이렇게 되풀이했다. '나는 공공장소 외에서 벌어졌을 경우 여성을 폭력적으로 취하는 것을 법으로 처벌할 수 없게 만들어야 한다고 생각한다.' 그는 더 들어가서 강간법은 '골목길과 조깅 코스에서 강간 피해자를 임의로 골라잡는 추잡하고 정신 나간 남자들을 위해' 남겨둬야 한다고 밝혔다. '하지만 다른 강간의 경우, 특히 주거지나 사유지 내에서 벌어졌을 경우, 일체의 강간은 완전히 합법화해야 한다.' 그 후 발리자데는 이 글을 '반어적인 사고실험'의 일환으로 작성했다고 주장했지만, 이는 매노스피어에서 태동한 생각들이 오프라인에서 대대적인 여파를 갖게 되는 아주 실제적인 방식 중 하나를 보여주었다. '추잡하고 정신 나간 남자들'에게만 강간법을 적용해야 한다는 발상은 강간범이 전혀 모르는 여자를 공격할 준비를 하고서 음지에 몸을 숨기고 있는, 극단적이고 폭력적인 낯선 인물이라는 사회적 고정관념과 맞아떨어지기 때문이다. 이런 고정관념은 이미 힘든 현실을 더욱 악화한다. 젊은 남성들은 이미 강간에 대해 섬세하게 사고하지 못하고, 성적 파트너로부터 적극적인 동의를 구하는 것이 중요하다는 사실을 인지하지 못하고, 여성이 마지막 순간 혹은 성적 친밀감을 나누는 동안 마음을 바꿨을 때 남성이 중단하지 않을 경우, 이 역시 강간이라는 사실을 깨닫지 못하고 있기 때문이다. 물론 어떤 대가를 치르더라도 여성을 침대로 끌고 가는 것이 유일한 목적인 커뮤니티에는 대단히 편리한 지름길이겠지만.

자신의 활동이 비판당할 때 매노스피어의 고전적인 방어술인 '농담' 내지는 반어법이라는 변명으로 자신을 방어하려고 하는 사람은 픽업 커뮤니티 안에서 발리자데만이 아니다.

줄리언 블랑은 아시아 여성에 대한 자신의 발언으로 대중의 역풍을 맞자 거대한 연단을 마련해준 CNN에 출연해서 자신의 영상을 '웃기기 위한 끔찍하고 끔찍한 시도'라고 변명하며, 자신의 조언이 맥락에서 벗어나 왜곡된 거라고 주장했다.[10] 하지만 국제적인 분노와 함께 몇몇 나라가 블랑에게 비자를 발급해주지 않거나 추방한다는 조치를 했음에도 블랑은 그 사건 이후에도 픽업 산업계에서 꾸준히 승승장구했다.

하지만 이 역풍 때문에 몇몇 유명한 픽업 블로그와 웹사이트들은 픽업의 죽음을 한탄하며, 광기 어린 정치적 올바름이 남자들에게 낙인을 찍고 수치심을 안겨서 침묵하게 만들었다며 호들갑 떠는 글을 게재했다. 인셀이 그렇듯 픽업아티스트들은 자유와 행복을 거부당한 자신들이 이 세상의 진정한 피해자라는 프레임을 사용한다. 하지만 실제 현실은 대중의 노여움을 샀던 저명한 픽업아티스트들마저 활동에 전혀 지장을 받지 않았고, 이 중 많은 수가 여전히 돈 잘 버는 회사를 운영하며 고가의 정기 훈련 캠프를 개최한다. 이들은 온라인상에서 막대한 수의 팔로워를 보유하고서 허다한 다른 성인 남성과 소년들에게 지속적으로 영향을 미치고, 심지어 많은 경우 이 역풍으로 말미암아 미디어에 노출됨으로써 오히려 이득을 본다. (발리자데는 강간 합법화를 지지하는 자신의 글에 대한 반응을 설명하면서, 웹사이트에 이렇게 적었다. '객관적으로, 작가로서, 그 글은 미친 성공작, 일생에 한 번 있을까 말까 한 완벽한 폭풍이었다. 보통 작가들에게 그 정도의 노출은 그림의 떡이다.') 발리자데는 소셜미디어 팔로워가 10만 명이 넘는다. 자신의 '학생들'에게 한 여성을 성폭행한 일화를 시시덕거리며 설명했던 쿡은 팔로워가 40만 명 이상이다. 이 글을 쓰는 시점에 그는 곧 있을 투어를 홍보 중이고, 미국 전역에서 진행되는 입문자용 캠프와 단체모임 티켓을 판매 중이다. 자릿값은 최고 3950달러다.

이런 수치들은 페미나치의 공격 때문에 지하로 쫓겨나서 파멸해가고, 박해받는 영웅적인 집단으로 스스로를 미화하는 픽업아티스트들의 시도와 우스운 대조를 이룬다. 발리자데는 자신의 웹사이트 중 하나에 '많은 독자분이 우리가 이 사회를 휩쓸게 될 검열 물결의 초기 단계에 진입했다는 걸 이해하리라고 확신한다'고 적었다. '나 같은 불한당들이 제일 먼저 금지당하고, 그다음에는 곧 감히 진실을 공유하려는 자라면 누구에게든 철퇴가 내려질 것이다. 개인적으로 나는 백만 번의 검열 때문에 죽음을 면치 못하리라고 믿지만, 그때가 되기 전까지 여러분들은 여기서 나의 활동을 계속 따라올 수 있다.' 이 지점에서 그는 자신의 활동을 대문짝만 하게 홍보하고 자신의 제품을 판매함으로써 그가 픽업아티스트로 경력을 이어갈 수 있게 해주는 많은 주류 사이트와 포럼, 오디오 매체, 소셜미디어 플랫폼을 열거한다.

발리자데의 단어 선택은 그 자체로 의미심장하다. 그는 스스로를 '불한당'으로 지칭함으로써 대중이 받아들일 만한 픽업의 얼굴, 그러니까 '매혹적인 악당'이라는 페르소나를 매우 의도적으로 이용한다. 강간 합법화를 지지하는 사람에게는 편리한 가면이다.

이 운동의 기수들이 검열을 당하거나 법적인 조치에 시달리는지는 모르겠지만, 강간과 성폭력 지지를 포함한 이런 유의 폭력적인 여성혐오 정서가 소수의 이른바 전문가와 무관하지 않다는 사실은 주목할 필요가 있다. 사실 이는 픽업 전문 포럼 전체에 폭넓게 확산되어 있는 정서고, 그것은 이미 더 넓은 사회에도 이런 정서가 배어들었음을 시사한다. 어떤 포럼에서 한 이용자는 이렇게 적었다. '걔네가 날 거부하면 난 그냥 원래 하듯이 걔네들을 더듬어.' 그는 나중에 이렇게 덧붙였다. '내가 걔네를 폭행하는 건 걔네는 그래도 싸고 나는 내 것을 되찾는 거고 나는 나한테 필요한 거 말고 다른 건 아무것도 관심이 없기 때문이야… 내가 10점 만점에 10점을 매기고 싶은데 그 여자가 날 거부하면 난 그냥 걔 강간해.'

또 다른 포럼에서 한 이용자는 '섹파 보고서'에 이렇게 적었다. '내가 그걸 넣기 시작하니까 여자가 나를 저지하면서 중간에 안 된다고 말하기 시작했다. 나는 그게 강간 판타지라고 말하고서 여자의 팔을 잡아 누르고 계속했다.'

그러니까 여자들은 속으로는 강간당하기를 원한다는 믿음 같은 인셀의 생각들은 바로 이런 식으로 매노스피어 커뮤니티들에 스멀스멀 기어들어 가다가 실제 사람들의 삶에서 불쑥 튀어나온다. 위에서 묘사한 현장에서 강간범에 맞서 싸우려 했던 여성은 인셀이나 픽업아티스트 같은 건 들어본 적도 없었겠지만, 상상할 수 있는 가장 치명적인 방식으로 타격을 입었다.

픽업 이데올로기 세계에 아무 생각 없이 발을 들인 남자들이 결국은 현실에서 정말로 여성을 폭행할 수 있다는 주장이 과장처럼 들린다면 그렇지 않다는 걸 입증하는 증거를 보자. 2016년 자칭 픽업아티스트 세 사람은 이들의 목표물이었던 여성에게 고발당해서 결국 수감되었다. 이들을 온라인에서 추적하던 여성이 픽업 웹사이트에서 자신을 강간한 일에 대해 상세하게 설명한 '섹파 보고서'를 발견했던 것이다.[11] 이 중 두 남성은 효율적인 픽업 Efficient Pickup이라는 회사의 강사였고, 나머지 한 명은 이들의 수강생이었다.[12] 그중 한 명인 제이슨 베를린Jason Berlin은 나중에 '최근 진단받은 자폐스펙트럼 장애 때문에 자신의 행동이 틀렸다는 걸 알아차리지 못했다'고 주장한 뒤 2년을 감형받았다.[13] 정신과 의사를 통해 자신은 감정적, 사회적 능력이 평균에 미치지 못한다는 주장을 펼친 베를린은 극단적인 여성혐오가 살아 있는 실제 여성에게 미칠 수 있는 재앙에 가까운 영향을 상징한다. 하지만 두 강사에게 내려진 판결은 이런 커뮤니티에 발 담그고 있는 남성들이 자신의 폭력 행위를 고의적이긴 하지만 별 감흥이 없는 일로 받아들인다는 사실을 입증한다. 판사는 이 중 한 명에게 선고를 내리면서 18년 동안 이렇게까지 '교활하고 잔인한' 피고를 본 적이 없다고 말했다.

이런 사건이 주류 미디어의 머리기사를 장식하는 일은 드물지만, 픽업 포럼에 불쑥 등장하는 건 별로 이례적이지 않다. 한 이용자가 다른 스레드에 글을 올리면서 자신과 자신의 친구와 동시에 잠자리를 같이하도록 숫처녀를 설득하는 방법에 대한 조언을 구하면 다른 남자는 그냥 '강간해버려'라고 말한다. 또 다른 스레드에서는 한 남자가 자기 여자친구는 섹스할 기분이 아니라고 한다며 투덜댄다. '걔는 내가 조르는 게 너무 싫대… 짜증이 나서 더 하고 싶어. 걜 강간할 수도 있을 거 같아.' 몇 시간 뒤 그는 같은 스레드에 이렇게 업데이트한다. '성공, 걔가 엉엉 울 때까지 면상에 대고 그 짓을 했어.' 커뮤니티에다 후속 보고를 올리고, 대중 앞에서 공연하듯 떠벌리는 문화는 회원들이 서로의 관심과 존경을 얻기 위해 앞다퉈 경쟁하는 가운데 이런 폭력을 더욱 고조시킬 뿐이다.

　게다가 이런 웹사이트를 소유한 단체나 포럼들은 이런 내용을 삭제하거나 문제 삼지 않을 때가 많다. 경우에 따라 오히려 적극적으로 권장하기도 한다. 앞서 언급한 《인디펜던트》 기사에서 인용된 한 사례에서 리얼소셜다이내믹스Real Social Dynamics, RSD 포럼의 한 이용자는 '거짓말을 이용해 여자의 질 안으로 침투하라'는 제목의 스레드를 시작하면서 다른 이용자들에게 여자를 꼬드겨서 자기 집에 들였으면 '무력을 써서 그 여자가 무슨 짓이든 하게 만드는 걸 두려워하거나, 그 여자한테 안 된다고 내지는 입 닥치라고 말하는 걸 두려워'해서는 안 된다는 주장을 펼쳤다. 그는 이렇게 덧붙였다. '그 여자가 하는 말을 무시하고 힘으로 제압하라.' 또 다른 이용자는 이렇게 답했다. '맞아, 그다음에 네가 그 여자랑 볼일을 다 봤으면 그 여자 옷을 몽땅 끌어다가 그 여자한테 집어 던지면서 이 망할 창녀야 꺼져라고 소리쳐. 여자들이 우리한테 한 짓을 생각하면 이건 당연해.' 기사는 리얼소셜다이내믹스의 한 코치가 이런 정서를 마뜩잖아 하는 게 아니라 조장하는 댓글을 이 스레드에 달았다고 지적했다. 이 코치의 댓글은 '사랑스러운 반응이로군'이었다.

　몇몇 포럼에는 여성의 이름이나 신분을 밝히지 말아야 한다는 구체적인 규정이 있긴 하지만, 여성이 알몸으로 잠들어 있거나 의식이 없는 상태라는 점에서 누가 봐도 여성의 동의 없이, 그저 커뮤니티 사람들과 시시덕대며 소비하기 위해 남성의 성적인 정복을 기념하는 사진을 올리는 일이 여전히 심심치 않게 벌어진다. 이런 이미지들은 때로 성적 성공의 '증거'라며 올라온다. 어떤 남성들은 노골적인 동영상을 올리기도 하는데 영상 속에서 여성들은 자신이 촬영당한다는 걸 알았을 가능성이나 이 영상을 커뮤니티에 공유한다는 데 동의했을 가능성이 지극히 낮아 보인다.

픽업 문화가 특히 대학과 캠퍼스 커뮤니티에 침투했음을 보여 주는 증거도 있다. 오하이오주립대학교의 한 학생이 자신을 여섯 번이나 멈춰 세우며 시시껄렁한 수작으로 자신을 괴롭히고, '싫다'는 자신의 대답을 무시했던 한 남자를 이야기하며 다른 학생들에게 경고하는 레딧 스레드를 작성한 예가 있다. 수십 명의 다른 여학생이 이에 동참해서 같은 특징의 남성이 자신에게도 접근해, 몸을 움켜쥐고, 더듬고, 쓰다듬고, 구석으로 몰고, 괴롭혔다는 말을 덧붙이면서 이 대화는 359건의 반응으로 일파만파 커져나갔다. (그 대학교 학생이 아니었던) 이 남성이 캠퍼스에 출입을 금지당하기 전, 그는 자신의 위업을 온라인에서 자랑하는 자칭 픽업아티스트임이 드러났다. 그는 상대에게 알리거나 동의를 구하지 않고 자신의 '정복'을 담은 영상을 포스팅했는데, 이 중 일부는 자신의 아파트에서 무단으로 촬영한 영상이었다. 이 레딧 스레드를 작성한 학생은 해당 남성이 지역 내 다른 픽업아티스트들과 비밀 페이스북 그룹을 만들어서 이 지역 젊은 여성의 특정 신체 부위를 찍은 사진을 (역시 이들의 동의를 구하지 않고) 돌려 보고, 사진 앨범을 공유하면서 서로에게 표적으로 삼을 학생과 피해야 할 학생을 알려주었다고 신고했다.

션 라슨Sean Larson이라는 이 남성은 캠퍼스에 출입 금지를 당한 뒤 자신의 페이스북 페이지에 대한 반응을 두고 이렇게 적었다. '하하하 당신들은 이해를 못 하는 거 같네. 당신들은 선수를 중단시키지 못해… 걸레들은 캠퍼스에만 있는 게 아니거든.'[14]

이런 남성 가운데 성폭력을 지지하는 부류가 있고 실제로 성폭력을 저질렀다며 으스대는 부류까지 있는데도, 그리고 온라인 포럼 곳곳에 불법적인 행위를 공개적으로 기록하기까지 하는데도 픽업아티스트들은 치외법권에서 살아가는 것처럼 보인다. 그렇다, 소수의 픽업 전문가들이 안하무인의 언동에 대한 대중의 거센 지탄 때문에 몇몇 나라에 발을 들이지 못하게 되긴 했지만, 여전히 많은 수가 다른 나라에서 자신의 '제품'을 계속 즐겁게 팔고 다닌다. 사실 이 책을 위한 자료 조사를 하느라 경계에 있거나 뻔뻔하게 법을 위반한 수백 가지 사례를 헤치고 다녔지만 법 집행 기관이 픽업 포럼을 이용해서 성폭력을 자랑하는 남자들에게 개입한 사례는 단 두 건밖에 접하지 못했다.

젊은 신도들에게 교훈은 분명하다. 너는 법에 어긋나는 방식으로 여자들을 대해도 처벌받지 않는다. 그리고 옥상에 올라가서 그 사실을 마음껏 외쳐도 된다. 아무도 신경 쓰지 않으니까.

남자를 착취하는 남자

사실 많은 픽업 웹사이트와 회사들이 경험 없고 미숙한 사람들에게 지식과 조언과 자신감을 불어넣어 준다고 약속하면서 젊은 남성과 학생들을 직접 겨냥한다. 여기서 특히 슬픈 부분은 선한 의도를 가진 대다수의 젊은 남자들이 여자를 만나는 법에 대한 팁을 구글링하다가, 또는 플러팅에 대한 조언을 쭈뼛쭈뼛 뒤지다가 픽업아티스트 커뮤니티로 휩쓸리게 될 가능성이 농후하다는 것이다.

여자를 별로 상대해본 적 없는 약간 어리숙한 학생이 혹시나

하는 마음에 구글 검색을 하다 이런 웹사이트를 우연히 발견하는 상황은 쉽게 떠올릴 수 있다. 이 남자가 '데이트의 첫 번째 원칙: 남자가 주도한다. 끝'이라고 조언하는 상당히 주류적인 픽업 웹사이트를 둘러본다고 상상해보자. 로맨틱한 관계를 심화하려면 남자는 '단호하게 주도권을 행사'해야 하고, 그래서 여자에게 '어떤 장소에 있어야 하는지' '어떤 옷을 입어야 하는지'를 정해주고 여자가 '왁스로 체모를 막 제거했는지'를 확인해야 한다는 지시도 받는다. 초보자라면 처음에는 이런 내용이 조금 불편하게 느껴질 수 있지만 '모든 여자는 강한 알파 수컷을 원한다'는 설득에 빠르게 넘어가고, 한 픽업아티스트 웹사이트가 직설적으로 표현하듯 섹스는 '편안함, 친밀함 또는 공감이 아니라 긴박감, 간절함, 긴장이 핵심'이라는 권위적인 목소리에 제압당한다. '여자에게 편안함과 신뢰감을 안기려는 노력'은 '매력을 떨어뜨리는 짓'이다.

많은 사람이 이런 종류의 태도는 수십 년 전에 퇴출당했다고 생각하고 싶어 한다. 하지만 이렇듯 새로운 세대의 남성들은 여성에 대한 완전히 잘못된 태도를 주입당하고 있다.

물론 학교에서 젊은 사람들에게 건강한 관계와 성적 동의에 대해 적극적으로 가르친다면, 이런 형편없는 조언은 재앙과 같은 영향을 미치지 못할 수 있다. 최소한 소년들은 이런 엉터리 주장과 대립하는 다른 입장을 알게 될 것이다. 하지만 오늘날 학교에서 이루어지는 관계와 성에 대한 교육은 턱없이 부실해서, 최근의 한 연구는 학교에서 동의에 대해 배워본 적이 있다고 답한 청소년이 겨우 25%라고 밝히기도 했다.[15] 이렇게 생긴 공백을 음험한 충고와 픽업 이데올로기 특유의 분노가 위험하게 파고드는 것이다.

인터넷은 이런 생각을 광범위하게 퍼뜨리는데, 인셀로스피어처럼 성차별적인 픽업 이데올로기를 뿜어내는 웹사이트, 포럼, 게시판이 워낙 많다 보니 이들이 묘사하는 비뚤어진 관계의 초상에 금방 무감각해지기 쉽다.

심지어 지난 십여 년간 돈독에 올라 창궐한 수많은 브랜드와 비즈니스 덕분에, 이제는 오프라인에서도 거대한 픽업 산업을 쉽게 접할 수 있다. 지하에서 암약하는 다른 매노스피어 활동가들과는 대조적으로 이런 브랜드와 비즈니스는 완전히 공개적으로 활동하는, 거대하고 믿음직한 기업처럼 보일 때가 많다.

이런 기업 가운데 가장 큰 축에 속하는 RSD는(스스로를 '데이팅 산업의 국제적인 금본위제'라고 묘사한다) 웹사이트 가입자 수가 무려 14만 2000명, 페이스북 좋아요가 7만 2000개, 트위터 팔로워가 18만 명, 유튜브 구독자가 10만 명 이상이다. 이 글을 쓰는 시점에 RSD가 단독으로 전 세계에서 개최하는 200개의 입문자 캠프는 1000달러에서 3000달러 사이의 가격으로 웹사이트에서 예약이 가능하다. 닉 코Nick Kho(픽업아티스트계의 이름은 '파파')와 앞서 언급한 쿡이 이 회사의 공동 설립자로, 두 사람 모두 스트라우스의 《더 게임》에서 크게 다뤄진다. 픽업 전문가 제프 앨런은 RSD의 '임원급 코치'로 일하는데 이 회사의 웹사이트는 앨런이 '북미, 호주, 아프리카, 유럽 100여 개 도시에서 지난 12년 동안 사실상 주말마다' 프로그램을 운영해왔다고 홍보한다. 앨런은 자신의 '강간 승합차'를 으스대며 자랑하고, 싫다는 여성들에게 '자지 한 봉지'를 먹으라고 호통치는 것으로 유명하다.[16] 웹사이트에서 '모든 대륙을 돌아다니면서 픽업 프로그램을 대면으로 진행하고 현장의 영상을 성공적으로 포착해서 자신의 성공담을 고객들에게 나눠주는' '리얼소셜다이내믹스의 슈퍼스타'라고 홍보하는 블랑 역시 2019년까지 RSD의 '임원급 코치' 중 한 명이었다. 이 설명은 낯선 사람을 성적으로 공격하면서 '피카츄'라고 소리 지르는 자신의 모습을 영상에 담는 다 큰 남자를 상당히 에둘러서 미화한 홍보 문구다. 하지만 호박에 줄을 긋는다고 수박이 되진 않는다.

이는 하나의 웹사이트에 불과하고, 선택지는 무한하다. 전 세계 대다수 대도시에서 거의 매 주말에 터무니없는 고가의 수업료를 내고 성폭력을 지지하거나 저지른 전력이 있을 가능성이 상당한 남성에게서 여성을 상대로 '게임을 하는' '기교'를 배울 수 있다. 토론토에서는 1999달러만 내면 '당신을 여자의 달인으로 탈바꿈'해준다고 약속한다. 시드니에서는 497달러면 '어떤 여자든 일을 하거나 쇼핑을 하느라 바쁜 시간에마저 뇌리를 사로잡을' 수 있는 비밀을 손에 넣을 수 있다. 텔아비브에서는 2500달러면 '신속한 결과'를 보장한다. 런던에서는 500파운드부터 5000파운드에 이르는 수업들이 당신을 '학교든 직장이든' 공개적인 곳에서 여자들을 픽업하는 방법을 가르쳐준다. 픽업아티스트들을 수행하며 '거래 성사'를 도와주는 소위 '윙맨wingmen'들 역시 픽업에 한몫하는데, '전문적인 윙맨' 서비스는 국제적으로 이용할 수 있고, 가격은 몇백 달러에서 수천 달러까지 다양하다.

요컨대 상당수의 남성이 매년 다른 남성들에게 여자들을 더 자주, 효과적으로 괴롭히는 법을 가르쳐서 어마어마한 돈을 벌어들이고 있다는 말이다.

그렇기 때문에 픽업 기술을 홍보하고 거기서 이익을 얻는 수

많은 웹사이트, 블로그, 소셜미디어 계정이 존재한다. 이 글을 쓰는 시점에 '진화하는 남자를 위해 픽업, 코미디, 자기계발'을 제공하는 유튜브 채널 '정직한 시그널즈Honest Signalz'는 약 1400만 회의 조회 수와 10만 명의 구독자를 자랑한다. 이 채널의 영상 중 하나('여자애들과 성적인 분위기를 만드는 법')에서 전문가는 시청자들에게 상호작용할 때 신체적인 접촉과 성적인 대화를 끼워 넣는 법을 찾아내라고 부추긴다. 가령 여성에게 '여자애들은 섹스하는 동안 목 졸라주는 걸 좋아하는 것 같던데 진짜 그래? 목 조르고, 머리끄덩이를 잡아당기고'라는 말을 건네보라는 식이다. 이 영상의 조회 수가 1400만 회에 육박한다는 사실에 유념하기 바란다. 이건 공공장소에서 여성에게 헛소리를 늘어놓는 영상을 찍는 다수의 이른바 장난꾼prankster과 픽업아티스트 유튜브 계정 중 하나일 뿐이다.

그 외에도 개별 남성이 모여서 전문가의 지혜를 주워섬기고 자신들의 경험을 나누는 포럼들이 있다. 레딧 최대의 픽업아티스트 커뮤니티 중 하나인 '꼬시기' 서브레딧은 구독자가 44만 6000명이다. 남자들이 조언, 기교, 현장 보고서와 팁을 제공하고 실제 만남을 주선하는 또 다른 포럼은 18만 3000명의 회원과 약 100만 건에 달하는 게시글을 자랑한다. '루시V' 포럼은 등록 회원이 2만 명이고 게시글은 약 200만 건이다. 게시글이 거의 30만 건이고 회원이 2만 명인 어떤 사이트는 내가 방문한 시점에 동시 접속자가 2700명이었다. 영국 최대의 픽업 포럼 중 하나는 4만 1500명의 회원과 7만 5000여 건의 게시글을 보유하고 있다.

그러니까 인셀의 경우처럼 픽업계는 여러분의 상상보다 훨씬 크다. 방구석에 처박혀 있는 소수의 루저들이 모여서 노는 작고 후미진 인터넷 공간이 아니다. 온라인에서도 오프라인에서도 거대하다.

매력적인 악당? 여성혐오 범죄자?

일부 남성들은 픽업 커뮤니티를 대체로는 동정적으로, 심지어는 감탄하며 그리는 미디어에 혹해서 픽업아트를 배워보겠다는 결정을 내리기도 한다. '매력적인 악당'이나 '여자를 좋아하는 까불이' 같은 픽업 전문가의 이미지가 어떻게 널리 확산했는지를 확인하려면 절찬리에 방영된 미국 텔레비전 드라마 〈내가 그녀를 만났을 때How I Met Your Mother〉에 나오는 바니 스틴슨을 보면 된다. 친구들 가운데 많은 사랑을 받는 주요 그룹의 일원인 스틴슨은 이 드라마의 감초 캐릭터로 인정받았고 평론가들은 그가 이 드라마가 성공한 데 크게 기여했다고 꼽기도 했다. '각본'과 '사내 코드bro code'에 따라 행동하기로 유명한 데다 상대 여성을 회유하고, 속이고, 조종해서 성관계까지 시도하는 스틴슨은 자신이 보기에 특히 취약할 것 같은 여성에게 의도적으로 '아빠 문제'를 들이댄다. 회당 시청자가 수천만 명에 달하고, 에미상에 서른 번 노미네이트된 이 드라마의 문화적 영향력은 워낙 거대해서, '영계를 낚는 바니 스틴슨식의 팁' '모든 사내라면 알아야 하는 바니 스틴슨의 7가지 각본' 같은 제목의 온라인 기사를 셀 수 없이 양산했다.

코미디언 대니얼 오라일리Daniel O'Reilly가 창조한 '대퍼 래프스Dapper Laughs'는 영국판 바니 스틴슨이라고 볼 수 있다. 오라일리가 온라인에서 명성을 얻자 ITV는 〈대퍼 래프스: 섹파를 찾아서〉라는 시리즈를 제작했는데, 여기서 오라일리는 '그냥 여자에게 너의 거시기를 보여줘라. 여자가 소리를 지르면 그건 그냥 비싼 척하는 거다' 같은 고전적인 픽업 표현법을 사용해서 '여자 꼬시는 법'을 조언해주는 사람으로 나온다. 많은 픽업아티스트가 그렇듯 그의 콘텐츠는 '농담' '시시덕거림' 괴롭힘과 폭력의 모호한 경계를 넘나든다. 이 시리즈에는 이런 표현도 나온다. '여자가 당신을 바라보면서 자기 머리카락을 만지작대고 있다면 그날 밤이 끝나갈 무렵에는 휠체어가 필요할 것이다.' 하지만 더 중요한 것은 오라일리가 전형적인 인셀과 더 넓게는 매노스피어의 주장들을 그대로 답습했다는 점이다. 가령 그는 자신의 트위터에서 '여자가 당신보다 더 매력적일 때만 성희롱'이라고 주장했는데, 이는 여자들은 못생긴 남자들만 강간으로 고발한다는 인셀의 (완전히 잘못된) 단골 메뉴를 그대로 읊은 것이다. 오라일리의 쇼는 결국 두 번째 시즌이 불발됐지만, 거대한 주류 방송사의 플랫폼에서 방영된 첫 번째 시리즈를 시청한 수십만 시청자에게는 이런 사고가 정상으로 보일 수밖에 없었다. 여성들이 이 프로그램에 내재한 여성혐오를 비판하자 ITV는 '코미디는 주관적이고 우리는 이 쇼의 내용이 모든 사람의 취향에는 맞지 않을 수 있다는 사실을 알게 되었다. 불쾌감을 느낀 시청자가 있었다니 안타깝다. 하지만 우리의 모든 쇼가 그렇듯 이 시리즈의 내용은 세심하게 검토하고, 편집하고, 방송에 적합하다고 판단했다'고 반응했다. 찝찝함이 남는 표현이다.

픽업을 무해하거나 심지어 매력적인 남자들이 주도해서 대다수 여성을 은밀하게 즐겁게 하는 대단히 패기만만한 소일거리로 그리는 이런 표현들 모두가 어두운 현실과는 동떨어진 대중적인 이미지를 만드는 데 일조했다.

하지만 인셀처럼 픽업 커뮤니티의 구성원들은 자신에 대한 페미니스트들의 묘사 방식이 불완전하고 부당하다고 여기고 이에 맹렬히 저항한다. 그리고 인셀처럼 이는 여성 문제에 있어서 픽업 커뮤니티 자체의 이데올로기적인 입장과 상당히 모순되게 대립한다. 픽업아티스트들은 사실 여자들은 '다 똑같다'고 워낙 철석같이 믿어서 이들 고유의 어휘를 빌리면, 어떤 특정 여성에게 각별한 애착을 느끼는 남자, 즉 '오직한여자병oneitis'에 대한 처방은 그냥 GFTOW('가서 다른 여자 10명하고 떡을 쳐라go fuck ten other women')다.

픽업 커뮤니티 내에도 여성혐오와 폭력에 반대하는 개인 남성의 사례가 분명 존재한다. 한 이용자는 픽업 포럼의 한 스레드에 '멀쩡한 정신으로 술 취한 여자들을 이용하는 건 구역질 난다, 그건 강간이다, 넌 루저다'라고 적기도 했다.

또 다른 포럼 참여자는 강간을 지지하는 듯한 게시글에다 '그래서 너를 거절하는 여자들을 폭행한다고? 미친 새끼'라는 댓글을 달았다.

한 이용자는 동료 이용자들을 기세 좋게 몰아세우기도 했다. '진짜 널 겁내는 여자애들을 추행하면서 돌아다니고 싶은 거야? 아니면 여자가 너한테 반해서 바지를 벗고 자지를 빨게 하는 걸 원하는 거야?'

그러나 비록 이 커뮤니티가 인셀과 마찬가지로 다양한 스펙트럼의 회원과 일반인 방문자가 포함되어 있을 가능성이 크고, 단순히 슬픔이나 불안감에 시달리며 여성과의 가망성을 향상하는 데 관심이 있을 뿐인 남자들이 많다고 해도 이런 게시글들을 다수의 의견 내지는 표준으로 볼 수 없다. 또한 이 업계 리더들의 더 공세적이고 여성혐오적이며 때로는 폭력적인 어조와 비교하면 극명한 대조를 이룬다. 이런 게시글들이 매우 소수라는 사실을 감안해도 인셀 커뮤니티가 그렇듯 이런 온건한 회원들마저 급진화되거나, 커뮤니티에서 밀려나거나, 자기 주위에서 예사롭게 반복되는 극단적인 여성혐오 표현에 점점 둔감해질 위험은 남아 있다. 이런 비판적인 메시지가 내부자가 아니라 커뮤니티 외부에서 구경하다가 너무 화가 난 사람들이 남겼을 가능성도 있다.

또한 인셀과 달리 픽업아티스트들은 자신들의 이데올로기가 온라인상의 비꼬기식 발언일 뿐이고, 그래서 오프라인에서 타격을 입힐 위험이 없다는 주장을 거의 내세우지 못한다. 픽업아티스트들은 현실에서 여성을 그악스럽게 따라다니며 괴롭히고, 어떤 경우에는 폭행하는 법을 수많은 남성에게 교육하고 가르치는 데 매진하는 집단을 양산한다. 이들은 남자들을 길거리로 데리고 나가서 애먼 여성들을 상대로 기술을 '실습'시키는 입문자용 캠프를 운영한다. 이들은 남자의 침실 속으로, 이불 밑으로 잠입해서 '싫다'는 대답을 받아들이지 말라고, 저항은 그냥 찍어 누르라고, 어떤 상황에도 굴하지 말고 성적인 정복에 필요하다면 회유든 뭐든 다 동원하라고 속삭인다.

픽업아티스트들은 다른 여성혐오를 선동하는 자들이 그렇듯 자신들의 성차별주의를 겉치장만 새로 해서 대중의 비난을 모면하고 인생을 바꿔놓겠다고 약속하는 데 도가 텄다. 가장 단순하게는 똑같은 여성혐오 사상을 퍼뜨리고 다니면서 '사회 전략가'

또는 '인생을 바꾸는 사람' '탈바꿈의 치유사이자 사상가'라는 완곡한 새 이름을 쓰는 숱한 전문가들이 여기에 해당한다.[17] 픽업 기술이 완전히 진압당했다고 호들갑을 떠는 픽업 웹사이트의 기사들도 연막술에 어느 정도 기여한다. 이 수법은 픽업 산업이 한결같이 승승장구하는데도 마치 그렇지 않은 듯 위장함으로써 비난의 화살을 무색하게 만드는 효과가 있다. '히스테릭한' 페미니스트에 대한 풍자로 악명 높은 한 사이트는 이렇게 주장한다. '우리가 아는 픽업 산업은 죽었다. … 잡년행진 같은 행사에 참여하는 뚱뚱하고 코걸이를 한 빨간 머리 여자들이 군살이 늘어지고 털이 북슬북슬한 겨드랑이 밑에 픽업 산업을 끼워 넣고 수년 동안 해체해버렸다.' 아니 여기서 히스테릭한 사람이 대체 누구란 말인가?

이 책의 초고를 쓸 때부터 최종 원고를 완성하는 동안 블랑은 자신의 형편없는 평판으로 돈을 뽑아내는 또 다른 방법을 고안해냈다. RSD와 진행하던 입문자용 캠프를 버리고 '변신 완전정복transformation mastery'이라는 새로운 과정을 시작한 것이다. 블랑의 새 웹사이트는 2014년 자신의 성폭행 영상에 항의하는 페미니스트 캠페인과 이 새 과정을 공개적으로 연결 지으면서 처음으로 겸허한 태도를 보였다. 심지어 픽업계에서 명성이 하늘을 찌르던 시기에도 '여전히 공허함을 느꼈다'고 말하고 대중의 백래시를 '감정의 롤러코스터'라고 묘사하기도 했다. 하지만 그 '미디어 스캔들'은 사실 자신이 '모든 것을 발견한' 순간이었고, 자신은 '명상, 수련, 말도 안 되는 양의 깊은 내적 노력'을 통해 스스로 변신했다고 의기양양하게 주장한다. 국제적인 반대조차도 블랑 같은 남자들의 커리어에 거의 영향을 미치지 못한다는 사실에 쐐기를 박으며 그는 어떻게 '새로운 기회들이 활짝 열리며 저자, 기업가, 비즈니스 리더들이 자신에게 손을 뻗기 시작했는지'를 말한다. 그래서 지금은? 픽업아티스트계의 인장과도 같은 '현장 영상'과 심리학 용어('당신의 무의식적인 마음 깊은 곳으로 내려가서 … 결핍 패러다임을 내려놓으세요'), 그리고 수백 달러짜리 온라인 과정을 버무린 패키지에 이런 변신의 경험을 담아서 다른 사람들에게 제공하고 있다.

일부 이름난 픽업아티스트들은 비난을 피하려고 자신들의 상품이 여성을 존중하고 여성에게 긍정적이라고 선전하는 것도 모자라, 자신들을 '소름 끼치는' 남자들보다 진화한 '대안'으로 과장되게 포장하는 기막힌 위선을 시전한다(이들이 말하는 '소름 끼치는' 남자들은 자기들이 예전에 가르쳤던 사람들일 가능성이 높다).

쿡의 예전 영상들은 공공장소에서 여성의 신체를 움켜쥐거나 여성을 당신 쪽으로 끌어당기는 행동을 지지했다('여자를 파고들기' 위한 '엉성한 행동들'). 쿡은 자신의 신도들이 (보통은 인간의 기본 예절 감각이라고 생각하는) '내가 하려던 행동은 이런 게 아닌데'라는 장애물을 극복할 수 있도록, 처음에는 매력적이지 않은 여자들을 상대로 연습해보라고 권한다. 물론 한 픽업아티스트 세미나에서 쿡은 어떤 여성을 강간한 일화를 늘어놓아서 유명세를 날리기도 했다. 하지만 그보다 최근인 2019년의 영상에서는 남자들에게 '여자들을 겁줘서 쫓아버리지 않고 예의 바르게 접근하는 방법'을 가르치며 뻔뻔하게도 '여자들이 자신의 신호를 읽을 줄 모르는 남자들 때문에 종종 길거리에서 괴롭힘당한다'고 한탄한다! 여성혐오를 이용한 돈벌이는 전혀 시정하지 않으면서 그냥 미투시대의 정서를 팔아먹는 후안무치가 하늘을 찌를 지경이다.

강간 합법화를 주장하는 발리자데는 예전에 출간한《게임 *Game*》(스트라우스의 것과 다른 책)이라는 책에서 '여자가 당신의 성적인 접근을 거부하긴 하지만 그 여자가 실은 섹스를 원한다고 느끼는 경우에 시도해볼 만한 전략들'과 '여자가 당신을 가정폭력이나 강간으로 고발하는 데 성공할 가능성을 최소화하면서 여자와 헤어지는 방법'을 포함, 픽업의 모든 측면을 남자들에게 가르쳐준다고 약속했다.[18] 그런데 바로 그 발리자데가 픽업의 심오함을 당차게 선언했던 자신의 책 내용 일부에 대한 역풍을 의식하고서, 그다음에는 '대부분의 남자가 가벼운 섹스만을 원하는 것처럼 보이는 현대의 환경에서 여성들이 사랑과 장기적인 관계, 그리고 결혼을 발견'할 수 있게 해준다고 약속하는 새 책《레이디 *Lady*》를 출간했다.[19] 그리고 2019년 발리자데는 종교적인 깨달음을 얻었다고 주장하면서 자신이 운영하는 같은 이름의 포럼에서 '가벼운 섹스와 낚기'에 대한 모든 발언을 금지시키고 일부 책의 판매를 중단시켰다. '내 출판물과 온라인 플랫폼의 다수가 남자들을 죄의 길로 이끌거나 남자들을 죄에 가담하게 만든다는 깨달음을 얻었다'고 하면서. 사실 블랑과 마찬가지로 발리자데는 순회 강연에서 많은 돈을 벌고 있다. 2019년에는 미국 여러 도시에서 열린 23건의 행사에서 '내가 인생에 대해 배운 것'을 장황하게 늘어놓고는, 제자들에게 250달러만 내면 자신과 저녁 식사하는 기회를 제공하기도 했다.

2000년에는 강간에 대한 언급을 조용히 삭제하고 도입부에 동의에 대한 형식적인 9줄짜리 구절을 쥐어짜낸 에릭 베버의《소녀들을 픽업하는 법!》30주년 기념판이 의기양양하게 발매되었다.

그리고 스트라우스가 《더 게임》에서 자신이 설명한 기술들이 '대상화와 공포를 유발한다'며 기자들에게 회한의 어조로 이야기하고 나서 1년이 지난 2016년, 《더 게임》 발행인들은 새로운 문고판을 출간하였고, 스트라우스에게 후한 로열티를 꾸준히 마련해준 것으로 추정된다.

픽업아티스트들에게는 정의나 고심 같은 건 없는 모양이다. 오로지 꾸준한 이익을 돌려주는 얄팍하게 위장한 '재발명'이 있을 뿐이다.

아이러니하게도 이 닳고 닳은 장사꾼들이 로미오가 되고 싶어하는 안쓰러운 남자들을 끌어모으려고 사용하는 기술들은 이들이 자기 제자들에게 여자들을 상대로 써먹으라고 훈련시키는 기술과 동일하다. 자신이 어떤 마법 같은 변신 비법을 가지고 있는 척해서 표적이 자신이 원하는 행동을 하게끔 현혹시키는 것이다.

픽업아티스트들은 사기와 조작에 아주 능하다. 그건 사실 이들이 수년간 매노스피어계의 가장 봐줄 만한 얼굴마담이었던 것에서 드러난다. 그리고 이 포스트 미투시대에 우리는 우리가 전보다 나아졌다고, 더 이상 이 사회는 여성에 대한 부당한 대우를 용인하지 않는다고 생각하는 편을 좋아한다. 하지만 낙수효과는 더디게 나타난다. 사실 50년 전, 자기가 원할 때면 언제든 여성에게 접근할 '권리'에 대해 열렬히 배우고자 하던 수백만 명의 남성 독자들이 보여주던 태도는 활황인 픽업 산업이 보여주듯 이후 반세기 동안 거의 변함없었다. 픽업아티스트들은 여전히 여성혐오적인 생각을 주워섬기고 그걸 대중이 소비할 수 있도록 다듬어서 다시 포장할 뿐이다. 이들은 매노스피어의 가장 어둡고 가장 알려지지 않은 구석의 생각들이 얼마나 빠르게 우리의 텔레비전 화면에 불쑥 등장하거나 길거리에서 우리를 엄습할 수 있는지를 보여주는 증거다.

3

여자를
피하는
남자들

"난 '여자'라는 이 퇴보한 생물에 대한
강렬한 미움을 한 번도 숨겨본 적이 없다."
_믹타우 포럼의 댓글

Men who hate Women

'각성이 있었다. 세상을 바꾸기. 한 번에 한 남자씩.' 인터넷 최대 규모의 '믹타우' 커뮤니티 중 하나인 믹타우닷컴 홈페이지를 방문하면 이런 문구가 화면에 뜬다. 액션 영화 광고처럼 보이는 이 문구 뒤에는 새빨간 단어 다섯 개가 불길을 뿜어내듯 화면을 장식한다.

자기. 만의. 길을. 가는. 남자들. MEN. GOING. THEIR. OWN. WAY.

줄여서 믹타우MGTOW는 다른 매노스피어 집단과 동일한 '빨간 알약' 철학과 함께 출발하긴 했지만, 자신들이 주장하는 지노크라시의 음모와 편향된 성시장에 대해 다른 커뮤니티들과는 아예 다른 해법을 제안한다. 인셀이 폭력적인 복수를 모의하고 픽업아티스트들이 약탈적인 '게임' 전술을 구사하는 동안 자기만의 길을 가는 남자들은 여성과의 관계를 완전히 끊어버리는 쪽을 택했다. 이들은 말 그대로 자기만의 길을 가고 있다. 어떤 여성과도 멀찍이 거리를 두고. 완전히.

표현 방식은 다양하지만(여성과 플라토닉하지만 로맨틱하지는 않은 관계를 유지하는 이들도 있고, 하룻밤 잠자리 상대와 스치거나 성노동자를 방문하는 사람도 있고, '수도승 되기'라고 표현하면서 성관계를 완전히 삼가는 쪽을 선호하는 사람들도 있다), 이 운동의 전반적인 취지는 고립주의다. 일부는 이것을 사회적 추방으로도 확장한다. 한 믹타우 '선언문'에서는 '남자들에게 남성성을 장착'시키는 한편 '제한된 정부를 만들기 위해 노력'하는 것이 믹타우의 사명이라고 주장한다(믹타우계에서 '제한된 정부' 개념은 여성화되고 '여성 중심적gynocentric'인, 또는 여성의 필요와 관심에 매달리는 정부의 개입을 받지 않고, 남자들이 자신의 삶과 재산을 통제할 수 있어야 한다는 의미를 담고 있는 듯하다).

여자를 피해 고립주의를 택하다

믹타우는 이렇게 유폐를 자처하고 있기에 인셀이나 픽업아티스트에 비하면 직접적인 위협이 적은 편이다. 다른 매노스피어 커뮤니티와는 달리 이들의 에너지는 대부분 외부가 아니라 내부로 쏠린다. 섹스와 관계를 차단하는 데 집착하는 이들은 주변 여성보다는 스스로를 해하고 상처를 안길 공산이 더 크다. 그렇다고 해서 믹타우의 이데올로기가 무해하다는 뜻은 아니다. 이들의 이데올로기는 여성은 구제불능이므로 유독하고 위험하다는 더 심각한 생각을 고집하고 있는데, 이것이 여성의 삶과 커리어에 실제로 어떤 부정적인 영향을 미치는지는 뒤에서 보게 될 것이다.

믹타우는 픽업아티스트들처럼 자신들의 기술과 성공담과 실패담을 거대한 온라인 커뮤니티에서 공유하기보다는 실제 세계에서 각자 자신의 철학에 따라 살아가기 때문에 개인적으로 만날 가능성이 별로 없다. 매노스피어에서는 전반적으로 자신을 폭로할 가능성이 있는 일반인에게 강박적인 의심을 표출하는 구성원들이 다른 포럼 이용자들을 손가락질하고, 서로를 스파이로 모는 일이 비일비재하다. 이런 두려움은 믹타우에 가장 팽배해서, 현실에서 만나자는 암시만 있어도 즉각 무참한 경멸이 날아든다.

믹타우 웹사이트에서 많은 사람이 추종하는 교리에 따르면 '믹타우의 등급'에는 기본적으로 네 단계가 있는데, 그 출발선이라고 할 수 있는 0단계는 빨간 알약을 삼키는 것이다(매노스피어에 아직 눈뜨지 않은 남자들은 '파란 알약을 삼킨' 자들로 묘사된다). 1단계는 장기적인 관계를 거부하는 것으로 요약되고, 2단계는 단기적인 관계까지 피하는 것이다. 3단계는 경제적으로 이탈하는 것이다('엘리트 알파'부터 '싱글맘'에 이르는 다른 집단을 지원하는 데 돈을 보태지 않도록 최대한 납세를 축소하기). 4단계는 '사회적 거부'로 표현된다. 자칭 '감시하는 관찰자The Observer Watches'라는 한 믹타우 블로거는 이렇게 요약한다.

> 믹타우는 사회에서 완전히 빠져나온다. 파란 알약 세상과의 접촉을 최소화하고 자기만의 방식으로 자기만의 목적을 심화할 길을 모색한다. 그는 사실상 거의 존재한다고 볼 수 없다. 도시인은 자신의 아파트에만 처박히고, 그냥 아예 야생으로 방향을 돌려 전기 없이 살 수도 있다.

이 커뮤니티 내에서는 이런 궁극의 고립에 도달한 사람들을 '유령ghosts'이라고 하면서 전설로 취급한다. 하지만 이런 경우는 소수로 보이고, 대부분의 믹타우는 2단계 부근에서 맴돌며 행복하게 지내는 듯하다. 믹타우가 온라인에서 하는 논의는 대부분 여성의 다양한 악행과 '남성혐오misandry'와 같은 전형적인 매노스피어의 불만에 더 집중하는 경향이 있다. 무엇보다 이들은 여성과의 교류에 내재한 위험을 다룬다. 이 위험은 대책이 없으므로 자신을 보호할 방법은 완전한 고립뿐이다.

2015년에는 믹타우의 충성스러운 일원이었던 18세의 카디프 대학교 학생 데이비드 셰라트David Sherratt는 당시 왜 여성과 함께 있는 걸 피하게 되었느냐는 질문에 '위험이 많아서'라고 대답했다. "허위 강간 고발이 얼마나 많은지 몰라요. 대부분일 수도 있고 소수일 수도 있겠죠."[1] 이 말에는 두 가지 함의가 있다. 여성과의 유의미한 관계는 성적인 관계밖에 없다. 그리고 강간에 대해 거짓말할 준비가 되어 있는 여자들이 워낙 많아서 이들과 어떤 식으로든 접촉하는 건 위험천만하다.

어떻게 하면 젊은 십 대 남성이 여자들은 요사스러운 독사라는 확신을 갖고 자기 인생에서 여자들을 완전히 배제하게 되는 걸까? 이는 이런 커뮤니티들이, 심지어는 외부인들이 킬킬대며 조롱하는 믹타우 같은 커뮤니티마저도 얼마나 위력적이고 설득력을 가질 수 있는지를 잘 보여주는 사례다.

셰라트가 언급한 허위 강간 고발에 대한 (완전히 그릇된) 생각은 믹타우의 핵심 우려 사항으로, 이 지점에서 믹타우는 인셀이나 픽업아티스트보다는 남성권리운동가 같은 커뮤니티와 더 가까워진다. 믹타우와 남성권리운동가 모두 이 세상에서는 여성들이 모든 남자에게 아주 코앞에서 위협을 가한다고 상상한다. 남성권리운동가들은 여자들이 바람을 워낙 많이 피우고 거짓말을 잘해서 남자들이 다른 남자의 아이를 키우게 조작할 때가 많고, 그래서 이들을 금전적으로 '오쟁이지게' 만든다고 믿는다. 믹타우는 여자들이 남자들을 사회적으로 매장하거나, 돈을 갈취하거나, 심지어는 앙심을 품고 감옥에 보내려고 허위로 성폭력이나 가정폭력 신고를 할 가능성이 상당히 크다고 믿는다. 물론 믹타우는 여성들을 피해야 한다고 주장하는 반면, 남성권리운동가들은 여성들과 끈질기게 전투를 벌인다. 그리고 믹타우는 섹스를 멀리하는 데 집착하지만 인셀과 픽업아티스트들은 섹스를 아쉬워하거나 어떤 대가를 감수하더라도 하겠다는 의지를 강박적으로 불태운다. 그럼에도 불구하고 이런 온라인 매노스피어 커뮤니티의 기저에는 광범위하게 공통된 생각과 전략들이 있다. 인셀과 픽업아티스트들처럼 자기 길을 가기로 선택한 남자들은 모든 여자가 다 똑같다는 믿음을 기본으로 깔고 있다.

셰라트 역시 남성권리운동가들의 주장을 특히 연상시키긴 하지만 모든 여성혐오적인 온라인 커뮤니티에 한 번씩 등장하는 체크리스트를 언급했다. 예를 들어, '남자들은 데이트 비용을 내야 하고 여자들에게 굽신대야 하며 … 숭배보다 못한 것은 다 혐오'라거나 '결혼 같은 제도는 터무니없을 정도로 남자들에게 불리하게 짜여 있다'는 식이다. 믹타우와 남성권리운동가들은 모두 이혼에 유독 관심이 많다. 이들은 이혼을 여자들이 무고한 남자들로부터 돈과 재산과 경우에 따라 아이들을 강탈할 수 있게 해주는 대단히 일방적인 절차로 여긴다.

여성이여, 무임승차를 금하노니

믹타우의 철학은 웹사이트인 믹타우닷컴에 아주 정교하고 매끄럽게 개괄되어 있는데, 한마디로 요약하자면 '오늘날의 남성이 다른 무엇보다 자신의 주권을 지키고 보호하는 자기소유권 선언'이라고 할 수 있다. 이 사이트는 부분적인 인용문과 뉴스 기사를 근거로 믹타우의 유래가 쇼펜하우어, 베토벤, 갈릴레오, '심지어 예수 그리스도'로 거슬러 올라간다고 주장한다(막달라 마리아와 예수와의 긴밀한 우정을 생각하면, 하나님의 아들이 성적으로 문란한 여성을 피하는 데 집착했다는 주장은 다소 과장처럼 보이지만, 이건 여기서 다툴 문제는 아니다). 믹타우의 선구자 목록은 쇼팽, 플로베르, 프루스트 같은 고전 인물들을 나열하다가 갑자기 리어나도 디캐프리오로 튀는데, 이 배우가 유명인들과 벌인 일련의 로맨스가 아주 잘 기록되어 있다는 사실을 감안하면 의문을 품지 않을 수가 없다.

기본적으로 여성들은 역사 내내 '과학과 발견, 인간의 노력에 있어서 훨씬 위대한 기적'을 책임져온 남자들의 꽁무니에 그냥 올라탄 기생충으로 묘사된다. 그러므로 남자들은 여자들을 털어내야 자유롭게 훨씬 고매한 업적을 성취할 수 있다.

애초부터 여자들을 이런 영역에서 배제하는 역사적인 차별 때문에 여자들이 피해받았을 수도 있지 않냐고? 아니다. 믹타우 철학에 따르면 여자들은 사회의 진짜 가치 있는 무언가에 기여해본 적이 단 한 번도 없고, 그러므로 감히 평등을 요구하며 건방을 떨게 아니라 우등한 남자들이 황송하게도 던져주는 부스러기에 감사해야 한다.

물론 믹타우 웹사이트는 자신들의 운동이 존중받을 만하다는 걸 강조하기 위해서 역사적 혈통을 내세우는 데 열중한다. 이들의 주장에는 어느 정도 일리가 있다. 그러니까 가령 이 운동은 특히 1980년대와 1990년대 미국에서 다양한 작가와 조직이 주도한, 상당히 느슨한 자기계발 활동 모임인 신화적 남성운동Mythopoetic men's movement과 약간의 공통점이 있다.

1990년에 62주간《뉴욕타임스》베스트셀러 목록에 오른《철의 존: 남자에 대한 책Iron John: A Book About Men》을 출간한 시인 로버트 블라이Robert Bly와 밀접한 관련이 있는 신화적 남성운동의 전반적인 신조는 남자들이 서로와 그리고 '깊은 남성성'과 연결고리가 끊어져서, 다시 남성성과의 연결을 회복하려면 심리적이고 영적인 지원이 다수 필요하다는 것이었다.

이 운동은 오늘날의 믹타우 운동과 어느 정도 만나는 지점들이 있다. 지지자들은 집에서, 그리고 여성과의 친밀한 관계에서 쓰는 시간이 내면의 남성성과의 연결고리를 잠식했고, 이를 복원하려면 남성 일색의 모임과 의례가 필요하다고 주장했다. 하지만 신화적 남성운동은 오늘날의 믹타우 커뮤니티처럼 독기를 품고 있거나 노골적으로 반페미니즘적이지는 않았다.

그러면 여성을 완전히 피한다는 생각은 어디서 온 걸까? 믹타우 커뮤니티를 움직이는 정서는 허위 강간 고발에 대한 두려움만이 아니다. 남성적인 천재성이 여성적인 범속함에 오염되어 위축될지 모른다는 정서도 있다.

여기에 납득하지 못하는 사람들을 위해 믹타우는 여성과 관계를 맺는 것은 돈을 뜯어가고 뇌세포를 갉아먹는 거머리와 쇠사슬을 자발적으로 연결하는 짓과 같다는 증거로 과거에 있던 한 줌의 발명가와 기업가들(위대한 성취를 이룬 모든 남자가 결혼하지 않았다고 하면서)을 예로 들이댄다. 믹타우닷컴은 의기양양하게 결론을 내린다. '비용/편익 분석에서 아무런 편익도 없음이 확인됐을 때, 이 등식에서 남자가 빠져나가는 건 천재가 아니어도 할 수 있는 일이다.' 뭐, 완전히 틀린 말은 아닌 것 같다.

거창한 이데올로기적 틀 안에서 자신의 선입견을 정당화할 기회를 노린 듯한, 이미 여성혐오적인 성향의 남성들은 이 철학을 두 팔 벌려 환영했다. 한 이용자는 추천란에 이렇게 적었다. '어린 나를 가르쳐주고 여자와 결혼이 이용하는 거짓말에서 나를 지켜준 믹타우에 고마움을 느낀다. 이제 나는 평화롭게 살 수 있다.'

"난 '여자'라는 이 퇴보한 생물에 대한 강렬한 미움을 한 번도 숨겨본 적이 없다"고 적은 이용자도 있었다. 어떤 이는 '여기 너무 좋다! 우주의 비밀을 발견한 기분이야'라고 말했다. 다른 이용자는 자신의 도시가 '초특급으로 여성화'되어버려서 '특히 백인 이성애자 남자들에겐 극심하게… 상황이 나쁘다'고 적었다. 그에게는 다행스럽게도 '믹타우 커뮤니티가 내가 이 정치적 올바름의 광기 속에서 혼자가 아니라는 기분을 느끼게 해주었다.'

믹타우닷컴의 포럼들은 인셀 웹사이트와 비슷한 수위의 극단적인 여성혐오가 맹위를 떨친다. 이곳의 남자들은 성적인 접촉에 관한 실패담을 놓고 서로를 위로하는 대신 탐욕스럽고 위험한 여자들의 발톱을 피한 자신과 서로를 치하하고 있기에 어조가 더 밝다는 정도의 차이가 있긴 하지만 말이다.

한 이용자는 일반적인 철학을 이렇게 요약하여 적었다.

> 여자들은 제멋대로고 아주 오랫동안 그래왔어. 얘네를 점잖은 어른처

럼 행동하게 만들려면 진지한 사건이 있어야 할 거야. 남자들은 더 이상 남자가 아니고 여자들이 자기 위를 짓밟고 다니게 내버려 두고 있지. 그래서 나머지 우리로서는 지금 하는 일을 하면서 그냥 우리 길을 가는 방법밖에 없어.

페미니즘, 또는 주류적인 일체의 성평등 지지를 겨냥한 비방은 똑같다(가령 강간당했다고 신고한 여성의 기사에는 '저렇게 못생기고 역겨운 년을 강간하는 사람은 없다' 같은 댓글이 달린다). 또 다른 웹사이트는 이혼을 원하는 남자들을 '돕는 데' 중점을 둔다. 이 사이트에 따르면 오늘날의 결혼은 일종의 '합법화된 노예제'다.

믹타우 포럼에서는 여자와 파탄 난 관계에 대한 극단적이고 독설에 찬 묘사를 공유하는 남자들을 쉽게 접할 수 있다. 불륜을 저지르거나 결혼 또는 연애 관계에서 헤어진 예전 파트너를 격하게 성토하는 이야기가 많은 편이다. 이 운동은 이런 개별 사례들을 가지고 한 남성의 나쁜 경험은 모든 여성의 사악함과 악의의 '증거'라는 듯 여성에 대한 광범위한 고정관념을 신봉하도록 남성들을 부추긴다. 다음 장에서 보겠지만 이는 남성권리운동가들 역시 흔히 활용하는 기술이다.

물론 이런 틀 안에서 남성들은 관계의 파탄은 전적으로 악의에 찬 여자들 때문이고, 따라서 성찰이나 책임은 일절 필요 없으며, 자신은 아무런 잘못 없는 피해자라는 결론에 도달하곤 한다. 이제 막 결별하고서 자신의 상처를 핥으며 정당화할 핑계를 찾는 억울한 남자들에게는 대단히 매력적인 배경이 아닐 수 없다. 여기서 다시 한번, 편견에 찌든 더 큰 사회의 적개심에 맞서서 진성한 피해자를 이해하고 지지하는 커뮤니티에 속해 있다는 기분은 불에 기름을 부은 듯 강력하게 급진화를 유도한다.

　나는 2015년에 믹타우의 핵심 신념을 너무나 자랑스레 설명했던 십 대 소년 셰라트 생각이 머릿속을 떠나지 않았다. 그래서 그런 커뮤니티에 발을 들였던 경험에 대해 물어보려고 그의 정보를 수소문했다. 이제 견습 엔지니어가 된 22세의 셰라트는 다른 매노스피어 집단을 포함해 믹타우를 떠났다고 말했다. 그는 이메일을 통해서 처음에 자신이 '자기만의 길을 가는' 남자라고 여기게 만든 요인들을 설명했다. 처음에는 매노스피어의 일원이 되는 게 '적당히 재미'있었다고 했다.

> 친구가 많이 생겼는데, 그건 저한테 처음 있는 일이었고, 많은 팬과 긍정강화가 있었죠. 그리고 우리가 점점 자라면서 세를 불릴 때는 솔직히 우리가 결국은 어떤 긍정적인 변화를 만들기 시작할 거 같다는 기분이 들었어요. 그건 그냥 어떤 커뮤니티가 아니었어요. 점점 커지는 새로운 운동이었고 저는 '그게 너무 뜨기 전에' 거기에 가담했던 거죠. 그래서 어떤 면에서는 제가 진보적인 뭔가의 일원인 것 같았어요.

　셰라트의 설명에 따르면 외부에서는 매우 어둡고 극단적이고 난폭해 보일 때가 많은 커뮤니티가 십 대 소년의 관점에서는 전위적이고 도발적인 반란 집단으로 인식된다는 걸 알 수 있다. 나는 매노스피어와 '재미'라는 단어를 연결 지을 생각을 전혀 해본 적이 없다. 셰라트의 설명 안에는 극단주의 신념과 커뮤니티에 매료되는 현상을 연구하는 학자들이 종종 인용하는 여러 요인이 분명히 들어 있다. 공통의 목적과 소속감, 우정과 인정, 격려, 중요하거나 고매한 대의처럼 느껴지는 커다란 무언가의 일원이 된 것 같은 감각이 그렇다.

믹타우운동은 어떻게 퍼져나갔나

믹타우 커뮤니티 안에서는 이 운동이 '솔라리스'(호주인)와 '라그나르'(스스로를 '늙은 놈'이자 전직 조종사라고 설명하는 스칸디나비아인)라는 가명으로 통하는 두 남자에 의해서 2000년대 중반에 출발했다는 게 정설처럼 받아들여진다. 이 두 인물 모두 과거에는 '온라인 남자들의 운동'이라고 부르는 데서 왕성하게 활동한 적이 있었다. '솔라리스'는 '라그나르'도 같은 자리에 있었다고 주장하며 2012년의 유튜브 인터뷰에서 이렇게 말했다. "이 모든 것의 출발점에는 소외감이 있습니다. … 당신은 그저 남자라는 이유만으로 자신이 놀림감이나 계급의 적class enemy으로 취급당하기 좋은 표적으로 여겨진다는 걸 깨닫게 될 겁니다." 이 설립자들의 설명에 따르면 처음에는 이런 불만이 있던 남자들이 '솔라리스'가 조정자 역할을 하던 나이스가이Nice Guy라는 포럼을 중심으로 뭉쳤다. 하지만 최근에는 여러 웹사이트와 블로그, 유튜브 채널에서 믹타우 개념이 크게 인기를 얻고 있다.

아마 사람들 대다수는 믹타우라는 말을 인셀이라는 말보다 더 들어본 적이 없을 테고, 그러다 보니 믹타우가 한 번씩 회자되기라도 하면 보통은 극소수의 비주류 집단으로 치부한다. 하지만 다른 매노스피어 집단이 그렇듯 이 커뮤니티는 상상보다 훨씬 크고 왕성하다. '믹타우' 서브레딧은 구독자가 10만 명이 넘고 내가 방문했을 때는 동시 접속자가 1500명이었다(2016년에는 구독자가 1만 5000명이었다고 하니 이 운동의 성장 속도와 늘어난 인기를 어느 정도 짐작할 수 있다). 믹타우닷컴 웹사이트는 회원이 약 3만 3000명이다. 이곳의 포럼('남자 전용')에는 최대한 싸게 이혼하는 방법에 대한 조언부터 남편을 살해하는 특히 기발한 방법을 찾아낸 여자들에 대한 호들갑스러운 이야기에 이르기까지 5만여 개의 다른 주제를 다루는 대화들과 75만 개가 넘는 게시글이 있다. 이 사이트에는 믹타우 콘텐츠를 제작하는 25개의 비디오 채널 목록도 있는데, 이런 채널의 팔로워는 73만 명이 넘고 영상들은 총조회 수가 1억 3000만 회에 이른다. 이는 어떤 매노스피어 웹사이트든 실제 회원 수보다 오가며 콘텐츠를 살펴보는 사람들이 훨씬 많다는 걸 보여주는 좋은 사례다. 또 다른 인기 믹타우 포럼은 게시글이 12만 9000개고 가장 몰리는 시간에 이곳에서 활발하게 활동하는 이용자는 4600명에 이른다. 하나의 믹타우 페이스북 그룹에만 팔로워가 3만 5000명이 넘는다.

믹타우는 인셀에 비하면 훨씬 눈에 띄지 않는 커뮤니티지만 믹타우가 인셀을 훨씬 능가하는 분야가 하나 있다. 믹타우 회원들은 특히 브이로거로 왕성하게 활동한다. 구글 비디오에서 '믹타우'를 검색하면 약 200만 건의 결과가 나오는데 '인셀'의 경우에는 25만 건이 나온다. 유튜브에서 가장 유명한 믹타우 브이로거 가운데 자칭 '똥을 던지는 원숭이Turd Flinging Monkey'가 올린 남성 혐오, 외로움, '펨셀의 침략' 등의 주제를 다룬 영상들은 조회 수가 3700만 회가 넘는다. 그의 영상에는 대표적으로 '난 여자들을 증오하지 않으려고 애쓰는데 점점 그게 힘들어져' '사회가 남자들을 홀대할 뿐 아니라 대놓고 멸시한다는 확실한 증거' 같은 댓글이 달려 있다. '샌드맨Sandman'이라는 가명으로 통하는 또 다른 유명 믹타우 브이로거는 조회 수가 6700만 회가 넘고, 유튜버 하워드 데어Howard Dare는 정기 구독자가 7만 명이다. '피해야 할 여자 유형 상위 10가지' '착한 남자들은 어째서 싱글로 남는 선택을 하나' '여자들이 하는 5가지 거짓말' 같은 그의 영상들은 조회 수가 1200만 회 이상이고, '여자들에게 못되게 구는 게 중요한 이유'라는 제목의 영상은 조회 수가 25만 회가 넘는다. 또 다른 믹타우 브이로거인 '생각하는 유인원Thinking Ape'은 총조회 수가 600만 회 이상이다. 이는 믹타우를 주제로 영상을 올리는 거대한 유튜버 커뮤니티 안에서 가장 유명한 이름 중 일부에 불과하다.

게다가 이 커뮤니티의 결과물은 철학과 의견으로만 구성된 게 아니다. 여기에는 대단히 여성혐오적인 조언이 혼재된 경우가 많다. 가령 한 믹타우 웹사이트의 FAQ에는 이런 글이 있다.

> **여자친구가 임신했어요. 어떻게 하죠?**
>
> 뭘 해도 상관없는데 '축하'하겠다고 욕조에 따뜻한 물을 받고 샴페인을 준비한 다음 여자친구를 초대하지는 마라. 그러면 유산을 유발해서 여자친구가 아기를 잃을 수 있다! 다시 말한다. 어떤 경우에도 그런 짓을 해서는 안 된다… 최대한 빨리.

인셀 커뮤니티의 경우처럼 이런 식의 말이 진지한 건지 아니면 그냥 빈정대는 건지는 알 길이 없다. 어쩌면 더 우려스러운 부분은 원저자가 그냥 충격을 주려 한 소리든 재밌자고 한 소리든, 이 글을 읽은 사람이 어떻게 해석할지 알 수 없다는 데 있는지 모른다.

이 내용은 극단적이다. 그런데 이를 담고 있는 커뮤니티는 손바닥만 한 듣보잡이 아니라 날로 세가 커지는 매우 활동적인 곳이다.

대부분의 인셀 웹사이트처럼 믹타우 커뮤니티는 자신의 온라인 공간을 철저하게 감시하면서 여성을 배제하기로 했다는 점에서 다른 일부 매노스피어들과는 다르다. 이 웹사이트는 '믹타우닷컴은 남성의 이해관계만을 다루는 웹사이트다. **남자만을 위한**'이라고 강조한다. 물론 믹타우의 철학은 이런 커뮤니티에 특히 여성을 배제해야 하는 강력한 근거를 제공한다. 한 대표적인 사이트의 표현에 따르면 '인터넷은 남자들에 의해(다른 남자들을 위해)⋯ 창조되었다. 그리고 여자들이 인터넷을 사용하게 된 것은 우리가 남자답게 성스러운 은혜를 베풀었기 때문일 뿐이다.' 에이다 러브레이스_{Ada Lovelace}♦와 그레이스 호퍼_{Grace Hopper}♦♦에게도 한번 이렇게 말해보시지.

믹타우 이데올로기는 '성찰적인 개혁흑인남성_{Introspective Black Men of Reform, IBMOR}'이라는 아주 유사한 목적에 백인우월주의를 전복한다는 열망을 추가한 운동을 비롯한 수많은 온라인 운동을 파생시켰다.

이들의 커뮤니티 페이지는 정신 사나운 대문자로 '성찰적인 개혁흑인남성들은 자기학습과 자기계발에 전념하는 흑인 남자들이다. 우리는 흑인 커뮤니티에서 백인우월주의와 흑인가모장제 모두를 궁극적으로 뿌리 뽑고자 한다. 우리는 흑인가부장제가 필요하다고 믿는다'라고 선언한다. 이 사이트는 이 운동의 공식적인 신조를 이렇게 열거한다. '우리는 이성애자 흑인 남성의 리더십을 믿는다. 우리는 여자가 섹스와 재생산을 위해서만 존재한다고 생각한다. 사회에서 어떤 식으로든 여자가 남자에게 권위를 행사하게 해서는 안 된다. 남자는 어떤 식으로든 절대로 여자의 말을 따라서는 안 된다.'

♦ 　　 영국의 시인 바이런의 딸이자 세계 최초의 컴퓨터 프로그래머.
♦♦ 　 미국의 컴퓨터 과학자이자 해군 제독.

그리고 이런 다소 극단적인 시각을 놓고 논쟁을 벌일 수 있다고 생각한다면 오산이다.

> 우리는 여자들과는 토론할 수 없다고 믿는다. 여자들은 이 세상을 '느낀다.' 그들은 이 세상을 '사고'하지 않는다. 그래서 간청이나 논리적인 논증으로는 여자의 마음을 바꾸지 못한다. 여자의 마음을 바꿀 수 있는 행동은 무력뿐이다. 현재의 여성 중심적인 백인우월주의 시스템에서 여자를 다루는 가장 효과적인 방법은 관심을 주지 않는 것이다.

믹타우의 여성혐오적인 전제를 옹호하지만 동시에 백인우월주의에 반대하는 IBMOR은 매노스피어 회원들에게 호기심을 자극하고 종종 의도치 않게 유머를 자아내는 수수께끼 같은 곳이다. 믹타우와 IBMOR 회원들이 대화하다 보면 대단히 성차별적이지만 동시에 인종주의적일 때가 많은 믹타우 커뮤니티의 회원들이 IBMOR 철학에 대한 절반의 지지와 절반의 반감을 화해시키느라 버둥대는 바람에 혼란이 생기곤 한다.

이 딜레마를 헤쳐 나가려던 한 남성은 인종 문제와 관련해서 IBMOR 커뮤니티에 반하는 주장들은 즉각 성별에 대한 자기 집단의 태도를 겨냥한 비난으로 되돌아올 수 있다는 사실을 깨닫지 못하고 '당신은 전형적인 불만 많은 흑인 남자 같다'고 적었다. "이래서 흑인 커뮤니티를 진지하게 대하지 않는 거다. 모든 발언이 '우리 vs 그들'로 귀결된다. 페미니즘에 반대하는 당신의 주장이 틀렸다는 말을 하는 게 아니라, '그건 좆 같은 백인 사람들 잘못이야!'라는 식의 정서를 받아들이지 못하겠다는 거다." 자기 말에 모순이 있다는 것을 전혀 눈치채지 못한 모양이다.

IBMOR 커뮤니티 내에도 유사한 모순이 있다. 이들은 인종 문제에서는 불평등을 인식하고 이에 반대하지만, 다른 많은 매노스피어처럼 여타 형태의 편협함과 편견을 대놓고 퍼뜨린다. 가령 이 웹사이트에는 '우리는 동성애와 레즈비언이 인간의 죽음을 뜻한다고 믿는다. 이런 결합에서는 아이가 만들어지지 않고 양성애는 사회 불안을 초래하기 때문이다'라고 나와 있다.

하지만 매노스피어가 백인 위주의 공간이라는 전문가들의 견해를 뒷받침하듯, IBMOR은 전체 믹타우 커뮤니티에 비해 훨씬 규모가 작아서 페이스북 페이지나 온라인 그룹을 다 합쳐도 천 단위가 아니라 백 단위 수준이다. 일부 IBMOR 유튜브 채널들은 수만 명의 팔로워와 수백만 회의 조회 수를 자랑하지만 유명 믹타우 브이로거의 어마어마한 팔로워 수에 비하면 새 발의 피다.

역시 다른 수많은 매노스피어 영역이 그렇듯 믹타우 포럼과 커뮤니티 이용자들의 거주지역을 구체적으로 파악하기는 힘들다. 다수가 영어로 소통하고 있고, 일부가 댓글이나 이용자명에서 드러내는 위치를 보면 보통은 미국, 캐나다, 영국 같은 곳이 일반적인 듯하지만 말이다. 영국에 거주지를 두고 적극적으로 활동하는 믹타우 커뮤니티 회원들의 정확한 수를 알려주는 확실한 데이터는 없다. 한 포럼 참가자가 '영국에서 보내는 인사'라는 제목의 게시글을 업로드하자 미들랜드, 서섹스, 샐퍼드 등 다양한 지방에서 글을 쓰고 있다고 밝히는 '동료 영국인들'의 열광적인 답글이 이어진다. 이들은 같은 위치에서 같은 이데올로기를 공유한다는 데서 희열을 느끼고, 이 참가자의 개시 사격에 진심으로 맞장구를 친다. '좆 같은 여자들, 걔네는 다 젖 달린 뱀이야.'

'영국의 믹타우'를 표방하며 상당히 규칙적으로 글을 올리는 웹사이트도 있다. 이 사이트는 정치적 올바름과 거리가 먼 관점은 묵살하고 검열하는 영국 정부의 '나치 같은 행태'를 성토하며 이렇게 주장한다.

> 당신이 틀린 말을 하거나 규범에 반하는 믿음을 가졌다면 당신은 위험분자다. (…) 영국은 병들어서 치료가 필요하다. 무엇보다 법을 손봐야 하는데 주위를 둘러보면 양순한 남자들밖에 없다. (…) 당신만의 길을 가라. 그리고 당신 자신을 지켜라.

하지만 다른 매노스피어 집단 대다수와 공통되는 부분이자, 어쩌면 믹타우를 가장 여실하게 보여주는 특징은 철저하게 남자만 구성원으로 인정하는 집단이면서 여자 말고는 다른 화제가 거의 없다는 점일 것이다. 믹타우의 경우 이런 근원적인 이분법 때문에 이 운동의 핵심에 피할 수 없는 자기파괴가 내재되어 있다. 이 사람들은 여자에 거의 광적으로 집착하는 커뮤니티에 매여 살다시피 하면서 남자는 여성, 그리고 여성이 상징하는 모든 것, 그 유독하고 해로운 영향에서 완전히 자유로워지기가 대단히 힘들다고 생각한다.

이 지점은 십 대인 셰라트에게서도 극명하게 보였다. 셰라트는 내게 이렇게 말했다. "결혼 같은 게 회의적이라는 건 이해했는데, 여자가 중심이 아닌 삶을 살아야 한다고 이야기하는 남자들이, 여자에 대해서 끔찍하게 많이 이야기하고 있었어요." 셰라트가 믹타우 이데올로기의 다양한 관점에 대해 이견을 내려고 하자 '계집애한테 조종당한다'는 비난이 날아들었다. 그 후 얼마 되지 않아 그는 그 커뮤니티를 떠났고, (별로 놀랍지 않게도) 그의 비판을 이해하는 여성을 만났다. 셰라트는 혼잣말하듯 말했다. "그래서 그 농담이 자기들 얘기였던가 보다 싶어요."

이렇게 많은 공통점이 있는데도 다른 매노스피어 커뮤니티들은 믹타우라고 하면 콧방귀부터 뀐다. 남성권리운동가와 픽업아티스트 사이의 경계를 오가며 글을 쓰는 악명 높은 매노스피어 블로거인 맷 포니Matt Forney는 '자기 길을 가는 남자들'은 '아무 길도 가지 않는 남자들'이라고 하면서 믹타우를 '외로운 숫총각들을 위한 종교'라고 조롱하고, 남성성의 본령을 위해서는 이성애적 관계와 섹스가 필요하다는 걸 알아차리지 못해서 남자들을 거세시킬 위험이 있다는 주장을 펼친다. 포니는 원래 자신은 믹타우를 통해 '일반적인 반페미니즘 사상에' 입문하게 되었지만 그 이후로 이 운동에 대단히 비판적이 되었다고 말한다. 이 발언은 한 채널을 통해 매노스피어로 유입된 남성들이 재빨리 다양한 커뮤니티들을 넘나들고 다니다가 다른 장소에 정착하게 되는 과정을 짐작할 수 있게 해준다. 또는 대안우파 이데올로기에 안착하는 경우도 많다. 이는 매노스피어의 용어와 축약어들이 백인민족주의자들의 블로그와 웹사이트, 여타 대안우파 커뮤니티에서 폭넓게 사용되는 데서 파악할 수 있다.

자기만의 길을 가기로 한 남자들이 홀대와 조롱을 받는 곳은 매노스피어만이 아니다. 제이컵 데이비는 믹타우 같은 집단에 대한 선정적이고 피상적인 보도 때문에 우리가 그런 커뮤니티의 배경에 있는 실질적이고 심각한 문제를 제대로 보지 못할 수 있다며 우려를 표한다.

> 저는 미세한 뉘앙스에 대한 이해가 부족하다고 말하곤 합니다. (…) 이

문제에 대해 특별히 책임감 있는 보도가 있었다고 생각하지 않아요. 제 경험상 미디어들의 이익은 대부분 그것이 상당히 참신하고, 이례적이고, 무엇보다 뉴스거리로 인식된다는 사실에서 비롯됩니다. 그리고 사실상 연구자로서 받는 질문은 '사람들이 어째서 이 요상한 이데올로기를 믿는 걸까?' 같은 것이죠.

믹타우의 기술, 펜스룰

믹타우가 얼간이 같은 남자들이 모인 이상한 집단이라고 써 갈기는 건 식은 죽 먹기다. 여기서 여자를 '두려워하는' 남자를 자동적으로 모욕하는 사회적 선입견이 한몫한다. 하지만 다른 매노스피어 커뮤니티들이 그렇듯 이들이 온라인에 고립된 작은 집단이고, 오프라인이나 사회에서는 영향력이 전혀 없다는 일반적인 통념은 극도로 근시안적이다. 사실 지난 몇 년 동안 믹타우 철학의 지지 세력과 회원은 가장 많이 그리고 의미심장하게 성장했다고 볼 수 있다. 어떤 면에서 믹타우는 다른 어떤 매노스피어 커뮤니티보다 더 성공적으로 주류 문화에 침투했다. 비록 이런 현상을 보도할 때 믹타우라는 이름이 직접적으로 언급되는 일은 없지만 말이다.

전 세계 수백만 명의 여성이 자신의 이야기를 직접 털어놓으며 성적 괴롭힘과 성폭력에 맞섰던 미투운동 직후 빠르고도 심각한 백래시가 있었다. 일단 이 여성들의 증언이 날조되거나 과장되었다는 주장과 유명 인사를 물고 늘어지는 여성들은 5분짜리 명성을 얻으려는 탐욕스러운 꽃뱀들이라는 주장이 나왔다. 이 문제가 페미니스트 폭도들에 의해 지나치게 과장되고 있다는 비난도 쏟아졌다. 공론의 장에서 폭발적으로 터져 나온 이런 주장은 물론 매노스피어 포럼과 전체 커뮤니티에서 더 깊은 반향을 일으키고 지지받았으며, 그 분노는 페미나치 엘리트의 남성혐오와 미투 거짓말을 추종하는 '얼빠진' 자유주의 미디어를 향했다.

이 백래시는 순식간에 격해졌다. 개별 여성을 향하던 비난은 미투운동 전체가 이견을 용납하지 않는 폭력적인 권력 집단이라는 터무니없는 불만으로 비화했다. 정당한 절차를 거치려 하지도 않고 남자들에게서 직장과 목숨을 빼앗기 위해 설계된 '마녀사냥'이라면서. 일부 논평가들은 가시 돋친 장광설을 풀어놓고, 감히 자신의 성폭력 경험을 나누는 여성들을 사냥하고 미투운동을 싸잡아서 비난하는 데서 만족을 얻었다. 하지만 가해자를 피해자로 둔갑시키는 매노스피어의 기술을 활용하는 의도적으로 계산된 또 다른 반응이 점차 고개를 들었다. 이 반응은 인터넷에서 오프라인 세계로 들불처럼 번져서, 믹타우에서 곧바로 그 근본 이데올로기를 차용했다. **어떤 희생이 따르든 여자를 피하라는 것으로.**

루머가 돌기 시작했다. 여자들은 요직에 있는 남자들이 갑자기 자신과의 미팅을 취소하거나 문을 열어둬야 한다고 고집을 피운다고 전했다. 한 인적자원 컨설턴트는 임원들이 더 이상 여자와 단둘이 엘리베이터에 타지 않겠다고 한다고 전했다.[2] 갑자기 눈덩이가 커지듯 관련 사례가 밀려들었다. 다양한 직업군의 남자들이 난데없이 업무상 점심식사를 취소하거나 과거에 자신이 멘토링하던 여자들을 피한다는 이야기가 꼬리에 꼬리를 물었다. 이건 믹타우의 기술이었다. 소중한 관계에서 단절되고, 중요한 대면 미팅을 거절당한 여성들은 커리어에 심각한 타격을 입을 수 있었다. 믹타우운동이 여성에 대한 구조적 억압을 완전히 뒤집어버리고 남자들이 성적 편견의 진정한 피해자라고 아우성치는 것과 정확히 같은 방식으로, 이 일련의 주요 사례들은 남성을 미투운동의 진정한 피해자로 그리고자 했다. 남자들은 앙심을 품고 성적 괴롭힘이나 성폭력을 날조해서 신고하려고 미쳐 날뛰는 막강한 여성집단으로부터 자신을 지키려면 선택의 여지가 없다는 것이다. 그 해법이 완전한 분리와 다를 바 없는 극단적인 방식이라 해도.

시카고의 한 정형외과 의사는 《뉴욕타임스》에 여성 동료와는 더 이상 단둘이 있지 않는다면서 이렇게 말했다. '제 생계가 위협받을 수 있기 때문에 이 문제에 아주 조심합니다…. 병원의 누군가가 당신이 어떤 여자에게 부적절한 접촉을 했다고 말할 경우 저는 조사를 받느라 정직을 당할 테고, 인생도 좋날 테니까요. 그 꼬리표가 계속 따라다니지 않겠어요?" 이 의사는 나쁜 짓을 했든 안 했든 관계없이 이런 고발이 무차별적이라는 전제를 깔고 있는데, 해당 기사에서는 이 부분을 전혀 문제 삼지 않았다.[3]

텍사스 어스틴에서는 한 이벤트 매니저가 소통 컨설턴트와의 정기 미팅을 중단시키면서 '결혼한 남자가 싱글인 숙녀와 점심을 먹는 건 부적절하다는 말을 들었다'고 이야기했다. 그는 부적절한 '상호작용'을 하고 있다는 인상을 절대로 주지 않기 위해 이 여성과 또 다른 여성을 다른 자리로 이동시키려고 고민했다. 해당 여성이 '자신은 그에게 로맨틱한 관심이 전혀 없고 오직 멘토링 때문에 점심식사를 함께하고 싶을 뿐'이라고 직설적으로 전했는데도 말이다.[4] 이만하면 사태가 얼마나 심각한지 어느 정도 감을 잡을 수 있을 것이다.

2019년 다보스에서 열린 세계경제포럼에서 참석자들은 언론인들에게 자신들은 미투'시대'의 직접적인 영향 때문에 더 이상 여성들을 멘토링하지 않는다고 말했다. 그 말은 물론 미투운동에 대한 대단히 여성혐오적이고 의도적인 곡해의 직접적인 영향 때문이라는 뜻이었다. 미국의 한 금융계 임원은 "나는 이제 젊은 여성 동료와 일대일로 시간을 보낼 일이 있으면 두 번 생각한다"고 말했다.[5] 그 사안이 '너무 민감'한 모양이었다.

이 중 그 어떤 남성도 그저 여성을 성적으로 괴롭히거나 폭행하지 않기만 해도 똑같은 효과를 낼 수 있다는 생각에는 이르지 못한 모양이었다.

온갖 미디어는 부끄러운 줄도 모르고 이런 사례들을 적대적 환경에서 걱정과 불안에 찌든 남자들이 취할 만한 예방 조치인 양 묘사했지만, 성범죄에 전혀 가담하지 않은 남성이 자신의 직장에서 여성을 피해야 한다는 건 어처구니가 없는 주장이다. 만일 여성들이 허위 고발을 한 게 아니라면, 연일 이어지는 성폭력 증언에 대한 마땅한 반응은 그냥 성폭력을 저지르지 않는 것이기 때문이다. 성폭력 고발을 하는 여성들을 무슨 살을 파먹는 전염병에 걸린 사람처럼 취급하는 게 아니라.

수만에 달하는 인터넷 신봉자들이 떠받드는 이 핵심적인 매노스피어 이데올로기가 백악관 수뇌부까지 파고들었다는 사실은 가히 충격적이다. 미국의 전직 부통령 마이크 펜스는 기자들에게 자신은 아내가 아닌 여성과는 절대 단둘이서 식사를 하지 거라고 말했다. 그의 후임이 된 카멀라 해리스 부통령 같은 여성 정치인들은 변화의 속도가 빠르고 식사 회동이 다반사인 정계에서 이런 행태는 여성의 이력에 대단히 해로운 영향을 미칠 수 있다고 지적하기도 했다.

펜스의 입장은 매노스피어의 철학이 고결하고 합리적인 토론이라는 외피를 뒤집어쓰고 주류로 슬며시 밀고 들어오는 수많은 방식 가운데서 대단히 효율적인 사례라 할 수 있다. 우리는 펜스의 반응이 성범죄 고발에 대한 우려 때문인지, 각별히 보수적이거나 종교적인 세계관 때문인지 알 수 없다. 기독교의 경직된 성역할 관념과 성윤리를 생각하면 이 두 가지가 완전히 분리될 순 없을 것이다(소위 펜스룰은 아내를 제외한 여성과는 단둘이 식사를 하거나 만나지 않겠다고 밝힌 기독교 연설가 빌리 그레이엄Billy Graham의 이름을 딴 빌리 그레이엄 룰을 따라 만들어진 것이다). 문제는 그것이 별로 중요한 게 아니라는 데 있다. 펜스가 허위 강간 고발에 대한 믹타우 커뮤니티의 광적인 믿음을 의식적으로 반영한 건 아닐 수 있지만, 그가 여성과 단둘이 식사하기를 거부한 것이 바로 미투운동의 결과로써 남성과 언론 매체 모두가 포착한 의미였다. 그리고 펜스 자신은 이런 식의 해석을 조정하거나 정정하기 위한 조치를 아무것도 하지 않았다.

저명한 사람이 이런 입장을 채택했을 때 그 영향력은 절대 과소평가할 수 없기에, 그것이 용인 가능하다는 정서가 빠르게 미디어의 머리기사를 장식한다.《베니티페어》는 '월스트리트는 미투 고발을 피하기 위해 마이크 펜스의 방식을 전적으로 따른다'고 전했다.[6]《블룸버그》는 "요즘에는 여자를 고용하는 일 자체가 '미지의 위험'이다. 그 여자가 남자가 한 일을 잘못 받아들이면 어쩔 건가?"라는 한 자산 상담사의 주장을 인용하며 '미투시대를 위한 월스트리트 룰: 무슨 희생이 따르든 여자를 피하라'라고 부르짖었다. 문제는 매노스피어 이데올로기를 이렇게 확연하게 지지하고 그것을 주류 미디어에서 연이어 보도했을 때 사실상 극단적인 여성혐오가 정당화되고 심지어는 공감을 얻게 된다는 데 있다.[7]

펜스룰이라고 하는 입에 착 감기는 표현으로 불리기 전만 해도 이런 생각을 보도하는 행위가 자극적이거나 편향됐다고 생각해서 반대 입장을 세심하고 탄탄하게 덧붙여야 한다고 여겼을 것이다. 하지만 이 생각이 미국 부통령의 이름표를 달게 된 순간 범접할 수 없게 됐다. 대대적인 보도가 가능한, 타당하고 그럴싸한 먹잇감이 된 것이다. 여기에 이런저런 권위자들까지 가담하자 이 '룰'은 분란을 초래하는 비주류의 생각이 아니라 일각에서는 그냥 괜찮은 상식으로, 또 평범한 대화의 주제로 받아들여졌다. 이제 이 룰은 대화의 일부가 되었고, 남자들이 성차별적인 의제를 더 밀어붙일 때 곧바로 이용된다. 도널드 트럼프의 전 부보좌관이었던 세바스티안 고르카Sebastin Gorka는 트위터에 이런 글을 남겼다. '생각해보라. 와인스타인이 여성을 만날 때 펜스 부통령의 룰을 따랐더라면 그 불쌍한 여자들은 성범죄를 당할 일이 없었을 것이다.' 당연히 와인스타인이 약탈적인 성범죄자가 아니었더라도 같은 결과를 얻었을 것이다. 뭐 그냥 그렇다는 얘기다.

실제로 주류에서 펜스룰을 단적인 사례가 아니라 남자들이 성폭력 고발 시대에 취해야 하는 합리적인 예방 조치처럼 다루는 행태는 남성의 비중이 압도적으로 높은 직장에서 그대로 되풀이된다. 2019년 휴스턴대학교 연구자들이 수행한 연구에 따르면 남성의 27%가 여성 동료와의 일대일 미팅을 피하고, 21%가 남성과 근접한 상호작용이 필요한 일자리(여행 관련 업무 같은)에 여성 고용을 꺼리는 것으로 나타났다. 작가이자 페미니스트 활동가인 소라야 시멀리Soraya Chemaly가 강조하듯 이는 미국 남성의 1/4 이상이 직장 내 성차별을 저지르고 있고, 직장에서 성별을 가지고 사람들을 다르게 대우해서는 안 된다고 규정하는 민권법 제7장을 위반하고 있다는 뜻이다. 시멀리는 펜스룰의 타당성을 놓고 '토론을 벌이는' 미디어 보도에서는 이 불법성이 거의 언급되지 않았으며, 더구나 '성별 분리와 배제는 우리 사회가 더 이상 직장에서 성차별을 용인해서는 안 된다는 여성의 주장에 대한 적법한 대응이 아니'라고 지적했다.[8]

그러므로 어쩌면 매노스피어에서 가장 기이한 집단으로 치부되는 믹타우의 핵심 신념은 사실 오늘날 미국의 일터 전역에서 여성에게 해를 입히며 실행되고 있다. 매노스피어 이데올로기의 극단적이고 여성혐오적인 요소는 국제적인 논의의 대상이기도 하지만, 이미 조금씩 성차별적인 전제들이 이 사회에서 허용되는 데 영향을 미치고 있다.

행여 여성을 무조건 피해야 한다는 생각이 더 널리 유행하지 못할 새라 펜스룰이라는 단어를 퍼뜨리는 데 일조하는 책 한 권이 발 빠르게 출간되었다. 아마존은 랜달 벤트윅Randall Bentwick의 책《펜스 원칙The Pence Principle》소개에서 이렇게 대담하게 밝힌다. "미국의 모든 남성은 우리의 부통령으로부터 한두 가지 교훈을 얻을 수 있다. 영리해져라. 이 지침서를 사서 '펜스 원칙'을 실행하는 법을 배워라. 당신 자신을, 당신의 커리어를, 당신의 가족과 인생을, 여성의 허위 고발로부터 지키고 미래로 나아가라."

믹타우 커뮤니티가 이걸 그냥 지나칠 리가 없어서, 이를 찬양하는 레딧의 스레드들('페미니스트들은 어째서 마이크 펜스룰을 두려워하는가')과 유튜브 영상들('우리가 펜스룰을 발명했다')을 보면 잔치라도 벌어진 것 같다. 이는 우리가 극단적인 인터넷의 변두리에서 떠도는 어둡고 터무니없는 주장이라고 치부하는 생각들이 실제로는 백악관 잔디밭에서 우리 코앞으로 밀려들어 오고 있다는 직접적인 증거다.

4

여자를
탓하는
남자들

국가는 남자들을 엄청나게 인간 이하로 취급해요.
그들은 남자의 삶을 파괴하기 위해 할 수 있는 건
뭐든 할 겁니다.
_마이크 뷰캐넌, 남성과 소년(그리고 그들을 사랑하는 여성)을
위한 정의당 당대표

이른바 남성권리운동가들은 여성 트집 잡기 운동가라고 하는 편이 더 정확할 것 같다. 남성권리운동이라는 표현은 뭔가 숭고하고 중요한 것을 하고 있다는, 오늘날 남성을 괴롭히는 많은 현안에 집중하고 있다는 암시를 준다. 하지만 실상은 대단히 다르다. 남성권리운동이 남성의 권리에 치중하는 정도는 방위산업체들이 평화를 지키는 데 일조하는 수준과 비슷하다. 정신건강, 남성성 고정관념, 친밀한 관계에서의 폭력 같은 사안을 다루는 남성 조직들도 분명 존재한다. 하지만 이건 그렇지 않다. 남성권리운동가들은 여성을 공격하는 데 거의 집착하듯 관심을 쏟는데, 이들이 특히 집중하는 대상은 페미니즘이다.

남성권리운동가들은 오늘날 남성들에게 악영향을 미치는 매우 현실적인 문제들은 거의 건드리지 않는다. 그게 아니라 더 나쁘게는 사실상 남성 피해자들의 진보를 방해하기까지 한다. 남성 권리운동가들은 구식 성별 고정관념에 매달리고 똑같은 고정관 념을 상대로 씨름하는 여성들에게 맞서 투쟁을 벌이면서 오히려 자신들이 해결하고자 한다고 주장하는 바로 그 문제를 더 악화할 때가 많다.

하지만 남성권리운동가 세계에 별로 익숙하지 않은 사람들에 게는 이들의 대의가 설득력 있고 그럴싸해 보인다. 남성들에게 악영향을 미치는 문제들, 특히 아버지의 권리, 암, 직장 내 사망 사고 같은 사안들을 모호하게 언급하면서 이런 것들을 해결하겠 다고 할 때는 긍정적이고 중요한 운동처럼 들린다. 이 덕에 남성 권리운동가들은 종종 대중의 감시망을 피할 수 있고, 대표적인 인사들은 '균형'을 잡고자 하는 뉴스 프로그램에서 활개 치고 다 닐 기회를 얻는다. 이 커뮤니티에서 표방하는 목표와 실제 활동 사이의 격차 때문에, 이들은 믿을 만하다는 외피를 쓰고 광범위 한 매노스피어의 여성혐오적 사고들을 대중에게 은근슬쩍 들이 미는 전달자 같은 역할을 한다.

우리는 역차별에 반대합니다

이들은 다른 매노스피어의 요소들과 공통점이 많다(여성혐오 로 가득한 전방위적인 일반화, 페미니스트들의 음모가 남성에게 불리 한 세상을 만들어냈다는 주장, 불평등과 학대의 진정한 피해자는 남성 이라는 생각). 한 남성권리운동 블로그에 적힌 이 운동에 대한 대 략적인 요약은 이런 식이다. "페미니즘의 관점에서 '성평등'은 여 성의 지배와 남성의 종속을 의미하게 되었다. 그 결과 역차별이 일어나서 과거에는 여자들이 주변화되다가 이제는 찬밥 신세가 된 남자들이 그 자리를 차지하게 되었다." 하지만 다른 매노스피어 집단과는 달리 남성권리운동가들은 개인의 성적 만족을 추구하거나 여성과의 완전한 관계 단절을 모색하는 대신 맞서 싸우는 쪽을 택한다. 또 다른 남성권리운동 웹사이트 '이혼 산업에 반대하는 아빠들Dads Against the Divorce Industry'에 적힌 표현을 빌리면 이들은 '남성성 그 자체에 숨 막힐 정도로 많은 법적, 사회적 제재를 가하는 점차 심각해지는 경향'에 맞서 전투를 벌이는 중이다.

월간지 《하퍼스》에 실린 1926년의 한 기사에서 작가 존 메이시John Macy는 '왜곡된 남성혐오가 … 짜증나는 현대 페미니즘의 주장들을 뒤틀어놓는다'고 불평했다(메이시는 해괴한 운명의 장난으로 헬렌 켈러의 스승이자 동반자로서 장애인의 편에 섰을 뿐 아니라 확고한 페미니스트였던 앤 설리번과 결혼했다). 같은 해 '모든 과도한 여성해방과의 전쟁'을 목표로 오스트리아 남성인권연맹Austrian League for Men's Rights이 창설되었다. 여성에게 권리를 주기 위한 투쟁은 남성으로부터 무언가를 빼앗는 의미일 수밖에 없다는 생각은 오늘날 불쑥 등장한 게 아니다.

하지만 우리가 지금 알고 있는 남성권리운동이 긍정적인 변화를 일구는 한편 여성해방에 보탬이 되려는 노력과 그 시작이 맞닿아 있다는 것은 서글픈 아이러니다. 1960년대 말과 1970년대 초에 강력한 페미니즘 제2물결이 세를 얻으면서 '남성해방운동'도 고개를 들었다. 남성해방운동은 페미니즘의 원칙들을 적극적으로 지지했다. 그리고 남성에게 해를 끼치고 여성을 억압하는, 사회적으로 강요된 남성성을 해체하고자 했다.

신좌파 잡지 《리버레이션Liberation》 1970년판에서 심리학자 잭 소이어Jack Sawyer는 '남성해방에 관하여'라는 글을 발표했다. 그는 열정을 담아 이렇게 썼다.

> 남성해방은 '남자가 되는 것'과 '여자가 되는 것'을 적절한 행동을 통해 도달해야 하는 지위로 여기는 성역할 고정관념을 혁파하는 데 일조하고자 한다. (…) 자유롭고자 하는 여성들의 투쟁이 압제자 남성에 맞서는 투쟁일 필요는 없다. 남성이 적인지 아닌지 그 선택은 남성들 자신에게 달렸다.

이와 연장선상에서 남성 의식고양 집단들이 특히 미국과 영국에서 모이기 시작했다. 이런 집단들은 남성들에게 자신의 경험과 감정을 나눌 기회를, 그리고 자신들이 해법에 일조할 방법을 탐색하는 기회를 선사했다. 이 집단의 한 회원은 1971년 《라이프》와의 인터뷰에서 이렇게 설명했다. '우리의 적은 여자가 아니다. 그건 우리에게 강요된 역할일 뿐이다.' 말만 들어도 벅차오르지만, 아직도 이런 사고가 생경하게 느껴진다는 데까지 생각이 미치면 의아할 따름이다.

이어서 여러 모임과 자원, 남성센터가 등장하기 시작했는데, 가령 1973년 버클리남성센터는 더 다양한 프로젝트의 정신을 담은 선언문을 발표했다.

> 우린 억압적인 남성적 이미지를 유지하기 위해 긴장하고 경쟁하고 싶지 않다. (…) 우리는 여성과 동등하기를, 남성들 간의 파괴적인 경쟁관계를 종식시키기를 원한다. (…) 우리를 겨우 반쪽짜리 인간으로 만드는 제약들은 우리를 억압한다. (…) 우리는 우리가 누구인지, 어떻게 이

런 상태에 이르렀는지, 자유로워지려면 무엇을 해야 하는지를 이해하기 위해 남자들이 자신의 삶과 경험을 서로 나누기를 바란다.

이 운동이 탄력을 받으면서 1970년대 중반에는 마크 파스토 Marc Feigen Fasteau의 《남자 기계 *The Male Machine*》와 잭 니콜스 Jack Nichols 의 《남성해방 *Men's Liberation*》을 비롯한 많은 책이 쏟아져 나와서 이론적인 틀을 더 견고하게 다졌다.

즉 여성을 악마화하고 공격하지 않으면서도 남성들이 맞닥뜨린 문제를 해결하고자 하는 (남성이 주도하고, 남성에게 관심을 가지는) 진짜 운동, 그러니까 남성의 페미니즘운동이 1970년대부터 있었던 것이다. 하지만 얼마 지나지 않아 거대한 분열이 일어났다.

1960년대 말 박사과정에 있던 워런 패럴 Warren Farrell은 남성해방운동의 샛별로 급부상했다. 패럴은 페미니스트계 인사들과 접촉면을 넓히다가 전미 여성기구 National Organization for Women 뉴욕지부 이사가 되었고 전국적인 남성 의식고양 모임의 네트워크를 구축하는 일을 맡았다. '역할 바꾸기 워크숍'으로 명성이 자자했던 패럴은 남성들에게 미남대회를 열어 무대 위에서 걸어다니고 여성들에게는 청중이 되어 이들을 향해 야유를 퍼붓고 대상화해보라고 권했다. 남성들에게 고깃덩어리로 취급받는 게 어떤 기분인지를 느끼게 해주겠다는 생각이었다. 이와 유사하게 패럴은 남성 가장들이 느끼는 압박감을 전달하겠다며 여성들을 월급에 따라 줄 세우고, 경제 스펙트럼의 밑바닥에 있는 사람들을 향해 '실패자'라고 소리치는 가혹한 시도를 하기도 했다. 곳곳에서 패럴을 칭송했다. 《피플》에 실린 네 쪽짜리 기사에는 그가 아내를 위해 아침식사를 준비하는 사진과 함께 '지배하려 하기보다는 경청하는 법을 … 굴하지 않는 척하기보다는 취약해지는 걸 배우는 것'이 중요하다는 그의 지당한 신조가 아로새겨져 있다.《파이낸셜타임스》역시 그를 '100대 선구적 사상가' 중 한 명으로 선정했다. 나중에 패럴은 한 저널리스트에게 '나는 수많은 여성에게 신과 같았다'고 말했는데, 어쩌면 이때 위험신호를 감지해야 했는지 모른다.[1]

하지만 패럴은 제도적으로 남성이 불리해지는 상황에 있다는 생각에 관심을 가지기 시작했고, 1970년대 중반에 전미 여성기구가 이혼 시 공동양육권을 기본으로 상정하는 것에 반대 입장을 제기하자 이 기구와 결별했다. 패럴의 개인적인 여정은 남성해방운동의 훨씬 더 큰 분열을 상징적으로 보여준다. 1970년대 말 남성해방운동은 두 편으로 완전히 갈라졌다. 현재는 전미 성차별에 반대하는 남성기구National Organization for Men Against Sexism로 이름을 바꾼, 당시 전미 변화하는 남성기구National Organization for Changing Men로 대표되는 한쪽은 가부장적인 남성의 역할에 맞서 친페미니즘, 반성차별주의를 고수했고, 남성을 중심으로 한 이 건설적이고 긍정적인 운동은 오늘날에도 조용히 명맥을 이어가고 있다. 하지만 전미 자유남성동맹National Coalition of Free Men과 남성인권연합Men's Rights Association 등을 아우르는 거대한 분리주의 반페미니즘 남성집단 역시 등장했다. 소란을 피우며 이목을 끄는 남성권리운동은 이렇게 탄생했다.

1973년 사회학자 스티븐 골드버그Steven Goldberg는《가부장제의 불가피함The Inevitability of Patriarchy》에서 오늘날의 남성권리운동과 대단히 유사하게도 생물학적 이유와 인간의 본성에 따라 판단했을 때 페미니즘의 프로젝트는 결함과 오류투성이고, 남성의 지배는 자연스러우며, 여성해방은 위험천만한 문화적 불안정으로 귀결된다고 주장했다.

1977년에 설립된 전미 남성동맹National Coalition for Men(모토는 '차별로부터의 남성해방'이다)은 지금도 여러 지부와 오스트리아, 캐나다, 케냐, 이스라엘, 스웨덴, 그루지야에 연락책을 두고 있다. 이 조직은 비즈니스와 기술 분야에서 여성 참여를 증진시키고자 하는 집단, 네트워킹 행사, 스포츠 팀이 차별을 유도한다고 주장하면서 여성 전용 공간을 상대로 수차례 소송을 제기했고 종종 거액의 합의를 끌어냈다. 여성 전용 가정폭력 쉼터가 남성의 입장을 허용하지 않을 경우에는 자금 지원 중단을 요구하는 소송을 벌이기도 했다. 수년 동안 영국의 남성운동Men's Movement, 인도 가정을 구하자 재단Save Indian Family Foundation, 그리고 호주에 있는 많은 단체와 같은 국제 단체들이 우후죽순처럼 생겨났다. 페미니즘 학자들은 이 운동이 등장한 시기와 중대한 사회·정치·경제적 대변동의 시기, 그러니까 1960년대 이후 노동 현장이 성별과 인종 면에서 모두 급격하게 다양화되고, 대처리즘과 레이거니즘이 노동시장과 노조활동에 큰 변화를 일으킨 바로 그 시기와 일치한다고 주장한다. 그러므로 오늘날의 남성권리운동은 최소한 부분적으로는 '시스젠더 백인 남성의 사회적 지위가 위축되고, 페미니즘과 다문화주의운동이 주류 정치세력으로 부상하게 된 상황에 대한 대응'으로 규정되어 왔다.[2]

이 운동은 페미니스트와 이들의 노력에 반대하면서 남성이 진정으로 억압받는 성별이라고 주장하고, 자신들이 보기에 반남성적 편견을 드러내는 제도적 차원의 사안에 집중하기 시작했다. 1993년 패럴은《남성권력이라는 신화The Myth of Male Power》를 출간했는데 이 책은 남성권리운동의 '성경'으로 자리 잡았다. 이 책에서 그는 남성 자살률, 징집, 남성의 기대수명, 남성의 암, 그 외 남성권리운동의 중심이 된 주제들을 다룬다. 물론 대단히 진지하게 고민해야 할 문제들이지만(영국의 자살률은 남성이 여성보다 3배 더 높고, 남성 퇴역 전투병은 지속적으로 가난과 정신적 트라우마에 시달리며, 남성의 암은 환자의 삶을 피폐하게 만든다), 이 운동은 정말로 이 문제에 시달리는 피해자들을 지원하려고 애쓰기보다는 이 문제를 여성과 페미니즘의 대의를 공격하는 수단으로 왜곡하고, 악용했다.

패럴은 자신의 책에서 여성은 남편의 월급을 가지고 쇼핑을 하니까 사실상 남성보다 경제적 자본이 더 많다고 주장했다. 그는 임금 불평등은 여성의 탓이고, 성적 괴롭힘을 예방하는 조치들은 기업의 여성 고용을 저해할 뿐이라고 강조하기도 했다. 패럴은 '미니스커트 권력, 가슴골 권력, 꼬리 치기 권력'은 여성에게 남성보다 더 큰 사회적 우위를 안겨주었고, "'좋아'라고 했다가, '싫어'라고 했다가, 다시 '좋아'라고 말하는 여자들을 성적 트라우마로 고소하는 법을 남자들에게 아무도 가르쳐주지 않은" 반면 여자들은 성적 괴롭힘과 강간을 거짓으로 신고한다는 주장은 오늘날의 남성권리운동뿐 아니라 인셀과 픽업 커뮤니티의 단초가 되었다. 그리고 그는 남성에 의한 여성의 '살해, 강간, 배우자 학대'는 '권력을 박탈당한 채 살았던 수년의 세월을 보상하는 찰나 같은 피상적 권력'이라고 묘사했다. '그것은 힘없는 자들이 자신의 절망을 표현하는 방법'이라면서.[3]

패럴은 여러 인터뷰에서 남성의 실직과 여성의 강간을 직접 비교하며, 둘 다 굴욕과 '자아 개념'의 저하로 이어진다고 주장했다. '남자가 실직을 강요당할 때는 굴욕감을 느끼고 … 유린당했다는, 억눌렸다는 기분을 느끼기' 때문이다.[4]

　이러한 패럴의 생각이 초기 남성권리운동의 기본 교리가 되면서, 우후죽순처럼 생겨난 신생 단체들이 성난 함성을 외치기 시작했고, 이들의 분노와 에너지는 가부장제와 남성성에 대한 해로운 규범이 아니라 여성과 페미니즘을 향해 날아들었다. 패럴의 책은 (여성을 상대로 자행되는 폭력 범죄의 법적 배상과 지원금을 크게 늘린) 미국의 여성폭력방지법이 위헌이며, 남성을 소외시키고 불이익을 주는 법이라면서 매섭게 비판했다. 남성권리운동가들은 결국 이 법의 효력을 약화하는 캠페인을 벌이면서, 허위 고발의 피해자에게 초점을 맞추고 성별 중립성을 갖춰야 한다고 요구했다.

진짜 남성운동의 방해자

　남성권리운동의 사상이 인터넷에 퍼지면서 새로운 개종자들이 대거 영입되고 웹사이트, 모임, 간판스타 등으로 이루어진 새로운 네트워크가 생명을 얻었다. 초기에 인터넷상의 남성권리운동 담론들은 초창기의 포럼인 유즈넷Usenet으로 몰려드는 경향을 보였다. 매노스피어에서 사용되는 언어에 대한 한 연구는 '남성혐오'라는 주제가 이런 게시판에서 빈번하게 거론되던 시기는, 남성권리운동가들이 온라인상에서 '페미니즘의 신망에 먹칠을 하고' '페미니스트에 대한 개념을 만들고' '남성에 대한 차별과 여성에 대한 차별을 동급으로 취급해서 둘을 같은 급의 타당한 논제로 만들려는' 시도를 개진하던 때였다는 증거를 발견했다. 이 연구진들은 초창기 유즈넷의 이용자층과 오늘날 남성권리운동이 주로 '기술을 잘 다루는, 교육받은, 백인' 남성으로 구성되어 있다고 밝혔다.[5]

그러다 1990년대 후반과 2000년대 초반에 '남성혐오'라는 용어의 사용과 남성권리운동가들의 존재감이 온라인에서 꾸준히 폭증했고, 이 문제를 전적으로 다루는 웹사이트들이 등장했다. 지금 존재하는 수백 개의 사이트 중에서 아마 가장 잘 알려지고 영향력이 큰 곳은 2009년 폴 엘람Paul Elam이 만든 '남자들을 위한 목소리A Voice For Men, AVFM'일 것이다. 《남성권력이라는 신화》를 읽고 큰 영향을 받았다고 주장하는 엘람은 나중엔 패럴의 친구이자 제자가 된다.[6] 이 웹사이트의 내용과 엘람의 개인적인 발언은 진정으로 남성들에게 악영향을 미치는 사안을 다루기도 하지만, 동시에 여성과 페미니즘을 향한 폭력적인 수사와 여성혐오, 선동적이고 오해의 소지가 있는 발언이 뒤섞인, 남성권리운동의 실상을 전반적으로 잘 보여주는 좋은 사례다.

엘람의 터무니없는 주장은 이런 식이다. '여자들이 날로 난폭해지고 있다. 가정폭력에서 치고받으며 남자들과 맞먹고, 가정에서 일어나는 아동의 상해와 죽음에서 가장 큰 몫을 차지한다.' 가정폭력 의식고양의 달인 10월을 '폭력적인 쌍년 두들겨 패기 달Bash a violent bitch month'로 개명해야 한다는 유명한 제안을 했던 그는, 신체적 폭력을 행사하는 여자는 '흠씬 패고' '그다음에 그 난장판을 치우게 해야 한다'고 조언하기도 했다. 나중에 엘람은 이 말이 그냥 비아냥거림이었다고 둘러댔다. 그러고는 2010년에 '폭력적인 쌍년 두들겨 패기 달'을 실제로 진행하려는 시도를 한 이후 엘람은 여러 해 동안 자신의 제안을 지속적으로 밀고 나갔다.

엘람의 유튜브 채널 '남자를 위한 귀An Ear for Men' 역시 10만여 명의 구독자에게 정기적으로 브이로그와 오디오 녹음을 선보이는 플랫폼이다. 엘람의 개인 연설 가운데 많은 수가 50만 이상의 조회 수를 자랑한다. 2017년의 한 녹음에서 그는 남성권리운동의 철학을 요약하며 이렇게 말한다.

> 여자들은 보지만 가지고 권력을 얻을 생각만 해. 페미니즘 이데올로기의 온갖 절망적이고 희망적인 생각들을 다 제쳐 봐. 그럼 성취에서 권력을 얻고, 기술을 발명하고, 국가를 건설하고, 질병을 치료하고, 제국을 창조하고, 전체적으로 문명을 발전시킨 건 남자들, 그 많은 남자라는 사실만 남지.

2010년 AVFM에 올린 강간에 대한 게시글에서 엘람은 '도발적으로 옷을 입고 행동하는' 여자들은 강간 좀 해달라고 '좆나 애원하는 거'라고 적은 다음 많은 여자가 '텅 비고' '나르시시스트 같은' 머리 위에다 '제발 나를 강간해요라는 네온사인'을 달고 돌아다닐 정도로 '멍청(하고 종종 오만)하다'고 덧붙였다.

또 다른 블로그에서는 이렇게 으스댔다. '강간 재판에 배심원으로 와달라고 하면 난 고발이 사실이라는 증거가 차고 넘치더라도 무죄라는 데 표를 던지겠다고 공개적으로 맹세한다.' (이 게시글이 아직 공개되어 있는 AVFM에는 이 글이 독자로 하여금 '잔혹한 현실을 직시하게끔' 하려고 '일부러 화를 돋우게 쓴 것'이라고 주상하는 편집자 주석이 달려 있다.)

남자를 궁지에 빠뜨리려고 음모를 꾸미는 여자들에 대한 엘람의 묘사는 인셀을 연상시키고, 허위 강간 고발에 대한 집착은 믹타우와 유사한 듯하지만, 여성과 생존자들을 위한 현실적인 보호 장치를 무너뜨리고 페미니스트를 공격하려는 단호한 시도들과 태도는 엘람이 남성권리운동가 진영임을 분명하게 보여준다.

오늘날에도 남성운동의 양대 진영 사이에는 누가 봐도 확연하게 깊은 골이 있다. 신문 머리기사를 장식하는 남성권리운동의 엉뚱한 짓과 AVFM 같은 단체에서 양산하는 매우 여성혐오적이고 흔한 폭력적인 수사가 남성권리운동에서 관심 있는 척하는 문제들을 실제 해결하기 위해 노력하는 진짜 남성 단체들의 지속적인 활동을 무색하게 만들고 있다.

남성의 주도로, 남성을 위해 이루어지는 좋은 노력 중 일부는 여전히 남성해방운동의 이름으로 진행된다. 전미 성차별에 반대하는 남성기구는 남성과 남성성에 관한 콘퍼런스를 매년 꾸준히 개최하고 아버지 되기, 자녀 양육권, 인종주의 타파, 남성의 정신 건강 같은 사안을 주제로 전국적인 프로젝트팀을 운영한다. 영국의 착한 사내 이니셔티브Good Lad Initiative는 학교와 대학에서 혁신적인 워크숍을 열어서 젊은 남성들이 소년들과 함께 성별 고정관념이 자신과 정신건강에 어떤 영향을 미치는지를 탐구하고, 소년들에게 더 평등한 문화의 일원이 될 수 있는 기술과 접근법을 가르치며, 성역할에 대한 토론을 벌인다. 하지만 남성권리운동이 남성운동의 대중적인 이미지에 난폭하게 먹칠하는 통에 이런 중차대한 노력들이 같이 매도되거나 매장당할 위험에 처해 있다.

이런 피해는 그저 부수적인 게 아니다. 2014년 엘람과 AVFM은 성인 여성과 소녀들을 상대로 자행되는 폭력에 맞서 성인 남성과 소년들에게 투쟁을 독려하는 남성 중심 반가정폭력 단체 화이트리본캠페인White Ribbon Campaign을 고의적으로 방해한다는 목표를 세웠다. 엘람은 whiteribbon.org라는 도메인으로 원래의 화이트리본캠페인 홈페이지와 거의 똑같지만 반페미니즘 선동과 틀렸거나 왜곡된 '사실들'로 내용을 바꿔치기한 모방 웹사이트를 만들었다. 이 가짜 웹사이트는 온라인 기부도 받았는데, 얼핏 봐서는 방문자들이 실제 유명한 진짜 화이트리본캠페인을 위한 기부로 착각할 정도였다. 하지만 그렇게 모인 기금은 모두 AVFM으로 곧장 넘어갔다.[7]

이런 사례 가운데 일부는 극단적으로 들릴 수 있지만, AVFM은 절대 외따로 떨어진 비주류 집단이 아니다. 그보다는 남성권리운동계에서 가장 거대하고 영향력이 큰 사이트로 흔히 인용되는, 남성권리운동의 최대 핵심 거점 중 하나다. 아프리카, 유럽, 남아메리카, 인도 지역 서브포럼을 아우르는 이 포럼에는 1만 3000여 명의 회원과 25만 개가량의 게시글이 있다. 하지만 그걸 읽거나 팔로우하는 사람의 수는 그보다 훨씬 많을 것이다.

사실 AVFM은 남성권리운동계에서 가장 폭력적이거나 여성혐오적인 사이트는 아니다. 흠잡을 데 없이 이성적으로 보이도록 섬세하게 가다듬고 광을 낸 내용들과 인셀만큼이나 난폭한 이데올로기가 뒤섞여 있다. '바르다무Bardamu'(맷 포니의 필명)라는 악명 높은 블로거가 운영하는 영향력이 상당한 블로그에는 픽업아티스트와 남성권리운동의 여러 요소가 뒤섞여 있다. 포니는 이 사이트에 매달 순방문자가 5만 명가량 들어온다고 주장한다.[8] 포니는 여전히 왕성한 정력을 자랑하는 매노스피어의 일원이지만, 이 웹사이트는 지금 폐쇄된 상태다.

'바르다무'는 가정폭력을 감행해야 하는 '필요성'을 설명하면서 자신의 전 여자친구를 두들겨 패고 난 다음에 '그 어느 때보다도 강렬한 화해의 섹스'를 했다고 주장했다. 포니는 가정폭력 피해자들이 학대당하는 건 그들 잘못이라고 억지를 부리기도 했다. '그들은 자기를 학대하는 남자들에게 끌린다… 왜냐하면 무의식적으로 그게 당신을 흥분시키고, 당신의 거기를 축축하게 만들기 때문이다.' 그러고는 잠시 뒤 이제야 생각났다는 듯, 폭력을 선동한다는 비난을 웃음으로 무마하려는 의도가 훤히 드러나는 결론을 내린다. '당신은 여자를 때려서는 안 된다. 감옥에 가고 싶은 게 아니라면. 하지만 원칙은 여전하다. 여자들은 남자 앞에서 벌벌 떨어야 한다. 그들이 침팬지보다 나은 행동을 하게 하려면 그 길뿐이다.'

가정폭력을 경험하는 여성이 4명 중 한 명꼴인 영국에서, 아니 일생 동안 강간이나 구타의 경험에 노출되는 여성이 3명 중 한 명꼴인 세상에서, 이런 유의 주장을 온라인에서 쉽게 접할 수 있고 열광적으로 공유한다는 건 보통 심각한 문제가 아니다. 우리는 이런 극단적인 생각이 컴퓨터 화면에서 진짜 세상으로 뛰쳐나오지 않기를 바라지만 현실은 우리의 바람과는 정반대다.

이런 사례들은 전 세계 수십만 명의 남자가 방문하고 구독하고 참여하는 소셜미디어 그룹, 포럼, 조직으로 얽히고설켜 마구잡이로 확산하고 있는 그물망의 일부에 해당한다. 가령 레딧에 있는 주요 남성권리운동 단체인 r/MensRights의 회원은 현재 약 25만 명에 달하고 전체적으로 매우 활동적이고 의욕이 충만해서 매일 새로운 댓글과 게시글이 수백, 경우에 따라서는 수천에 달한다. 이 페이지의 주요 구성원은 허위 강간 고발에 대한 뉴스 보도를 부각하고 여성 우주비행사가 수행하는 미션에 대한 분노(혈세 낭비)나 그와 유사한 이야기를 공유하는 남성들이다.

이 운동은 매노스피어와 특히 스스로를 '트롤'이라고 설명하

는 남성들과 더 광범위하게 연관된 표적 괴롭힘targeted harassment
에도 간여한다. 페미니즘 저술가 재클린 프리드먼Jaclyn Friedman이
AVFM을 비판하자 엘람은 블로그를 통해 프리드먼을 향해 독설
을 뿜어냈다. '내가 보니 페미니스트인 당신은 구역질 나고 불쾌
한 인간쓰레기다. 너무 유해하고 혐오스러워서 당신을 좆나게 짓
밟는 생각만 해도 내 거시기가 선다.' 남성권리운동을 비판했던
다른 사람들도 '신상 털기doxxing'라고 하는 대대적인 괴롭힘 전술
의 표적이 되어 이들에게 욕설과 위협을 퍼부으라는 선동이 난무
하고, 상세한 개인 연락처가 공개되었으며 온라인에 널리 유포
되었다. 한 여성의 경우 이 과정에서 당신이 '항문으로 당하는 걸
즐기기를' 바란다는 등 차마 입에 담을 수 없는 수백 건의 메시지
를 남성들로부터 받았다.[9] 다른 여성들은 자녀들의 학교 정보가
유출되어 가족들이 추적당할지 모른다는 공포에 시달리거나, 직
장에 연락해서 허위 정보를 제시하며 이들을 해고시켜야 한다는
항의에 휘말리기도 했다. 한 악명 높은 남성권리운동가는 수년
에 걸쳐 나를 극성스럽고 집요하게 표적으로 삼았는데, 《가디언》
의 한 기자가 그의 행동은 '스토킹으로 쉽게 착각할 만하다'고 표
현할 정도였다. 현재 그의 웹사이트에는 나에 대한 164개의 글이
게시되어 있는데, '어떤 사람이 로라 베이츠의 기저귀를 갈아줄
까?'와 같은 제목으로 나를 '좆나게 한심'하고 '멍청'한 인간이라
부르고, 자신이라면 나와 결혼하는 '음울한 운명'을 피하기 위해
서 '마취제의 도움도 받지 않고 두 발을 모두 물어뜯을 것'이라고
말하며 나의 반려자와 사생활에 대한 글을 되풀이해서 쓴다(그렇
게 말하면서도 자발적으로 나의 로맨틱한 선택에 그 많은 시간과 에너
지를 쓴다는 게 좀 이상해 보이기는 한다).

남성권리운동은 페미니즘을 반대하는 것에 자부심을 느끼는 소수의 여성 집단을 선전용으로 내세움으로써 극단적이고 난폭한 여성혐오라는 이미지에서 탈피하려는 시도도 하고 있다. 이 가운데 남성권리운동가들로부터 온라인상에서 격하게 칭송받는 최대의 집단은 스스로를 '꿀오소리Honey Badgers'♦라고 부르는 이들로, 유튜브 영상 조회 수가 수백만에 달하는 캐나다인 캐런 스트라우언Karen Straughan과 성폭력 피해 여성들을 조롱하고 싱글맘을 몰아세우는 대단히 인기 많은 블로그에 글을 쓰는 재닛 블룸필드Janet Bloomfield 같은 이가 그 구성원이다.

일례로 블룸필드(는 자신의 블로그 방문자 수가 연간 100만여 명이라고 주장한다)는 텔레비전 스타 지미 새빌Jimmy Savile에게 성폭행당한 미성년 피해 여성들을 '대스타와 어울리는 데서 오는 온갖 혜택을 원했고' '거기에는 대가가 따른다는 것을 알고 그 대가를 지불한' '오빠부대'라고 지칭했다. 블룸필드는 이렇게 결론지었다. '그리고 인제 와서 남자들이 자기들을 폭행했다고? 내가 보기엔 정반대였던 것 같다.'[10] 두 젊은 남성이 미성년자 강간으로 기소당한 오하이오 스투번빌Steubenville 강간 사건 이후 블룸필드는 '그 소년들에게 비극'이라고 적고는 피해 여성을 '헬멧 쓴 남자만 보면 사족을 못 쓰는 멍청하고 술 취한 창녀'지 강간 피해자가 아니라고 주장했다.[11] 그리고 서브레딧인 r/TheRedPill에서 대부분이 남성인 팬들과 무엇이든 물어보세요 토론을 벌이던 스트라우언은 '강간범은 상처가 큰 남성(대개는 여자들에게 상처받은)이거나 정말 정말 정말 섹스를 바라지만 여자가 자기 옆에 기꺼운

♦   매사에 심드렁한 사람을 일컫는 표현이기도 하다.

마음으로 눕도록 설득하지 못하는 남자'라고 말하기도 했다.[12]

어째서 이런 발언이 여성의 입에서 나왔을 때 더 큰 관심이 쏠리고 사회적 비난이 적은지는 쉽게 이해할 수 있다. 실제로 남성권리운동은 이런 극소수 구성원을 최대한 눈에 띄게 배치했을 때 자신들의 관점이 합리적이고 크게 여성혐오적이지 않다는 인상을 준다는 점에서 매우 유리하다는 사실을 예리하게 의식한다. 여성 역시 자기들 말에 동의한다는데 어떻게 여성혐오라고 할 수 있겠는가? AVFM에서 한때 운영 편집자로 일했던 딘 에스메이 Dean Esmay는 이렇게 말했다. '사람들은 우리가 아내에게 버림받는 바람에 따먹을 수가 없어서 마냥 비통해하는 슬프고 한심한 실패자들이라고 믿고 싶어 한다. 그런데 우리 운동에 여성이 존재한다는 사실은 인지 부조화를 일으킨다.'[13] 다른 매노스피어 커뮤니티들과 마찬가지로 남성권리운동가들은 의문스러운 생물학적 근거를 단편적으로 적용해서 자신들의 주장들을 뒷받침한다. 하지만 이는 대단히 뒤죽박죽이거나 자기방어적인 논리로 이어지곤 한다. 가령 수렵채집 생활을 하던 혈거인 선조들은 이 사회의 전통적인 성역할을 옹호하기 위해 흔히 진지하게 인용된다. 남성권리운동가들은 더 이상 여성이 전문직을 갖겠다고 시끄럽게 소란을 피우지 말고(특히 여자들의 두뇌에는 적합하지 않다는 통념이 강한 과학, 기술, 공학, 수학 같은 전통적으로 남성 일색인 영역에서) 집에 들어앉아서 남편과 자식을 돌보라는 생물학적 요구를 받아들여야 한다고 믿는다. 이런 생각은 가족과 도덕적 가치의 쇠락을 여성(그중에서도 특히 직장 여성)의 탓으로 여기는 태도에서, 또는 힘센 남성 가장과 돌봄과 내조에 충실한 여성 배우사를 당연히 여기던 시절에 대한 향수 어린 묘사에서 그대로 드러난다.

하지만 이 운동이 부권과 양육권 분쟁에도 초점을 맞추면서, 아빠들이 가정법원에서 예사로 차별당하고, 자녀에 대한 공정한 접근권을 부정당하며, 자녀를 단독으로 책임지지 못하도록 배제당한다며 성토하고 있음을 고려하면 이는 대단히 모순적이다.

여성에게 자녀 양육권이 주어지는 것이 더 일반적이라는 점에서 솔직히 이 현상이 (이면에는 남성권리운동가들이 말하는 것보다 더 복잡한 이유가 있긴 하지만) 남성권리운동가들이 주장하는 바로 그 구시대적인 성별 고정관념 및 가정과 직결되어 있다는 점은 전혀 인정하지 않는 듯하다. 그러니까 애당초 자녀 돌봄과 양육권의 불균등한 분배를 유발한 것은 여성은 집 안에 있는 것이 '자연스럽다'는 (여성은 생물학적으로 자녀를 양육하도록 운명이 정해져 있고 집 밖의 일터와는 맞지 않는다는) 사회의 고집스러운 입장이다. 하지만 남성권리운동가들은 이런 불균등한 분배로 인해서 여성의 삶에 부정적인 영향을 미치고 있는 다양한 방식에 자신들의 분노를 확장시키지 않는다. 자녀가 있는 여성을 매년 약 5만 4000명씩 일터에서 내쫓는 모성차별, 일하는 아버지들이 오히려 금전적인 혜택을 받는 동안 여성의 경력을 단절시키거나 임금을 삭감하는 '모성 불이익' 같은 것들에는 말이다.[14] 어쩌면 가장 아이러니한 점은 바로 남성권리운동가들이 지칠 줄 모르고 공격하는 대상이 이런 고정관념에 단호히 맞서 싸우는 사람들, 더 공정한 육아휴직을 얻고 돌봄책임을 나누기 위해 투쟁하는 사람들, 그러니까 페미니스트들이라는 사실인지도 모른다.

남성권익에이전시Men's Rights Agency의 웹사이트에는 '여자는 태생적으로 돌봄에 능하다. 그리고 일반적으로 아이, 노인, 병약자에게 더 잘한다'는 선언이 있다. 다른 페이지를 보면 이런 말도 있다. '정부는 마치 아버지가 자녀의 삶에서 중요하지 않다는 듯 공동양육 규정을 축소하겠다고 제안하지만 우리는 한부모 가모장 가정에서 자란 아이들이 피해 입을 위험이 더 크다는 걸 알고 있다.' 이 운동의 최대 적은 자기 자신인 걸까.

사이비 학문, 거짓 통계, 그럴듯한 주장

남성권리운동가들은 구시대적인 과학과 자기모순적인 사이비 심리학을 이용하는 것도 부족해서(스트라우언은 레딧에서 했던 '무엇이든 물어보세요'에서 '평균적인 남자만큼이나 감정적으로 안정되려면 여자들의 85%는 감정적으로 더 안정되어야 한다'고 자신 있게 단언했다.) 자신들의 주장을 뒷받침하려고 통계를 아전인수식으로 활용하거나, 틀리게 인용하거나, 의도적으로 곡해하는 경향을 보인다.

남성권리운동가들의 아전인수 전략에 대한 한 논의에서 로레나 보빗Lorena Bobbit 사건은 의미심장하다. 남편 존에게 신체적·성적·심리적 학대를 당하던 로레나 보빗은 1993년 남편의 성기를 칼로 잘라냈다. 로레나는 남편이 저녁에 귀가해서 자신을 강간한 후에 이 일을 저질렀다고 진술했다. 로레나는 재판에서 무죄 판결을 받았는데도(수년간 강간, 학대, 공포에 시달린 뒤 일시적인 정신 이상 상태였고, 검찰 측과 피고 변호사 모두 로레나의 학대 이력을 입증했다는 데 의견이 일치했기 때문에) 남성권리운동가들은 이 사건을 물고 늘어졌고, 지금까지도 앙심을 품은 여성의 폭력성을 증명하는 사례라며 들먹인다. 이는 이 운동이 개별적이고 감정적이며 종종 대단히 이례적인 사건을 부각하고, 그것이 마치 광범위한 패턴이라는 또는 성 중립적인 상황이라는 듯한 암시를 주기 위해 왜곡하는 전형적인 방식이다. 아무리 압도적인 통계적 증거가 그 반대를 가리키고 있더라도 말이다.

성별에 깊이 연관된 사안에서 마치 양측이 기울어지지 않은 운동장에 있는 듯한 착시를 노리는 전략은 의도적인 조작이기만 한 게 아니라 도움과 지원, 공감받아 마땅한 진짜 남성 피해자들의 대의를 훼손시키는 것이다. 남성권리운동가들이 진정으로 남성 생존자들의 필요와 고난에 관심을 가졌더라면 여성 쉼터를 공격하고, 여성 성폭력에 맞서는 운동가들을 괴롭히고, 여성이 남성보다 훨씬 폭력적임을 보여주기 위해 의도적으로 통계를 왜곡하는 게 아니라, 학대 피해를 신고한 남성들에게 낙인을 찍지 않도록 의식을 개선하거나 특별 쉼터 설치를 위한 기금 조성과 지원책 마련에 더 힘썼을 것이다. 이들은 남성에게 성폭력을 당한 남성 피해자라는 시급한 주제를 여전히 금기시하면서 침묵한다.

한발 더 나아가 통계를 완전히 지어내는 사례도 있는데, 호주아버지형제단Australian Brotherhood of Fathers이 만들어낸 그 유명한 #21명의아버지#21fathers 캠페인이 바로 그런 경우다. 정치인과 언론인들의 입을 통해 주류 언론에서 자주 인용되는 이 캠페인은 '가족 접근권 문제 때문에 호주에서는 아버지 21명이 매주 목숨을 끊는다'는 주장을 동네방네 떠들어댄다. 사실 이 통계는 전혀 근거가 없는데도 이곳저곳에서 널리 사용된다. 아버지형제단 웹사이트의 캠페인 페이지에는 '통계가 진짜 충격적!'이라는 자막이 달려 있지만, 그다음 이 수치가 '처음에는 … 다른 자료들과 함께 일화적인 증거로 등장했다'고 대놓고 인정한다. 여러 미디어와 전문 기관들이 수차례 사실 확인을 한 결과 이 통계에는 신뢰할 만한 원자료가 전혀 없지만 아버지형제단과 남성권리운동은 계속 이 주장을 임의로 사용하면서 가정법원에는 제도적인 선입견이 존재하고 그로 인해서 남성들이 목숨을 잃고 있다는 선동을 이어간다.[15]

아전인수 격 해석은 여기서 끝나지 않는다. 이 운동의 기본 주장들은 압도적으로 대부분 확인이 불가능하거나 명백히 잘못된 추정을 근거로 삼는다.

사실 확인을 전문으로 하는 페미니스트 매체《스켑칙Skepchick》은 미국에서 이 문제를 집중적으로 물고 늘어지면서 전국적인 데이터와 심층적인 메타데이터를 분석해서 아버지들이 양육권을 전혀 요구하지 않는 경우가 절반 이상이고, 전체 양육권 소송 가운데 법원까지 가서 판결을 받아야 할 정도로 다툼이 있는 경우는 5% 정도에 불과하다는 사실을 밝혀냈다.[16] 2013년부터 이어진 연구에 따르면 이런 사례에서도 '부모의 성별은 중요하지 않고' 양육권을 획득하는 데 있어서 가장 중요한 요인은 정서적 안정, 범죄 이력, 금융자원인 것으로 나타났다.[17] 최종적으로《스켑칙》의 분석은 '남자들이 소송을 하면서까지 양육권을 가져가려 할 경우, 특히 어머니가 아이를 아버지에게서 떼놓으려고 시도한다고 해도, 아버지가 양육권을 가져갈 가능성이 매우 높다'는 사실을 보여주었다.

영국에서는 가정법 변호사들이 가정법에는 어머니에 관해서 어떤 선입견도 없고, 양육권에 대한 유일한 판정 근거는 아이의 최대 이익이라고 설명해왔다. 워윅대학교의 한 종합적인 연구는 이런 결론을 내렸다. "잉글랜드와 웨일스의 가정법원이 성별 선입견 때문에 아버지를 차별한다는 근거는 전혀 없고 … 아버지들의 접근 신청은 사실 '압도적으로 많은 경우에 성공한다'."[18]

또한 여성이 자녀 양육권을 얻기 위해 허위 학대 신고를 상습적으로 한다는 주장을 내세우는 일부 남성권리운동 커뮤니티가 점점 세를 얻고 있긴 하지만 현실은 그와 정반대다. 실제로 가장 철저하게 수행된 허위 학대 신고에 관한 연구 중 하나에 따르면 이례적으로 이런 식의 고발을 하는 경우에도 이 주장을 가장 많이 하는 쪽은 양육권이 없는 보호자(대개는 아버지다)로 전체의 43%를 차지하고, 그다음은 이웃과 친척이 19%를 차지한다. 양육권을 가진 보호자(대개는 어머니다)는 14%로 가장 낮은 비율을 차지했다.[19]

물론 사법제도 안에 있는 아버지에 대한 뿌리 깊은 편견을 반박한다고 해서, 특정 사건에서 실제로 부당함을 경험했거나 그렇게 느끼는 개별 남성의 많은 사례(남성권리운동 웹사이트에 아주 꼼꼼하게 서술되어 있다)까지 모두 틀렸다는 것은 아니다. 하지만 이런 사례가 발생했던 상황은 남성권리운동가들이 주장하듯 남자를 혐오하는 페미니스트들의 음모가 제도 안에 도사리고 있어서가 아니라 외려 그 반대일 공산이 크다. 그러니까 남성들은 남성권리운동가들이 부여잡고 있는 바로 그 고정관념으로 인해 희생당하고 있는 것이다.

남성권리운동가들은 남성들에게 악영향을 미치는 병폐들이 도리어 그것들을 해결하는 데 가장 애를 쓰는 여성들 탓이라며 의도적인 둔감함으로 완강하게 고집을 굽히지 않는다. 자신들이 돕고 있다고 주장하는 남자들에게 다른 누구도 아닌 자신들이 피해를 주고 있다는 생각은 전혀 하지 않으면서.

가령 남성의 자살과 정신건강 문제는 중대한 사안인데, 통계에 따르면 이혼했거나 별거한 사람 중, 특히 남성이 자살 위험도가 높다. 이 현상을 연구해온 학자들은 (배우자와 '제도'에 대한)

'울분, 억울함, 불안, 우울' 모두가 자살 위험에 잠재적으로 기여할 수 있음을 밝혀냈다.[20] 이에 따른다면 #21명의아버지 캠페인은 심각한 진짜 문제가 있다는 명목으로 진실을 무책임하고 과도하게 왜곡하고 있다는 뜻이다. 작가 레베카 왓슨Rebecca Watson의 지적처럼 만일 연구자들의 말대로 '제도'에 대한 억울함이 별거한 남성들의 자살 위험 요인이라면, '제도'가 편향되어서 자신들에게 대단히 불리하다는 확신을 남성들에게 심어주려는 반페미니즘적 음모론의 부추김은 기껏해야 도움이 안 될 뿐이며 최악의 경우 되려 남성들에게 잠재적으로 참혹한 결과를 안길 수 있다.[21] 아동 양육권 문제나 정신건강 위험, 성폭력 경험 때문에 긴급한 도움이 필요해서 인터넷 검색을 하다가 검색 결과 상단에 뜨는 수많은 매노스피어 웹사이트에 들어가게 된 남성이라면 누구든 그 어떤 지원도 받을 수 없다는 인상을 받고 창을 닫을 위험이 있는 것이다. 실제로는 그들이 접근할 수 있는 여러 단체와 상담 서비스가 있는데도 말이다. 이런 서비스가 (성인 여성과 소녀들을 위한 서비스와 대단히 유사하게도) 종종 재원 부족에 시달리고 불충분하다는 남성권리운동의 주장을 부정하는 것이 아니다. 하지만 그게 전무하다는 호들갑스러운 주장으로 실제로 존재하는 서비스마저 이용하지 못하게 방해하는 처사는 도움이 필요한 남성들을 지원한다고 주장하는 집단의 행동이라고 보기 어렵다.

이들은 어떻게 '정상'을 획득했나

이 모든 반증에도 불구하고 남성권리운동은 스스로를 도덕적으로 올바른 캠페인 집단으로 내세우려고 노력한 덕에 인셀이나 픽업아티스트 웹사이트에 만연한 것과 같은 이데올로기에 존경과 정의의 외피를 덧씌우며 광범위한 매노스피어에서 더욱 극단적인 사상을 사회로 전파하는 역할을 도맡는다. 이러한 방식으로, 이 다양한 커뮤니티를 한 스펙트럼의 일부로 본다면 남성권리운동은 중요한 관문이다. 극단적인 공간에서 발원한 주장과 신념을 정당한 고충과 우려처럼 보이게 해주는 지지를 등에 업고 공적 공간에 어느 정도 존중을 받으며 진입할 수 있는 외형을 갖췄기 때문이다. 남부빈곤법센터는 남성권리운동을 '모든 여성을 유전적으로 열등하고, 조종하는 데 능하며, 멍청하다고 곡해하고, 재생산 또는 출산 기능에만 가두려고 하는' 남성우월주의운동의 일부로 분류하며 '남성권리운동은 겉으로는 존중받을 만해 보이는 사이비 학문의 거품 속에서 살아간다'고 말한다.[22] 하지만 주류 매체들이 남성권리운동가들에게 여성인권 대변인들과 '토론'하거나 전국적인 홍보 플랫폼에서 자신들의 주장을 핏대 올려가며 외칠 기회를 제공하는 경향은 여전히 널리 남아 있다.

가령 BBC의 한 기사는 엘람의 생각과 말에 많은 지면을 할애해놓고 '여성들 앞에는 여전히 심각한 문제가 숱하게 놓여 있다'는 짤막한 언급 외에는 반론 소개나 사실 확인을 상대적으로 거의 하지 않았다. 엘람은 해당 글에서 '대부분의 차별은 남성들이 겪는다'고 피력한다. '실상은 남자들이 시달리고 있다는 것'이라고. 2017년 세계 여성의 날에 발표된 이 기사는 남성권리운동에 대한 자신의 편향되지 않은 탐구를 보여주겠다고 주장한 영화 제작자 캐시 제이Cassie Jaye가 만든 다큐멘터리 〈빨간 알약The Red Pill〉에 전체적으로 공감하는 홍보 자료였다. 기사를 쓴 BBC 기자는 남성권리운동의 일부 온라인 콘텐츠가 '개탄'스럽다며 엘람의

'폭력적인 썅년 두들겨 패기 달' 같은 예를 들었지만, 바로 뒤이어 여자들은 너무 '쉽게 모욕을 느낀다'는 제이의 '통찰'을 들이밀며 '페미니즘의 언저리에서도 일부가 똑같이 충격적인 언어를 사용한다'는 주장을 덧붙였다. 이런 기사들은 난폭하기 이를 데 없는 여성혐오적 남성권리운동계와 페미니스트운동이 마치 동격이라는 듯한 인상과 함께, 두 진영의 의견 불일치가 균형 잡힌 토론으로 해결될 수 있다는 점을 시사한다. 해당 기사를 쓴 기자는 한술 더 떠서 '남성권리운동가들과 페미니스트는 어떤 면에서는 유사한 것 같다'면서 '이들 운동 사이에는 수많은 미러링이 존재한다'는 제이의 말을 무비판적으로 인용한다. 기사는 다큐멘터리에 대한 칭찬으로 마무리된다.[23]

하지만 기사는 제이의 다큐멘터리가 킥스타터 캠페인을 통해 엘람과 AVFM, 그리고 대안우파이자 반페미니스트 선동가 마일로 야노폴로스Milo Yiannopoulos로부터 대대적인 지원을 끌어모아서, 그러니까 거의 전적으로 남성권리운동가들의 자금으로 만들어졌다는 사실은 전혀 언급하지 않는다. 마일로 야노폴로스는 대안우파, 반페미니스트 매체《브레이트바트Breitbart》에서 제이가 기금을 모으려 애쓰고 있다는 소식이 '소셜미디어에서 수천 번' 공유된 뒤 몇 시간 만에 남성권리운동가 수천 명이 그 다큐멘터리를 후원했다고 신나게 자랑했다.[24] 스포일러 주의: 이 다큐멘터리는 제이가 빨간 알약을 먹고 깨달음을 얻은 뒤 자신의 못된 페미니스트적인 방식들을 성토하는 내용이다.

남성권리운동의 나팔수 역할을 하는 거물이 증오 단체에서 돈을 받는 것도 모자라서 BBC로부터 칭찬받을 수 있다는 사실은 남성권리운동이 스스로를 합리적이고 타당한 운동으로 얼마나 잘 포장할 수 있는지, 그래서 주류 매체에 얼마나 자주 노출되고, 이를 통해 그 합리성을 더 강화할 수 있는지를 보여주는 좋은 사례다.

엘람은 호주의 인기 아침 TV 프로그램 〈위켄드선라이즈Week-end Sunrise〉에 초청받아서 '남성운동을 위한 시간-남자는 여자보다 인생의 선택지가 더 적은가?'라는 문구 아래서 자신의 견해를 전파에 실어 보냈다. 해당 프로그램은 가정경제를 책임지는 여성의 등장을 강조하면서 '남자들이 설 자리는 어디인지가 그 어느 때보다 가슴 저미는' 문제라고 공감을 섞어 선언했다. 이 프로그램에서 엘람은 여자들은 전일제로 일할지, 시간제로 일할지, 아니면 전업 어머니이자 주부로 지낼지를 자유롭게 선택하는 반면, 남자들은 전일제로 일하는 선택 외에는 아무것도 할 수 없다고 말했다. 육아를 책임지는 아버지가 늘어나는 것에 대한 의견을 묻자 그는 집에 있는 어머니들은 긍정적으로 묘사하는 데 반해, 집에 있는 아버지에게는 '기둥서방'이라는 말뿐이라면서 궤변을 늘어놓았다. 여성 진행자는 "음, 선생님 말씀도 대단히 일리가 있군요"라는 반응을 보였다. 엘람은 AVFM에 대한 주장들을 어떻게 생각하느냐는 질문 다음에 '강간 히스테리를 종식'시켜야 한다는 자기 웹사이트의 생각을 방송에서 세세하게 펼쳐놓을 기회를 얻었다. 이 자리에서 그는 학자와 정치인들이 거론하는 강간 통계는 '사실이 아니라'는 주장을 공개적으로 할 수 있었다. 남성 진행자가 만일 배심원이 된다면 자신은 강간범이 무죄라는 의견을 고수하겠다는 엘람의 유명한 주장 중 몇몇 대목에서 엘람에게 이의를 제기했지만 오히려 엘람은 이 기회를 잡아서 '검사의 직권남용, 정당한 절차의 부재' 그리고 허위 고발에 대해 장광설을 늘어놓았고 정부의 음모를 시사했으며 유죄 판결을 받은 남자 중 자신이 무죄라고 믿는 사람들을 거명했다. 엘람은 자신의 주장을 논박할 다른 게스트는 전혀 없었던 그 자리의 말미에서 '이곳에 나와서 정말 즐거웠다'고 소감을 전했다.

다른 매노스피어들이 그렇듯 남성권리운동은 온라인상에서 놀라울 정도로 많은 부분을 차지한다. 하지만 회의와 시위, 콘퍼런스를 개최하고, 인셀 같은 집단들보다 더 직접적으로 주류 미디어와 정치 구조에 간여하는 압력 집단 및 정당, 캠페인 조직들이 존재하는 덕분에 다른 많은 여성혐오적인 온라인상의 커뮤니티보다 실세계의 공간을 훨씬 많이 점하고 있다.

정치 활동 역시 온라인 혐오가 일상 사회로 침투하도록 부채질한다. 대표적인 예가 2013년 2월 선거위원회에 등록한 영국의 정당, 남성과 소년(그리고 그들을 사랑하는 여성)을 위한 정의당Justice For Men and Boys(and the Women Who Love Them)이다. 이 남성권리운동 단체가 공식적인 정당으로 거듭나자, 전에는 스스로를 반페미니즘 동맹이라고 부르던 이 집단은 이제 정당이라는 조직 특성에 힘입어 J4MB라는 약칭으로 불리면서 미디어에 자주 오르내리게 되었다.《텔레그래프》에서부터《버즈피드》《옵저버》의 기사에 이 당의 당대표 마이크 뷰캐넌Mike Buchanan의 말이 인용되어 있다. '우리는 여성혐오에 대한 이야기를 많이 듣지만 사실 그런 건 극히 드물고 남성혐오가 아주 판을 치죠. … 국가는 남자들을 엄청나게 인간 이하로 취급해요. 남자의 삶을 파괴하기 위해 할 수 있는 건 뭐든 할 겁니다.' 정치인이라는 새로운 지위를 얻게 된 뷰캐넌에게는 유리천장이라는 '신화'에 대해 자기 마음대로 떠들 수 있는 무한의 자유 역시 주어졌다. '여자들은 자기 인생으로 다른 걸 하고 싶은 것뿐이에요. … 여자들은 자기 분야에서 최고가 되려는 동기도 부족하고 거기서 얻을 수 있는 것도 적어요. 그래서 남자들이 들이는 노력을 안 들이는 게 당연한 거죠.'[25] 이 보도에는 비판적인 내용도 많았지만, 이런 인용구가 공직에 출마한 정치 지도자를 다루는 전국적인 언론에 등장했다는 사실만으로도 남성권리운동 이데올로기가 타당하고 용인할 만하다는 인상을 전달하기에 충분하다. 또한 이는 잠재적으로 취약한 신입 신도들이 이 운동의 더 극단적인 온라인 공간에 접근하는 관문으로서도 기능한다. 그 영향은 감지하기 힘들 수도 있다. 가령 한 신문 기사는 뷰캐넌을 세 권의 책을 쓴 저자로 소개하며 그에게 학술적인 신뢰성을 부여했지만 그 책들이 자비로 출판되었다는 사실은 언급하지 않았다. 그리고 세 권의 책 중 하나는 눈에 핏발이 선 뱀파이어 여자가 포효하는 사진을 표지에 박아넣은 반페미니즘 도서로, 내가 이 글을 쓰는 시점에 아마존 차트에서 602,916위를 기록하고 있다.

이 당이 자기 당원들의 라디오 및 텔레비전 출연을 기록하는 데 사용하는 유튜브 채널에는 켄트 BBC라디오, 스코틀랜드 BBC 라디오, LBC, 바네사 펠츠, 토크라디오, BBC스리카운티스라디오, 노팅엄 BBC라디오, 레스터 BBC라디오, 브리스톨 BBC라디오, 얼스터 BBC라디오, ITV의 〈디스모닝〉, BBC의 〈선데이모닝라이브〉, 빅토리아 더비셔, 스카이뉴스, BBC의 간판 프로그램인 〈데일리폴리틱스〉와 〈선데이폴리틱스〉, 심지어는 튀르키예 텔레비전과 했던 인터뷰를 비롯해 상당히 많은 영상이 올라와 있다.

2015년 5월 총선에서 하원의원으로 출마한 두 후보자가 총 216표를 얻는 데 그친 당임에도 주류 미디어는 이토록 많이 다뤄주었다. 웹사이트에 지속적으로 '여자들이 강간당했다고 거짓말하는 13가지 이유'나 '가짜 강간 신고가 판을 치는 10가지 이유'

같은 글을 게재하는 당임에도. 선거 공약을 통해서 2010년의 평등법Equality Act 가운데 많은 부분을 폐기해야 한다고 주장하고, 여자가 친밀한 관계에서 남자 이상으로는 아니지만 남자만큼이나 신체적으로 공격적이라고 고집하는 당임에도. 공약의 많은 부분이 별다른 비판을 덧붙이지도 않고 기사로 쓰여 전국에 그대로 나갔다. 유사한 규모의 다른 정치 집단은 절대 이렇게까지 띄워주지 않는다. 여기서 우리는 또 다른 문제가 드러나고 있음을 분명히 확인할 수 있다. 남성권리운동이 '논란'에 굶주린 미디어의 속성을 이용하고 있다는 것이다.

비주류에서 주류로

2018년 이 책을 쓰기 위한 조사 작업을 시작하면서 남성들이 여성을 폭력적으로 강간하는 판타지를 늘어놓고 여성을 속여서 강제로 섹스하는 가장 좋은 방법에 관해 토론을 벌이고 여성의 투표권이나 임신중단권에 격렬하게 반대하는 플랫폼에 거의 상주하게 되었을 때 곧 있을 남성권리운동 콘퍼런스를 홍보하는 영상을 우연히 접했다. 콘퍼런스의 제목은 이름하여 '남자들을 위한 메시지 2018'이었다. 이 영상이 내 눈길을 끈 주된 이유는 내 이미지를 갖다 쓰고 있어서였다. 행사 조직자들의 입장에서는 '남자들을 위한 긍정의 메시지를 전달'하려는 이 콘퍼런스를 홍보하는 최고의 방법은 유명한 페미니스트의 이미지에다 조잡한 포토샵 기법으로 악마 같은 빨간 눈이나 뿔을 덧씌운 영상을 활용하는 것인 모양이었다. 당연하게도. 그들이 그렇게까지 공을 들이는 바람에 내가 이미 거기에 속한 것 같은 느낌이 들었으므로, 아무래도 참가하는 게 도리일 것 같았다. 그래서 온라인으로 티켓을 구입했다. 내 이름으로 하면 어떤 알람 같은 게 울릴까 싶기도 하고 알렉스가 사는 곳과 행사 장소가 아주 가까운 것 같아서 알렉스 이름으로 예약했다. 곧 콘퍼런스가 열리는 비밀 장소에 대한 메시지를 몇 개 받았다. 성난 페미니스트 시위대가 분란을 일으킬지 모른다는 우려 때문에 정확한 장소는 행사 전날 자정 이후에나 알려준다나 뭐라나….

행사 당일 아침 기다리고 기다리던 비밀 행사 장소에 대한 상세 정보가 담긴 이메일이 도착했다. 나는 대학이나 일반적인 콘퍼런스 장소, 혹은 회의실 같은 곳을 예상했다. 하지만 내가 두 번이나 확인한 주소는 런던 차이나타운에 있는 펍 체인점 오닐스였다. 이메일에서는 그곳을 섬세하게도 '오락 장소'라고 표현했다. 구글에서 펍 홈페이지를 잽싸게 검색해보니 이들은 특별히 행사 개최는 하지 않고 대신 '퇴근 후 술자리'를 원하는 사람들을 위해 펍 공간을 빌려준다고 나와 있었다. 덕분에 온라인상에서는 학자, 운동가, 저자를 초청한다고 거창하게 떠들어대며 표가 매진되기 전에 얼른 사라고 독촉하던 행사의 실제 규모를 어느 정도 파악할 수 있었다. 어쨌든 나는 차이나타운으로 출발했다.

행사 장소를 향해 가던 나는 앞에 길게 늘어선 사람들의 행렬을 목격했다. 이런 반전이 있나. 하지만 좀 더 가까이 다가가자 번과 페이스트리를 판매하는 인기 있는 중국 디저트 가게에 들어가려는 사람들임이 드러났다. 그 줄을 조금 지난 곳에 있는 오닐스 입구는 한산했고, 술집 내부는 평소처럼 영업 중이었다. 직원들에게 다가가 행사에 관해 물어보니 당황한 기색이 역력했다. 대부분은 무슨 행사가 개최되는지 전혀 모르는 눈치였다. 결국 한 명이 '콘퍼런스'가 어디서 열리는지 확인하려고 자리를 떴다. 마침내 다시 나타난 직원은 약간 침침하고 천정이 낮은 방으로 이어지는 약간 끈적한 두 개의 계단을 가리켜 보였다. 어두운 회색 벽이 에워싼 그 방에는 의자 몇 개가 임시 무대를 향해 놓여 있다. 구석에는 빨간색과 은색의 싸구려 장식으로 치장한 크리스마스트리가 한쪽으로 살짝 기우뚱하게 서 있었다.

입장을 기다리는 10여 명의 남자 속에 섞이니 심장이 더 빠르게 뛰기 시작했다. 지금 내 옆에 있는 사람 중에 내가 마치 독극물이라는 듯 이 세상에서 나를 박멸하겠다는, 또는 내가 자비를 구하며 싹싹 빌 때까지 나를 강간하려고 집 밖에서 기다리겠다는 적나라한 이메일을 보냈던 사람이 있을지도 모른다는 생각을 멈출 수가 없었다. 언제든 분노에 찬 어떤 손이 내 어깨를 움켜쥐거나 나를 알아본 어떤 사람이 소리칠지 모른다고 굳게 확신하고서 뒷자리로 조용하게 슬며시 들어갔다. 그래도 고개를 숙이고 머리칼을 앞으로 모아서 얼굴을 어느 정도 가렸더니 효과가 있는 것 같았다. 몇 초 동안 심장박동이 안정되기를 기다린 다음 고개를 들어 주위를 살폈다. 한편에 그 방의 길이만큼 긴 바가 있었고, 그 자리에 모인 남자들이 음료를 주문하며 서로 알은척을 하고 있었다.

배회 중인 남자들은 60명 정도 되는 듯했다. 이 남자들보다 훨씬 젊은 여자들도 몇 명 있었고, 유색인종 남성도 예닐곱 정도 됐다. 유색인종 여자는 한 명도 없었다. 가장 많은 비중을 차지하는 인구집단은 50대 후반이나 60대 백인 남성인 듯했지만 20대 후반이나 30대 후반으로 보이는 젊은 남자도 많았다. 한 남자는 열 살쯤 되는 아이를 데려오기도 했다. 대부분의 남자들은 번듯하게 입고 있었는데 몇몇은 말쑥한 정장에 넥타이 차림이었다. '남자의 생명도 소중하다'라는 글씨가 수놓인 검은 티셔츠를 입은 남자도 보였다. '이것이 성평등 운동가의 모습입니다'라는 문구가 적힌 옷을 입은 남자도 있었다. 삼각팬티를 입고 지하실에 웅크려 앉아 컴퓨터 화면을 들여다보는 여드름쟁이 십 대라는 출처를 알 수 없는 이미지는 이 단정한 외모의 참가자 가운데서는 전혀 찾아볼 수 없었다. 이들은 우리가 길거리에서 무심하게 지나치는 그런 남자들이었다. 매노스피어의 다른 구성원들처럼 이들은 모두 우리가 거리에서 스치는 남자들이었다.

한 남자가 내 옆자리에 앉더니 성격 좋게 자신을 소개했다. 우리는 그가 돌아다녔던 런던의 장소들에 대한 한담을 나눴다. 주말에는 거기가 얼마나 조용한지, 그래서 분주한 한 주가 지난 뒤면 그런 곳에서 한숨 돌릴 수 있다며. 그는 내가 사는 동네에 대해 정중하게 물었고 나는 이 운동에 대해 많이 배우고 싶다는 정도로 모호하게 대답하면서 내가 오늘 이곳에 온 이유에 대한 질문 몇 개를 빠져나갔다. 거짓말을 하고 싶진 않았으니까. 그는 버밍엄에서 있었던 행사를 비롯해 전에도 행사에 참석한 적이 있다고 하면서 영국에서 '이런 종류의 모임은 대부분' 런던에서 열려야 편리한 것 같다고 말했다. 우리는 사교적인 말을 몇 마디 더 주고받다가 차츰 침묵에 빠졌다. 나중에 그는 전직 검찰총장 앨리슨 손더스Alison Saunders가 재임 기간에 성폭력 피해자들을 옹호한 죄를 물어 그를 상대로 소송을 개시하는 문제에 대해 일장 연설을 했다.

한 젊은 여성이 무대에 올라 콘퍼런스 참가자들을 환영했다. 그러더니 쪼그려 앉은 다른 남자들에게 둘러싸여 금속 도구를 가지고 불 옆에서 일하는 샅바 차림의 근육질 남자를 박아놓은 콘퍼런스 리플릿으로 사람들의 관심을 모으더니 뜬금없이 고전적인 신화로 집중시켰다. 이 이미지의 동성애적인 분위기는 의도한 바가 아닌 게 분명했다. 여성은 이 이미지가 신의 뜻을 거스르고 인간에게 불을 가져다준 프로메테우스의 희생을 상징한다고 설명했다. 그리고 불은 그 많고도 중요한 남성적인 자질을 상징한다고도. 모든 남자에게 문제를 불러온 판도라를 언급하자 좌중에서 다 안다는 듯 킬킬대는 소리가 터져 나왔다. 진정성을 더하기 위해 모호한 고전을 들먹이는 일견 의무적인 요건이 그렇게 적당히 충족되었다.

다음으로 우리는 남성권리운동에서 생각하는 올해의 주요 사건을 간단히 돌아보았다. 캐버노 청문회(이후 브렛 캐버노는 성폭행을 저질렀다는 주장이 제기되었음에도 대법원장으로 확정되었다)는 그 자리에 모인 사람들에게는 대단히 다행스럽게도 미투운동의 몰락으로 그려졌다. 하지만 가장 큰 환호는 도널드 트럼프와 그의 아내 멜라니아가 캐버노의 대법원장 확정 이후 '남성과 정의'를 지지하는 성명을 발표했다는 소식에서 터져 나왔다.

지금이야말로 내가 목격한 것 중에서 가장 중요한 순간이라는 생각이 들었다. 내 주위의 모든 남자가 박수갈채를 보내며 서로를 격려하듯 고개를 끄덕이고 있었다. 트럼프의 말과 행동이 내가 취재 중인 운동에 무슨 복음이라도 전파한 듯 직접적인 영향을 미치고 있음을 처음으로 똑똑히 목격하는 순간이었다. 트럼프의 진술은 매노스피어와 그 이데올로기를 직접적으로 인정하고 북돋웠기에 숭배의 대상이 되었다.

콘퍼런스는 조촐했고 참석자들의 주장은 약했다. 하지만 펍에서 빠져나와 부산스러운 런던 시내로 향하던 중 이 커뮤니티들이 얼마나 실제적인지, 내 노트북 화면을 증오로 얼룩지게는 하지만 손쉽게 닫아버릴 수 있는 온라인 포럼의 탭보다 얼마나 실감 넘치는지에 다시 생각이 뻗어나갔다.

이런 집단들을 비웃기는 쉽지만 이들을 지지하는 세력의 규모, 이들이 미디어와 정치 현장에 개척한 발판, 그리고 이들이 다른 매노스피어 집단의 신념을 존경으로 치장해서 주류 서사에 끼워 들어갈 수 있도록 제공하는 관문, 이 모든 것이 우리가 그냥 코웃음 치고 넘어갈 일이 아님을 시사한다.

남성권리운동을 낮잡아 보고 비웃는 보도들은 이 운동이 점점 기세를 높이는 페미니즘운동 앞에서 결국에는 소멸될, 1970년대 성차별주의의 잔재라는 생각에 의지하는 경향이 있다. 하지만 근거 없는 추론일 뿐이다. 오히려 남성권리운동에 대한 지지는 더 거세지는 듯하다. 미투운동을 향해 격렬한 백래시가 일어난 데다(캐버노 등을 상대로 성폭행 혐의가 제기되자) 트럼프가 '미국의 젊은 남자들에게는 아주 겁나는 시기'라고 공개적으로 떠들어대는 통에 사회적으로 우호적인 분위기가 조성되었기 때문이다. 《마더존스》는 2014년 남성권리운동의 한 콘퍼런스 무대에서 엘람이 워런 패럴을 자신의 멘토라고 부르며 포용했고, 패럴은 자신의 책에 대한 긍정적인 반응이 '21년 뒤에 … 드디어 일어났다'고 격앙된 어조로 선언했다고 보도했다. 2018년 호주 멜버른에서는 남성권리운동 행진에 약 500~1000명이 참가했다. 이 행진에서 시드니 남성권리운동Men's Rights Sydney(일부러 의도하기라도 한 듯 MRS라는 약칭을 쓴다)이라는 압력단체의 공동 설립자 에이드리언 존슨Adrian Johnson은 한 기자에게 자랑스럽게 말했다. "사람들은 이런 대화를 평생 급수대 근처에 모여서 해왔어요. 그런데 이제는 밖에 나와서 공개적으로 하고 있죠."[26] 이건 쇠락하고 있는 운동이 아니다.

인셀운동의 특징인 폭력성이 완전히 제거된 것도 아니다. 자칭 '반페미니즘' 변호사이자 남성권리운동 지지자인 로이 덴 홀랜더Roy Den Hollander는 2020년 7월 페덱스 택배기사인 척 변장하고 뉴저지의 판사 에스터 살라스Esther Salas의 집에 방문했다. 덴 홀랜더는 수년간 대학의 여성학 프로그램이나 술집의 레이디스 나이트 행사를 상대로 터무니없는 소송을 벌여온 인물이었다. 남성만 군대에 징집하는 제도에 이의를 제기한 덴 홀랜더의 가장 최근 사건 중 하나가 살라스 판사에게 배당되었는데 그는 근거도 없이 판사가 자신의 사건을 지연시킨다며 성토해왔다. 문이 열리자 덴 홀렌더는 총을 쏴서 살라스의 아들을 살해하고 남편에게 심각한 상해를 입혔다.[27]

남성성에 대한 전쟁

남성권리운동가들은 어쩌면 그 어떤 매노스피어 커뮤니티들보다 더 열심히 매우 실제적인 문제와 고충들을 밝혀냈는지도 모른다. 육체노동자들의 안전한 노동환경에서부터 수준 미달의 정신건강 대비책과 부모의 권리에 이르기까지. 하지만 책임을 규명하는 데 있어서 이들은 번지수를 완전히 잘못 짚었다. 남자들을 틀에 가두고, 좌절시키고, 깎아내리고, 상처와 피해를 주는 건 여자들, 페미니스트들이 아니라 남성성 그 자체, 아니 남성성을 수행한다는 의미에 대한 우리 사회의 억압적이고 유독하고 자기방어적인 입장이다. 하지만 누군가가 이 특정한 남성성에 문제를 제기하면서 발전적인 모색을 하려 할 때마다 남성권리운동은 손을 맞잡고 분연히 떨쳐 일어나 그 시도를 무참히 짓밟아버린다.

가령 2019년 1월 미국 심리학회는 '전통적인 남성성은 심리적으로 유해하고 소년들이 자신의 감정을 억누르도록 사회화되면 피해가 초래된다'고 공개적으로 인정하는 유례없는 행보를 보였다. 학회는 전년에 성인 남성과 소년들을 상대하는 치료사들을 위해 발간한 지침들을 강조하면서 남성권리운동가들이 환영할 만한 바로 그런 사안들을 거론했다. 남성은 '폭력적인 범죄의 피해를 당할 위험이 가장 큰 인구집단'이라고 지적하며, '남성은 자살로 사망할 가능성이 여성보다 3.5배 높고, 남성의 기대수명은 여성보다 4.9년 짧다. 소년들은 소녀에 비해 ADHD를 진단받을 가능성이 훨씬 크고, 학교에서 더 가혹한 처벌을 받는다'고 설명하기도 했던 것이다. 하지만 미국 심리학회가 확실한 통계적 근거를 제시했고, 매노스피어에서 매일같이 제기하는 바로 그 문제를 직접적으로 다뤘음에도 남성권리운동가들과 다른 매노스피어 커뮤니티 회원들은 격분하여 앞다퉈 미국 심리학회를 반박하고 짓밟고 비방했다.

캐나다 임상심리학자이자 저자인 조던 피터슨Jordan Peterson은 새로운 지침을 '부끄럽고, 짜증 나고, 기운 빠지게' 한다고 표현하면서 미국 심리학회가 '정치적인 유형들'과 '강성 좌파 성향의 정치운동가들'에게 지배당했다는 주장을 펼쳤다.[28] AVFM은 이를 '남성성에 대한 전쟁'이라고 묘사하고 미국 심리학회를 '이념 전쟁에서 무장한 전투 요원'이라고 불렀다.

뭐가 그렇게 못마땅했던 걸까? 그 지침이 남성을 가부장제 사회의 수혜자라고 인정했고 어떤 형태의 남성성은 유해하다고 주장했기 때문이다. 하지만 이 유해함이 단지 여성과 소녀들만이 아니라 남성과 소년들에게도 피해를 주고 있다는 사실은 완전히 간과한 듯하다. 남성 자살률은 남성권리운동가들이 가장 일반적으로 인용하는, 진정 심각하게 우려스러운 문제 중 하나다. 하지만 이 문제의 해결에 막대한 영향력을 행사할 수 있는 주요 기관이 이 문제의 근본 원인 중 일부를 해결할 수 있음을 시사하는 연구를 들고나오니까 입에 거품을 물고 짓밟았던 것이다. 미국 심리학회는 감정을 억누르고, 경쟁심과 지배력, 공격성을 가지도록 사회화된 남자들이 예방적인 보건 서비스를 찾거나 자신을 돌보는 등(심리적 도움을 모색하는 쪽으로 확대하는 경향)의 건강한 행동을 할 가능성이 적은 것으로 확인되었다고 발표했다. 하지만 '전통적인 남성성 개념을 받아들인 남성들은 성에 더 유연한 태도를 가진 남성들에 비해 정신건강 서비스를 찾는 데 부정적'이라는 확고한 증거가 있는데도 남성권리운동가들은 바로 그 '전통적인 남성성 개념'을 방어하다 장렬히 전사하는 쪽을 더 선호한다. 미국 심리학회의 제언이 오늘날 남성들이 직면한 최대 문제 중 하나를 해결하는 데 한 획을 그을 수 있다는 걸 인정하는 쪽보다는. 그러니까 이들은 자신들이 뿌리 뽑겠다고 주장하는 바로 그 문제들을 가장 열렬히 온존하는 무리 중 하나인 것이다.

남성해방운동계의 걸작 중 하나로 손꼽히는 심리학자 조셉 플렉Joseph Pleck의 1981년 출간작 《남성성의 신화*The Myth of Masculinity*》에는 이런 구절이 있다. '사람들이 실패할 수밖에 없는 가치와 규범을 어떻게 그렇게 열광적으로 신봉하는지는 경외심을 불러일으키는 현상이다.' 40여 년이 흐른 지금 플렉의 말은 남성권리운동을 정확히 압축한 표현으로 남아 있고, 여전히 그 어느 때만큼이나 비극적이(고 진실하)다.

5

여자를
괴롭히는
남자들

"니가 두들겨 맞거나 암에 걸리면 좋겠다,
남자를 혐오하는 이 더러운 년."
_익명의 메일, 2019년 8월 4일 일요일, 오후 3시 42분에 수신

"좆 같은 쌍년아 입 닥쳐."
그냥 무시해.

"좆 같은 여자들은 자기 분수를 알아야 한다, 망할 계집년들."
호들갑 떨지 마.

"이 지구에 니가 있어야 하는 유일한 이유는 우리가 널 좆으로
쑤시기 위해서지. 제발 죽어라."
너무 심각하게 받아들이지 마.

"니 손으로 죽어라."
감당이 안 되면 컴퓨터를 꺼.

"로라 베이츠는 내일 저녁 9시에 강간당할 것이다…. 농담 아님."

너한테 하는 소리가 아니야.

당신이 수신자가 아닐 때는 호들갑 떨지 말라고 말하기가 쉽다. 이 모든 메시지는 약 30분 동안 들어온 것이다. 하루 중 극히 일부에 해당하는 시간 동안. 여기에 48을 곱한 다음 365를 곱하면 대충 감이 올 것이다. 허구한 날 이런 메시지를 받는 건 느리게 익사당하는 것과 비슷하지만 문제는 누구도 그 사람의 목숨을 앗아가는 그 물을 보지 못한다는 데 있다. 그래서 사람들에게 이야기해도 그들은 이해하지 못한다.

트롤, 온라인의 가해자

트롤Troll. 아주 웃기고 귀여운 단어다. 그래서 웃기고 귀여운 문제처럼 들린다. 다리 밑에 음험하게 웅크린 굼뜨고 멍청한 녹색 괴물 같기도 하다. 하지만 그 어떤 이미지도 진실과는 거리가 멀다. 그래도 다음의 두 가지 고정관념은 우리 사회가 트롤을 인식하는 가장 일반적인 방식을 정확히 포착했다는 점에서 시사하는 바가 크다. 트롤은 장난을 좋아하는 재미있고 무해한 존재로 여겨지거나, 고약하고 비열하지만 최후에는 햇빛을 피해 소리치며 도망치는, 너무 멍청해서 가끔 사람들을 겁주는 것 이상으로 실제 피해를 주지 못하는 음울한 위트를 가진 밑바닥 존재로 여겨진다. '트롤'이란 단어 자체가 어두운 현실을 포착하기에는 '매노스피어'만큼이나 대책 없이 온화하고 완곡한 표현이다.

'트롤링'이라는 용어를 정체성보다는 행동으로 이해하는 편이 낫다는 점에서 트롤은 다른 매노스피어 집단과 차이가 있다. 그러니까 어떤 매노스피어 집단의 구성원이든 인셀이나 남성권리운동가라는 정체성을 보유한 상태에서 트롤링에 가담할 수 있다. 매노스피어 구성원들이 서로를 상대로 트롤링 전략을 구사할 때도 있다. 대단히 서열화된 포럼에서 경험 많고 존경받는 구성원이 신입 회원들을 모욕하고 괴롭히는 현상이 대표적이다. 매노스피어 커뮤니티 전체가 특정한 표적을 공격하거나 방해하기 위해 집단적으로 트롤링 전략을 채택하는 사례도 있다. AVFM의 회원들이 개별 페미니스트 활동가들을 대상으로 분노를 퍼붓는 경우가 그에 해당한다. 하지만 온라인상에서 다른 커뮤니티들과는 달리 자신을 트롤로 오롯하게 규정하는 거대한 집단도 존재한다. 이런 집단들의 활동 영역은 매노스피어에만 국한되지 않는다. 남성으로 한정되지도 않는다. 무너뜨릴 수 있는 경계가 있고 규범의 한계를 시험할 수 있는 곳이면 어디든 트롤이 등장한다. 하지만 여러 연구가 트롤링 또는 온라인 폭력에 몸담을 가능성은 여성보다는 남성이 더 높음을 보여준다.[1]

　그리고 트롤의 피해자는 유명 인사부터 정치인, 슬픔에 젖은 유가족에 이르기까지 누구든 될 수 있지만 대부분의 트롤링에는 여성혐오적 요소가 특히 집약되어 나타나고, 따라서 트롤링을 하는 사람들 대다수는 매노스피어의 경계 안에 명확히 자리한다. 트롤을 잘 들여다보면 매노스피어와 대안우피가 얼마나 깊이, 그리고 복잡하게 중첩되어 있는지 역시 드러날 것이다. 트롤이 두 영역 모두에서 등장할 뿐 아니라, 매노스피어에서 트롤링 기술을 선도하고 연마한 사람들이 새로 발견한 트롤링 기술을 자신들의 악명과 함께 대안우파의 영역에도 전파했기 때문이다.

고전적인 인터넷 용어에서 '트롤링'이 등장한 것은 1980년대 말 또는 1990년대 초로, 어업에서 사용하는 트롤링(방심하고 있는 사냥감을 낚기 위해 미끼가 달린 고리를 천천히 끄는 방식)이란 조업 방식을 참고해서 만든 것으로 추정된다. 초창기에는 특정 포럼이나 유즈넷의 노련한 고정 이용자들이 멍청하거나 혼동하는 척하면서 아주 단순한 질문을 의도적으로 던지는 행태를 일컬었다. 보통 포럼에서 이미 질릴 정도로 토론한 주제에 대한 질문인 경우가 많았고, 이는 집단에 새로운 유입자를 끌어들이는 즉각적인 효과를 가져왔다. 대개는 이런 질문에 신입 회원들만 진지하게 입질을 하는데, 그때 이들을 조롱하는 방식이 트롤링이었다.

인터넷이 확산하면서 이 용어도 퍼져나갔다. 이제 트롤이라는 표현은 다른 인터넷 이용자들이 점차 감정적이거나, 분노에 차거나 방어적인 반응을 하도록 의도적으로 미끼를 던지는 행동 일체를 가리키기 시작했다. 보통은 특정 포럼에서 주제에 벗어나거나 짜증을 유발하는 메시지를 게시하는 방식을 썼다. 표적이 진지하고 진심일수록 좋았다. 이들이 열정적으로 분통을 터뜨릴수록 이 트롤은 성공이었다.

점차 진화를 거치며 이 특정 형태의 트롤링(저질의, 무관한, 또는 비꼬는 정보를 다량 끼워 넣어서 인터넷 토론을 방해하는 행위)은 '똥포스팅shitposting'이라는 인터넷 용어로 더 알려졌다. 이 행위의 목적은 응답자가 트롤을 진지하게 여기도록 속인 다음 무의미한 주장이 담긴 토끼굴로 끌고 들어가 감정을 자극하는 것이다.

일각에서는 트롤 때문에 매노스피어 전체를 비난하곤 한다. 하지만 매노스피어 커뮤니티는 다른 사람들을 골탕 먹이는 쪽보다는 자기 연민에 더 관심이 많다. 물론 대중을 갖고 노는 걸 좋아하는 회원들도 있다. 하지만 다수가 자신이 피해자라는 생각과 극단적인 여성혐오에 열과 성을 다한다. 가짜 도발로 타인의 화를 돋우려는 사람들은 현실에서 살인을 하려고 바깥으로 나서지 않는다. 하지만 인셀은 그렇게 한다.

트롤링 기법은 워낙 폭넓게 자리를 잡아서 나라와 언어권별로 다른 이름이 있을 정도다. 내가 제일 좋아하는 사례는 포르투갈어 표현인 pombos enxadristas로, 글자 그대로 번역하면 '체스 두는 비둘기'다. 포르투갈어에서 이 표현은 비둘기와 체스를 두는 것처럼 쓸데없는 논쟁을 일컫는다. '녀석은 테이블에 똥을 싸고, 말을 쓰러뜨린 뒤 승리를 선언하며 그냥 날아가버린다.' 이 비유는 대단히 정확하다. 한쪽은 진심을 담아 토론에 임할 준비를 하고 있는데, 다른 쪽은 그냥 최대한의 혼란을 초래하는 데만 관심이 있는 불평등한 운동장을 잘 포착했기 때문이다. 하지만 트롤링이라는 용어가 진화하면서 더 어두운 의미를 갖게 된 지금, 더 높은 비중을 차지하게 된 트롤링의 또 다른 측면 역시 잘 짚어낸다. 그것은 바로 인터넷 트롤들이 '승리'를 선언하는 것이, 그리고 그렇게 보이는 것이 중요하다는 점이다.

지금 우리가 쓰는 용어들은 온라인 트롤들이 하는 작업을 순화해서 표현하고 별일 아니라는 듯 치부하지만, 트롤링이 발전하고 변신한 과정을 생각하면 '온라인 가해자'나 '깡패'가 더 정확할 것이다. 지금도 미디어와 공적 담론상에서 트롤링은 상당히 온순한 반론부터 강간과 살해 협박, 사랑하는 고인을 추모하려고 만든 웹사이트에서 의도적으로 행패 부리기까지 모든 것을 묘사하는 표현으로 사용된다.

매노스피어를 가리키는 모든 명칭과 정체성 가운데 공적 담론에 가장 폭넓게 침투한 용어가 '트롤'이라는 것은 의미심장하다. 트롤이 매노스피어에서만 활동하는 게 전혀 아님에도 일반인들에게 이 용어는 이 책에서 다루는 집단과 개인들 일체를 포괄하는 것으로 느껴질 수 있다. 우리 사회가 온라인에서 극단적인 여성혐오를 표출하는 이들이 가하는 위협을 철없고, 성가시고, 때로는 재미난 소수의 십 대가 장난질을 하며 기술적인 골탕을 먹이는 정도로 인식하는 것은 이 때문이다. 이 개괄적인 묘사에서 가장 중요한 요소는 그들이 무엇보다 무해한, 최소한 진심으로 피해를 줄 생각이 없는 존재로 인식된다는 부분이다.

현실은 이와 대단히 다르다. 트롤의 전략이 이젠 그 이름에서 느껴지는 것보다 훨씬 조직적이고 정교해졌기 때문이다. 그리고 트롤링으로 인한 심리적 결과가 아주 현실적임에도 심각하게 저평가됐고, 그 바람에 온라인 가해가 오프라인에서 다양한 방식의 치명적인 결과를 초래하기 시작했기 때문이다.

게이머게이트와 트롤링의 진화

전략적인 괴롭힘, 대규모 참여, 심각한 경쟁심이 개입되는 가장 현대적인 형태의 트롤을 이해하려면 게이머게이트Gamergate에 대한 이해가 필요하다. 대단히 정확도가 높고 영향력이 큰 대규모 트롤이 전개하는 많은 현대적인 전략과 기법은 바로 이 거대한 괴롭힘 캠페인을 통해 연마되고 개발된 것이다.

2014년 8월, 에런 조니Eron Gjoni라는 한 프로그래머가 블로그에 자신의 전 여자친구 조이 퀸Zoe Quinn에 대해 복수심이 불타는 게시글를 올렸다. 조니는 독립 게임 개발자인 퀸이 자신을 속이고 웹사이트 코타쿠Kotaku에서 비디오게임을 리뷰하는 네이선 그레이슨Nathan Grayson과 바람을 피웠다고 주장했다. 그러자 독자들, 특히 온라인 게임계의 남성 구성원들은 2013년에 퀸이 출시한 게임 〈디프레션 퀘스트Depression Quest〉에 우호적인 리뷰를 따내려고 연애 관계를 이용했다는 의미로 받아들였다. 퀸의 게임은 게임 미디어에서는 긍정적인 반응을 얻었지만, 정치와 사회정의에 지나치게 관심을 쏟는다고 여긴 게이머들로부터는 역풍을 맞았었다(주로 텍스트 중심인 이 게임은 이용자들이 우울증 경험을 탐구하도록 설계됐다). 이 일화는 그저 구석진 커뮤니티 내에서 벌어진 작디작은 인터넷 해프닝으로 그쳤어야 했다. 코타쿠는 조사에 들어갔지만 아무런 잘못을 찾지 못했다. 알고 보니 그레이슨은 그 게임을 리뷰한 적도 없었다. 하지만 포챈, 레딧 등 트롤들이 몰려 있는 플랫폼에서 그 이야기가 관심을 모았다. 돌연 퀸은 총알처럼 쏟아지는 위협을 받았고 누군가 그의 누드사진을 훔쳐내서 유포했다. 퀸의 친구와 가족들 역시 극도의 괴롭힘을 당했고, 퀸은 자살하라는 조롱에 시달렸으며, 온라인 계정이 해킹당하고, 자신을 불구로 만들고 강간 살해하겠다는 협박이 이어지자 결국 안전을 우려해서 자신의 집을 나와야 했다.

이 현상은 재빨리 확산됐다. 퀸을 향한 괴롭힘이 시작된 직후 저명한 페미니스트 미디어 비평가이자 블로거인 어니타 사르키시안Anita Sarkeesian에게도 유사한 협박이 물밀듯 밀어닥쳤다. 사르키시안은 이미 온라인 괴롭힘에 매우 익숙한 상태였다. 2012년에 비디오게임에서 흔히 나타나는 성차별석인 여성 묘사를 비평하는 시리즈 영상을 출시한 뒤 사르키시안은 그의 논평을 게임

산업에 대한 공격이자 그것을 정화 또는 '여성화'하려는 달갑잖은 시도로 받아들인 게이머들에게 심각한 온라인 괴롭힘을 당한 바 있었다. 이런 괴롭힘에는 해킹, 강간 위협, 살해 위협 등이 있었고, 남자들은 다양한 게임 캐릭터가 사르키시안을 강간하는 일러스트를 그에게 보냈다. 이 괴롭힘은 이용자들이 사르키시안의 얼굴 이미지를 클릭하는 방식으로 그를 가상으로 '난타'하면 부푼 상처와 멍이 나타나는 온라인 '게임'이 탄생하는 데서 절정에 달했다. 사르키시안이 경험한 급격하게 고조되는 괴롭힘은 트롤링의 핵심 특징이 다른 트롤에게 강렬한 인상을 남기고 이들이 보는 앞에서 수행되어야 하는 것임을 보여준다. 즉 트롤링이라는 행위 자체만큼 중요한 것은 익명의 포럼과 게시판에서 그것을 기록하고 공유하여 다른 트롤에게 칭찬과 조언을 듣고, 괴롭힘의 극악함과 외설스러움을 놓고 서로 경쟁을 벌이는 것이다.

사르키시안이 자신의 게임 비평 유튜브 시리즈인 '비유 대 여성Tropes vs Women'에 새 영상을 출시하자 이미 퀸을 공격 중이던 무리가 이 두 여성을 연결 지어서 같은 '위협'의 일부로 보게 되었고, 그래서 트롤들은 사르키시안 역시 괴롭히기 시작했다. 집 주소가 온라인에 유포된 뒤 새로운 살인 및 강간 위협에 시달리던 사르키시안은 퀸이 그랬듯 어쩔 수 없이 자신의 집에서 나와야 했다. 괴롭힘이 점점 고조되던 2014년 10월, 사르키시안은 유타주립대학교에서 진행하기로 한 강연 때문에 유타로 떠났다. 하지만 사르키시안의 강연을 취소하지 않으면 참석자뿐 아니라 인근 여성센터의 직원과 학생들까지 모두 공격할 거라는 익명의 위협이 대학 측으로 날아들었다. 협박범은 이렇게 덧붙였다.

나에게는 마음대로 쓸 수 있는 반자동 소총, 다양한 권총, 한 무더기의 파이프폭탄이 있다. (…) 당신들에게는 사르키시안의 강연을 취소할 수 있는 24시간이 있다. (…) 어니타 사르키시안은 모든 게 엉망진창인 페미니스트 여자고, 만일 그 여자가 유타주립대학교에 발붙이도록 놔둔다면 그 여자는 비열한 창녀답게 비명을 지르며 죽어갈 것이다. 나는 그 여자가 뿜어낸 피로 선언문을 쓸 것이고 당신들은 페미니스트들의 거짓말과 독이 미국의 남자들에게 무슨 짓을 했는지 똑똑히 목격하게 될 것이다.[2]

유타주의 총기 소지 허용법에 따라 경찰이 행사 전 화기류 수색 요청을 거부하자 사르키시안은 강연을 취소해야만 했다.

게이머게이트 논란은 온라인 및 소셜미디어 게시글이 수천 개씩 쌓이며 파장이 일파만파 번졌고 상당수의 다른 여성들 역시 괴롭힘의 소용돌이에 휘말렸다. 타인의 피해에 용기 있게 비판의 목소리를 높인 페미니스트 작가들은 한순간 유사한 위협에 시달렸고, 다른 여성 게임 개발자들도 당신의 신체를 훼손하고 아이들을 살해하겠다는 위협을 받고 집을 떠나야만 했다.

이 괴롭힘은 수 개월간 이어졌고, 그와 동시에 트롤들은 공격을 극대화하고 집중포화를 퍼부을 수 있도록 더 정교한 전략을 개발하고 연마했다.

그중에는 이데올로기적인 전략도 있었다. 가해사들은 게이머게이트 '운동'을 숭고한 윤리적인 입장으로 격상시키면 이걸 트롤링의 연막으로 활용해서 자신들이 벌이는 짓을 변호하고 심지어는 활성화할 수 있음을 재빠르게 깨달았다. 지지자들은 이 일이 사르키시안이나 퀸과는 아무런 관련이 없다는 이야기를 퍼뜨리고, 그 대신 이건 비디오게임에서 '윤리'를 놓고 벌이는 이데올로기적인 전투라고 내세우기 시작했다. 이들은 (아니라는 게 확인되었음에도) 퀸과 그레이슨의 의심스러운 관계를 파고들면서 게임업계의 부패 그리고 일부 게임 개발자와 비평가 사이의 긴밀한 관계가 크게 우려된다고 주장했다. 게임과 게임업계의 순수함과 정수가 사르키시안과 다른 (주로 페미니스트인) 비평가에 의해 위협받고 잠식당할 위험에 놓였다고 주장하는 사람들도 있었다. 이들이 고품질의 게임 플레이를 희생시키면서까지 숨 막히는 '정치적 올바름'을 강제해서 비디오게임 문화를 파탄 내고 싶어 한다는 것이다.

그다음으로 이들은 대규모로 조직된 성적 괴롭힘을 감행하면서도 자신들이 진짜 피해인 양 행세하는 고전적인 매노스피어 전략을 활용했다. 이 때문에 진짜 피해자들은 탄압을 자행하는 자들로 그려졌다. 트롤들은 소셜미디어와 게임 웹사이트에 이 여성들이 관심을 끌고 (자신의 문화를 지키려 할 뿐인) 남성 게이머들을 나쁘게 보이도록 하려고 자신들이 받는 괴롭힘을 지어내거나 과장하고 있다는 이야기를 올렸다. 페미니스트들이 사건을 더 키우려고 자기 자신에게 살해 위협과 폭탄 위협을 보냈다고 주장하는 사람들도 있었다. 진보적인 좌파들은 '눈송이' '사회정의의 전사' '페미나치' '전문 피해자' '쉴새 없이 기분 나빠하는' 사람들이라는 서사가 등장했다. 그리고 이는 이후 수년간, 특히 주류적인 관점에서 괴롭힘을 정당화하고자 할 때 매노스피어와 대안우파의 공격에서 주로 사용되는 꼬리표와 주장이 되었다. 그러니까 조직된 괴롭힘이 일종의 도덕적 자기방어의 한 형태로 정당화된 것이다.

이 주제를 놓고 진행된 연구에서 내린 결론처럼 '피해자 서사가 남성권리운동 이데올로기에서 갖는 중심성을 감안하면 이들이 선봉에 서서 괴롭힘을 무기처럼 휘둘렀다는 것은 별로 놀랄 만한 일이 아니다.'[3]

그 후 공격을 조직화하는 전략이 등장했다. 트롤들이 온라인 게시판을 이용해 특정 여성들을 특정 시간대의 표적으로 지정하고, 여성들을 겁주고 당황시켜서 침묵하거나 입장을 철회하게 만들며, 또한 그 막대한 양에 기겁해서 소셜미디어 플랫폼에 이런 괴롭힘을 알리거나 대항하기 힘들게 하려고 대규모 학대 작전을 시작한 것이다. 이 기법을 얼마나 많이 훈련했던지 '브리게이딩brigading'이라는 특별한 이름까지 얻게 되었다. 이 논란이 시작된 첫 두 달 동안에만 해시태그 #게이머게이트가 달린 200만 개의 트윗이 보내졌고, 그 내용을 분석한 결과 이 집중포화가 비디오게임에서의 윤리에 대한 논의보다는 괴롭힘에 훨씬 더 많이 집중되어 있음이 드러났다.[4] 가령 같은 기간에 이 해시태그가 들어간 트윗 3만 5188개가 사르키시안을 표적으로 삼았고 퀸을 향한 트윗이 1만 400개인 반면, 그레이슨을 겨냥한 트윗은 단 732개였다. (사실이 아니긴 하지만) 그레이슨의 비윤리적인 보도가 이 모든 사건의 중심이어야 했는데도 말이다.

자신들이 벌이는 활동을 그것이 상징하는 이해관계를 지키기 위한 고매한 투쟁으로 표현하는 수사적인 트릭은 이후 대안우파와 매노스피어의 활동에서 핵심적인 지위를 깊게 된다. 게이미게이트의 지지자들은 진짜 목적을 의도적으로 흐린 채 몰상식한 괴롭힘을 자행했고, 그러는 내내 윤리와 투명성, 순수함을 명분으로 내세웠다. 마찬가지로 매노스피어는 극단적인 여성혐오에 탐닉하면서도 성평등을 요구하고, 통계의 투명성을 요구하면서도 허위 사실을 유포하며, 스스로를 짓밟힌 피해자들의 수호자로 묘사하면서도 이미 우리 사회에서 가장 많은 특권을 향유하는 집단을 보호하고 더 많은 이득을 안겨주는 방법을 옹호한다. 비슷하게 대안우파들은 사람들을 부당함과 불평등에 눈뜨게 만든다는 고귀한 대의를 좇는다면서도, 가까운 역사에서 가장 심각한 피해를 유발하는 증오 캠페인을 부활시키려 한다.

그러니까 게이머게이트는 트롤 군대라는 개념을 주류에 소개했다. 과거에는 독자적 행동이었던 것이 이제는 대대적인 성과를 얻어내기 위한 대중 활동으로 활용 가능해졌다. 그리고 나중에 이 방법은 무고한 표적을 향해 달려가기만을 기다리는 거대한 '전투견attack dogs' 부대를 구축한 이데올로기 선도자들이 사용하게 된다.

가령 마일로 야노폴로스는 여성혐오, 인종주의, 트랜스포비아를 이용해서 배우 레슬리 존스를 저격하는 방대한 공격을 부추기는 데 핵심적인 역할을 했다는 이유로 결국 2016년 트위터 이용을 금지당했다. 공격의 이유는 레슬리 존스가 주요 등장인물이 모두 여성인 〈고스트버스터스〉를 리메이크하는 데 참여하는 범죄를 저질렀다는 것이었다. (존스는 트위터에서 유인원의 생식기 이미지, 그리고 자신의 얼굴이 정액으로 범벅된 사진 등을 포함해 수천 개의 메시지를 받았다고 밝혔다.)[5]

백인우월주의 웹사이트 데일리스토머Daily Stormer도 이와 유사하게 (주로 여성인) 특정 표적을 상대로 끔찍한 괴롭힘을 대대적으로 퍼붓자며 선동하는 방식으로 브리게이딩을 활용해서 소름 끼치는 효과를 꾸준히 얻고 있다. 이들의 '더러운 유대녀 작전Filthy

Jew Bitch Campaign'은 정치인 루치아나 버거Luciana Berger에게 2500개의 트윗을 쏟아붓는 한편, 블로그를 통해 버거를 '남자에게 뿌리 깊은 증오심'을 가진 '사악한 돈벌레'라고 부르며 버거의 얼굴에 쥐를 합성하는 모략으로 이어졌다.[6] 나중에 데일리스토머는 무슬림을 괴롭히는 사례를 추적하는 단체 이슬라모포비아 레지스터Islamophobia Register를 설립한 호주의 무슬림 변호사 마리엄 비스자데Mariam Veiszadeh를 상대로 트롤들을 선동했다. 데일리스토머는 "최대한 고약하게 상처를 주고 증오와 모욕을 시전하며 '헐뜯을' 것"을 요구하고 비스자데를 능욕에 빠져 죽게 해야 한다며 '트롤 군대'에 소리쳤다. 재빠르게 가세한 한 추종자는 비스자데에게 '우리가 네 엄마를 참수하고 너희를 모조리 돼지들과 함께 파묻기 전에 당장 떠나라'고 말했다.[7]

매노스피어의 수많은 부류가 그렇듯 게이머게이트 소동에 휘말린 사람 중에는 진심 어린 관심으로 게임계의 윤리 문제를 토론하고 싶거나, 온라인에서 여성과 소수자를 괴롭히는 데는 참여하지 않은 사람들도 있었을 것이다. 하지만 또 역시나 매노스피어가 그렇듯 게이머게이트 지지자들의 압도적인 다수가 가진 편향성, 그리고 이 운동과 연계된 막대한 양의 악의적 콘텐츠는 여성혐오적인 요소가 존재하지 않거나 극소수일 뿐이라는 주장을 무색케 한다. 그리고 사실 자신들은 그런 짓을 하지 않는다고 주장하는 사람들이 이 운동을 변호하느라 그런 일이 일어나고 있음을 무시하거나 과소평가하려는 시도 자체가, 어쩌면 자신들이 거리를 두려고 하는 바로 그 괴롭힘 행위와 일종의 결탁을 하는 것과 마찬가지일 수 있다.

유출된 한 채팅 기록들은 향후 수년간 대안우파와 매노스피어의 괴롭힘 작전을 규정하게 될 또 다른 전략을 드러냈다. 이 기록들에 따르면 트롤들은 '양말 인형sock puppet' 계정, 즉 가짜 이름과 사진을 사용하는 허위 온라인 신분을 사용했는데, 이런 계정은 대규모로 준비되어 있다가 실제로는 극소수의 인형술사가 조직하는 운동이나 작전이 일반인들 사이에서도 폭넓게 지지받고 있다는 인상을 주기 위해 이용될 때가 많다. (온라인에서 트롤의 숫자가 아주 소수라는 뜻이 아니다. 그보다는 아주 적은 수의 트롤이라도 대공세 작전을 할 수 있는 광범위한 지지 기반을 가졌다는 인상을 주며 큰 피해를 유발할 수 있다는 의미다.) 이 기법은 이후 '아스트로터핑 astroturfing'으로 불리게 되었다. 이는 특정 정치적, 이념적, 또는 광고용 메시지가 자발적인 일반인의 댓글이나 지지의 형태인 것처럼 유포되었으나, 실제로는 의도적으로 조직된 경우를 말한다.[8] 나중에 #게이머게이트 해시태그를 사용한 트윗을 분석해보니 트롤들이 이 기법을 사용했다는 사실이 확인됐다. 이런 트윗의 1/4이 트위터를 시작한 지 얼마 안 된 계정에서 올려졌고, 대부분이 가해자에게 지지 의사를 보냈던 것이다.[9]

　공격의 또 다른 축은 자신들에 동조하는 미디어 매체를 찾는 것이다. 가장 유명한 사례는 주류 미디어에서 자신들의 괴롭힘 작전을 확대시키고 정당화하는 보도를 해주길 갈망하던 게이머게이터들과 당시 자칭 '멋진 인터넷 슈퍼 빌런'이라는 자신의 평판을 확고하게 굳히려 했던 신예 언론인 야노폴로스의 불경한 결탁을 통해 이뤄졌다. 야노폴로스는 이 논란을 이용해서 온라인 트롤, 대안우파 지지자, 매노스피어 추종자들로 이루어진 까탈스러운 세상에서 발판을 마련하고, 이를 통해 명성과 성공을 거머쥘 수 있으리라 직감했다. 슬프게도 그의 직감은 정확했다.

그래서 야노폴로스는 영향력이 크고 폭넓은 독자를 확보한 《브레이트바트》 사이트에, 게이머게이트 공격의 피해자들을 '돈 벌이와 관심을 목적으로 인터넷을 돌아다니며 거짓말과 괴롭힘과 조작을 일삼고 커뮤니티 전체를 공포에 빠뜨리는 … 소시오패스 같은 페미니스트 프로그래머와 운동가 부대'라고 묘사하는 자극적인 기사를 의도적으로 게재하면서 게이머게이트에 참전했다. 퀸의 성생활에 대한 (이미 거짓임이 확인된) 비방들을 다시 포장하고 퀸을 상대로 제기된 다른 근거 없는 혐의들을 줄줄이 꿴 뒤, 다양한 작전에서 이미 효과가 입증된 수많은 전략을 꾸준히 모방했다. 그는 이렇게 썼다. "솔직해지자. 우리는 모두 여성 선동가들이 받는 '살해 위협'이 호들갑에 불과할지 모른다는 끈질긴 의심에 익숙하다."[10]

게이머게이트를 자기 홍보 수단으로 이용한 인물은 야노폴로스만이 아니었다. 사실 이 논란에서 인터넷계의 전설로 부상한 매노스피어, 대안우파, 백인우월주의 주요 인사들은 이런 커뮤니티들이 얼마나 긴밀히 얽혀 있는지를 집약해서 보여준다. (엘리엇 로저를 일컫는) 인셀계의 약어와 게이머게이트 참전자에 대한 경의의 표현을 한데 버무린 '게이머들이여 봉기하라gamERs rise up' 같은 도발이 매노스피어 포럼에서 자주 등장하는 것은 우연이 아니다. 또는 포럼 이용자들이 두 운동 모두에 충성하는 사람들을 종종 '알트라이트셀altrightcels'이라는 용어로 표현하는 것도.

남부빈곤법센터가 '남성우월주의자'이자 '미국에서 가장 눈에 띄는 우익 선동가 중 하나'로 지목한 마이크 세르노비치Mike Cernovich가 처음으로 두각을 나타낸 것은 자신의 블로그와 소셜미디어를 활용하여 게이머게이트 논란을 키우고 공격자들을 부추겼던 일을 통해서였다.[11] 세르노비치는 이 사건을 '금세기 문화전쟁에서 가장 중요한 전투'로 묘사했고, 에런 조니에게 무료 법률 서비스를 제공하겠다고 제안했다. 또한 퀸이 조니를 상대로 제기한 소송의 소장을 입수해서 다름 아닌 픽업 전문가 다리우시 발리자데에게 전달했다고 말했다. 발리자데는 자신의 웹사이트에서 이 소장을 빌미로 퀸을 괴롭혔다.

나중에 세르노비치는 《뉴요커》에 의해 '대안우파의 밈 주모자'로 일컬어지는 데 이른다.[12] 세르노비치는 백인민족주의자라는 꼬리표와 거리를 두려고 납득하기가 어려운 시도를 했음에도 이제는 백인우월주의와의 연계로 유명세를 크게 떨치고 있다. 하지만 지금의 악명에 이르게 된 여정에는 매노스피어의 여성혐오라는 미로도 있었다. 그는 남자들에게 여자들을 괴롭혀서 성관계를 하려면 그 앞에서 음부를 노출하고 자위 행위를 하라고 조언했고, '여자의 목을 조르는 법'이라는 제목의 글을 블로그에 올리기도 했다.[13]

게이머게이트 사태가 걷잡을 수 없이 확산하면서 오프라인의 괴롭힘과 온라인의 괴롭힘이 뒤섞이기 시작했다. 가해자들은 피해자가 안전을 우려하도록 공포에 떨게 만들겠다는 명백한 목적을 가지고 자유자재로 신상을 털었다. 온라인 폭도들은 신상 털기를 통해 노출된 개인 정보를 오프라인에서 무기로 활용했다. 표적의 집으로 피자를 수천 판씩 주문하고 몰래 사진을 찍고 온라인에 이미지를 유포하는가 하면, 피해자의 집 창문에 벽돌을 집어 던지고, 협박하고 괴롭히는 전화를 수차례 거는 등 방법은 무궁무진했다. 게이머게이트에서는 심지어 여러 표적을 상대로 '스와팅swatting'이라는 전략이 사용되기도 했다. 이 방법은 긴급 구조대에 가짜 폭탄 협박을 넣어서 특별기동대SWAT가 표적의 집에 출동하게 하는, 표적을 아주 실제적인 신체적 위험에 빠뜨리는 괴롭힘의 한 형태다.

우리 곁의 평범한 트롤들

여기서도 이런 남자들이 극소수라고 생각하기 쉽다. 슬픔과 혼란에 빠진 몇 안 되는 남자들이 소속감을 느끼고 싶어서 듣보잡 인터넷 비주류 집단에 매달리는 거라고. 하지만 내가 탐구했던 모든 매노스피어 집단이 그렇듯 실제로 이런 커뮤니티와 인터넷 공간에는 수십만 명이 들락거린다. 가령 인터넷에서 가장 악명 높은 트롤링 커뮤니티 중 하나로 널리 인정받는 4chan/b/ 게시판에 들어가 보면 게시물이 읽는 속도보다 빠르게 올라온다. 내가 방문했던 건 월요일 아침 9시 30분이었는데, 몇 시간 만에 새로운 글, 사진, 링크가 수백 페이지 추가됐다. 그리고 이 중 상당수는 극단적인 여성혐오를 드러냈다. /b/는 포챈에서 가장 인기 있고 방문자 수가 많은 게시판으로, 이 사이트 설립자가 인터뷰에서 밝힌 것처럼 이 사이트의 전체 트래픽에서 30%를 차지한다는 점에서 이 커뮤니티의 규모를 짐작할 수 있다.[14] 이 사이트는 매달 무려 2800만 명가량이 찾아오고 매일 약 100만 개의 새로운 게시물이 올라온다고 한다. 이용자 분포 역시 남성이 주를 이루는데, 그중에서도 미국, 영국, 캐나다, 호주, 유럽 국가에 기주할 가능성이 높은 18~34세의 대졸 남성이 가장 흔한 인구집단이라고 한다. 이는 우리가 알고 있는 광범위한 매노스피어의 주요 구성원들과 정확히 일치한다.

여성들의 내밀한 사진이 당사자의 동의 없이 공유되고, 강간 판타지를 서로 교환하고, '가치 있는' 트롤링 표적이 누구인지를 놓고 열띤 토론이 벌어진다. 여자들은 인간 이하의 멸칭으로 불리고, 홀로코스트를 놓고 대단히 반유대주의적인 유머와 게시글이 올라오기도 한다. 한 이용자는 여자 배우의 사진을 올리고 사람들에게 '이 여자를 상대로 어떻게 죽도록 씹질'을 할지 댓글을 달아보라고 부추긴다. 한 시간도 안 되어서 나는 스스로를 인셀과 믹타우라고 규정하는 사람들(어떤 사람은 '난 포옹도 못 해본 숫총각으로 죽고 싶지 않다'고 적었다)이 남긴 게시글을 보았다. 물론 다수는 트롤링에 더 관심이 많아 보이긴 하지만, 행동은 오프라인으로도 확산한다. 한 이용자가 친한 친구의 여동생에게서 훔쳤다고 주장하는 레이스 팬티 사진을 올리자 다른 사람들이 더 많이 훔쳐보라고 부추긴다. '불법 촬영creep cams'으로 여성 모르게 찍은 사적인 사진이나 여자친구가 자신에게 보낸 사진을 공유하는 사람들도 있다. 이용자들은 돈을 요구하며 더 내밀한 이미지를 교환하기도 한다.

안타깝게도 온라인 트롤들의 커뮤니티는 일반적인 인식보다 훨씬 크고 서로 끈끈한 관계로 얽혀 있다. 사실 온라인 트롤링에 가담했다가 기소당한 사람들에 대해 우리가 아는 모든 내용은 이들이 존경받는 동료, 아버지, 파트너, 이 사회의 적극적인 구성원 같은 우리 공동체의 일원임을 시사한다.

가령 45세의 스티븐 킹Steven King은 영국의 노동당 하원의원 안젤라 이글Angela Eagle이 당대표 선거에 출마하겠다고 선언한 다음날 보낸 메시지 때문에 2016년에 유죄 선고를 받았다. 이렇게 적힌 메시지였다. '넌 죽을 거야 이 쌍년아, 한 발 한 발 아주 조심하는 게 좋을 거야… 사악한 마녀야… 다음에 나를 만나게 되면 난 네 목숨을 끝장낼 진짜 총이나 칼을 가지고 있을 거야… 영국을 떠나… 안 그러면 너는 죽은 목숨이야.' 징역 8주에 집행유예 12개월을 선고받은 킹은 얼마 후 무직의 은둔자가 아니라 업무를 준비하는 동안 휴대폰으로 이 메시지를 태평하게 보낸 것이 드러났다.[15]

세상을 떠난 아이들과 대규모 사망 사건에 대해 여성혐오와 이슬람혐오가 가득한 모욕적인 글을 트윗한 악명 높은 트롤링 계정의 사용자로 2013년에 확인된 로버트 에임브리지Robert Ambridge는 6명의 자녀를 둔 중년의 아버지이자 취업 컨설턴트였다.[16]

2018년 《더선》은 성차별과 인종주의, 동성애혐오 메시지 3000여 건(유대계 여성 배우 새러 실버먼Sarah Silverman에게 가스실을 조심하라고 하고 모델 케이티 프라이스Katie Price에게는 '니 머리는 쉰내나는 동굴 속 같은 니 보지만큼이나 썩었냐?'라고 하는 등의 메시지를 포함)을 보낸 또 다른 트롤은 디자인 일을 하는 어린이 풋볼 코치이자 두 아이의 아버지라고 밝혔다. 그는 어떤 혐의로도 기소되지 않았다.[17]

프랑스의 'LOL 동맹Ligue du LOL'(LOL은 Laugh out Loud의 약어다) 사건 역시 높이 평가받는 직군 내에 트롤링이 얼마나 깊이 뿌리 박힐 수 있는지, 그리고 이런 영역에서 트롤링이 여성의 커리어에 얼마나 큰 영향을 미칠 수 있는지를 보여주었다. LOL 동맹은 승승장구하며 영향력을 자랑하는 젊은 언론인과 미디어 종사자 약 30여 명을 아우르는 사적인 페이스북 그룹의 이름이었다. 이들은 2009년부터 2012년까지 이 그룹을 활용해서 다른 소셜 미디어 이용자(주로는 언론계의 여성들, 페미니스트와 성소수자 운동가, 유색인종)를 온라인상에서 괴롭히고 모욕하는 작전을 조직했다. 당시 수많은 피해자가 이 그룹의 존재를, 그리고 이 괴롭힘의 심각성을 미디어와 관련인들의 고용주들에게 신고하려고 시도했지만 모두 허사였다. 2019년 한 신문이 이 그룹에 대한 기사를 보도하고 난 뒤 성차별과 동성애혐오 메시지를 퍼뜨리는 데 사용되던 왓츠앱 같은 서비스에서 비슷한 활동을 하는 사적인 네트워킹 그룹에 대한 이야기가 쏟아져 나오기 시작했다. 이 일화는 우리가 전형적인 트롤의 영역이라고 생각한 것과는 판이한 상황에서 인터넷에 정통한 젊은 전문직 종사자들에 의해 온라인 트롤 전략이 어느 정도까지 채택될 수 있는지 보여주었다.

한편, 인터넷의 복잡한 익명성, 표현의 자유가 갖는 중요성, 트롤 집단의 국제적인 성격, 자신의 위치와 정체성을 숨기는 트롤들의 전문적인 기술, 이 모든 것이 이런 문제가 거의 해결 불가능하다는 폭넓은 인식에 한몫했다. 기술회사나 웹 플랫폼들은 그냥 속 편하게 패배를 인정하거나 어깨를 으쓱하면서 '우리가 뭘 할 수 있겠어?' 같은 접근법을 채택해버리면 그만이다.

트롤들, 그리고 트롤링 전략을 구사하는 사람들은 자신이 증오하는 모든 것을 대변한다고 느끼는, 그리고 자신이 동의하지 않는 의견을 표출하는 사람이면 그게 누구든 공격을 개시할 수 있다. 하지만 어쩌면 이들이 가장 강력한 분노를 표출하는 대상은 감히 자신들의 내부를 엿보는 자들인지도 모른다.

우리는 너의 커리어를 끝장낼 수 있다

2014년 호주의 작가 브라이디 리케네디Brydie Lee-Kennedy는 한 뉴스 및 오락 웹사이트로부터 인셀과 남성권리운동가에 대해 '솔직하게, 하지만 유쾌하게' 글을 써달라는 요청을 받았다.

리케네디는 며칠에 걸쳐 남성권리운동가들과 엘리엇 로저가 많은 시간을 보낸 사이트들을 연구하고, 빨간 알약을 공부하고, 서브레딧을 샅샅이 뒤지고, 일부 매노스피어 커뮤니티로 이어지는 링크를 따라다니다가 한 편의 글을 썼다. 그는 자신의 글에 대해 '이글은 터무니없다. 하지만 진지하게 여겨야 한다'고 축약했다.

리케네디도 모르게 어떤 상급 편집자가 이 글에 '우리 모두 남성권리운동을 비웃어주자'라는 제목을 붙인다는 결정을 내렸다.

글이 공개된 지 몇 시간도 안 되어 리케네디의 트위터 계정은 욕설로 도배되었다. 성난 매노스피어 구성원들이 쏟아낸 메시지들이었다. 상황은 순식간에 고조되었다. 비판은 다양한 매노스피어 서브레딧으로 퍼져나갔고, 이용자들이 리케네디의 과거 사진을 발굴해내기도 했다. 리케네디는 내게 이렇게 말했다.

> 그 사람들이 제 전신사진을 찾아내서 제가 얼마나 뚱뚱한지 떠들어댔습니다. 그러다가 제가 여자들하고 잠자리를 가진 경험을 이야기했던 예전 칼럼들까지 찾아냈죠. 전 양성애자니까요. 그 사람들은 이런 식이었어요. '오, 이제야 모든 게 말이 되는군. 이 여자는 ○○(이 자리에는 레즈비언의 멸칭이 들어간다)니까.' 제가 질겁했던 건 이 사람들이 조사를 한다는 거였어요. 온라인상에서 저에 대해 찾아낼 수 있는 모든 걸 파헤치고 맞든 틀리든 그건 사용한다는 거였죠.

남성권리운동가들은 순식간에 대오를 정비하고 리케네디의 고용주에게 비난과 항의를 퍼붓기 시작했다. 직장에서 그를 곤란에 빠뜨리거나 심지어는 해고당하게 하려는 거였다. 그러다가

AVFM에서 이 이야기를 다뤘고 페이스북 공격이 시작되었다. 리케네디는 잘 연마된 대규모 트롤링 전략을 통해 매노스피어의 노여움을 온몸으로 느꼈다.

> 전 남성권리운동가에 대해서 그렇게까지 알고 싶은 생각이 전혀 없었어요. 남성권리운동가들은 그러니까 양육권이 자기들한테 공정하지 않다고 생각하는 아빠들, 뭐 그런 사람들이라고 생각했는데, 그러다가 이런 완전히 딴 세상을 접했고 이 사람들이 얼마나 빨리 움직일 수 있는지를 배운 거죠.

그해 시간이 좀 흐르고 리케네디는 또 다른 온라인 잡지에 1년간의 성차별을 돌아보는 기사를 쓰기로 했다. 이 의뢰를 수락한 조건은 재밌는 글을 써도 된다는 것이었고, 그래서 그해를 명랑하게 돌아보는 글을 썼다. 하지만 편집자는 그 글을 다른 프레임에 넣어서 새로운 제목을 붙였다. 해당 글은 '1년간의 성차별'이 아니라 난데없이 '2014년 남자들이 나를 노리고 완전히 짓밟은 5가지'가 됐다. 리케네디는 한숨을 쉬며 말했다. "물론 그게 관심한 무더기를 끌었죠."

리케네디는 이 온라인 모독 전문 집단에 발동이 걸리고 자신의 글이 일파만파 퍼져나가면서 자신의 매니지먼트가 "이거 진짜 끝내주는데, 피드백이 얼마나 많이 들어오는지 몰라요! 맙소사, 사람들이 당신을 진짜 증오해요!"라며 흥분했다고 똑똑히 기억했다.

결국 이번에도 욕설은 다시 잦아들었다. 하지만 4년 뒤 누가봐도 임신한 몸으로 런던에서 붐비는 버스에 몸을 싣고 출근하던 중, 한 남성이 빈자리에 놓은 가방을 치우지 않고 자신이 앉지 못하도록 방해하는 일이 벌어졌다. 리케네디는 그 사건을 즉각 트위터에 올렸다. '아, 사건은 결국 임신 8개월 차에 일어났고, 난 그냥 남자의 손과 가방 위에 앉았어요. 남자는 버스에 마지막 남은 그 자리에서 자기 손도 가방도 치우지 않으려 했거든요. 우린 지금 아주 조용히 같은 버스를 타고 있답니다.' 그러고는 직장에 도착하자 휴대폰을 집어넣었다.

몇 시간 후 자신의 휴대폰을 들여다본 리케네디는 자신의 트윗이 여기저기로 퍼져나가서 약 2만 명이 좋아요를 누르거나 리트윗했다는 걸 알게 되었다. 리케네디가 트윗의 내용을 사용해도 된다고 승인하지 않았음에도《데일리메일》과《더선》은 웹사이트에 이 '이야기'를 소개했다. 그는 다시 한번 욕설이 쏟아지기 시작하는 걸 보면서 무너져내리는 듯한 기분을 느꼈다. 이번 욕설은 전국적인 언론의 관심 때문에 터보엔진까지 달고 있었다.

《데일리메일》의 기사에는 약 3000개의 댓글이 달렸는데 다수가 리케네디의 외모를 비하하거나 성격을 나무랐고, 사건을 더 키우거나 관심을 받으려고 완전히 날조했다고 비난하는 내용도 있었지만, 대부분은 가방을 치우지 않은 남자를 겨냥한 그의 항의성 행동을 가지고 남성권리운동을 비꼬며 페미니즘과 평등에 대한 주장들을 하려는 거라고 넘겨짚었다.[18] 매노스피어의 어느 공간에서는 대대적인 트롤 작전을 모의한 모양이었다.《데일리메일》은 다음 중 어떤 댓글도 삭제하지 않았다. 그래서 지금도 리케네디의 이름을 구글에서 검색하면 누구나 이 댓글을 모두 볼 수 있다.

> "누군가 그 여자를 임신시키다니 장하다."

> "요즘 여자들은 평등이랑 뭐 그런 걸 원하면서 남자와 같은 대우를 받으면 제일 먼저 투덜대지. 케이크를 먹으면서 그걸 가질 수 없다는 걸 알아야지."

> "여자들이 씨를 뿌렸고 이제 그걸 거두고 있는 거야. 당해보라고."

> "우리가 뭘 하든 이젠 다 남자 잘못이지."

> "걔네가 해방을 원했잖아. 해방은 이런 거야."

> "우리가 다 여성혐오 집단이고 가부장제의 전형이라고 우리한테 계속 떠들어대 봐. 그럼 언젠가는 우리가 당신 말을 믿을 수도 있지."

리케네디는 이어서 말했다.

> 그다음에는 페이스북 메시지를 받기 시작했어요. 그중에 이런 게 있더라고요. '내가 길에서 널 보면 주먹을 날리고 두들겨 팰 거야.' 어떻게 들어도 끔찍한 소리긴 한데, 임신 중일 때는 이런 신체적인 취약함을 더 느끼잖아요. 말하자면 두 사람을 보호해야 하니까…. 그 사람이 그러는 거예요. '널 찾아낼 거야.' 다시 한번 그 사람들이 캐고 다니기 시작한 거죠.

상황이 더 나빠질 수는 없을 거라고 생각한 바로 그때 트롤들이 태어나지 않은 아이에게 집중해 리케네디가 남자아이에게 부적격한 어머니라고 주장하기 시작했다. 리케네디는 트위터에서 자신을 괴롭히는 계정을 차단했고 자신의 페이스북 프라이버시 설정을 강화했지만 그래도 트롤들은 리케네디를 찾아내서 연락해왔다. 병원 대기실에 앉아 있을 때 갑자기 그의 인스타그램 계정에 DM이 왔다. '넌 니 애를 지웠어야 해. 그래야 맞지. 페미니스트들은 자식을 가지면 안 돼.'

리케네디는 더 견딜 수 없었다. 그는 언론 일을 완전히 접었다.

안타깝게도 트롤은 악담을 퍼붓는 외로운 악동이라는 대중의 일반적인 관념이 피해자의 대응 방식에 관한 사회적 판단에 영향을 미칠 정도로 강력하게 퍼져 있다. 어떤 남자로부터 내 사지를 찢고 내 시신을 가지고 성폭행을 하는 섬뜩하고 유혈이 낭자한 판타지를 세세하게 늘어놓은 이메일을 또 한 통 받은 뒤 사람들은 입을 모아 내게 말했다.

"그냥 겁주려고 그러는 거야."

"네가 진짜로 위험한 건 아니잖아, 알지?"

"인터넷을 잠시 안 하는 건 어때?"

하지만 수천 건의 유사한 사건 중 하나에 불과한 리케네디의 사례는 이렇게 대대적으로 조직된 작전들이 피해자의 커리어를 중단시키거나 심각하게 저해할 정도로 영향력을 행사할 수 있음을 보여준다. 창조적인 일을 하는 사람, 작가, 예술가, 제작자 등 다양한 분야의 종사자들에게 소셜미디어는 말 그대로 커리어의 생사가 달린 문제일 수 있다. 직장에서 승진하고 두각을 나타내는 데 대단히 중요한 역할을 하기 때문이다.

그래서 여성들에게 그냥 전원을 끄라거나, 온라인에서 보내는 시간을 줄이라거나, 어떤 웹사이트 방문을 그만두라고 이야기할 때, 사실상 그 말은 가해자가 아니라 피해자에게 트롤링의 부정적인 결과를 감내해야 한다고 강요하는 것과 마찬가지다. 트롤들이 아니라 너희가 이 적대적인 공간에서 배제되어야 한다고, 리케네디가 어쩌지 못하고 일을 그만두었듯 여자들에게 온라인 괴롭힘에서 벗어나고 싶으면 커리어를 희생시키라고 말하는 것과 같다.

또한 물리적인 피해가 없다 해도 이런 괴롭힘이 가할 수 있는 심리적인 영향에 대한 대중의 이해가 터무니없이 부족한 것도 사실이다.

리케네디는 배 속의 아기를 지우라는 메시지와 괴롭힘의 폭격이 이어지는 동안 사람들이 자신에게 "그냥 무시해…. 그거 말고도 고민할 게 한두 개가 아니잖아"라는 식으로 말했다고 회상한다. 당시 그는 이렇게 답했다. "응, 그렇지만 지금 내가 생각하는 건 그 일이 아니야. 이걸 생각하고 있다고." '트롤들에게 먹이를 던져주지' 말라는 조언은 그것이 피할 수 없는 문제라는 인식을 내포하고 있다. 그러니까 남자들은 늘 여자를 괴롭히고 학대하고 비하하기 마련이므로, 이 문제를 근본적으로 처리하기보다는 여자들을 보호하는 조치를 할 수밖에 없다는 식의. 그다음으로는 만약 이게 뿌리 깊고 피할 수 없는 문제라면 안전을 위해 (자유를 희생하고 선택을 제한하여) 일제히 한구석에 몰아넣어야 하는 것은 (잠재적인) 피해자들이라는 인식 역시 깔려 있다. 대신 남성을 대상으로 일괄적인 대책을 세우거나 예방 조치를 시행하는 등 남성들의 자유로운 운동에 비슷한 영향을 주는 제안은 필연적으로 신속하게 분노의 백래시를 촉발한다.

온라인 괴롭힘이 여성의 인터넷 발언과 참여를 위축시키는 효과는 일화로 그치지 않는다. 8개국의 여성 4000명을 상대로 실시한 연구에 따르면 18세부터 55세 사이의 여성 가운데 약 1/4이,

미국의 경우에는 여성의 33%가 온라인 욕설 또는 괴롭힘을 경험한 것으로 나타났다. 이런 괴롭힘을 경험한 여성 가운데 1/4 이상이 신체적 또는 성적 폭행 위협을 받았고, 6명 중 한 명이 신상정보를 폭로당했다(미국에서는 온라인 괴롭힘을 당했던 여성 가운데 약 1/3이 이런 일을 당했다). 응답자들은 사실상 성별에 따른 검열의 결과로 스트레스, 불안, 공황발작 등 막대한 심리적 충격을 받았다고 답했다. 소셜미디어에서 괴롭힘이나 욕설을 경험했던 여성의 3/4 이상이 이런 플랫폼의 사용 방식을 바꿨고, 1/3은 특정 사안에 대해 의견을 표명하는 콘텐츠의 업로드를 중단했다.[19]

만약 우리가 온라인 괴롭힘을 공적 공간에서 벌어질 수밖에 없는 일이라고 받아들인다면 미래의 온전한 시민이 되기 위해 마땅히 차지해야 하는 공간에서 젊은 여성 세대 전체를 소외시킬 위험이 있다. 젊은이들이 정치적으로 체계를 갖추고 논쟁 경험을 쌓는 온라인의 장에서 이들을 배제하는 꼴인 것이다. 이는 너무 늦은 뒤에야 그 결과를 확인하게 될 소리 없는 시한폭탄과 같다.

온라인 괴롭힘이 미래에 어떤 처참한 영향을 미칠지 확인하려고 굳이 기다릴 필요도 없다. 우리를 위해 일하는 정치인들이 온라인 괴롭힘에 얼마나 시달리는지를 보여주는 증거는 이미 많기 때문이다. 누구나 접촉할 수 있는 역할을 맡은 여성, 유색인종, 성소수자는 온라인에서 빗발치는 욕설과 괴롭힘에 그대로 노출된다. 정계 여성을 상대로 자행되는 폭력 문제에 대한 2017년의 한 보고서의 결론은 이렇다. '온라인 욕설, 겁박, 괴롭힘은 여성의 자기 검열 그리고 공적 담론과 교류에서의 후퇴로 이어지고, 여성의 자유로운 발언을 저해하는 직접적인 장애물로 작용하여 민주주의의 모든 핵심 요소를 위축시킨다.'²⁰ 같은 해에 이루어진 한 조사에 따르면 여성 하원의원의 압도적인 다수가 온라인에서 욕설을 들은 적이 있고, 결정적으로 이 가운데 1/3이 그로 인해 사임을 고려해본 적이 있는 것으로 나타났다.²¹ 그리고 국제 앰네스티가 진행한 더 심층적인 연구는 2017년 영국의 총선 선거운동 기간에 여성 하원의원이 받은 전체 욕설 트윗 가운데 거의 절반이 영국의 자메이카계 여성 정치인 다이앤 애벗Diane Abbott에게 쏠렸음을 밝힘으로써 이런 괴롭힘은 편견이 중첩된 지점에 더 집중된다는 것을 적나라하게 드러냈다. 전체 조사 대상에서 애벗을 제외하더라도 흑인과 아시아계 여성 하원의원은 백인 여성 하원의원에 비해 모욕적인 트윗을 35% 더 많이 받는 것으로 나타났는데, 이는 이미 공적 담론과 정치에서 가장 과소대표되는 바로 그 목소리가 온라인 괴롭힘으로 침묵당할 위험이 가장 높다는 의미로 해석할 수 있다.²²

그러니까 온라인 괴롭힘은 심리적 피해, 직업 생활 방해, 정치적 피해 외에도 실질적으로 오프라인에 충격을 준다.

트롤링, 현실로 걸어 나오다

2013년 한 남성권리운동 단체는 어떤 대학생의 이미지와 신상 정보를 인터넷에 올리고, 그가 가짜 강간 신고를 했다고 주장했다. 이 주장은 모두 거짓이었지만 그의 가족과 친구, 사회생활에 관한 상세한 정보가 트롤에 의해 소셜미디어에 들불처럼 퍼져나갔다. 자신의 온라인 계정이 막말로 뒤덮이기 시작하자 이 젊은 여성과 부모는 공포와 충격에 사로잡혔다. 결국 여성은 자신의 대학 이메일 주소를 폐기하고 모든 소셜미디어 계정을 지웠으며 수업에 나가지 않았다.

여성들의 거주지가 폭력적인 군중들에게 유출되거나 쏟아지는 공격 위협으로 행사를 취소하게 만들 때, 온라인 괴롭힘은 오프라인의 피해로 번져나간다. 의도적으로 조직된 대대적인 괴롭힘 작전이나 허위 정보 유포 때문에 여성이 교육 기회를 부분적으로 또는 완전히 중단할 때 이 피해는 인터넷 바깥으로 멀리 뻗어 나간다. 중무장한 경찰 팀이 표적이 된 집을 에워싸서 마치 테러리스트에게 위협받고 있다는 인상을 주거나, 트롤들이 스와팅 전술을 써서 피해자의 목숨이 실제로 위험해진다면 이는 더 이상 무시해도 되는 말장난 수준이 아니다.[23]

영국에서는 여성 하원의원의 압도적인 다수가 온라인에서 언어 폭력을 경험한 적이 있고, 온라인상에서는 여성이 용기 있게 자신의 견해를 표출했다가 폭도들에게 물어뜯기고 괴롭힘당해 침묵하게 되는 일이 다반사다. 이런 상습적인 사건들은 막강한 선례가 된다. 이런 사건들은 감히 정치적 견해를 가진 여자는 너무 건방져서 참아줄 수가 없고, 자기 분수에 맞지 않는 생각을 하는 사람을 처리하는 제일 좋은 방법은 침묵시키는 것이라는 암시를 준다. 그것도 폭력적인 방식으로. 우리는 터무니없이 많은 강간 위협과 살해 위협이 소셜미디어를 도배하는 모습을 볼 때, 소셜미디어 기업들이 이런 위협을 보내는 사람들의 계정을 차단할 수 없다는 의사를 적극 표출하는 모습을 볼 때, 이런 행동, 이런 담론이 용납 가능하다는 메시지를 받는다. 그래서 뒤이어 여성 하원의원들이 길거리에서 괴성을 듣거나, 사무실 창문이 깨지는 등 실제 피해를 경험하기 시작했다. 2017년 선거운동 기간에는 한 여성 하원의원이 야외에서 유세를 하고 있을 때, 어떤 남성이 그의 선거구 사무실로 들어와 직원에게 이 의원을 살해하러 왔다고 말하는 사건이 벌어졌다.[24]

2019년 12월 영국의 총선 준비 기간에 19명의 여성 하원의원이 정계를 떠나겠다고 발표했다. 이는 예상보다 높은 숫자였다.[25] 니키 모건Nicky Morgan, 하이디 앨런Heidi Allen, 테레사 피어스Teresa Pearce, 캐롤린 스펠먼Caroline Spelman을 비롯한 상당수가 정계 은퇴 이유 중 하나로 특히 욕설을 언급했다.

노동당 하원의원 조 콕스Jo Cox는 열정적인 페미니스트이자 인도주의자로 국회에서 시리아 난민 위기, 이주, 여성 문제에 관해 목소리를 높이고 노동당 여성 네트워크Labour Women's Network 의장으로 일한 바 있다. 콕스는 사망하기 전까지 폭언과 괴롭힘 공세에 시달렸고, 자택과 사무실에 보안을 추가할지 고민했으며, '악의적인 연락'을 하는 한 남성을 조심하고 있었다.[26] 다시 말해서 콕스는 자신의 선거구에서 주민들을 만난 뒤 총을 맞고 칼에 찔려 목숨을 잃기 전까지 여러 달 동안 트롤에게 시달리고 있었다. 콕스를 살해한 53세의 백인 남성 토머스 메이어Thomas Mair는 콕스에게 온라인으로 욕설을 보내서 경찰이 예의주시하던 그 남자가 아니었지만, 극우 조직의 열렬한 추종자였고 신나치 이데올로기에 심취한 인물이었다.[27] 인터넷 사용 기록을 통해 그가 백인우월주의를 신봉했고 '모친 살해'를 검색한 적이 있다는 사실이 드러났다. 또한 메이어는 "미국에 있는 인종주의 성향의 소위 '대안우파' 운동에 직접 연락한" 적이 있다는 보도도 있었다.[28] 판사는 선고 공판에서 이렇게 말했다. "이 살인이 정치적, 인종적, 이데올로기적 명분을 증진하려는 목적으로, 그러니까 나치즘의 현대적인 형태들과 가장 관련 있는 폭력적인 백인우월주의와 배타적인 민족주의를 위해 행해졌다는 데 의심의 여지가 없다."[29] 하지만 몇 안 되는 페미니스트 필자들이 쓴 글을 제외하면 콕스의 죽음을 온라인상에서 여성 및 비백인 하원의원을 상대로 자행되는 테러와 위협, 폭력 문화와 연결시켜 분석한 언론은 드물었다. 백인 남성이 저지르는 다른 숱한 범죄들처럼 이 사건은 갑자기 벌어진 끔찍한 충격으로, 제정신이 아닌 외로운 늑대의 소행으로 그려졌다.

이렇게 피해자의 실제 삶에 충격을 가하고 침묵하게 만드는 등 악영향을 미치고 있음에도 온라인 트롤을 방어하는 가장 흔한 주장이 표현의 자유를 수호해야 한다는 고매한 외침이란 게 아이러니하다.

어쩌면 문제는 매노스피어, 그리고 더 넓게는 사회의 많은 사람이 자신의 이야기를 일방적으로 전달할 권리, 이견에 직면하지 않을 권리, 사납고 여성혐오적이며 인종주의적인 편협한 사람이라고 불리지 않을 권리를 표현의 자유라고 착각하는 데 있는지 모른다. 가령 가장 유명한 레딧 매노스피어 커뮤니티는 '빨간 알약' 이데올로기의 전적인 수용을 참여의 첫 번째 규정으로 명시하고 있다. '우린 빨간 알약에 동의하지 않는 자들과 우리의 경험을 놓고 논쟁을 하거나 변론하는 데는 관심 없다. 우리의 선택이 도덕적이라고 변호하느라 우리 스레드를 더럽히고 싶지도 않다.'

소셜미디어가 방관하는 사이

온라인 괴롭힘과 트롤링을 다루는 데 있어서 표현의 자유는 여러 면에서 논점을 흐린다. 트위터와 페이스북처럼 이미 사이트에 어떤 콘텐츠와 행동을 용납할지 결정할 권리뿐 아니라 인종주의, 반유대주의, 기타 형태의 혐오 발언을 금지하는 행동 규정 또는 커뮤니티 기준을 갖고 있는 민간 기업의 플랫폼에는 적용되지 않기 때문이다. (이런 자체 규정이 항상 효과가 있거나 제대로 이행된다는 말은 아니다.) 우리가 혐오 발언에 관해 논의할 때, 혐오 발언이 무엇인가라는 정의(그리고 이런 민간 기업들의 결정)는 다양한 해악을 가진 여러 편견에 대한 사회의 인식에 자연스럽게 영향을 받는다. 그리고 성차별주의는 사회가 특별히 용인하는 편견 중 하나다.

리사 스기우라 박사는 매노스피어에서 쓰이는 수사가 '절대적으로' 혐오 발언의 한 형태에 해당하지만 소셜미디어 기업들은 이를 진지하게 여기지 않는다고 말한다. 박사는 그 이유를 '여성혐오를 전반적으로 진지하게 여기지 않아서'라고 주장한다.

또한 레딧에서 일하면서 표현의 자유와 온라인 극단주의 운동의 잠재적 배양과 선동 사이에서 균형을 맞추는 게 얼마나 어려운지에 대해 독특하고 전례 없는 통찰력을 갖게 된 엘런 파오는 이렇게 썼다.

> 수많은 거대 기술회사가 성역 없는 토론과 '자유로운 발언'이라는 이름으로 이런 집단들을 무의식적으로 부추겨왔다. 이 잘못된 길잡이 때문에 지지자들은 '햇빛은 최고의 소독제다'라는 미국 대법원관 루이스 브랜다이스Louis Brandeis의 말을 인용하며 오픈 플랫폼이 혐오와 테러리즘의 부정을 만천하에 드러낼 것이라고 주장한다. 하지만 우리가 레딧과 트위터, 고대디GoDaddy, 클라우드플레어Cloudflare 등 다양한 플랫폼에서 얻은 교훈은 공개적인 노출이 이러한 신념을 지속적으로 일상화하고, 장려하고, 증폭시킨다는 것이다.[30]

세계 최대의 소셜미디어 플랫폼 중 일부는 괴롭힘에 대응해 대대적인 조치를 하고 있다고 주장하지만, 자신들이 문제 해결을 위해 나섰던 기록이나 절차에 대한 상세한 보고서는 공개하지 않으면서, 이 문제의 해결이 너무 까다로워 두 손 들었다는 입장만을 반복적으로 내비치고 있다. 이들은 강간 위협이나 살해 위협, 또는 적나라한 성폭력 이미지를 받았다고 신고하는 여성들에게 해당 콘텐츠는 '우리 회사의 커뮤니티 기준을 침해하지 않는다'는 자동응답을 보내면서, 온라인에서 모두의 안전을 지키기 위해 열심히 일한다며 입에 발린 광고를 한다. 이런 기업들이 작은 나라와 맞먹는 소득을 벌어들이고 있는 것이다. 자신들이 아무리 원해도 강경한 대책을 수립할 수 없다거나, 신속하게 상황을 개선할 수 없다는 기업들의 변명은 기가 찰 뿐이다. 만약 알고리즘이 제 기능을 못 하는 거라면, 수천 명의 인간 중재자를 고용하고 전문 기관의 조언을 받아 이들을 적절히 훈련하는 데 투자해서 가장 취약한 이용자들의 온라인 경험을 탈바꿈시킬 수 있다.

피해자들은 트롤링에 대한 온라인 대응을 개선할 수 있도록 상식적인 차원의 방법을 수차례 제안했다. 가령 트위터의 경우 대규모 괴롭힘 신고가 들어오면 피해자의 계정을 언급하는 모든 트윗을 확인하고, 이용 조건을 위반한 모든 계정을 중지시키는 조치가 가능하지 않냐는 제안이 지속적으로 있었다. 그러면 피해자는 괴롭힘을 신고하기 위해서 자신에게 쏟아져 들어오는 수천 개의 욕설 메시지를 일일이 확인할 필요가 없다. 이런 방법은 특히 브리게이딩 같은 트롤 전략에 대응할 때 효과적이다. 하지만 이런 식의 실용적인 제안이 나와도 소셜미디어 플랫폼들은 모르쇠로 일관하며 변화를 일절 거부하거나 의미 없는 솜방망이 조치를 도입하는 데 그치곤 한다. 가해 이용자의 불편을 최소화하면서도 최대치의 긍정적인 관심을 끌려고 설계된 게 아닌가 싶은 그런 조치를.

일부 집단의 독특한 취약성은 온라인 트롤링에 대한 아무리 좋게 봐도 일관적이지 않고, 대체로는 한심하며, 최악의 경우 고의적이고 기만적인 소셜미디어 플랫폼의 대응 때문에 오히려 더 악화하기도 한다. 여러 연구에서 여성, 유색인종, 장애인, 성소수자가 특히 온라인에서 높은 수위의 괴롭힘과 욕설에 시달린다는 사실이 반복적으로 드러난다. 유명 여성(특히 이미 플랫폼을 가진 특권층 백인 중산층 여성)이 온라인에서 괴롭힘을 당하면 미디어는 피해자의 사진을 곳곳에 도배해가며 그의 '시련'을 자극적이거나 성적인 용어로 묘사할 기회로 십분 활용하는 등 해당 여성의 사건을 불균형적인 시각으로 다룰 가능성이 높다. 소셜미디어는 괴롭힘 문제를 다루는 데 매우 소극적이기 때문에, 피해 여성은 기자들이 입장 표명을 요구하는 전화를 걸어와서 홍보 전문가가 개입하기 전까지 아무런 지원을 받지 못하기 십상이다. 피해자에게 욕설을 퍼붓는 계정을 기적적으로 갑자기 중단시키는 엄격한 조치가 이루어진다 해도 그 이상의 추가적인 제재는 없다. (나를 비롯한) 이런 여성들에게는 대중의 지지와 공감이 쏟아져 일시적이나마 괴롭힘이 중단되어 그 플랫폼으로 복귀할 수도 있다. 이는 소셜미디어 기업들의 소극적이고 일관되지 않은 대응과 보도하기에 '이상적'이고 매력적인 피해자에게 각별히 관심을 쏟는 미디어가 결합하면, 이미 사회적으로 많은 혜택을 누리는 사람들이 온라인 괴롭힘을 당할 때 더 많은 지원과 조치로 이어진다는 뜻이기도 하다. 반면에 사회적으로도 가장 혜택이 적은 데다 훨씬 심각하고 중첩된 괴롭힘을 경험하는 사람들은 어떤 식으로든 대책이 마련되거나 많은 관심 또는 지원을 받을 가능성이 낮다. 즉 우리가 가장 절실하게 귀 기울여야 하는 목소리(쏟아지는 괴롭힘과 편협성 문제를 해결하고자 할 때 이런 플랫폼에 가장 많이 참여해야 하는 사람들)는 어떻게 손쓸 수도 견딜 수도 없는 괴롭힘 때문에 오프라인에서도 가장 빈번히 내몰리는 이들이다.

세이 아키워우Seyi Akiwowo는 스물두 살 때 '긍정적인 변화를 일구려는' 시도에서 지방의회 의원 선거에 출마하기로 했다. 불과 열네 살 때 학교 친구가 하우스 파티에서 살해당하는 사건을 겪은 뒤 아키워우에게는 자신의 목소리를 내고 존중받는 것이 중요해졌다. 그는 내게 "제가 사는 지역사회와 젊은 사람들에 대해 많은 결정이 내려지고 있지만, 우리가 그 의사결정 과정에서 빠져 있다는 걸 금세 깨달았어요"라고 설명했다. 겨우 스물세 살에 그는 런던의 최연소 흑인 여성 지방의회 의원으로 선출되었고, 얼마 지나지 않아 청년의 정치 참여에 관한 연설을 해달라는 유럽연합 의회의 초청을 받았다.

행사장에서 한 시리아 난민 연사가 야유를 받고 다른 대표들이 이민자와 난민은 집으로 돌아가야 한다고 외치는 모습에서 자극받은 아키워우는 균형을 바로잡으려는 시도를 했다. 그는 배상을 요구하는 즉석 연설을 하며 열변을 토했다. 몇 달 동안은 아무 일도 없었다. 그러던 2017년 2월 어느 날 헬스장에 있는데 아키워우의 스포티파이 플레이리스트가 자꾸만 끊겼다. 트레드밀을 중단하고 휴대폰을 확인해보니 수백 통의 메시지와 알림이 쏟아져 들어와서 음악이 계속 중단되고 있었다. 완전히 무방비 상태에서 아키워우는 난데없이 '검둥이' '검둥이년' '니그로' 같은 인종주의적 욕설, 린치와 교수형을 암시하는 표현들, '원숭이' '유인원' '성병에나 걸려 죽어라' '흑인은 다 잡아 없애야 한다' 등의 협박이 자신을 향해 날아들고 있다는 걸 알게 되었다. 유럽연합 의회에서 연설하는 모습이 담긴 영상이 신나치 웹사이트에 올라 있었다. 그 이후 며칠 동안 아키워우는 소셜미디어에서 밀려오는 인종주의적이고 여성혐오적인 막말과 사투를 벌였다. 그는 몇 시간 동안 힘겹게 유튜브와 트위터에서 받은 협박을 샅샅이 뒤져서 신고했지만 '피드백이나 접수 통지 같은 건 받지 못했다'고 말했다. 뒤늦게 지역 언론이 이 사건을 문제 삼고 난 뒤에야 소셜미디어 플랫폼들이 대응과 조치에 나섰다. 그는 "제가 전투적이지 않았고, 미디어에 나가 대중의 지지를 받지 않았더라면, 과연 트위터에서 조치했을지 대단히 의심스러워요"라고 말했다.

이렇기에 온라인 괴롭힘에 대한 소셜미디어의 안일한 대응은 그것을 양산하는 온라인 소굴을 더욱 급진화하고 통합하는 데 일조할 뿐이다.

미디어는 트롤들을 환영합니다

주류 집단들이 온라인 트롤을 의도적으로 또는 무의식적으로 부추기고 방조하는 방법은 이뿐이 아니다. 사실 트롤과 미디어는 서로에게 기생하는 대단히 문제적인 관계. 트롤들은 이야기를 지어내고 미끼를 던져서 대중매체가 자신들을 주목하게 만드는 데서 기쁨을 얻는다. 세간의 관심을 얻고 존중받을 만한 집단이라는 인식이 쌓이면 자신들의 명분에 좋기도 하고, 전국 언론이 자신들이 지어낸 혼란스러운 사기극을 진지하게 여기는 모습을 보는 데서 그냥 '빅재미lulz'를 얻기 때문이다. 한편 나날이 경쟁이 격화되고 온라인 콘텐츠가 기하급수적으로 늘어나고 있는 온라인 환경에서는 매체들이 조회 수와 관심, 광고 수입을 놓고 처절하게 경쟁하고 있기에, 트롤이 양산하는 터무니없고 충격적인 콘텐츠를 다룰 경우 막대한 이익을 얻을 수 있다. 논란과 낚시성 클릭의 전리품은 도덕적으로 문제가 있거나 심지어 노골적으로 잘못된 콘텐츠를 보도함으로써 평판에 금이 가는 피해를 능가할 때가 많다.

페미니즘을 의도적으로 폄하하는 시각으로 바라보고 가장 '시시'하거나 '논란이 많은' 주제를 부각하는 미디어의 행태는 문제를 더욱 악화한다. 편집자와 프로그래머들은 이것이 온라인에서 분란을 일으키고, 트롤들을 끌어모으고, 폭넓은 공유로 이어질 가능성이 높다는 걸 잘 안다.

이런 행태는 내가 매일같이 받는 미디어의 요청에서 극명하게 확인된다. 허위 강간 고발이라는 극도로 드문 사건 하나가 뉴스 머리기사를 장식하면 내 휴대폰은 요란하게 울려대지만, 최전선의 성폭력 서비스 지원금이 다시 한번 대폭 삭감될 때는 고집스럽게 침묵을 지킨다. 생리용품을 마련하기도 힘들 정도의 가난이나 난민 여성의 억류 같은 주제를 다루도록 언론인을 설득하려면 수차례 진이 빠지도록 애써도 될까 말까다. 그런데 내 받은 편지함은 이런 식의 요청들로 가득하다.

> "안녕하세요, 로라 씨. 내일 남자들의 추파에 관한 토론을 하러 와주실 수 있을까요?"

"미투운동이 '지나치게 나간 건' 아닌지에 대한 논의를 준비하는 데 관심을 가져주세요."

"'남자들이 작업 중Men Working'라는 표지판이 성차별적이라고 생각하나요? 만일 그렇다면 토론에 참여해서 입장을 제시해주실 수 있을까요?"

"저는 여러 사람으로부터 의견을 구하고 있어요…. 리넥스가 '남자 사이즈' 브랜딩을 폐기하는 일에 대해서요…. 그 브랜딩이 어째서 성차별적인지 하고."

"우리는 여자들이 페미니즘을 망치고 있는가를 놓고 토론할 계획이에요."

"페미니즘 너무 멀리 가버렸나? 텔레비전 인터뷰."

"맨플루가 사실인가 거짓인가를 놓고 토론을 하려는데 와주실 수 있을까요?"

이런 건 무해해 보일 수 있고, 게다가 미디어들이 자기가 선택한 주제를 놓고 토론을 벌이는 건 막을 길이 없다. 하지만 페미니스트들이 실제로 씨름 중인 무수히 많은 더 긴박하고 시급한 문제를 다루는 대신 이런 주제에 치우친 보도로 균형이 심하게 기울어질 때는 대단히 좌절스럽다. 실제로 이런 경향은 매노스피어의 의도적인 곡해 전술을 차용한 것으로, 허술하게 페미니스트의 주장을 지어내서 특권층 페미니스트들이 별것도 아닌 일에 히스테리를 부리며 징징댄다는 인상을 준다. 편집자들은 역시 이런 것들이 포악한 트롤 부대를 자극해서 리케네디가 그랬듯 유혹을 이기지 못하고 토론에 참여할 정도로 용감하거나 불운한 여성들에게 악담을 퍼붓게 만들 가능성이 가장 큰 주제라는 사실에는 거의 관심을 두지 않는다. 실제로 일부 사례에서는 미디어들이 트롤들의 추가적인 트래픽이라는 보상을 얻어내기 위해 기꺼이 작가들에게 그 대가를 치르게 만드는 것처럼 보이기도 한다. 페미니스트 작가 제시카 발렌티Jessica Valenti가 한때 강력하게 지적했듯 직원들이 업무를 수행하는 동안 광분한 사람들이 몰려와서 인신공격성 욕설을 퍼붓는다면 이걸 마냥 두고 볼 고용주는 없을 것이다. 하지만 오늘날의 작가들, 특히 여성과 유색인종 작가들은 바로 이런 곤경에 처해 있다. 차이가 있다면 가해자들이 온라인에 있다는 점뿐이다.

리케네디는 편집자들이 자신을 보호하거나 지원한다고 느끼지 못했다. 오히려 그의 글에 쇄도하는 욕설 때문에 트래픽이 올라가자 심지어 '뭐가 됐든 이런 글을 다시 쓰고 싶으면 언제든 환영한다'는 적극적인 제안을 들었다고 기억한다. 리케네디는 거두절미하고 '됐어요'라고 대답했다.

조금 다른 의미에서 리케네디의 이야기를 둘러싼 타블로이드 신문의 광란 역시 트롤링에 크게 기여했다. 《더선》과 《데일리메일》은 자기들이 무슨 짓을 하는지 정확히 알았고 어떤 사람들의 입을 열게 하는지도 알았다.' 그는 무언가가 클릭을 부추길 경우 미디어는 그 출처에 대해선 진혀 관심을 두지 않는다고 지적하면서, 처음으로 '클릭 경제'와 그 이면에 있는 '끔찍한' 사람들 사이의 관계를 언급했다.

　온라인 폭력이 우리의 현실에 피해를 주지 못하는 별개의 영역에서 벌어지기 때문에 무해한 일이라는 생각은 이런 폭력을 직접 경험해보지 않은 사람만 공감할 것이다. 안타깝지만 이 말은 이런 문제를 보도하는, 다수가 백인 이성애자 중산층 남성인 언론인들과 이런 문제가 발생하는 플랫폼을 만들고 감시하는 책임을 지닌 기술업계 종사자들, 그리고 온라인 폭력을 규제하는 법을 만드는(또는 만들지 않는) 남성 정치인과 의원들은 이렇게 생각한다는 뜻이기도 하다. 이 문제의 근본적인 부분은 온라인 폭력으로 크게, 끝없이 삶이 피폐해지는 사람들에게는 대체로 그걸 중단시킬 권력이 없다는 데 있다. 그리고 일부 그걸 중단시킬 권력을 가진 사람들은 사실상 이런 공격을 영속시키는 자들과 동일 인물이다. 여성 하원의원 중 다수가 대중으로부터 온라인 공격과 언어 폭력을 당했다는 것도 대단히 우려스럽지만, BBC 설문조사 응답자 가운데 거의 2/3가 동료 직원 또는 남성 하원의원에게서 성차별적인 말을 들은 적이 있다고 답했다는 사실 역시 똑같이 우려스럽다. 어떻게 이런 남자들이 문제 해결에 적극적으로 나서리라고 기대할 수 있을 것인가?

　내가 처음으로 온라인 막말을 들었을 때 이해하기 힘들었던 내용을 온라인 트롤을 조사하면서 이해할 수 있었다. 매노스피어와 백인우월주의의 복잡한 관계를 추적해보면 어째서 위협과 함께 인종주의적인 욕설이 자유롭게 흩뿌려지는지를 알 수 있다. 내가 여러 차례 받은 '너는 섹스를 하겠다는 선택권이 있고, 나는 널 강간하겠다는 선택권이 있다'는 이상하기 짝이 없는 메시지는 매노스피어 포럼들이 그렇게 좋아하는 성폭력을 둘러싼 잘못된 등식이라는 맥락에서 봐야 그 의미가 분명해진다. 그건 그냥 강간 위협이 아니다. 감히 여성의 성적 자율성을 옹호한 데 대한 직접적인 결과로서의 강간 위협이다. 이 둘은 서로 분리할 수 없다.

몇 시간 만에 수백 개의 메시지가 쏟아져 들어오던, 내가 경험했던 첫 브리게이딩 공격을 돌아보면서 나는 포챈과 나인개그 9gag의 '영역turf'에 관한 우회적인 언급을 비로소 이해하게 되었다. 이는 트롤 부대와 점수 매기기에 대한 암시였다. 나의 경험, 나의 공포가 서로 전쟁 중인 다른 포럼 소속의 두 온라인 가해자 무리 사이의 게임판이었던 것이다. 이들이 내 신체를 훼손하는 판타지를 고조시키면서 기뻐 날뛰었던 것은 내 신체가 이들의 게임에서 점수를 올리는 수단이었기 때문이다. 이 게임의 궁극적인 목적은 인터넷에서 나를 몰아내고 더 이상 일하지 못하게 만들어서 파멸시키는 것이었다. 영예를 위해, 빅재미를 위해, 무슨 대가를 치르든 성공해야 했다.

무엇보다 우리는 이런 패턴을 알아볼 수 있어야 한다. 이런 패턴을 조장하는 근본적인 이데올로기와 적극적인 온라인 선동에 맞서 명확히 말할 준비가 되어 있지 않다면 이 범죄를 막을 수 없다. 트롤이 하는 일이 무엇인지 이해조차 못 한다면 효과적인 대응은 불가능하다.

하지만 정말 중요한 건 유행하는 트롤 밈과 영양가 없는 똥포스팅, '은밀한 상징'을 속속들이 파악하는 게 아니다. 그 속에 파묻힌 진짜 문제를 꿰뚫어 보는 것이다. 진짜 문제는 온라인이 아니라 온라인이 아닌 쪽에 있다.

크라이스트처치의 트롤링

2019년 3월 15일, 28세의 호주 출신 백인우월주의자가 뉴질랜드 크라이스트처치에 있는 알누르 모스크에 들어가서 총격을 가했다. 15분 뒤에는 린우드 이슬람센터에서 대학살을 이어갔다. 총 51명이 살해당하고 49명이 부상을 입었는데 대다수가 3세부터 77세 사이의 예배자들이었다.

이 대학살을 자행한 브렌턴 태런트Brenton Tarrant는 극우 백인우월주의 여성혐오 이슬람혐오 극단주의자였다. 그가 이미지보드들과 대안우파, 매노스피어의 트롤 문화와 관련이 있다고 말하는 것으로는 충분치 않다. 그의 모든 증오 행동은 그 세계 안에서 계획되고, 틀이 잡히고, 이행되었다. 태런트에게 있어서 그 학살은 실제 세계에서 일어났지만, 온라인에서 일어난 것이기도 했다. 그는 대량살상을 저질렀지만 트롤링을 한 것이기도 했다. 학살을 저지르기 이틀 전 그는 트위터에 살인 무기 이미지를 올렸다. 총격 직전에는 에이트챈 정치토론 게시판8chan/pol에 자신의 페이스북 페이지 링크를 포함해서 범행 의도를 발표했다. 그는 페이스북을 통해 끔찍한 17분짜리 영상으로 학살을 생중계했다. 태런트는 머리에 카메라를 매달고서 온라인 팬들이 즐길 수 있도록 1인칭 시점의 살상 현장을 보여주었고, 사실상 실제 피해자들을 가지고 총격 비디오게임을 연출해서 팬들에게 선사했다.

생중계를 시작하고 아직 광란의 학살을 개시하기 전에 태런트는 시청자들에게 말했다. "기억하라고 청년들, 퓨다이파이PewDiePie를 구독해!" 스타 유튜버인 퓨다이파이가 당시에 하고 있던 팔로워 확대 캠페인을 가리킨 것이었는데, 태런트는 잘 알려지지 않은 인터넷 밈을 언급함으로써 일부 시청자들에게 이 영상이 그들을 위한 것임을 환기했다. 이는 채팅방 언어에 능통하고 인터넷에서 매일 일어나는 사건들을 속속들이 알고 있는 사람들, 그러니까 '극도로 온라인 상태'인 사람들만 이해할 수 있는 표현이었다. 하지만 이는 그 자체로 트롤링 기법이기도 했다. 공격 이후 태런트가 예상했던 대로 주류 미디어들은 앞다투어 이 뉴스를 보도했다. 일부는 태런트가 진짜 이 유튜버의 팬이라고 믿고 사건과는 무관하게 그의 영상에 대한 설명을 장황하게 늘어놓았다. 《데일리메일》은 웹사이트에 대학살 영상 발췌본을 올리고 태런트의 선언문 전문을 다운받을 수 있게 해서 세계 최대의 뉴스 플랫폼 중 하나로 격상했고, 태런트의 거친 꿈을 뛰어넘는 성과를 올렸다(《데일리메일》은 비난이 쏟아지자 사흘 만에 선언문을 삭제하고 동영상 클립을 내렸다).

태런트의 극단주의 성향의 온라인 동료들은 즉각 이에 걸맞게 대응했다.

또 다른 에이트챈의 '익명' 게시자는 태런트가 자신이 무슨 일을 하려는지 진술하는 내용을 보고 즉시 그를 부추기며 '높은 점수를 따라'고 응원하는 반응을 보였는데, 이 표현은 곧 펼쳐질 비디오게임 형식의 사건에 소름 끼치게 딱 맞는 언어였다. 태런트는 자신의 마지막 에이트챈 게시글에서 '청년들'과 '좋은 녀석들'에게 '내 메시지를 퍼뜨리고, 늘 하던 대로 밈과 똥포스팅을 만들어서 너희 역할을 하라'고 주문했다. 학살이 벌어진 뒤 그의 동료 극단주의자들, 트롤들, 트롤링을 하는 극단주의자들은 페이스북, 유튜브 등의 플랫폼에서 태런트의 영상을 마구잡이로 공유함으로써 며칠에 걸쳐 이 영상을 삭제하려는 소셜미디어 기업들의 시도를 무력화했다(이 영상은 아직도 많은 극단주의 웹사이트에서 쉽게 접할 수 있다). 태런트의 동료들은 정치토론 게시판에서 그의 메시지를 널리 퍼뜨리기 위해 득달같이 달려들어 그의 선언문을 최대한 다양한 언어로 번역했다. 이제 그들은 '그는 침략자들과 싸웠다. 정치토론 게시판은 영웅들에게 경의를 표한다!' 같은 칭찬을 섞은 게시물에서는 그를 '태런트 성인Saint Tarrant'이라고 부른다.

태런트의 선언문은 그 자체로 일종의 트롤링이다. 태런트의 진심과 혐오가 담긴 폭력적이고 극단주의적인 믿음에 전형적인 똥포스팅이 뒤섞여 있기 때문이다. 보수적인 권위자를 극찬하다가 어린이용 비디오게임과 플러싱 같은 인기 댄스 트렌드와 포챈의 밈들을 언급하는 식이다. 이 모든 것이 자신의 테러 행위를 온라인 세상과 완벽하게 뒤섞어서 외부자들이 그 차이를 알지 못하게 하는 한편, 내부자들은 그의 말 한 마디 한 마디를 즐기게 만들려는 태런트의 의도를 극대화했다.

태런트의 선언문이 백인우월주의적이고 인종주의적이며 이슬람혐오를 담고 있다는 미디어의 지적은 물론 지당한 말씀이다. 이 대학살은 처참한 증오범죄였다. 무고한 사람들을 단지 종교와 피부색 때문에 표적으로 삼았기 때문이다. 언론 보도에서 여성혐오는 거의 혹은 전혀 언급되지 않았다. 영국 여성평등당의 전직 당대표인 소피 워커Sophie Walker는 이 사건을 이슬람혐오 테러리즘이라고 설명하면서도 남성 폭력이라는 위협을 인식해야 한다고 강조하는 트윗을 올렸다. 분노와 욕설이 워커를 향해 쏟아졌고, 완전히 무관한 사건을 자신의 극단적인 페미니즘 의제에 기회주의적으로 갖다 붙인다는 비난이 일었다.

하지만 워커가 옳았다. 미국 의회는 한 사건에서 3명 이상이 살해당한 경우 대량총격이라고 정의한다. 1982년부터 2019년까지 이 정의에 부합하는 미국에서 발생한 114건의 대량총격 가운데 110건이 남성이 저지른 사건이었다.[31] 우리가 이 사실을 입에 올리면 남자들이 불쾌해한다는 이유로 이 압도적으로 명백한 통계를 모른 척해야 할까? 그것이 이 문제를 이해하는 중요한 기회를 놓친다는 의미라 해도?

게다가 대량살상은 항상 여성혐오 범죄나 백인우월주의 증오 범죄라는 범주로 딱 떨어지게 나뉘지 않는다. 자기 입으로 인셀이나 매노스피어 이데올로기가 주된 동기였다고 밝히는 살인범들도 선언문에는 대단히 인종주의적이고 동성애혐오적인 표현을 빼놓지 않는다. 백인우월주의와 관련된 범죄의 근원에는 이민자가 백인 여성을 '빼앗는다'는 해묵은 여성혐오적 생각이 증오와 두려움과 혼재되어 있거나, 백인의 순수성이 훼손되지 않고 성노예를 부리던 시절로 회귀하고자 하는 열망이 있다. 이런 것들은 서로 동떨어진 문제가 아니라 온라인 극우 극단주의의 뼈대에 서로 뒤엉켜 새겨져 있다. 이러한 복잡성을 인식한다고 해도 각각의 편견이 유발하는 공포가 줄어들지는 않는다.

태런트의 선언문은 세 문장으로 시작한다. '출생률이 문제다. 출생률이 문제다. 출생률이 문제다.' 이 두서없는 글에서 핵심은 백인우월주의 웹사이트의 단골 메뉴인 '대체이론replacement theory'에 대한 집착이다. 대체이론이란 이민이 우월한 백인의 혈통을 오염시킬 위험이 있다는 발상이다. 일부 국가의 출생률이 감소하고 백인 여자를 임신시키는 백인 남자의 정당한 자리에 '침략자들'이 대신 들어오면 결국 백인 남자의 종족 말살이라는 어처구니없는 일이 벌어질 것이기 때문에. 이 이론은 섬뜩한 인종주의와 외국인 혐오 이론일 뿐 아니라 여성을 인간으로 여기지 않는 가장 뿌리 깊은 여성혐오를 토대로 하고 있다. 이 선언문은 수많은 인셀 및 매노스피어 이데올로기를 내세우는 동시에 '극도로 온라인 상태'인 백인우월주의자들의 '논리'가 곳곳에 묻어난다. 태런트는 외친다. '강한 남자는 인종적으로 대체되지 않는다, 강한 남자는 자신의 문화가 퇴락하는 걸 용납하지 않는다, 강한 남자는 자기 민족이 죽어가는 걸 내버려 두지 않는다. 이런 상황을 만든 건 약한 남자들이고 이걸 바꾸려면 강한 남자가 필요하다.'

트롤은 증식한다

태런트가 노르웨이의 대량살상범 아네르스 베링 브레이비크 Anders Behring Breivik에게서 영감을 받았다고 거론한 것은 우연이 아니다. 역시 악명 높은 백인우월주의자인 브레이비크는 77명을 살해했는데 이들은 대부분 십 대였다. 그는 자신의 행동이 무슬림 이민을 가능하게 만든 '정치적으로 올바른' 자유주의자들에게 저항하는 투쟁이었다고 설명했다. 하지만 그의 성명서에는 아버지의 권리와 이슬람혐오 역시 혼재되어 있었고, 정치적 올바름과 페미니즘 사상, '인종 혼합'에 대한 적개심이 거침없이 드러났으며, 전반적으로 여성혐오 정서가 깊게 깔려 있었다. 그는 '가부장제를 가모장제로 바꾸려는' 전능한 페미나치에 대한 인셀과 남성권리운동의 편집증을 앵무새처럼 되뇌었고, 정치적 올바름에 집착하는 정신 나간 문화가 '토착 기독교 유럽 이성애자 남성의 타고난 가치'를 짓밟고 그 과정에서 이들을 거세한다고 목청을 높였다. 그는 여자들이 '에로틱한 자본'을 더 많이 가지고 있으므로 남자보다 우위에 설 수 있다는 픽업아티스트의 신념을 언급하면서 여성들이 난잡하다며 조롱했다. 브레이비크의 서론은 이런 긴박한 경고로 끝맺는다. '유럽 문명의 운명은 정치적으로 올바른 페미니즘에 꾸준히 저항하는 유럽 남성들에게 달려 있다.' 하지만 브레이비크의 동기와 극단주의적인 정체성에 깔린 이런 여성혐오적 측면들은 어디서도 언급되거나 논의되지 않았다. 그는 백인우월주의자로만 호명되었다. 물론 그는 백인우월주의자이기도 했다. 2020년 2월 독일 하나우에서 9명을 살해한 총격범 토비아스 라티젠Tobias Rathjen은 극우 테러리스트였고 일부 인종과 문화를 파멸시켜야 한다고 주장하는 인종주의적 선언문을 남겼다. 그는 스스로를 인셀이라고도 밝혔다.[32]

트롤은 바이러스와 비슷하다. 한 몸처럼 움직이지만, 무수히 많은 입자로 이루어져 있다. 이들은 숙주를 감염시켜서 혼란을 유발한다. 무엇보다 가장 우려스러운 점은 현기증이 날 정도로 빠른 속도로 증식하며 세를 불린다는 점이다.

크라이스트처치 모스크 총격 사건이 일어나고 한 달이 겨우 지난 2019년 4월 27일, 유대교의 유월절 마지막 날인 그날, 19세의 존 T. 어니스트John T. Earnest가 미국 캘리포니아 파우에이의 하바드Chabad 유대교회당에 들어가서 AR-15 소총으로 여성 한 명을 살해하고 그 회당의 랍비를 포함한 3명에게 부상을 입혔다.

어니스트는 이 테러 행위를 저지르기 전에 태런트와 동일한 에이트챈 포럼에 고별 게시글을 남기면서 페이스북 라이브스트림과 4300단어짜리 성명서 링크를 걸어두었다.

우연의 일치가 아니었다.

어니스트의 성명서는 크라이스트처치 총격범인 태런트를 찬

양했고, 그 학살이 자신이 범행을 저지르는 데 '촉매' 역할을 했다고 밝혔다. 그는 태런트와 비슷하게 '극도로 온라인 상태'인 밈과 콘텐츠들, 백인 출생률 감소에 대한 집착을 뒤섞으며 태런트의 수사를 그대로 따랐다. 그리고 어니스트 역시 퓨다이파이를 언급하며 그 유튜버가 자신의 '작전'에 자금을 지원했다는 거짓 주장을 펼치기도 했다. 그러니까 두 살인범 모두 트롤이기도 했던 것이다. 그리고 이들의 범죄는 트롤 커뮤니티를 상당히 의식하고서 이들에게 보란 듯이 저질러졌다.

어니스트는 뉴스 머리기사에 태런트와 똑같이 반유대교 성향의 백인우월주의자로 묘사됐다. 분명 이는 그의 범행 동기였다. 하지만 자신의 의도를 만천하에 고한 에이트챈의 게시글에서 남성우월주의적인 '빨간 알약' 운동을 언급했음에도, 언론 보도에서 여성혐오는 거의 언급되지 않았다.

그 연관성에 주목한 작가는 성별과 섹슈얼리티, 극우 성향의 교차점을 파헤쳐온 언론인 케이시 퀸란Casey Quinlan이 유일할 것 이다. 퀸란은 이렇게 적었다. "이번 유대교회당 저격범이 '빨간 알약' 운동에 대한 게시글을 올린 것은 우연이 아니다." 남부빈곤법센터의 연구분석가 키건 행크스Keegan Hankes는 퀸란에게 남성권리 운동은 '극단주의로 치닫게 만드는 데 있어서 그저 껍데기 같은 역할만 하는 게 정말 아니'라고 말했다.[33]

극악한 테러 공격이 비디오게임을 하듯 저질러졌다. 그 안에는 외부자들로서는 전혀 이해할 수 없는 규칙, 모티프, 역사, 용어들이 빼곡했고, 이로써 범인들은 자신들이 염두에 둔 커뮤니티의 정체성, 소속감, 자기 중요도를 강력하게 만들었다. 우리가 너무나 오랫동안 이런 온라인 커뮤니티를 묵살하고 낮잡아 보게 만든 바로 그 특징들이 이제는 오프라인에서 펼쳐지고 있다.

무엇보다 가장 공포스러운 것은 이기는 게 전부인 커뮤니티, 그리고 이기는 방법이 하나밖에 없는 커뮤니티에 이것이 무엇을 의미하는가다. 그것은 바로 끝없는 고조다.

한번은 답장을 쓴 적이 있다. 나를 '짜증 나고 하찮은 쌍년'이라고 부르고 가구를 내 몸 안에 밀어 넣겠다고 으름장을 놓던 남자에게. 나는 이렇게 물었다. '당신을 그렇게 불행하게 만든 게 뭔지 좀 알려줄래요?' 트롤들에게 반응을 보인다는 건 먹잇감을 던져주는 것과 다름없다는 건 물론 알고 있다. 하지만 난 아주 좋은 하루를, 씩씩한 하루를 보낸 참이었고 진짜 너무 궁금했다. 어떤 사람이 생면부지의 여자에게 이런 메시지를 보내게 만든 것이 뭔지 이해해보고 싶었다. 그리고 그가 답장을 보냈을 때 나는 그가 어떤 사람인지 조금은 알게 되었다. 그는 공수훈련을 받은 보병으로 복무하다 퇴역한 군인이었다. 여자들에게 군 복무를 허락해서, 또는 그의 표현을 따르자면 그들이 '하찮은 보지년들을 내 부대에 넣어줘서' 화가 머리 꼭대기까지 치밀었다. 그는 신앙심이 두터웠다. '전통적인 남자들에게는 역할이 있고, 전통적인 여자에게도 역할이 있다고, 하나님이 우리를 그렇게 창조한 거라고' 믿었다. 하지만 역할에 대한 정의는 막대한 권력의 불균형 위에 놓여 있었다. 그는 이렇게 썼다. '남자들은 신체적으로, 정신적으로 더 강해. 여자들은 스트레스를 받으면 남자들보다 훨씬 빨리 으스러지지.' 이유는 모르겠지만 그 중간 어딘가에서 이런 생각들이 페미니즘운동에 집요하게 독설을 퍼붓는 데 활용되었다. 그는 페미니즘운동이 '서구 사회 전체에 막대한 피해를 입히고' 있다고 말했다. 처음에 보낸 메일에서는 여성보다 무슬림 얘기를 더 많이 했지만 대화를 이어가다 보니 실은 여성혐오에 빠져 있다는 게 드러났다. 그는 '젊은 남성 인구를 여성화'하고 있다며 페미니스트들에게 분통을 터뜨렸고 우리가 '거대한 대학살'을 조장하고 있다고 경고했다.

그의 모든 말이 매노스피어와 판박이였다. 입대 기준을 낮춰서 여성의 입대를 허용함으로써 정치적 올바름에 목매는 진보적인 전사들에게 아양을 떤다는 국방부에 대한 음모론도, 전통적인 사회를 보호하지 못하는 '겁쟁이 남자들'을 향한 분노도.

하지만 무엇보다 그는 가족을 아끼는 남자였다. 그는 내게 '하나님은 남자들이 아내를 아끼고 돌보도록 창조하신 거'라고 말했다.

> 여자들은 애를 낳고 자식들을 돌보는 거야. 사랑과 조화 안에서 살아가는 게 가족이고. 이런 가족이 요즘 사회에는 거의 존재하지 않아. 나는 페미니즘운동을 싸그리 짓밟고 파괴해야 한다고 생각해. 사회에서 뿌리 뽑아야만 핵가족이 다시 자리를 잡을 수 있다고.

트롤들은 매노스피어의 십자군인지도 모른다. 위협이라고 여기는 사람은 누구든 해치울 준비가 된 독기 가득한 용병들. 하지만 매노스피어운동의 위선적인 진상을 낱낱이 드러낸다는 점에서 가장 약한 집단이기도 하다.

나와 편지를 주고받은 남성은 무슨 대가를 치르더라도 여성을 보호해야 한다고 철석같이 믿는 것 같았다. 나 같은 여자들만 빼고. 그래서 나는 답장을 쓰면서 그의 가족에 대해 물었다. 가족이 그렇게 중요하다니까. 전혀 모르는 사람이 당신 딸에게 이메일을 보내서 쌍년이라고, 씨발년이라고 부르면 어떻겠냐고 물었다. 그 후로 그는 답장을 보내지 않았다.

6

여자를
해치는
남자들

그 여자는 너보다 약해. 네 밑이야.
그년이 다시 한번 너를 건드리면 넌 그년을 병원에 보내야 해.
_맷 포니, 매노스피어 블로거, '가정폭력의 필요성'이라는 게시글에서

인셀, 픽업아티스트, 믹타우, 온라인 트롤, 남성권리운동가들이 온라인에만 있는 유별난 커뮤니티라고 생각할 수는 있다. 여자들을, 가장 빈번하게는 자기 아내와 여자친구와 가족 구성원을 학대하고 공포로 몰아넣고 스토킹하고 괴롭히고 살해하는 '오프라인'의 흔한 남자들과는 별개라고 생각할 수도 있다. 이런 남자들은 무기를 가지고 대량살상과 폭력 행위를 저지르는 사람들과는 완전히 동떨어져 있다고 생각할 수도 있다. 오산이다. 이 사안들은 서로에게 자양분이 되어주며, 그 근본 원인은 깊이 뒤얽혀 있다.

남자들은 여자들을 해친다. 이건 사실이다. 전염병 수준으로, 공중보건을 위협하는 재앙이며, 새삼스러울 것 없는 일상이다.

전 세계 여성의 1/3 이상이 인생의 한 시기에 물리적·성적 폭력(여기에는 성적 괴롭힘이 포함되지 않는다)을 경험한다. 전 세계에서 매일 137명의 여성이 가족 구성원에게 살해당한다.[1]

　여성을 상대로 한 폭력이 일상적으로 자행되는 세상이라는 맥락으로 들여다보지 않고서는 폭력적인 여성혐오 극단주의와 남성우월주의를 제대로 논의할 수 없다. 매노스피어는 이런 불평등의 징후이자 불평등을 완화하려는 시도에 맹렬히 저항하는 백래시다.

일상의 테러, 가정폭력

　우리가 이제껏 인셀, 픽업아티스트, 남성권리운동가의 수사를 통해 확인한 모든 것은 이런 반동적인 세력의 주요 목표가 대안우파를 비롯한 온라인 우월주의 집단과 마찬가지로 이성애 중심주의를 따르는 백인 남성이 통제력과 권력을 거머쥐는 이상적인 상태로 회귀하는 것임을 시사한다. 이들은 여성이 남성의 성적 쾌락과 재생산을 위해 사용되는 물건인 양 노예처럼 굽신대기를, 고분고분하고 순종적이고 말을 잘 듣기를 바란다. 그리고 이런 극단적이고 가부장적인 유토피아를 달성한다는 목표를 그 수단보다 훨씬 중요하게 여기고, 사기부터 괴롭힘, 폭행, 집단폭력에 이르기까지 물불을 가리지 않는다.

　사실 이런 매노스피어의 핵심 이데올로기는 폭력이나 학대를 통해 여성에 대한 이성애 중심적인 남성 권력과 통제력을 확립하는 수단인, 이성애 남성의 가정폭력 또는 강간의 정의와 별로 다르지 않다. 영국의 전국 단위 가정폭력 자선단체 우먼스에이드 Women's Aid는 가정폭력을 '여남의 사회적 불평등에 깊이 뿌리박힌 성적 범죄'라고 풀이하고, '가정폭력은 권력, 통제, 불평등 문제에 깊이 자리 잡고 있다'고 설명한다. 우먼스에이드에 따르면 가정폭력을 저지르는 자들은 '자신들이 원하는 바를 손에 넣고 통제력을 갖기 위해 그 일을 저지른다.' 이 모든 것이 권력과 불평등에 집착하고, 자신들을 우롱한다고 느끼는 여성을 통제하려고 폭력을 사용하는 엘리엇 로저 같은 남자들의 배경으로도 그대로 사용할 수 있는 표현이다.

남성 가해자와의 협력을 강조하면서 가정폭력을 종식시키는데 힘쓰는 영국의 자선단체 리스펙트Respect는 자신이 파트너에게 가하는 폭력이나 학대를 우려하는 사람들을 위해 익명을 보장하는 비밀전화 서비스와 웹채팅 상담 서비스를 제공한다. 리스펙트는 가해자들에게 이렇게 말한다. "학대는 그냥 일어나지 않습니다. 많은 사람이 생각하듯 통제력을 잃는 게 문제가 아니라 대개는 통제하려고 하는 당신이 문제입니다."

테러리즘이 공포를 유발함으로써 통제력과 권력을 휘두르려고 하는 수단이라면, 미시적 또는 개인적 차원에서는 정확히 가정폭력에 해당하는 설명이다.

캐나다의 작가이자 교육가, 이론가, 화이트리본캠페인 공동 설립자인 마이클 코프먼Michael Kaufman은 가정폭력을 '권력을 확립하고 유지하는 무기로, 하지만 동시에 진짜 남자가 되지 못하리라는 두려움을 처리하는 기제로' 이해하는 것이 중요하지만 그렇다고 해서 '그게 전혀 핑계가 되지는 못한다'고 말한다. 코프먼은 가정의 테러리즘과 공적인 테러리즘의 관계를 누구보다 잘 이해하는 사람이다. 그의 캠페인은 에콜폴리테크니크에서 일어난 마크 레핀Marc Lepine의 반페미니즘 테러 공격에 대한 직접적인 대응으로 1991년에 결성되었다.

1989년 12월 6일 오후, 마크 레핀은 캐나다 몬트리올의 에콜 폴리테크니크의 기계공학 수업에 들어가 그 강의실에 있던 남녀를 방 한쪽으로 몰았다. 목격자에 따르면 레핀이 남자들에게는 방을 나가라고 명령한 다음 남아 있는 여성 9명에게 자신은 '페미니즘에 맞서 싸우고' 있다면서 이렇게 선언했다. "너희는 여자고, 엔지니어가 되겠지. 너흰 다 페미니스트야. 난 페미니스트를 증오해." 그런 뒤 여성들을 향해 발포했고 6명이 숙고 3명이 다쳤다. 그러고는 학생과 교직원들을 향해 총을 쏘며 학교를 빠져나간 뒤 결국 총구를 자신에게 돌렸다. 레핀은 총 14명을 살해하고 또 다른 14명에게 상해를 입혔다.

레핀의 사례뿐 아니라 학술 연구들은 남성의 폭력과 성별 고정관념 사이에 연결고리가 있다는 코프먼의 입장에 힘을 실어준다. 가령 여성 대상 폭력에 대한 2018년의 한 연구는 '결혼, 가족, 성역할에 대한 전통적인 생각은 남성의 지배를 뒷받침한다' 그리고 '이런 가부장적인 고정관념을 가진 남자들은 여성과 자녀가 자신이 기대하던 헌신적이고 순종적인 행동을 하지 않는다며 비난할 가능성이 높고, 그 결과 적법한 사회적 통제의 한 형태로 폭력을 정당화할 수 있다'고 밝혔다.[2]

가정폭력이 가부장적인 통제력과 소유권을 행사하는 수단이라는 입장은 카일라 헤이스Kayla Hayes의 사례 같은 여러 사건을 통해 생명력을 얻은 이론이다. 열아홉 살 학생이었던 헤이스는 남자친구 세스 플러리Seth Fleury에게 헤어짐을 고했다가 '통제와 조작에 능한' 전 남자친구의 이빨에 얼굴이 물리고 아랫입술이 반쯤 뜯겼다. 헤이스는 "걔는 제 다음 남자친구를 위해서 저에게 자신의 표시를 남겨놓고 싶어 했어요"라고 말했다.[3] 이는 가해자의 입장에서 여성 파트너가 관계를 끊겠다고 위협하거나 실제로 끊을 때 가족에 대한 통제력을 되찾기 위해서 남성이 자녀를 살해하는 사례들과 대단히 유사하다.

매노스피어 구성원들은 가정 안에 질서와 규율을 세우기 위해서 여성 파트너에게 신체적·정신적 폭력을 행사하는 것에 노골적으로 찬성한다.

가령 '가정폭력의 필요성'이라는 제목의 게시물에서 맷 포니는 이렇게 주장한다.

> 계집의 면상을 후려치는 건 그냥 아프게 하려는 게 아니라 일종의 부정이다. 그건 '난 널 벌레처럼 짓밟을 수 있지만 넌 그만한 가치도 없다'고 말하는 것과 같다. 그건 그 여자가 너보다 약하다는, 네 밑이라는, 다시 한번 너를 건드리면 병원에 보낼 거라는 암묵적인 인정이다. 여자를 때 쓰는 아이처럼 상대해라. 동등한 인격이 아니라.

그렇게 가정폭력 가해자는 매노스피어 구성원들이 말하는 남성의 통제력과 권력에 대한 집착을 동일하게 직간접적으로 드러낸다. 여자들이 자기 분수를 알고 남성우월주의적인 질서를 받아들이는 사회에 대한 열망은 이렇게 폭력적인 수단을 통해 다시 고개를 든다. 이들은 본질적으로 연인관계 내에서 폭력과 공포를 이용해 틀에 박힌 전통적 성역할을 강요한다. 남성우월주의자들이 이런 성역할을 사회적 차원에서 대대적으로 강요하려는 것과 똑같이. 다시 말해서 가정폭력은 일종의 테러다. 차이가 있다면 조용하고, 공인되지 않았고, 일상적이라는 정도일 뿐.

가정폭력범은 어떻게 테러범이 되는가

가정폭력과 테러에는 다른 식의 유사성도 존재한다. 그것도 아주 경악할 수준으로. 놀랍게도(오랫동안 공인되지 않았지만, 마침내 그리고 이제야 뒤늦게 주류에서 논의되기 시작한 사실이지만) 테러범들과 대량살상범 가운데 상당수가 과거 가정폭력이나 학대 전력이 있다.

2017년 런던브리지 테러범 중 한 명인 라시드 레두안Rachid Re-douane은 아내를 신체적·정신적으로 학대해왔던 것으로 밝혀졌다.[4]

2017년 런던 국회의사당 밖에서 행인을 향해 차량을 돌진시킨 뒤 경찰 키스 팔머Keith Palmer를 칼로 찔러 숨지게 한 칼리드 마수드Khalid Masood는 과거에 한 여성의 얼굴을 가격한 적이 있었고 전 여자친구에게는 신체적 상해를 입혀서 기소되기도 했다.[5]

2016년 프랑스 니스에서 테러 공격을 자행한 모하메드 라후에유-부렐Mohamed Lahouaiej-Bouhlel은 아내를 폭행하고 학대했다고 당국에 보고됐다.[6]

2016년 미국 플로리다 올랜도의 게이클럽 펄스에서 49명을 살해하고 53명에게 상해를 입힌 테러범 오마르 마틴Omar Mateen은 아내의 경제권을 통제하고 원가족에게서 아내를 고립시켰을 뿐 아니라 수차례 구타하기도 했다.[7]

2014년 호주 시드니에서는 맨 모니스Man Monis가 18명을 억류하고 벌인 인질극으로 대치 상태가 이어지다가 결국 기습 공격으로 인질 두 명이 사망하고 4명이 부상당했다. 모리스는 과거 성폭력으로 43차례 기소되었고 가정폭력과 괴롭힘 전력이 있었다.[8]

2017년 텍사스 서덜랜드스프링스에 있는 퍼스트뱁티스트교회에서 대량총격을 벌여서 26명을 살해하고 20명에게 부상을 입힌 데빈 패트릭 켈리Devin Patrick Kelley는 아내를 발로 차고 목을 조르는 등 구타해 가정폭력으로 기소된 적이 있었다.[9]

2016년 여자친구 집의 문을 부수고 들어가서 여자친구의 목을 조른 뒤 폭행으로 체포, 기소된 에스테반 산티아고-루이스Esteban Santiago-Ruiz는 그 후 1년도 안 되어 미국 플로리다에 있는 포트로더데일-할리우드 국제공항에서 대량총격을 벌여 5명을 살해하고 다른 6명에게 부상을 입혔다.[10]

이 목록에 모든 사례가 담긴 것은 아니지만(역시 이미 상당수가 여성 대상 폭력 전력이 있는, 인셀을 다룬 챕터에서 언급한 대량살상범들은 아무도 포함되지 않았다) 미디어에서 대량살상 공격이나 테러 동기를 보도할 때 언급하지 않았더라도 여러 대량살상범과 테러리스트에게는 여성 대상 폭력 전력이 놀라울 정도로 일반적임을 엿볼 수 있다. 이런 사례는 단편적이지 않다. 2019년의 한 연구는 2011년 이후로 자행된 최소 22건의 대량총격 사건의 범인들이 가정폭력 전력이 있고, 특히 여성을 표적으로 삼았거나 여성을 스토킹하고 괴롭힌 적이 있다고 밝혔다. 이 22건의 총격 사건은 2011년부터 2019년까지 8년간 일어난 대량총격 사건의 1/3 이상을 차지한다.[11]

또한 2009년부터 2018년 사이 미국에서 일어난 대량총격 사건 관련 FBI 데이터를 분석한 총기규제 캠페인 모임인 총기안전평화마을Everytown for Gun Safety은 대량총격 사건 가운데 범인의 친밀한 파트너나 가족 구성원이 피해자에 포함된 경우가 54% 이상이라는 사실을 확인했다.[12]

페미니즘 학자들과 운동가들은 오래전부터 테러 행위와 가정폭력 사이의 연관 관계에 대해 경고의 목소리를 내왔고, 수차례 이 패턴을 지적해왔다. 뉴캐슬대학교 인문지리학 교수 레이철 페인Rachel Pain의 표현처럼 '일상의 테러(가정폭력)와 글로벌 테러는 두려움을 통해 정치적 통제력을 행사하려는 유사한 시도'다.

수년간 테러리스트들의 동기와 원인을 놓고 온갖 추측이 난무했지만, 노골적으로 명백한 연결고리(특히 FBI 데이터에 따르면 테러리스트의 96% 이상이 남성이라는 사실)는 이상하다 싶을 정도로 무시되어 왔다.[13] 주류 매체에서 대량살상범과 가정폭력 전력 간의 연결고리를 실제로 다루기 시작한 것은 2010년대 중후반부터였다. 그리고 지금도 백인 남성의 폭력 범죄는 어쩔 수 없는 '외로운 늑대'와 정신건강을 운운하는 말로 용서받고, 과소평가되고, 별개의 문제로 취급받아서, 매체들은 이런 행동을 정당화하고 설명할 그럴싸한 '이유'를 찾느라 혈안이 된다. 다른 유형의 범인(가장 눈에 띄게는 무슬림)은 180도 다르게 대우를 하면서.

이런 현상은 사건의 언론 보도 초기에 확연하게 드러난다. 2006년부터 2016년 사이에 미국에서 벌어진 모든 테러 공격 관련 데이터와 뉴스 보도를 살펴본 2017년의 한 연구는 표적의 유형과 사망자 수, 체포 여부를 통제했을 때, 무슬림 범인의 공격이 비무슬림 범인의 공격보다 평균적으로 357% 더 많이 보도된다고 밝혔다.[14] 2015년의 한 연구는 2008년부터 2012년 사이 146개 미국 네트워크 뉴스와 케이블 뉴스 프로그램을 분석해서, 뉴스에 보도되는 테러 용의자의 81%가 무슬림이라는 결론을 얻었다. 이는 해당 기간에 무슬림이 미국에서 실제로 저지른 테러 공격의 비율보다 훨씬 높은 수치였다.

언론 보도의 속성이라는 것도 존재한다. 2011년 미국의 한 미디어 연구는 "국제 테러에서는 특히 '기독교 미국'에 맞서 무슬림/아랍인/이슬람이 테러조직과 협력한다는 공포가 지배적인 반면, 국내 테러에서는 문제적 개인들이 일회성으로 일으키는 중대치 않은 위협으로 그려지는 식으로 테러 보도에는 주제별 패턴"이 있음을 보여주었다.[15]

외로운 늑대, 언론이 가해자를 호명하는 방식

2015년 미국 사우스캘리포니아 찰스턴에 있는 한 아프리카계 미국 교회에서 딜런 루프Dylann Roof가 벌인 대학살과 마틴이 올랜도에서 벌인 대학살에 대한 미디어 보도를 비교해보면 (백인이 벌인) 전자의 사건을 보도할 때는 정신건강이 3.5배 더 많이 언급되는 반면, (아랍계가 벌인) 후자의 사건에서는 '테러리스트'나 '테러리즘'이라는 단어가 약 3배 많이 사용된 것을 알 수 있다.[16]

즉 뉴스 매체들은 이미 특정 유형의 범인들을 매우 다른 방식으로 묘사하도록 편향되어 있고, 무슬림 공격자에게는 곧바로 '테러리스트'라는 꼬리표를 달면서 백인 남성에게 그런 꼬리표를 다는 건 꺼린다는 명백한 증거가 확보되어 있다. 극단주의적인 여성혐오에 뿌리를 둔 범죄들이 백인우월주의나 극우 이데올로기의 이름으로 자행된 범죄와 비교했을 때 '테러' 사건으로 심각하게 여겨질 가능성이 현저히 낮다는 사실을 제외하고도 말이다.

이런 보도는 사법제도가 극단주의 성향의 폭력범들을 대우하는 방식이 거울처럼 반사된 것이다(그리고 이 반사는 쌍방향으로 일어난다). 시위 군중을 향해 차를 몰았던 제임스 알렉스 필즈 주니어는 테러범이 아닌 연방 증오범죄로 기소되었다.[17] FBI 수사관들이 (손과 손가락에 심한 부상을 입고 찾아간 병원에서 예초기 때문에 다쳤다고 주장한) 콜 카리니의 집에서 '핫한 치어리더들'의 '영웅적인' 학살을 언급하는 메모와 함께 폭탄 제조 물질을 찾아냈지만 카리니는 이 글을 쓰는 시점에 FBI 수사관들한테 거짓말을 한 범죄로만 기소되었다.[18] (2021년 7월 판결문에서는 미등록 폭발물을 소지·제조한 혐의로 84개월 징역형을 선고받았다.) 2001년 9·11테러 이후 미국 언방의 기소를 분석한 2019년의 한 연구는 '극우주의자들이 벌인 것으로 보이는 범죄가 국내 테러리즘의 법률적 정의(인간의 생명에 해롭고, 민간인을 겁박하고 정책에 영향을 미치거나 정부 시책에 변화를 주려는 의도를 가진 이데올로기가 동기로 작용한 행위라는)에 부합하는 경우에도, 법무부가 이들을 테러로 기소하지 않는 경우가 비일비재했다'는 결론을 내렸다.[19] 논평가들은 이런 확연한 누락이 국내 테러를 다루는 미국법이 부재한데서 비롯된다고 지적한다. 하지만 누구를 테러리스트로 보고 누구는 그렇게 보지 않을 것인가에 대한 대중의 생각에 영향을 미치는 것은 법적인 장애물만이 아니다. 가령 2020년 도널드 트럼프는 주지사들과의 전화 통화에서 조지 플로이드의 사망 이후 미국을 휩쓴 흑인의 생명도 소중하다 시위 참여자들을 '테러리스트들'이라고 표현했다.[20]

대규모 폭력 사건에 대한 미디어의 보도 역시 마찬가지로 문제가 있다. 브렌턴 태런트가 크라이스트처치 총격을 자행한 뒤 《데일리미러》는 1면에 볼이 발그레한 미취학 아동 시절 태런트의 사진을 박아넣고 '사악한 극우 남자 살인자로 자라난 천사 같은 소년'이라는 제목을 달았다. 이어지는 기사는 그를 '아이들을 위해 무료 운동 프로그램을 운영하는 호감 가고 열성적인 개인

트레이너'로 묘사했다.[21] 또한 기사는 태런트의 선언문 일부를 그대로 실었는데 거기에는 '나는 평범한 가정에서 자란 평범한 백인 남자다. 그저 우리 민족의 미래를 확실히 보장하려고 일어선 것뿐이다'라는 태런트 본인의 인물 설명이 들어 있었다.[22]

《데일리메일》의 한 기사는 "크라이스트처치 테러범의 할머니는 그가 '착한 소년'이었다고 말했다"고 전하기도 했다.[23]

이런 머리기사는 2017년 맨체스터 아레나 폭탄 테러 같은 무슬림이 저지른 테러 공격에 대한 영국 타블로이드지의 보도와 선명하게 대비된다. 이 사건에 대한 《데일리익스프레스》의 머리기사는 '믿을 수 없는 악마. 지하드의 야만인이 어떻게 우리의 아름답고 무고한 아이들을 살해할 수 있었나?'였다. 《더선》도 '악마 그 자체'라며 거들었다.

2017년 대런 오즈번Darren Osborne이 런던 핀스버리파크 모스크 밖에 있던 신도들에게 테러 공격을 저질러서 한 명이 사망하고 최소한 9명이 부상당한 사건을 보도한 내용과 위의 대응을 비교해보라. 《타임스》의 머리기사는 "무직의 '외로운 늑대'가 모스크를 공격했다"였다. 《더선》은 마치 이 공격이 진짜로 일어났는지 확실하지 않다는 듯 "모스크 '공격'"이라고 썼다. 《데일리메일》의 한 기사는 테러 공격을 보도하면서 이 모스크를 이슬람 극단주의와 연결시키려는 머리기사를 뽑기도 했다. '흰 밴 운전자가 무슬림의 저녁 기도 시간 후에 (이슬람 극단주의자인) 증오의 성직자 아부 함자가 연설한 적 있는 런던 핀스버리파크 모스크 밖에 있던 군중을 향해 차를 몰아서 최소한 10명에게 부상을 입히다.'

특히 극단주의적인 여성혐오의 이름으로 살인을 저지르는 남성의 경우 동기는 거의 주목받지 못하고 머리기사에서도 제대로 언급되지 않는다. 코프먼은 "그들이 폭력을 자행할 때도 '테러'라는 단어를 가지고 그들의 행동을 설명하지 않는 건 확실하다"고 말한다.

가령 인셀과 남성우월주의 이데올로기의 이름으로 살인을 저지른 대량살상범 중 아마도 가장 유명인일 로저를 보도한 매체들의 언어를 생각해보자. 그가 여성혐오 대학살을 벌이고 일주일이 조금 지난 시점에 4명의 남성이 함께 작성해서 《뉴욕타임스》에 발표한 로저 사건 개요의 제목은 '한순간의 치명적인 총격전이 있기 전, 8세부터 문제 겪어'였고, 여기에는 15학년 시절 천사 같은 로저의 세피아 빛 사진이 곁들여 있었다.[24] 그의 지인들이 한 일련의 인터뷰에서 로저는 '외로운' '내향적인' '감정적으로 문제가 있는' '똑똑한' '호감을 산' '아주 순결하고 조심스럽게 말하는' 인물 등 다양하게 묘사되었다. 그가 다니던 학교의 교장은 '그가 한 번도 목소리를 높인 적이 없었다'고 전했다. 교사들은 그를 '우리 엘리엇'이라는 애칭으로 여러 차례 불렀는데, 기사에서 이 문구는 세 번이나 반복해서 인용되었다. 기사는 로저가 괴롭힘당했던 경험에 대대적으로 집중하면서 그를 피해자로 그렸다. 그러면서 그가 '쉽게 이용당했'거나 '모종의 사기에 손쉬운 표적'이 되었을지 모른다는 부모들의 우려를 인용하고, 로저의 선언문 일부를 그대로 전했다. 신문에 고스란히 실린 선언문에서 로저는 학교 급우들이 자신에게 음식을 집어 던졌다고 설명하면서 이렇게 묻는다. '어떤 끔찍하고 타락한 사람들이 이제 겨우 고등학교에 들어간, 자기보다 더 어린 소년을 조롱한단 말인가?'

로저의 선언문, 그것도 특히 학교에서 자신이 피해를 입었다고 주장하는 사건을 설명하는 부분은 대대적으로 인용되었지만,

그 안에 있던 버거울 정도로 세세한 여성혐오적 내용에 대한 언급은 아주 제한적이었다. 그가 여성을 '야수들' '비틀리고 그릇된' '궁극의 악'으로 묘사한 부분이나, 여성의 모든 권리를 박탈해야 하고, 그들이 누구와 '짝짓거나 번식할지'를 정하는 건 남자여야 한다는 선언에 대한 인용은 전혀 없었다. '인간 여자보다 더 사악하고 타락한 존재는 없다'는 주장도 전혀 보도되지 않았다.

기사 중에 로저가 다양한 매노스피어 웹사이트와 관련이 있음을 지적한 것이 있긴 했다. 여성혐오 성향이 급진화된 이 시기를 '인터넷 속으로 도피한' 시기로 완곡하게 언급하고 그가 방문했던 극단주의 웹사이트들을 '성적으로 좌절당한 젊은 남자들'의 중추 같은 곳이라고 불렀지만 말이다. 그가 온라인에 올린 일부 게시물을 그대로 인용하면서도 '눈에 띄는 모든 버르장머리 없고 거만한 금발 잡년들을 모조리 살육할' 생각이라는 말과 '너희 모두를 살육하는 데서 큰 기쁨을 얻는다'는 표현처럼 여성에게 노골적으로 말하는 영상에 대해서는 함구했다.

기사는 '테러' '극단주의' '여성혐오' '성차별주의' 같은 단어는 일절 사용하지 않고 해당 대량살상범이 미래의 매노스피어 살인자들에게 영웅으로 칭송받고 결집의 계기가 될 매우 상세한 그림을 그려냈다.

펜실베이니아의 살해범 조지 소디니에 대한 《뉴욕타임스》의 한 기사는 '블로그가 저격범의 좌절을 세세하게 드러내다'라는 완곡한 제목을 달고 그가 '외로움 때문에 괴로워했다'는 설명으로 시작한다. 이 기사를 작성한 남성은 기사에 사망한 여성들의 이름 외에 어떤 자세한 정보도 덧붙이지 않고는 소디니가 '친절했고 … 나쁜 사람 같지는 않았다'는 이웃의 말을 인용했다.[25]

이런 기사들, 인셀과 남성우월주의 살인범들을 극단주의자나 테러리스트라는 언급을 하지 않고 보도하는 숱한 기사들과 이런 공격이 자행된 나라의 테러리즘에 관한 공식적인 정의와 비교해보면 유익한 정보를 얻을 수 있다.

미국에서는 미국법전 22편 38장 2656f에 테러리즘을 '국가보다 작은 집단이나 비밀요원들이 정치적 동기를 가지고 비전투 표적을 상대로 자행한 계획된 폭력 행위'라고 정의하고 있다.

영국에서 테러리즘의 법적인 정의는 2000년 테러리즘법 1절에 나와 있다. 여기서 테러리즘은 정치적·종교적·이데올로기적 목적으로 정부나 국제 정부조직에 영향을 미치거나, 대중 또는 일부 대중을 위협하기 위해 계획된 행동을 하는 것 또는 행동을 하겠다고 위협하는 것으로 정의된다. 이 행동 또는 행동을 하겠다는 위협에는 사람에 대한 심각한 폭력, 재산에 대한 심각한 피해, 인명을 위협하거나 공중의 건강 또는 안전에 심각한 위험을 초래하거나 전자 시스템을 방해 또는 심각하게 교란하겠다는 의도가 포함되어야 한다.

캐나다에서는 '테러리즘 활동'의 정의에 두 가지 핵심 의도로 자행된 행동 또는 부작위가 포함된다. 첫째, 피고에게 '정치적·종교적·이데올로기적 목적, 목표, 이유'가 있어야 한다. 둘째, '안전의 측면에서 대중 또는 일부 대중'을 위협하거나, 정부나 어떤 조직이 '어떤 일을 하거나 하지 못하게' 강제할 의도가 있어야 한다. 또한 문제의 행동이 사망 혹은 심각한 부상을 유발하거나, 인명을 위험에 빠뜨리거나, 대중(또는 일부 대중)의 안전을 심각하게 위태롭게 만들어야 한다.

테러리즘이라는 표현, 그리고 그 표현이 가진 장점과 한계에 대해서는 복잡하고 섬세한 논의가 필요하지만, 위 정의들을 따랐을 때 이 책에서 설명한 수많은 범인과 이들의 행위는 테러리스트와 테러리즘으로 표현해도 부족함이 없다. 하지만 인셀이 여성혐오라는 동기로 공격하거나 살인을 저지른 사건에서 당국이 테러리즘 기소를 꺼내든 사례는 단 한 번, 애슐리 노엘 아르자가의 살인사건뿐이었다. 여성혐오 범죄를 계속 테러리즘으로 기소하지 못하고 있다는 사실은 다음 세 가지를 분명하게 보여주는 증거다. 첫째, 우리 사회는 여성혐오가 동기로 작용하는 폭력적인 극단주의를 아직 심각하게 여기지 않는다. 둘째, 사회 전반적으로 여성을 대상으로 자행되는 폭력에 둔감하다. 셋째, 남성우월주의 온라인 커뮤니티의 규모에 대한 인식이 부족하다.

남성우월주의적인 행동이 테러리즘의 범주에 들어갈 정도가 아니라고 주장하는 사람이 있다면, 일반적으로 정치적·이데올로기적·종교적·사회적 목표를 달성하기 위해 폭력 행위를 지원 또는 자행하는 것으로 정의되는 폭력적 극단주의와 밀접한 관련이 있으나 독립적인 범주라는 것을 고려해볼 필요가 있다. 이 용어가 위에서 언급한 숱한 사건들을 정확하게 포괄함에도 역시 여성혐오 극단주의의 이름으로 행동하는 남자들에게는 거의 적용되지 않는다.

미디어가 이런 사건들을 어떤 프레임으로 보도하느냐는 매우 중요하다. 어떤 공격을 테러리즘이라는 프레임으로 보도할 경우, 여론에 영향을 미쳐 테러리즘 방지 활동 기금이나 다양한 정부의 활동과 정책에 대한 지지 같은 개인의 정치적 입장에도 영향을 미친다는 것을 방증하는 사례가 여러 번 있었다.[26] 이러한 여론의 동요는 결과적으로 정치인의 우선순위와 활동에 영향을 미치거나, 특정 집단의 인식에 영향을 줄 수 있다. 그래서 뉴스 미디어가 백인 남성 테러리스트들을 축소하고 순화해서 묘사한다면, 누가 봐도 뻔한 극단주의적 여성혐오 공격을 제대로 정의하지 않고 폭력적인 여성혐오를 테러의 한 형태로 언급하지 않는다면, 이런 이데올로기와 폭력이 사회에서 정상으로 취급받는 데 한몫하는 것이다. 정부가 이런 문제에 솜방망이 정책으로 대응하는 상황 역시 이를 강화하는 것이다.

그 여자를 죽인 이유가 있겠지

인셀의 대량살상 사건에 대한 보도 행태가 다른 유사 범죄와 크게 다른 것은 주류 미디어의 두 가지 맹점이 중첩되기 때문이다. 첫 번째는 무슬림이나 비백인 살인범은 호들갑스럽게 테러리스트로 규정하는 데 반해 백인 살인범은 어떻게든 테러리스트로 규정하지 않으려는 미디어의 태도고, 두 번째는 일반적으로 (특히) 가정폭력을 포함해서, 여성에게 폭력을 행사하는 남성을 대수롭지 않게 여기고, 용서하고, 인간미를 강조하려는 미디어의 태도다.

이것의 효과는 가정폭력 가해자의 행위에 공감할 만한 동기가 있다는 보도를 통해 달성될 때가 많다. 이런 유의 보도는 피해자가 어떤 식으로든 맞을 짓을 했다고 암시함으로써 은연중에 피해자에게 책임을 전가한다.

이런 식의 머리기사가 대표적이다. "바비큐 해주던 아빠 '아내의 불륜 때문에 6명 살인'." 이 머리기사는 '바비큐 해주던 아빠'에게 인간미를 부여하는 동시에 대량살상을 아내의 부정한 행실에 연결시킨다. 이런 머리기사도 있다. "아내가 페니스 크기와 레즈비언 밀회를 놓고 입방아를 찧자 '신랑이 살인을 저질러'." 또 다른 머리기사는 이런 식이다. '질투에 눈이 멀어 두 명을 살해한 남편에게 종신형.' 텍사스 산타페의 한 학교에서 대량총기 난사 사건이 벌어진 뒤 한 머리기사는 이렇게 부르짖었다. '피해자의 어머니, 퇴짜 맞은 고백이 텍사스학교 총기 난사 사건을 일으켰다고 말해.' (사실 이 머리기사는 그 자체로 인셀 이데올로기에 그대로 놀아나는 내용이다.) 그리고 이 장을 쓰는 동안 내 트위터 피드에 이런 뉴스 기사가 떠올랐다. "공처가 남편이 자신의 발기부전을 놓고 '맥 빠지고 쓸모없다'고 몰아세운 아내를 살해."

자신의 두 자녀를 칼로 찔러 숨지게 한 남자에 대한 어떤 기사는 그를 아내가 떠나고 난 뒤 '비탄에 빠지고' '상심한' '버림받은 아버지'라고 묘사했다. 남성권리운동 블로그들이 반색할 머리기사다.

2019년 아내와 두 자녀를 구타하고 칼로 찔러 숨지게 한 웨일스의 한 남성에 대한 기사에는 그가 '아내의 휴대폰에서 다른 남자들이 보낸 문자 메시지를 보기 전까지는 폭력적인 남자가 아니었다'는 살해범의 누이가 한 말이 그대로 인용되어 있다. 히지민 해당 기사도 인정하듯 실제로 그 남자는 아내를 장기간 폭행했다는 이유로 2013년에 징역형을 받은 전력이 있었다.[27] 담당 검시관은 이 살해범의 '마음에 악귀가' 들어 있었다며(정신질환에 대한 언급은 없었다), 과거에 가정폭력으로 수감된 적이 있었는데도 '누구도 무슨 일이 일어날지 예상하지 못했다' '이 비극을 예방하기 위해 누군가 개입할 만큼의 명백한 위협은 전혀 없었다'고 말했다.

2016년 7월 랜스 하트Lance Hart라는 한 남성이 영국 링컨셔 스폴딩에서 아내 클레어와 열아홉 살 된 딸 샬럿을 살해했다. 언론에서 보도된 내용 외에는 해당 사건을 개인적으로 전혀 알지 못하는 한 남성 필자는 기사에서 이렇게 말했다.

> 물론 이런 남자들의 동기가 배우자를 혼내주고 싶은 욕구와 분노일 때가 종종 있다. 하지만 복수를 위해 파트너를 살해하는 것은 이해할 수 있다 해도, (무너진 결혼에서 무고한 제삼자인) 자기 자녀를 살해하는 건 아주 다른 문제다. 나는 그게 뒤틀린 애정 행위일 때가 많다고 믿는다. 이런 남자들은 어리석게도 자기들이 엄청난 인생의 위기를 겪고 있어서 자녀가 죽는 게 차라리 더 낫다고 믿었을 것이므로.[28]

아내를 살해한 남자에게 '이해할 수 있다'는 말을 사용하고, 자기 아이를 살해하는 행동을 '애정 행위'라고 표현하는 것은 가정 폭력에 대한 뉴스 보도가 피해자 탓하기로 얼마나 치우쳤는지를 보여주는 진단서다. 그리고 '무고한' 자녀를 살해하는 것은 배우자를 살해하는 것과 '아주 다른 문제'라는 말은 부분적으로 아내 클레어에게 책임을 뒤집어씌움으로써 살인의 책임 소재를 불명확하게 만들었다. 다른 영국 신문들은 남편 하트가 무너진 결혼을 감내하느라 '발버둥'쳤다는 점에 주목하면서 동정 어린 시선을 보냈다. 《데일리메일》은 그가 '항상 다정'했다고 한 지인들의 말을 인용했고 《텔레그래프》는 하트가 '아주, 아주 좋은 남자'였다고 설명한 이웃들의 증언을 싣는 것도 모자라서 하트의 DIY 능력에 대한 쓸데없는 정보까지 미주알고주알 늘어놓았다. 언론 보도는 무엇이 하트로 하여금 아내와 딸을 살해하도록 '만들었는지' 저마다 억측을 이어갔다.

사건 당시 모두 해외에 있었던 샬럿의 오빠 루크와 라이언은 이후 인터뷰에서 누이와 어머니를 '강아지라면 사족을 못 쓰는' '이타적이고 사랑 넘치는' 동물 애호가라고 묘사했다. 스포츠광이었던 샬럿은 승마를 좋아했고 노인 대상 자원봉사를 했다. 클레어는 자녀들에게 살뜰했고 직접 채소를 키워서 먹는 걸 좋아했다. 하트의 DIY 능력과 좋은 성품에 대해 열변을 토했던 주류 미디어들은 샬럿과 클레어에 대한 이런 세세한 이야기는 전혀 보도하지 않았다.

어머니와 누이가 세상을 떠난 뒤 루크와 라이언은 중요한 연결고리를 알아챘다. 이들은 언론이 아버지에게 무심결에 공감을 보내는 데 충격을 받고서 언론 보도에서 가정폭력이 묘사되는 방식이 바로 애당초 아버지가 그렇게 오랫동안 가정폭력을 저지르고도 무사할 수 있었던 이유라는 사실을 차츰 알게 되었다. 루크와 라이언은 이메일을 통해 내게 말했다. '언론이 가정폭력에 잘못된 이미지를 뒤집어씌웠기 때문에 우리가 가정폭력이 무엇인지 제대로 파악하지 못했던 거예요.' 소년 시절 루크와 라이언은 아버지의 행동이 일상화되면서 그에 억눌려 있었기 때문에 그게 가정폭력이라고 생각할 수 없었고, 고립감과 무력감에 시달렸다.

이들이 자신의 유년기와 아버지와의 관계를 설명한 대목 역시 가정폭력과 남성우월주의적인 매노스피어 이데올로기 사이에 공통분모가 있음을 적나라하게 보여준다.

> 아버지는 고정관념을 확고하게 믿는 사람이었어요. 우리가 모두 자기한테 복종하고 자신을 위해 움직이기를 바랐죠. 남자는 가족 안에서 권력을 갖는 게 당연하다고 믿었어요. 가족이 소유한 건 모두 자기 거로

생각했고, 우리가 거기서 지낼 수 있도록 해준 관대한 자신에게 우리가 고마워해야 한다고 믿었죠.

형제는 진지하고 신랄한 태도로 아버지의 가부장적인 신념체계를 설명하며, 토요일 밤에 집을 나가서 다른 남자들과 술집에서 어울리는 대신 집에서 어머니와 누이와 함께 지내는 편을 더 좋아했던 라이언을 아버지가 못마땅해하며 화를 냈다는 예를 들었다. 이들은 아버지가 강한 성격에 자신감이 넘치고 고집이 있는 샬럿을 '불편해'했고, 샬럿이 공손한 성격의 남자친구와 대등하면서도 애정 어린 관계를 유지하는 것에 '혼란스러워'했다고 지적했다. 루크와 라이언은 아내나 자녀가 자신의 말에 따르지 않으면 아버지는 '굴욕감, 무력감, 심지어는 거세된 기분'을 느끼는 것 같았고, 아버지의 자부심이 가족 위에 군림하는 데 불가분하게, 또 위험하게 연결되어 있었다고 말했다.

또한 루크와 라이언은 범인이 정신질환을 앓았거나 자신에 대한 통제력을 잃었던 게 틀림없다고 암시하는 언론의 해로운 보도 행태와(이들은 자신의 아버지가 범행 20분 전에 주차권을 구입했고, 살인을 저지르기 몇 주 전부터 메모를 작성해서 남겨놓았다고 지적했다) 주변 인물들에게서 동정심을 끌어낸 인터뷰들을 보도하는 잘못된 행태를 날카롭게 꼬집었다.

> 아버지는 자신을 통제하지 못한 게 아니었어요. 우리가 자기에게서 벗어나서 우리에 대한 완전한 통제력을 잃었던 거죠. 그 통제력을 되찾으려고 우리를 살해해야 했던 거예요. 아버지가 이웃과 외부인들에게 '좋은 남자'로 여겨졌던 건 아버지가 자신이 학대했던 사람들을 어느 정도

로 통제했는지를 보여주는 거였어요. 우리에 대한 통제가 아버지의 세계관에서 핵심이었죠.

앞서 언급했던 사례에 등장하는 검시관의 인터뷰가 보여주듯이 문제는 비단 미디어에 국한되지 않는다. 그럴 만한 이유가 있었던, 또는 '괴로워하던' 가해자라는 개념은 사법제도와 그 외 여러 곳에서 반복적으로 불쑥 튀어나온다. 2019년 여자친구의 얼굴을 가격하고, 여자친구를 깨물고, 손가락을 뒤로 꺾은 스물네 살의 알렉산더 헤븐스Alexander Heavens는 친밀한 관계에서 상대를 통제하고 억압하는 행동을 했다는 걸 인정하고 나서 징역형을 면했다. 판사는 헤븐스에게 "모든 사람에게는 두 번째 기회가 있어야 한다"고 말하면서 "바다에는 물고기가 아주 많으니 그 여자는 잊으라"고 조언했다.[29] 가정폭력범의 재범률이 극히 높다는 점을 감안했을 때 어쩌면 헤븐스는 아예 다른 '물고기'를 잡지 않는 게 더 나을 수 있다.

그러니까 남성의 폭력을 그리는 주류 언론의 시각, 그리고 남성의 폭력에 대한 사회 전반의 기울어진 태도는 참혹한 피해를 유발할 위험이 있다. 가정폭력을 저지르는 남성에게 동정 어린 시선을 보내는 것은 가정폭력을 용납하고 일상적인 일로 취급하는 것과 다름없으며 이는 극단주의적인 온라인 커뮤니티의 불길에 기름을 붓는 결과를 낳는다. 그리고 우리가 대량살상 공격과 과거의 가정폭력 기소 전력과의 관계를 의도적으로 무시하는 한 중대한 경고신호를 계속 외면하는 꼴이 된다.

살인범이 노골적인 여성혐오의 이름으로 살인을 저지를 때도, 선언문에서 대놓고 여성혐오를 부르짖거나 피해자의 면전에서 여성혐오적인 표현을 악다구니 쓰며 내뱉을 때도 우리는 여전히 딴전을 피우며 다른 이유를 찾으려 할 것이다. 1991년 전직 무역 선원 조지 헨나드George Hennard가 대학살을 저지른 뒤 《피플》에 이 례적인 기사가 실렸다. 둘째 단락에는 이렇게 적혀 있었다.

> 그는 무정할 정도로 효율적으로 그 식당을 스토킹했고 살해 대상을 골랐다. 대부분이 여성이었다. '킬린과 벨턴의 모든 여자는 독사들이다. 니네가 나와 내 가족에게 한 짓을 좀 봐라.' 헨나드는 이렇게 소리치며 차분히 처형을 감행했는데, 대부분 머리에 바로 총구를 대고 한 방에 해치웠다.

기사는 뒤에서 헨나드가 '여성혐오로 유명'했고, 한 동료 앞에서 살인에 대해 '큰 소리로 호기심을 드러냈'다고 말했다. 동료 부바 호킨스는 "헨나드가 벨턴의 몇몇 사람과 자기에게 문제를 일으킨 특정 여성들에 대해 말했어요. 그러고는 계속 '나를 지켜봐, 지켜보라고' 하더라고요"라고 말했다.

기사는 헨나드가 두 명의 젊은 여성을 스토킹하면서 이들에게 다음의 편지를 보냈다고 전했다. '제발 언젠가 나한테 저 대단한 하얀 암컷 독사들 앞에서 웃을 수 있는 만족감을 선물해줘.' 기사는 그의 예전 하우스메이트가 한 말을 인용하기도 했다. "헨나드는 여자들을 뱀이라고 말했어요…. 항상 여자에 대해 험담을 했죠, 특히 어머니하고 싸운 뒤엔." 기사는 총격 전날 밤 한 식당에서 헨나드가 마지막으로 식사를 하다가 텔레비전에 어니타 힐 Anita Hill◆의 인터뷰가 나오자 악을 쓰는 모습을 목격한 사람의 말도 전했다. "고함을 치기 시작했어요. '이 멍청한 쌍년! 너 같은 망할년이 모든 여자한테 빌미를 준 거야!'라고요."

그런 뒤 기사는 이런 결론을 내렸다. '그렇지만 조지 헨나드 주니어의 미스터리는 지속된다.' 기사는 한 생존자의 말로 마무리된다. '그 일이 왜 일어났는지는 아무도 몰라요. 그리고 대답은 영영 못 찾을 거 같아요.'[30]

우리가 가정폭력을 진지하게 여겼더라면 어땠을까. 그런 남자들을 엄벌하고, 길거리에서 몰아내고, 아니면 최소한 일부 국가에서 이런 남자들이 총기에 접근하지 못하도록 법안을 개선했더라면 어땠을까. 여성은 늘 조용히 노래하는 탄광의 카나리아와 같았다. 하지만 우리는 여성이 남성의 손에 죽는 모습에 워낙 익숙해서, 그걸 정상적이라고, '이해할 만하다'고 정당화하고 변호하는 행태에 워낙 익숙해서 이런 일탈 행위가 아무리 벌어져도 경종을 울려야 한다고 생각하지 못한다. 그래서 여자들은 찍소리도 못 내고 고통받고 죽어나간다. 그 과정에서 며칠에 한 번, 몇 주에 한 번, 몇 달에 한 번, 남자들(또는 보통 그렇게 표현하듯 '사람들') 역시 죽는다. 우리는 그런 상황이 되어서야 소리치며 대응한다.

♦ 1991년 미국 연방대법관 인준 청문회에서 당시 대법관 후보이자 자신의 상사였던 클래런스 토머스의 성적 괴롭힘을 공개 증언한 흑인 여성 변호사이자 교수. 클래런스 토머스는 종신 연방대법관으로 인준되었지만, 힐의 공개 증언의 영향으로 성적 괴롭힘(Sexual harassment)이라는 용어가 미국 내에 정착했으며, 이에 대한 전 국민적인 논의를 촉발시켰다.

7

다른 남자를
착취하는
남자들

"아 지겨워… 니네 문제는 딴 데 가서 징징대라고."
_폴 엘람, 남성권리운동가,
'고난에 빠진 남자들에 대한 공개 대응'이라는 제목의 블로그 글에서 대중에 잘 알려지지 않은 온라인 커뮤니티들이 어떻게 주류의 의식에 침투하게 되었는지 궁금하다면 인터넷과 현실의 간극에 다리를 놓는 인물들에 주목해야 한다. 한쪽 다리는 포럼, 서브레딧, 챈 같은 암흑 속에 걸쳐두고 다른 쪽 다리는 미디어 플랫폼, 정치적 영향력, 황금 시간대 TV 프로그램 같은 견고한 지면을 단단히 딛고 선 그런 인물들을 말이다.

전략대화연구소의 프로젝트 관리자 제이컵 데이비는 이렇게 말한다.

> 극우에게서 이런 주류화 기법이 확인되고 있습니다. 사람들이 쉽게 받아들일 수 있고 더 용인 가능해 보이도록 이데올로기를 건전해 보이게 만들어서 제시할 수 있는 중요 인물들을 더 많이 확보하는 거죠. 이런

방법은 소외된 사람들이 이 이데올로기를 더 많이 흡수할 수 있게 문을 활짝 열어줄 수 있죠.

하지만 분열과 두려움, 증오심이란 화물을 성공적으로 밀반입하려면 섬세한 균형 잡기가 필수다. 변두리의 인터넷 극단주의 트렌드를 공중파와 우리의 안방으로 소개하는 걸 거드는 남자들은 트롤과 매노스피어 구성원들과 주파수가 맞는 핵심 이데올로기를 건드리며 온라인 커뮤니티에 매여 사는 사람들에게도 매력을 발휘해야 하지만, 동시에 이런 메시지를 대중에게 타당한 (인기가 없다 해도) 의견이자 '합리적인' 토론이라는 외피로 포장해야 한다. 요컨대 아군에게 신호를 보내는 수사적인 표현, 암호화된 언어, 그리고 때로는 노골적인 자기모순이 요구된다.

이런 남성들 가운데는 자기들이 누구에게 어필하는지도 모른 채 매노스피어 커뮤니티에서 주도하는 트렌드를 그저 이용하기만 하는 사람도 있지만, 이보다 의도적으로 특정 집단에 호소하겠다는 결정을 내리는 사람도 있다. 도널드 트럼프, 그리고 그의 고문이자 전직 수석 전략가인 스티브 배넌 같은 정치인들에게는 대안우파와 매노스피어 커뮤니티에 신호를 보내는 행동으로 얻을 수 있는 이익이 있었다. 민주당 소속 미국 시민이자 유색인종 여성 의원 4명에게 그들의 출신 국가로 '돌아가라'고 한 트럼프의 조롱 섞인 발언은 극단주의 사이트를 들락거리는 대중으로부터 열렬한 박수갈채를 받았다.[1] 하지만 더 주류에 가까운 잠재적 지지 기반을 소외시키지 않으려면 거부감을 완충할 수 있는 장치역시 필요한데, 이는 공식적으로는 인종주의와 백인우월주의를 거부하면서도 이와는 완전히 딴판인 메시지를 발언하는 모순적

인 행동을 통해 달성할 수 있다.[2]

그들이 남성성을 수호하는 이유

매노스피어의 보병들이 우상화하고, 인용하고, 지지하는 그 외 주요 인사들의 입장에서는 이런 커뮤니티들을 (진심으로든 연기로든) 경멸하는 태도를 유지하면서도 이들의 공감과 충성심을 꾸준히 확보하는 것이 금전적으로 대단히 남는 장사이기도 하다.

"지금은 나를 '픽업아티스트'라고 여기지 않는다"고 말한 다리우시 발리자데는 2019년 자신의 종교적 각성에 대한 순회연설을 시작했지만, 한편으로는 자신의 책 《데이 뱅 게임: 매력적인 여성을 만나고, 끌어들이고, 데이트하는 방법Day Bang, Game: How to Meet, Attract and Date Attractive Women》과 《루시가 한 최고의 말The Best of Roosh》('내가 가벼운 성관계를 강렬히 추구하던 시절에 얻은 모든 교훈을 담고 있다')로 떼돈을 벌고 있다. 발리자데는 아무래도 시선을 의식했는지 이후 이 책들을 판매 목록에서 빼버렸다. 그리고 대안우파의 우상 마일로 야노폴로스 역시, 유출된 이메일을 통해 대안우파 쪽의 신나치주의와 백인우월주의 인사들에게 자신이 《브레이트바트》에 기고한 글에 대한 의견과 피드백을 수차례 간청한 것이 드러났음에도 이런 주장을 펼친다. '요즘 말하는 그 대안우파라면… 나는 아무런 관련이 없고, 전혀 좋아하지도 않으며, 그들과 관계를 맺는 데도 전혀 흥미가 없다.'[3] 그다음으로는 픽업아트의 창시자 중 한 명인 로스 제프리스가 있다. 그는 자신의 웹사이트에 '더 핫하고 섹시한 여자를 만나서 잠자리를 하라'라는 헤드카피를 달아놓고는 기자들에게 진지하게 이야기한다. "나는 인간으로, 남자로 성숙해졌어요. 난 이제 마케팅에는 관심 없어요…. 그런 식의 메시지가 지금의 나라는 인간과 조응하지 않은 지 좀 됐죠."[4]

이들의 부인은 야노폴로스의 다음 주장만큼이나 믿기 힘들다. 야노폴로스는 2016년 어느 밤 댈러스의 한 가라오케에서 〈아메리카 더 뷰티풀America the Beautiful〉을 목 놓아 불렀을 때, 유명 백인 민족주의자 리처드 B. 스펜서Richard B. Spencer와 다른 사람들이 코앞에서 나치식 경례를 하는 모습을 '심각한 근시' 때문에 보지 못했다고 주장한 바 있다.[5]

이런저런 경로를 거쳐 매노스피어 커뮤니티와 포럼에 오게 된 남자들 가운데는 힘든 여건 속에서 도움의 손길을 구하고 있는 취약한 이가 많다. 이런 커뮤니티를 이끄는 남자들, 그러니까 이 '우상'들은 이들이 꿈에도 생각해보지 못한 구원과 성공, 승리를 약속한다. 하지만 실상을 보면 이런 우상 같은 존재들은 추종자들의 실제적인 필요나, 심지어는 자기들이 주장하는 대의의 성공보다 자신의 명성과 이득에 훨씬 관심이 많다.

'남자들을 위한 목소리', 즉 AVFM을 만든 폴 엘람을 예로 들어보자. 그는 '수백만을 아울러야 하는 대의'에 충분한 재정적 지원을 하지 않는다며 독자들을 질책하고 비난하는 게시물을 규칙적으로 올린다. 웹사이트 방문자들이 죄책감을 느껴서 쌈짓돈을 꺼내게 만드는 한 가지 전략은 몇 푼 안 되는 실업급여 중에서 100달러를 고귀한 대의에 희사한 추종자들을 치하하는 것이다. 전에는 충직한 추종자들이 AVFM에 기부한 돈이 기술 플랫폼, 서버, 저작권 비용으로 들어간다고 말해놓고, 결국 12만 달러로 추정되는 이 사이트의 연간 소득 중 특정할 수 없는 돈이 자기 주머니로 들어갔다고 마지못해 인정한 엘람의 행태를 생각하면 어처구니가 없는 일이다.[6] 투명성 같은 건 전혀 기대할 수 없는 상황에서(엘람은 한 블로그 게시물에서 'AVFM은 자선단체가 아니므로 그 재정 기록은 공문서가 아니'라고 주장했다) 지지자들은 '물론 사적인 금전 취득이 이곳의 목적이었던 적은 한 번도 없다'는 엘람의 미심쩍은 주장을 믿고 안심하는 수밖에 없었다.

이런 유의 남자들은 취약한 상황에 놓인 지지자들의 돈으로 자기 주머니를 불려놓고, 가난한 무직 남성들을 힘들게 만드는 집단은 따로 있다며 손가락질한다.

엘람 같은 남자들이 자신의 충직한 추종자들에게, 그리고 그들에 대해 어떤 식으로 떠드는지 살펴보면, 이들이 추종자들에게 충분히 기여하지 않는다고 나무라는 동시에 그들의 돈을 거리낌 없이 갈취하는 것이 별로 놀랍지 않다. 2015년 엘람은 15명의 남자가 맥주를 마시며 유명 페미니스트들에 대해 매우 여성혐오적이고 폭력적으로 이야기하는 영상을 유튜브에 공개했다. 하지만 이 영상이 반대 세력에게 꼬투리 잡힐 빌미가 될 거라며 남성권리운동 지지자들이 우려를 표하자, 엘람은 유튜브에서 이들을 고지식하다고 몰아세우며 조롱했다. 그리고 자신을 비판하는 사람들을 '특히 쓸모없고 짐스럽고 진을 빼놓는 부류의 가짜 운동가'라고 표현했다. 남성권리운동가 가운데 자신을 비난하는 사람들에게는 당신들은 '근성도 지능도 없다'고 그러니까 내 설명을 받아들이고 '(그걸) 니네 똥구멍에 처넣'으면 참 좋겠다고 퍼부었다. 엘람에게는 거만하고 여성혐오적인 자기과시가 자신이 그토록 소중히 여긴다고 주장하는 운동의 명성보다 더 먼저라는 사실을 보여주는 일화다.

자신이 명성을 쌓는 데 의지했던 남자들을 엘람이 어떤 태도로 대하는지 보여주는 또 다른 명백한 단서는 '고난에 빠진 남자들에 대한 공개 대응'이라는 제목의 블로그 게시글이다. 이 글에서 그는 '끔찍하게 부패한' 남성 적대사회 때문에 '골탕'을 먹거나 '진흙탕으로 끌려 나오거나' 다른 방식으로 삶이 '망가진' 뒤 자신에게 정기적으로 연락한다는 남자 '수백 명'에게 이야기한다. 자신이 혐오한다고 주장하는 바로 그 병폐 때문에 힘들어하는 남자들, 자신의 인생을 걸고 돕겠다고 고백한 바로 그 '피해자들'을 대변하는 남자들에게 엘람은 어떤 반응을 보였을까? '좆까… 아 지겨워… 니네 문제는 딴 데 가서 징징대라고.' 엘람은 '좆 같은 5달러를 내놓고 우리를 도울' 준비가 되어 있지 않으면 자신으로부터 어떤 도움도 기대하지 말라고 적었다. 나아가 그는 이들의 상황은 가망이 없다며, '그들은 좆됐고 도움 같은 건 없다'고 덧붙였다. 이 문제를 해결하는 고결한 전투에 그들이 엘람과 함께해야 한다는 주장과는 너무 상반되는 메시지다.

　하지만 엘람과 그와 같은 유의 남자들이 세상을 남성들에게 불리하게 짜인 가혹하고 끔찍한 곳으로 생생하게 묘사해서 추종자들에게 불행은 피할 수 없다는 확신을 심어주고, 자기 자신을 구원의 유일한 희망으로 내세울 때 이들이 얻는 이익을 고려하면 이런 대응을 좀 더 이해할 수 있다. 문제에서 벗어나지 못하거나, 앞으로 나아갈 건설적인 방법을 찾지 못할 경우, 이런 남자들은 억울해하는 매노스피어 안에서 뭉개면서 엘람의 콘텐츠를 더 많이 보고 클릭과 좋아요와 기부를 통해 엘람의 프로필을 계속 드높이지 않을 도리가 없다. 엘람 같은 남자들은 추종자들이 고난을 딛고 다음 단계로 넘어가거나 문제를 해결하도록 도울 이유가 없다. 앞에서 설치는 이런 사람들은 자신에게 적대적인 제도상의 차별이 존재하고, 여기서 벗어나는 건 불가능하다고 믿는 남자들의 맹목적인 지지로 먹고살기 때문이다.

픽업아티스트들이 자신의 웹사이트에 우연히 발을 들인 수줍음 많은 십 대들에게 너희가 연애 경험이 없는 건 복잡한 심리적 기술을 몰라서가 아니라고, 연애 경험은 그저 나이가 들고 인간으로 더 성숙하면 자연스럽게 넘어가게 될 일반적인 통과의례일 뿐이라고 인정한다면, 여자들에게 속임수를 써서 침대로 끌어들이는 '비밀'을 전파함으로써 더 이상 수천 달러씩 끌어모으지 못할 것이다. J4MB의 마이크 뷰캐넌 같은 남자들과 다른 매노스피어 영웅들이 자신들이 비난하는 그 많은 문제의 뿌리에 있는 진짜 핵심을 남성성에 관한 사회의 엄격한 고정관념이라고 인정한다면, 이들은 타격을 입을 것이다. 이들의 추종자들이 자신들을 침묵시킨 문제에 건설적으로 맞설 능력을 얻고 해방되거나, 진정한 지원을 받는 길을 찾아낼 위험이 있기 때문이다. 더 나쁜 건 이런 포럼의 우상들과 가짜 예언자들이 실제 성별 고정관념을 해체하는 일에 힘쓸 수밖에 없는 상황이 생기기도 한다는 것이다. 하지만 그러는 대신 이들은 자기 추종자들을 가장 힘들게 하는 바로 그 문제를 더 고집스럽게 악화한다. 이런 해묵은 남성성 관념에 집착하는 것이 실제로는 수많은 남성을 물속에 빠뜨려 괴롭히는 원흉인데도, 마치 그것이 구명선인 양 남자들이 이 지루하고 경직된 생각을 더 고집스럽게 부여잡도록 부추긴다.

성관계를 상품처럼, 여성을 물건처럼 취급하는 픽업아티스트들의 거짓 약속에 취약한 남성들은 개인적 변신에 영적인 기운을 곁들인 허위 광고의 표적이 되기 쉽다. 이런 맥락에서 생각하면 발리자데와 줄리언 블랑 같은 픽업아티스트들이 게임 신병 훈련 캠프나 '자립' 세미나 등을 중심으로 활동하는 것이 쉽게 이해된다. 그렇게 하면 같은 대상을 새로운 방식으로 계속 착취할 수 있기 때문이다.

(수많은 매노스피어 스레드에서 떠받드는) 조던 피터슨에게는 전통적인 남성성으로 회귀하라고 전도하는 것이, 그리고 남성권리운동가들은 전근대적인 성역할이 온존했던 가상의 유토피아 시대를 들먹이는 것이 유리하다. 애초에 이들의 웹사이트와 세미나로 추종자들을 끌어들인 것이 바로 이런 가치와 역할이기 때문이다. 남성권리운동의 우상들은 점점 더 많은 남성에게 전통적인 남성성의 수행이라는 유해한 이상에 부응하라고 부추김으로써 이들을 헤어날 수 없는 악순환으로 몰아넣고, 불만이 있거나 상처받거나 수치심을 느끼는 남자들을 여성혐오와 책임 전가, 억울함의 늪에 빠뜨린다. 이 과정은 독창적이면서도 대단히 이기적이다. 《뉴욕리뷰오브북스》의 표현을 빌리자면 피터슨은 '자신이 치료하겠다고 약속한 그 질병의 심란한 증상' 자체다.[7]

반어법, 밈, 유머

매노스피어의 독설 안에서 소용돌이치는 그 생각들을 건전하게 보이도록 만들어서 이익을 얻는 남자들은 대단히 신중하고 요령 있게 발언을 조절한다. 이들은 극단주의적이고 여성혐오적인 남성들에게 곧바로 어필할 수 있는 이데올로기에 장단을 맞추면서도, 사회적으로 용인 가능한 수위를 절대 넘지 않는다. 자신의 말이 맥락에 대한 고려 없이 곡해되고 있다는 주장을 언제든 내세울 준비를 하고서 경고와 선수를 쳐서 방어하는 것도 잊지 않는다.

이들은 자신의 진짜 신념을 감추고 정당성을 부여하기 위해 터무니없는 반어와 풍자를 이용하는 데도 완전히 능숙하다. 이 방법은 믿을 수 없을 정도로 강력한 효과가 있다. 표현의 자유라는 보호막으로 비판자들을 무력화하고, 유머를 알아차리지 못하는 진보 진지충들에 맞서 싸우는, 세상 물정에 밝고 타협할 줄 모르는 전사들이라는 이미지를 부여한다. 이런 표현은 이를 곧이곧대로 받아들이는 강경한 극우파들을 매혹시키는가 하면, 아직 급진화하지 않은 이들, 처음에는 재미난 '반어법'에 끌렸지만 서서히 그걸 진짜 신념으로 여기게 될 그런 사람들에게는 관문 역할도 한다.

리사 스기우라 박사는 이렇게 말한다.

> 그 사람들은 믿을 수 없을 정도로 똑똑합니다. 그들은 자기가 신랄하고 멋지다는 이미지를 내세우죠. 대항문화의 매력을 이용하는 거예요. 그리고 그런 건 새롭지 않습니다. (…) 청중 속에 웅크리고서 규범에 도전하고 정치적 올바름이 맛이 갔다고 외치다가, 한발 물러서서 두 손을 들고 '아, 사람들이 진짜 그걸 믿고 따르게 하려던 건 아니었다고!'라는 식이죠. 아니면 마일로 야노폴로스 같은 사람들입니다. 그 사람은 항상 '아 아니야, 난 정치엔 관심 없어' 같은 소리를 합니다. 그러니까 이 사람들은 워낙 똑똑해서 이런 집단이나 그들의 운동과는 완전히 결탁하지 않지만, 동시에 그 이데올로기를 이용해요. 청중을 원하고, 관심을 원하고, 지지를 원하니까요.

증오로 가득한 메시지를 희석하기 위해 '반어법'을 의도적으로 사용한다는 데는 별로 의심의 여지가 없다. 여성을 혐오하는 백인우월주의자 앤드루 앵글린Andrew Anglin은 자신의 접근법이 '반어적인 나치즘으로 위장한 비반어적인 나치즘'이라고 공개적으로 발언했다.[8] 사실 온라인에서 활동하는 여성혐오와 인종주의 극단주의자들은 우리에게 명약관화한 글을 남겨왔다. 2017년 9월, 데일리스토머의 소유주들은 빠르게 성장하는 자신들의 웹사이트에 새로운 필진을 모집하는 과정에서 기사 제출을 희망하는 사람들을 위해 '스타일 가이드' 즉 행동 지침을 내놓았다. 《허프포스트》가 입수해서 공개한 이 17쪽짜리 문서 전문을 보면, 온라인 극단주의자들이 신입을 끌어들이고 세뇌할 때 무자비하고 의도적으로 사용하는 전술에 대해 전례 없는 새로운 통찰을 얻을 수 있다. 그 과정에서 이들은 줄곧 혐오 발언의 경계를 넘지 않으려고 신중을 기했다. 《허프포스트》의 필자 애슐리 파인버그Ashley Fein-berg의 지적처럼 그건 스타일 가이드이기도 하지만 '대안우파용 전술 설명서'이기도 했다.

문서에 설명된 전술 중에는 이제 막 분노에 발을 담근 신규 독자들에게 구애하려면 혐오 발언과 유머를 섞으라는 직접적인 지침도 있다('타깃 청중이 이런 종류의 사고를 막 알게 되었다는 점을 항상 염두에 둬야 한다'고 지침서는 설명한다). 인종주의, 여성혐오, 동성애혐오가 담긴 막말 목록을 제시하면서 이런 막말을 사용할 때 알아야 할 주의사항을 덧붙인다. '반은 농담이라는 느낌을 줘야 한다. 그게 맞는 말이기 때문에 모두가 웃는 인종주의 농담처럼. ⋯ 진심으로 화를 내는 독설이라는 인상을 줘서는 안 된다. 그러면 압도적인 다수가 등을 돌린다.'

다음으로는 노골적으로 보이지는 않으면서 폭력을 조장하는 방법에 대한 구체적인 지침들이 있다.

> 나는 절대로 폭력을 암시하지 않도록 대단히 조심한다. 하지만 누군가 폭력적으로 행동할 때는 항상 그걸 가볍게 농담의 소재로 다뤄야 한다. 예컨대 아네르스 브레이비크는 영원히 영웅적인 자유의 투사로 불려야 한다. 이렇게 하면 좋은 이유는 사람들은 당신이 농담하는 거로 생각하기 때문이다. 하지만 그들 뇌의 한구석은 그렇게 생각하지 않는다.

이렇게 계산된 자의식은 소름 끼치게 으스스하다. 앵글린은 자신이 하는 짓이 무엇인지 정확하게 알고 있고 심지어 그걸 젠장 맞게 잘한다. 젊은 사람들을 낚는 게 목적이고, '반어법'과 유머는 그 수단이라는 걸 대놓고 인정한다. '독자는 처음에 호기심이나 외설적인 유머 때문에 끌리지만, 같은 주장을 반복해서 읽다가 천천히 현실에 눈을 뜬다. … 세뇌되지 않은 자들은 우리가 농담을 하는지 아닌지 분간을 못 해야 한다.'

매노스피어의 수장들이 언제든 페미니스트의 가족과 사생활 관련 정보를 해킹하고 도용하고 폭로할 준비가 되어 있다는 것과 그들이 자신의 과거를 잘 드러내려 하지 않는다는 것 또한 모순적이다. 엘람과 뷰캐넌 같은 남자들은 사법제도와 여성의 끔찍한 사악함에 대한 적개심을 순수한 이데올로기적 동기를 가진 고귀한 전쟁으로 표현하고 싶어 한다. 이런 점에서 자신의 이혼 경력에 대해서는 이들이 입을 꾹 다물고, 언론 보도가 전처와 생물학적 자녀와의 껄끄러운 관계를 언급할 때 입에 거품을 물고 화를 내는 건 이상한 일이다. (엘람이 양육비를 주지 않으려고 자신이 딸

의 생부임을 부정했던 시도를 보면, 아마도 '생물학적'이라는 표현이 분노를 유발한 건지도 모르겠다.)[9]

이런 매노스피어계의 수장과 전도사들 외에도 매노스피어와 대안우파의 구성원들이 환호를 보내는 집단이 또 있다. 매노스피어 상주자들의 바람 이상으로 그들의 관점을 주류로 전파한 집단, 바로 정치인들이다.

매노스피어를 향해 손짓하는 정치인들

정치인들이 엄청나게 이목을 끌고 막강한 영향력을 행사한다는 점을 감안하면 매노스피어 커뮤니티가 잘 드러나지 않고 영향력도 크지 않다는 주장은 설득력을 잃는다.

매노스피어와 대안우파가 과감해지는 데 가장 확연하게, 그리고 정치인으로서 처음으로 영향을 미친 이는 바로 트럼프다. 트럼프는 여성을 '살찐 돼지'와 '개'로 묘사하는가 하면 아내를 직장에 다니게 하는 건 '위험하다'고 주장했고, 여성의 '보지를' 움켜쥐었다고 인정하는가 하면 월경 중인 여성은 불안정하다는 발언을 했으며, 멕시코 이민자들을 강간범이라고 묘사하고, 소수인종 여성 의원 4명에게 '완전히 망가져버리고 범죄에 찌든 당신들의 출신지로 돌아가서 거기나 좀 어떻게 해결하라'는 트윗을 남겼다. 그 외에도 트럼프는 남성우월주의자들과 대안우파의 세계관에 딱 맞아떨어지는 매우 여성혐오적이고 인종주의적인 발언과 생각들을 수차례 입에 올렸다.[10] 그에 보답이라도 하듯 남성우월주의자들과 대안우파는 트럼프의 대통령 당선에 환호했고, 그중 많은 사람이 트럼프가 자신들의 대의를 지지하고 그걸 주류로 밀어

넣는 데 힘을 보탰다면서 여전히 기뻐하고 있다.

　발리자데는 트럼프의 승리를 쌍수 들고 환영한 매노스피어 내 최초의 인물 중 하나였다. 물론 매노스피어 내에서 선거운동 동안 트럼프 지지를 위해 결집해야 한다고 주장한 사람은 발리자데만이 아니었다. 발리자데는 '잔치는 끝났고 우리는 도널드 트럼프가 우리의 다음 대통령이라는 사실을 받아들이게 되었다. 우리 중 많은 사람이 이 결과를 얻기 위해 지난 몇 달간 정력적으로 노력했다'고 하면서 이렇게 주장했다.

> 트럼프의 대통령 당선은 우리의 입지를 향상시킬 것이다. (…) 이제는 못생긴 여자를 '살찐 돼지'라고 모욕하는 잡놈이 우리 대통령이다. 이 잡놈은 남자다운 남자라면 모두 다 하는 마초적인 사담 때문에 언론의 뭇매를 맞았지만 기표소에서는 혼나지 않았다. (…) 이건 당신이 트럼프처럼 말을 할 때 상대방이 처음 하는 생각은 '이 남자는 미국 대통령 같네'가 될 거라는 의미다.[11]

　발리자데의 생각은 인셀 포럼 곳곳에 메아리처럼 퍼져나갔는데 당시의 한 대표적인 게시글(여성의 의사를 무시하고 몸을 더듬고 부비는 추행과 강제 키스를 언급하는)에는 이런 말이 있다. '트럼프가 이런 일을 하고도 체포당하지 않는다면 인셀 남자라고 해서 이런 행동을 못 하란 법은 없는 거다.' 또 다른 게시물은 '미국은 젊은 계집들에게 말한다, 트럼프가 대통령이라고. 토 나오는 니년들이 징징대는 건 이제 아무도 신경 쓰지 않는다. 그리고 이제는 걔네한테 이 진실을 보여줄 때다.'

　최근 멜버른에서 열린 '남자들을 위한 행진'에서는 참가자들이

'맨스플레인'과 '맨플루' 같은 단어들의 비열함을 개탄하고, 시위에 반대하는 사람들을 향해 '맨지나'♦ 또는 '소이보이soyboy'♦♦라고 고함을 치는 가운데 '트럼프 2020'이라는 현수막이 자랑스럽게 펄럭였다.

2018년 한 인셀 포럼 회원은 '우리 같은 사람이 아무도 없다고 느낄 때마다 나는 세상에서 가장 힘센 사람들이 우리를 지켜준다는 사실을 떠올린다. 트럼프가 인셀들을 지지하고 트럼프가 우리를 사랑하고 우리를 존중한다'고 적은 뒤 이렇게 덧붙였다. '그는 알렉 미내시언 사건 같은 일이 벌어진 뒤에는 무슬림 공격 때마다 했던 것 같은 말을 일절 하지 않았다.'

트럼프가 집권 중에 특정 사건에 대해 논평을 할지 말지를 놓고 내린 선택은, 그가 실제 매노스피어와 몇 발짝 떨어져 있긴 하지만, 대놓고 그들을 가리키는 것처럼 보이지 않고도 매노스피어 구성원들을 움직일 능력이 있음을 보여주는 분명한 사례였다. 임신중단을 제한하려는 시도부터 이민을 봉쇄하는 조치까지 트럼프의 정책들이 매노스피어의 목적과 완전히 일맥상통했기 때문만은 아니었다. 특정 부류에 대한 집착과 이런 집단의 이데올로기를 저들끼리만 아는 신호로 언급하는 행위처럼, 그가 매노스피어를 정당화하고 추켜세운 방식 역시 중요했다. 멕시코 이민자를 막기 위해 장벽을 쌓아야 한다고 역설하기, 많은 멕시코 이민자가 강간범이라는 터무니없는 인종주의적 주장을 입에 올리기,[12]

♦ man과 여성의 질을 뜻하는 vagina의 합성어. 친페미니즘 남성을 부르는 멸칭.

♦♦ 콩이 남성 호르몬을 감소시킨다는 데서 유래한, 친페미니즘 남성에 대한 멸칭.

이민자를 거론하면서 '이건 사람이 아닙니다. 동물이죠'라는 식의 표현 남발하기,[13] 중앙아메리카에서 미국으로 이동하는 난민들의 '카라반'을 언급하면서 그 안에서는 '여자들이 듣도 보도 못한 수준으로 강간을 당한다'는 유언비어를 태연하게 퍼뜨리기, 그리고 이런 표현들을 이용해서 어린 자녀를 가족에게서 떼어놓고 우리에 가두는 비인도적인 정책 변호하기. 이런 행태는 그냥 극우적인 정책이기만 한 게 아니었다. 이런 행태를 정당화하는 논리의 뿌리는 대안우파와 매노스피어에 닿아 있었다.

물론 남성권리운동가들처럼 여성 성폭력 피해자에 대한 트럼프의 관심 또한 신기하게도 그것을 이민자와 소수자에게 무기처럼 쓸 수 있는 경우에만 국한되는 듯하다. 트럼프는 대법원장 지명자였던 브렛 캐버노가 과거 자신을 성폭행했다고 고발한 크리스틴 블레이시 포드Christine Blasey Ford를 조롱하면서 신랄한 어조로 매노스피어의 메시지를 인용했다. 그는 한 집회에서 포드 교수를 상스럽게 흉내 내서 대중의 환호를 얻은 뒤 포드의 증언이 당파적인 음모의 일환으로 날조되었다고 주장했다. 트럼프는 남자의 인생과 경력을 망치려고 허위 강간 고발을 마구잡이로 이용하고 있다는 매노스피어의 서사를 그대로 들먹이며 "그 사람들은 인간을 파괴합니다, 이자들은 진짜 사악한 사람들이에요"라고 말했다.[14]

다양한 매노스피어 커뮤니티를 극단적인 인셀에서 출발해서 조금씩 주류적인 여성혐오로 변화하는, 서로 연결되어 있지만 별개의 집단이란 관점에서 보면, 이런 수사적 표현들과 생각들이 어떻게 사슬을 따라 이동하면서 점점 정상이라는 외피를 얻게 되는지 이해할 수 있다. 각 커뮤니티는 사슬 바로 위아래의 커뮤니티들과 교류함으로써 전체적으로 생각이 오가도록 하면서도, 상위의 연결고리는 밑바닥 연결고리에 대한 대중의 검열과 비판에서 자유로울 수 있다. 그러므로 트럼프 같은 사람은 인셀과 백인 우월주의자들을 직접 인정하지는 않지만 이들의 주장을 차용할 수 있다. 대신 대안우파 커뮤니티를 노골적으로 지지하는 배넌 같은 중간 고리의 남성들과 교류함으로써 지지 의사를 드러낼 수 있다. 결과적으로 트럼프는 자신의 손을 직접 더럽히지 않고 중간 매개자들을 통해 이런 커뮤니티들과 직접적으로 연결되어 있다는 암시를 준 것이다.

앵글린의 데일리스토머 지침에 익숙한 관중들이라면 모두 아는 속이 빤한 전략이다. 말을 할 때는 빠져나갈 구멍을 만들어라, 그러면서도 진짜 전하고픈 메시지를 계속 전파하라.

트럼프가 암묵적으로 매노스피어를 지지한다는 사실은 그의 트윗과 행동, 그리고 극단주의 커뮤니티의 우상들에게 영향을 미친 특정 사건들과의 상관관계를 봐도 알 수 있다. 2017년 버클리 캘리포니아대학교에서 일어난 시위로 야노폴로스의 강연이 취소되자 트럼프는 이 대학에 연방지원금을 끊겠다고 엄포를 놓았다. 당시 트럼프는 '만일 UC버클리가 표현의 자유를 허락하지 않고 다른 관점을 가진 무고한 사람에게 폭력을 행사한다면 연방지원금은 없을걸?'이란 트윗을 남겼다. 페이스북이 야노폴로스를 비롯한 인종주의적이고 여성혐오적인 극우 인사들의 계정을 폐쇄한 직후 트럼프는 '소셜미디어 플랫폼에서 일어나는 미국 시민에 대한 검열을 모니터'하겠다고 경고했다.[15]

스기우라 박사는 트럼프가 극단주의적인 온라인 커뮤니티들의 관점이 대담해지고 정당성을 갖는 데 일조해왔다고 주장한다. "맞습니다, 당연한 말이에요. 지구상에서 가장 강력한 권력을 가진 남성이 대놓고 성차별주의자(아니, 그보다 더한 여성혐오주의자)인데, 그가 그런 식으로 여성에 대해 공개적으로 이야기할 수 있다면, 다른 사람들이 자신의 견해를 정당화할 빌미를 분명하게 주는 거죠."

그리고 매노스피어에는 축배를 들 충분한 이유가 있다. 이들의 관점이 정말로 정당화되고 있다는 증거가 차고 넘치니까.

미국 터프트대학교 정치학과 교수 브라이언 F. 섀프너Brian F. Schaffner의 연구에 따르면, 2016년 선거운동 동안 트럼프의 언행 때문에 공화당원들 사이에서는 성차별주의를 사회적으로 더 용인하는 분위기가 조성되었다. 섀프너는 이 연구에서 공화당원들이 '다른 사람이 아닌 트럼프가 말을 했을 때 성차별적인 언행에 더 관용을 표출'했을 뿐 아니라 '2016년 선거 이후 성차별적인 표현에 기꺼이 찬성하는 태도를 드러냈는데, 이는 트럼프의 승리로 인해서 미국 사회에 만연한 성차별적 태도에 대한 이들의 인식이 바뀌었기 때문일 수도' 있다고 설명한다. 또한 섀프너 교수는 '성차별적 표현의 이 같은 증가세는 2018년까지 지속되었다'고 말한다.[16]

여성들 역시 트럼프 집권 후 사회적으로 용인 가능한 것이 무엇인가에 대한 인식에 타격을 받았다. 2017년의 한 설문조사에서 미국 여성 6명 가운데 한 명은 트럼프가 〈액세스할리우드〉에서 한 발언(여기서 그는 여자들의 '보지'를 꽉 쥐면 된다고 으스댄다) 때문에 신체적인 위험을 느끼게 되었다고 답했다.[17]

그러니까 어쩌면 트럼프는 주류 정치에 스며든 극단주의적 사고의 존재감을 보여주는 대표적인 사례인지 모른다. 하지만 매노스피어 이데올로기가 정부 청사로 침투하도록 진두지휘를 한 인물은 트럼프만이 아니다.

주요 정당 소속의 선출직 정치인이 이러한 아이디어의 통로가 되는 경우는 많다. 여성과 소녀를 대상으로 자행되는 폭력을 근절하려는 조치에 반복적으로 반대표를 던지고, 성차별금지법Sex Discrimination Act을 폐지하자는 평의원 법안을 발의했던 영국의 보수당 하원의원 필립 데이비스Philip Davies의 사례처럼 말이다.[18] 비슷한 관점을 가진 정치인들이 더 많을 수 있지만, 데이비스는 두 가지 이유에서 주목할 만하다. 일단 그의 전략이 매노스피어 트롤들의 전략을 너무 빼다 박았고, 그에 더해 매노스피어 구성원들과 개인적인 관계도 맺고 있기 때문이다.

2016년 데이비스는 영국의 정당이자 남성권리운동의 기둥인 J4MB가 조직한 남성권리운동 콘퍼런스에서 연설을 했다. 파키스탄의 인권운동가 말랄라 유사프자이를 오사마 빈 라덴에 비유하고 '좆나 병신 같은 창녀 소개소'를 창설하자고 주장한 남성권리운동 블로거들도 내세운 이 콘퍼런스에서 (당시 하원 사법위원회 소속이던) 데이비스는 참가자들에게 영국의 사법제도는 남자들을 차별하고 여자들에게 유리하게 편향되어 있다고 말했다.

'페미니스트 광신도들은 여자들이 케이크를 차지하고서 다 먹기를 바란다'고 선언하고, '정치적으로 올바른 의제'를 새된 소리로 비난하며, '남자들에 비해 여자들이 누리는 온갖 혜택'을 한탄한 데이비스의 언어는 전형적인 남성권리운동의 수사 그대로였다. 그리고 데이비스의 연설 가운데 '많은 여자가 재정적인 어려움을 겪고서 관계가 파탄 난 게 후회되거나 아니면 새 파트너가 자녀의 아버지 역할을 대신하는 게 더 편하기 때문에 아버지를 두들겨 패는 몽둥이로 자녀를 이용한다'라는 대목은 남성권리운동의 아버지 권리 사이트에서 바로 가져온 문장 같다는 느낌이 들 정도다. 그는 《가디언》에 자신이 이 콘퍼런스에 참여했다고 해서 J4MB에 찬성한다는 의미는 아니라며 선을 그었다.[19]

2019년 8월 데이비스는 시카고에서 열린 국제 남성 문제 콘퍼런스International Conference on Men's Issue에서 연설을 했다. AVFM이 토대를 마련하고 조직에도 간여한 행사였다. 엘람과 캐런 스트라우언 같은 남성권리운동가들 역시 이 행사에서 연설을 했다.[20]

대부분의 남성권리운동가들이 그렇듯 데이비스도 성인 남성과 소년들의 문제를 해결하기 위해 실질적인 조치를 감행하는 데는 확실히 무능하다. 한 인터뷰에서 그가 대변하는 남성 문제를 해결하기 위해 법안 발의를 고려해본 적이 있느냐는 질문에 데이비스는 갑자기 '할 말이 다 떨어진' 듯했다.[21] 그리고 2016년 데이비스는 성별과 '무관한' 곳으로 만들겠다는 목적을 분명히 밝히며 여성평등위원회에 합류했다. 그의 지명을 다룬 언론 보도에서 데이비스는 가정폭력 피해자의 1/3이 남성이라는 잘못된 통계를 또 거론했는데, 이는 흔한 남성권리운동의 전략이기도 하다.[22] 하지만 대부분의 극단주의적 주장들이 매노스피어 웹사이트 안에서만 유통된 데 반해, 데이비스가 반복한 이 주장들은 곧바로 수많은 사람에게 전달되었고, BBC 같은 주류 미디어들은 별다른 여과 없이 그의 주장을 그대로 실었다.

데이비스 같은 남자들의 얼토당토않은 행위는 기껏해야 남성권리운동가들이 제멋대로 상황을 조작하는 반페미니스트라는 인식을 고착시킬 뿐이다. 최악의 경우 이들은 남성의 권리를 여성의 처우 개선과 완전히 대척점에 둠으로써 의회 내에서 남성의 권리가 발붙일 여지를 크게 축소시킬 위험이 있다. 데이비스는 자신이 그렇게도 마음 쓰고 있다고 주장하는 남자들의 입장에서는 사실상 골칫덩이인 것이다.

특히 놀라운 것은 데이비스가 자신의 의제를 들이밀 때 민주적인 토론보다는 일종의 현실 트롤링 또는 똥포스팅 같은, 매노스피어의 전략을 채택한 듯 보인다는 점이다. 가정폭력 방지 법안에 반대할 때 데이비스는 한 시간이 넘게 필리버스터를 진행했다. 그 여파로 여성 의원들은 법안이 완진히 사장되지 않도록 자신의 발언 시간을 줄일 수밖에 없었다.[23] 성소수자의 포용적인 성교육 법안에 반대할 때는 자신의 주장을 뒷받침하는 증거나 반론을 제시한 게 아니라 한 시간 넘게 해상수송 법안 얘기를 떠들면서 성교육에 대한 표결을 진행할 수 없을 정도로 시간을 지체시켰다.[24] 그러니까 우리가 무력한 인터넷상의 외톨이라고 무시하는 그 트롤들의 전략이 여성혐오를 목적으로 국회의 입법 의제를 쥐락펴락하는 데 실제로 사용되고 있는 것이다.

이런 남자들이 선출직 정치인 가운데 소수인지는 몰라도 절대 외톨이는 아니다. 다른 힘 있고 유명한 정치인들이 정치 권력의 중심에서 매노스피어 이데올로기를 입에 올렸고, 그 덕에 전국적으로 주목을 받았기 때문이다.

호주에서는 포퓰리즘 성향의 원네이션당 소속 상원의원 폴린 핸슨Pauline Hanson이 소송 과정에서 여성들이 우위를 점하려고 학대당했다는 거짓말을 밥 먹듯이 한다고 주장하면서(이에 대한 근거는 제시하지 않고서) 가정법원 제도를 조사해야 한다고 요구했고 이 전략은 성공했다.[25] 주류 정치인이 그럴싸하게 겉모습을 포장해줄 때 매노스피어에서 남성권리운동가들이 유포하는 새빨간 거짓말은 대중의 의식 속에 널리 침투할 수 있다. 2017년의 한 연구에서는 호주인의 37%가 '여성이 양육권 다툼에서 우위를 확보하기 위해 폭력을 당했다고 날조하거나 과장한다'는 것을 믿는다고 답했다.[26]

이런 연결고리는 정치인의 수사적인 표현으로 그치지 않고 정책에도 영향을 미칠 수 있다. 2017년 4월, 원네이션당의 대표자들은 블록스 어드바이스Blokes Advice라는 호주의 한 페이스북 그룹 회원들을 만났다. 남성으로만 구성된 이 사적인 그룹은 회원 수가 50만 명이 넘는데, 2016년에 여성에 대한 폭력과 강간을 미화했다는 이유로 페이스북에서 임시 폐쇄한 적이 있었다.[27] 이들과 만나고 6개월 뒤, 원네이션당은 새로운 가정폭력 정책을 발표했다. 이 당의 당대표인 스티브 디킨슨Steve Dickson은 전국 언론에 대고 '이 나라에서 매주 21명의 아버지가 목숨을 끊고 있고, 사람들은 그걸 알 필요가 있다'는 매노스피어의 완전히 틀린 통계를 다시 읊어댔다.[28] 남성권리운동가들이 주입한 가짜 사실이 지위 높은 정치인에 의해서 전국 언론으로 수백만 시민에게 급작스레 전달된 것이다.

2017년 미국 교육부 장관으로 지명된 벳시 디보스Betsy DeVos는 캠퍼스 성폭력 문제를 논의하기 위해 여성혐오적 관점과 성폭력 생존자에 대한 공격으로 잘 알려진 남성권리운동 단체와 만남을 진행했다.[29] 디보스가 자문을 구하려고 초청한 집단 중에는 남부빈곤법센터가 여성혐오를 조장하고 '가정폭력 피해자 지원 서비스와 가해자에 대한 처벌을 축소하기 위한 로비 활동'을 벌인다고 지적했던 학대 및 폭력 환경 중단 단체Stop Abusive and Violent Environments, SAVE가 있었다. SAVE 웹사이트에는 '여성이 파트너의 폭력을 도발하기 때문에 폭력의 피해자가 되는 것'이 '핵심 사실'이라고 적혀 있다.[30] 디보스는 전미 남성동맹과도 손을 잡았다.

이듬해 디보스는 성적 괴롭힘의 정의를 축소하고 위법 행위로 고발된 학생의 보호를 확대하는 등, 대학 내 성적 위법 행위 처리 절차의 대대적인 개편을 제안했다.

그러므로 선출직 정치인과 매노스피어 집단들과의 연결고리는 단순히 추측의 문제가 아니다. 그들은 이미 구체적인 영향을 미치고 있다.

보리스 존슨 영국 총리 역시 매노스피어와 대안우파 이데올로기를 자주 들먹였는데, 한번은 여성 의원들이 '남성의 자유를 계획적으로 제한하려고(공공장소에서 술을 마실 권리를 폐지하는 등)' 노동당에 몰려 있다고 주장하는가 하면, 여성 유권자들이 '성의 변덕스러움' 때문에 그 당에 의탁하는 거라는 의견을 피력하기도 했다. 어떤 신문 칼럼에서는 무슬림 여성이 '우체통'이나 '은행 강도'처럼 보인다고 묘사했다. 나중에 존슨은 이 칼럼이 '부르카를 입을 여성의 권리를 자유주의적으로 강력하게 옹호하는' 글이었다고 주장했다. 이런 여성혐오적이고 반무슬림적인 표현은 앵글린의 지침에 그대로 적혀 있다. 농담으로 사람들을 웃겨라. 그러면 사람들은 속으로는 여성혐오와 이슬람혐오가 괜찮다고 느끼기 시작할 것이다.

하지만 알고 있다. 존슨이 매노스피어의 사고와 상통하는 주장을 입에 올렸다고 해서 그 둘 간에 직접적인 관련성을 증명하지는 못한다는 것을. 실제로 대단히 여성혐오적이고 남성 일색인 온라인 커뮤니티 회원들과 만남을 가졌던 원네이션당의 대표들과는 상황이 다르다는 것을. 관련성을 어디에서 찾을 수 있을까?

앞서 나는 배넌을 언급했다. 그는 트럼프를 매노스피어와 대안우파 세계와 연결한 고리 중 하나에 해당한다. 배넌은 극우 성향의 반페미니스트 매체 《브레이트바트》의 창간 멤버였고, 2012년에는 모회사의 임원이 되었다. 《브레이트바트》는 그의 지휘 아래 악의적인 여성혐오 콘텐츠와 백인민족주의 콘텐츠를 가득 실었는데, 그중에서도 특히 대안우파이자 여성혐오 선동가인 야노폴로스의 활동을 집중 조명했다. 야노폴로스의 커리어는 배넌 덕분에 시작되었다 해도 과언이 아니다. 배넌의 임기 중에 《브레이트바트》에는 '과학을 전공하는 여자들을 제한해야 하는 이유' '당신의 아이가 페미니즘을 받아들이는 게 좋을까, 암에 걸리는 게 좋을까?' '정치적 올바름은 무슬림의 강간문화를 싸고 돈다' 같은 기사들이 실렸다. 이슬람혐오로 유명한 배넌은 반무슬림 극단주의 필자들에게 플랫폼을 제공했고, 야노폴로스에게는 매노스피어가 좋아할 만한, 가령 '페미니즘이 여자를 못생기게 만들까' 같은 헛소리를 쓰게 부추겼다.[31] 2016년 배넌은 한 기자에게 《브레이트바트》가 '대안우파의 플랫폼'이라고 자랑스럽게 떠벌였다.[32]

백악관으로 들어간 극우 전략가

2016년 11월 당시 이제 막 대통령으로 선출된 트럼프는 배넌을 수석 전략가로 지명했다. 배넌은 트럼프와 대안우파 사이에서 완충장치와 연결고리 역할을 모두 하면서 주로 무슬림 국가의 이민 금지 같은, 백인민족주의자들과 매노스피어 커뮤니티에서 그대로 따온 것과 다를 바 없는 정책들을 진두지휘했다. 대안우파의 수장 스펜서에서부터 과거 KKK단의 대마법사grand wizard 데이비드 듀크David Duke, 미국 나치당 의장에 이르기까지 유명 백인우월주의자들과 여성혐오자들이 배넌의 지명에 반색한 것은 놀랍지 않았다. 대안우파와 백인민족주의 커뮤니티의 회원들은 온라인에서 이 뉴스에 박수갈채를 보냈는데, 이 중에는 '배넌은 백악관에 있는 우리 남자야' '우린 빌어먹을 대통령하고 이제 한두 다리 정도 떨어져 있는 거지' 같은 말도 있었다.

사실 두 다리 떨어져 있다는 말은 대단히 정확한 표현이었다. 배넌은 트럼프가 국가 정책 수준에서 대안우파의 허황된 꿈을 실행에 옮기고 있을 때도, 이런 커뮤니티들과 충분히 거리를 두는 유용한 장벽을 제공해 노골적인 인종주의자라는 비난을 모면할 수 있게 했다. 또한 트럼프가 이런 집단들과 직접 얽히지 않도록 방어하면서도, 이런 집단의 지지자들이 매혹될 만한 방식으로 트럼프의 선거운동을 대단히 치밀하게 이끌었다. '부정직한 힐러리'를 향한 줄기찬 공격의 배후에 배넌이 있었다고 전해지는데, 심지어 그는 트럼프의 선거캠프에 공식 합류하기 전에도 《브레이트바트》에 25건의 여성혐오적이고 공격적인 기사를 사흘에 걸쳐 게재하여 언론인 메긴 켈리Megyn Kelly를 맹폭했다. 켈리가 감히 트럼프가 여성을 대하는 방식에 토를 달았기 때문이다.[33]

이게 대체 존슨 총리와 무슨 관계일까? 모두 관련이 있다. 트럼프의 경우처럼 배넌이 존슨을 매노스피어와 대안우파에 연결해주는 다리 역할을 하고 있기 때문이다.

2018년 9월 언론인 매튜 단코나Matthew d'Ancona는 존슨이 배넌과 접촉해왔고 배넌이 존슨의 메시지에 영향을 미쳐 포퓰리즘 쪽으로 틀었다고 경고하는 기사를 썼다. 특히 단코나는 배넌의 명백한 전략적 개입과 존슨이 쓴 이슬람혐오적이고 여성혐오적인 신문 기사 사이에 직접적인 관계가 있다고 주장했다. 나중에 단코나가 털어놓은 바에 따르면 이 기사를 쓴 직후 그는 존슨 측의 성난 항의 전화에 시달렸다. 그는 뉴스 매체《토터스Tortoise》의 한 기사에서 '15번까지 세고 그만뒀다. 그다음에도 전화는 이어졌지만'이라며[34] '보리스 존슨은 자신이 스티브 배넌과 접촉한 적이 있다고 기사를 쓴 나에게 격노했다'고 적었다. 특히 단코나에 따르면 존슨은 이 언론인이 배넌의 조언과 자신의 칼럼이 관련 있다고 지적한 데 격노했다. 그러니까 존슨은 자신이 배넌에게 영향을 받아 전형적인 매노스피어 및 대안우파의 수사적 표현을 주류 언론에 지껄였다는 추론을 필사적으로 피하려 애를 썼다는 것이다.

존슨은 신문에 쓴 글에서 자신과 배넌이 어떤 식으로든 연결되어 있다는 주장은 음모론이고 '좌파적인 망상'이라며 발끈했다.[35] '물론 내가 외무장관이고 배넌 씨가 트럼프의 핵심 측근이던 시절에 그를 몇 번 만났지만 그 후로는 아니라'고 존슨은 적었다. 이후 몇 달 동안 존슨은 계속해서 배넌과 전혀 교류한 바가 없다고 주장했고 그의 팀은 자신들이 했던 연락이라곤 '배넌 쪽에서 만나자고 제안했으나 존슨이 거절했던 내용의 문자 한 번'뿐이었다고 언론에 전했다.

하지만 2019년 6월에 결정적인 증거가 드러났다. 다큐멘터리 제작을 위해 수 개월간 배넌을 따라다니던 미국의 영화 제작자 앨리슨 클레이먼Alison Klayman이《옵저버》에 배넌이 존슨과의 친분에 대해 이야기하며 자신이 직접 존슨에게 조언해서 중요한 연설문 작성을 거들었다고 으스대는 영상을 공개한 깃이다. 배넌은 자신이 전화와 문자 메시지를 통해 존슨과 '주거니 받거니' 한다며 '주말마다 이 연설에 대해 그 사람한테 이야기하고 있다'고 쐐기를 박았다. 클레이먼은 배넌이 존슨과의 접촉에 대해 '분명히'

했다고 말했다. 해당 영상은 존슨의 악명 높은 '우체통' 칼럼이 공개되기 겨우 3주 전에 찍힌 것이었다. 존슨의 대변인은 이렇게 말했다. '보리스 총리가 배넌 씨나 나이젤 패라지Nigel Farage와 한통속이라는 혹은 이들로부터 조언을 받는다는 식의 모든 주장은 너무 터무니없어서 음모론이 아닌가 싶을 정도다.'³⁶ 하지만 존슨 측은 이들이 연락을 취한 적이 없다는 입장을 돌연 철회했다.

따라서 미국에서 그렇듯 영국에서도 우리가 음지에 숨어서 무력하다고 생각하는 매노스피어 커뮤니티들이 실은 약삭빠른 중개자들을 이용해 나라에서 가장 힘 있는 남성들에게 귓속말을 하고 있을지 모른다.

그리고 이들이 자기편에게 보낸 신호에 응답이 돌아왔다. 노동당 하원의원 폴라 셰리프Paula Sherriff는 브렉시트를 둘러싸고 긴장이 격화된 가운데 2019년 하원 연설을 하면서 조 콕스의 추모패를 가리켰다. "이곳의 많은 사람이 매일같이 살해 위협과 욕설에 시달립니다. 그리고 총리에게 '굴복하는 행위' '배신' '반역자' 같은 당신의 언행을 그 사람들이 종종 인용한다는 말을 하고 싶습니다. 그리고 저는 말이에요, 그런 게 신물 납니다. 우린 우리 언어를 순화해야 해요." 이에 존슨은 뭐라고 반응했을까? '내 인생에서 그런 근거 없는 중상모략은 들어본 적이 없다'였다.³⁷ 셰리프는 이 언쟁 이후 며칠 동안 자신을 향한 살해와 강간 위협의 수가 '상당히 증가'했다고 ITV에 말했다. 그러니까 자기편에게 신호를 주는 총리의 언행과 여성 의원을 겨냥한 온라인 여성혐오 극단주의자들의 폭력 사이에 분명한 상관관계가 있었던 것이다. 그리고 이는 일회적인 사건이 아니었다. 또 다른 노동당 하원의원 제스 필립스Jess Phillips는 총리의 말을 인용했을 뿐 아니라 그의 이름까지 언급한 살해 위협을 받았다고 밝혔다. 그리고 존슨 총리가 안전을 우려하는 여성 하원의원의 발언을 '중상모략'으로 일축한 바로 그다음 날 한 남성이 필립스 의원의 지역구 사무실 밖에서 큰 소리로 욕설을 내뱉고 문과 창문을 부수다가 체포당했다.[38]

정치인들이 극단주의 커뮤니티의 이데올로기를 활용할 때 이들로부터 막대한 지원을 받게 된다는 사실을 의식한다는 증거도 있다. 이 중 가장 두드러지는 지표 중 하나는 이의 제기가 아무리 솟구쳐도 정치인들이 자신의 수사적 표현에 대해 사과하기를 거부하거나, 극단주의 커뮤니티에 호소력이 있을 만한 메시지를 더 완강하게 밀어붙인다는 것이다. 트럼프가 사망자가 발생한 백인 우월주의자들의 샬러츠빌 집회에 대해 '양쪽 모두 아주 좋은 사람들'이었다는 말로 반응한 사례가 이에 해당한다(나중에 트럼프는 그 발언이 '완벽하게' 표현되었다면서 사과하기를 거부했다).[39] 존슨 총리의 수사적 표현이 주목받았을 때도 마찬가지였다. 이후 며칠 동안 수많은 여성 의원이 살해와 강간 위협을 받았고 욕설이 극심해지고 있다고 보고하자 존슨 총리의 수석 특별자문관 도미닉 커밍스Dominic Cummings는 인터뷰에서 의원들을 향한 분노는 '놀라운 것이 아니다'라고 말했다. 그는 폭력적인 '심각한 위협'은 진지하게 다뤄야 하지만 정치인들이 브렉시트 총선거 결과를 존중하지 않을 경우 '무슨 일이 벌어지리라 생각하는가' 하고 덧붙였다. 마지막으로 그는 '이 상황은 국회가 그 결과를 존중한다고 약속해야만 해결될 수 있다'는 결론으로 인터뷰를 마무리했다. 그러니까 커밍스는 여성 의원들이 전례 없는 살해 위협과 욕설 폭격에 시달리고 있다는 사실 앞에서 그걸 멈추고 싶다면 브렉시트를 성사시켜야 한다는 은근한 경고로 대응한 것이다.[40] 여성 의원들을 향한 살해 위협과 섬뜩할 정도로 닮은 논리에 기반한 정서가 아닌가.

이들은 정치권에 어떻게 침투했나

트럼프 효과 때문에 더 대담해진 것으로 보이는 다른 곳에서는 극단주의의 수장들이 직접 선출직에 출마하는 사례가 급증했다. 선거 결과와는 무관하게 과거에는 너무 극단적이어서 보도하지 못했던 주장들이 수많은 주류 매체에서 공식적으로 다뤄지기 시작했다. 아무리 극단적인 주장이라 해도 후보로 나선 정치인의 출마 선언문에 담기면 순식간에 타당하고 정상적이라는 이미지가 획득된다.

이 책을 집필하기 위해 조사 작업을 하는 내내 '아카드의 사르곤Sargon of Akkad'이라는 인터넷 필명으로 잘 알려진 대단히 여성혐오적인 매노스피어 인물이 반복적으로 등장했다. 그는 게이머게이트 당시 페미니스트에게 적대적인 음모론을 유튜브에 유포함으로써 유명세를 얻었고, 어니타 사르키시안을 겨냥한 대대적인 괴롭힘 작전에도 가담했던 인물이었다. 2018년에는 '인종주의적이고 동성애혐오적인 비방'을 했다는 이유로 모금 플랫폼 패트리온Patreon에서 퇴출당했고, 2016년에는 필립스 의원이 온라인 괴롭힘에 대해 발언하자 그에게 '난 당신 같은 사람은 절대 강간할 생각이 없다'는 트윗을 남기기도 했다. 이 트윗 이후(그리고 유튜브 구독자 수가 약 100만 명에 달하고 조회 수가 2억 8000만 회를 상회하는 이 인물의 온라인 팔로워의 위력을 증명하듯) 필립스 의원은 단 하룻밤에 600건의 강간 위협을 받았다고 밝혔다.[41]

엘리엇 로저가 대량살상을 저지른 뒤 '아카드의 사르곤'은 로저의 행동이 여성과 페미니스트 탓이라고 주장하는 유튜브 영상에서 이렇게 말했다.

> 이런 일이 계속 일어나는 건 니네 책임이야. 아무런 선택지도 남아 있지 않은 이 좆나게 불쌍한 남자들의 권리를 박탈했잖아. (…) 좆나게 멍청한 페미니스트 광신도들이 해야 되는 질문은 이거지. 애당초 어째서 이 남자들이 여성혐오자가 된 걸까? 페미니스트들이 굴리는 이 사회가 이놈들한테 무슨 짓을 했길래 얘네가 미쳐버렸나?[42]

상황이 이렇다 보니 2019년 봄, 저녁 뉴스에서 '아카드'라는 이름이 불쑥 튀어나왔을 때 충격받지 않을 수 없었다. '사르곤'이 칼 벤저민Carl Benjamin이라는 실명으로 유럽의회 선거 때 영국 독립당의 사우스웨스트잉글랜드 후보로 출마한다는 뉴스를 보면서 내 눈과 귀를 의심했다. 벤저민이 국내 정치에 발을 들이려 한 시도는 아마 극단적인 여성혐오 매노스피어 전략과 이데올로기가 정치적 경로를 통해 이미 주류로 침투했음을 보여주는 가장 명백한 사례인지 모른다. 갑자기 누구나 다 아는 이름이 된 벤저민은 곧장 강간 발언의 수위를 높였다. 필립스 의원의 강간 문제를 놓고 '토론'을 벌이는 새 영상에서 그는 '압박이 심하면 나는 응할지도 모른다'고 말했는데, 이 말은 전국 뉴스에 그대로 인용되었다.[43] 야노폴로스는 벤저민을 지지하는 입장으로 선거 유세에 나서겠다는 자신의 계획을 신속히 발표했다.[44] 그러는 동안 정당이라는 그럴싸한 외피 때문에 벤저민의 팬층은 한층 대담하게 확대되었고, 그렇게 커진 현실 세계의 영향력이 곧장 필립스의 피부에 와

닿기 시작했다. 어느 날 일을 마치고 웨스트민스터를 나서던 필립스 의원에게 한 남자가 따라붙으며 '칼 벤저민이 당신을 강간하는 거로 농담도 하면 안 되는 이유가 뭐냐'고 따져 물었다.

극우와 포퓰리즘 정당들이 의석을 차지해서 연정에 합류하거나 정치적 통제력을 갖게 된 몇몇 나라에서는, 온라인의 극우 매노스피어 커뮤니티들의 이데올로기가 오프라인에서 어떤 식으로 시민에게 영향을 미치는지 분명하게 확인할 수 있다. 가령 스페인에서는 극우당 복스vox가 안달루시아 우익 연정에 합류해서 가정폭력법 폐지를 요구했고 '사이코패스 같은 페미나치'를 공격하는 집단에 실질적인 정치 권력을 넘겨주었다.

선출직 선거에서 당선되어 본 적이 없고 소규모라 해도 공식 등록된 정당이기만 하면 그럴듯한 외피를 쓰고 극단주의적인 사고를 주류 담론에 끌어들이는 통로가 될 수 있다. 뷰캐넌이 대중 뉴스 매체에 수차례 등장해서 했던 것처럼 말이다.

스기우라 박사는 매노스피어 커뮤니티들이 정치권과의 관계를 발 빠르게 이용하고 있다고 설명한다.

> 그럴싸하다는 인상을 주니까요. 제가 이런 집단에서 확인했던 모든 걸 근거로 생각했을 때, 그 사람들은 그런 이미지를 엄청나게 갈망합니다. 학계를 인용하고, 이론을 인용하고, 영향력이 막대한 자리에 있는 누군가, 정책에 직접 영향을 미칠 수 있는 누군가를 자기편으로 만드는 것, 그 사람들의 의제에는 이게 필수적으로 들어 있습니다. 예를 들어서 남성권리운동가들, 그 사람들은 변화에 영향을 미치고 싶어 합니다. 그래서 정책과 입법에 직접적인 연결고리가 있는 어떤 사람이 들어오면 그건 엄청난 일이죠.

또한 발리자데가 트럼프를 후하게 칭찬한 데서 알 수 있듯, 정치인들은 매노스피어의 다양한 온라인 공간에서 쏟아지는 찬사를 받는 것은 물론, 그 찬사로 인한 확실한 이득도 있다. 호주 상원의원 데이비드 레온헬름David Leyonhjelm이 상원에서 동료 상원의원의 성생활에 대해 질 낮은 논평을 하고 '남성혐오'와 '개별 범죄자의 행동을 가지고 남성을 탓하는 실태'에 관해 공개적으로 발언하기 시작하자 AVFM은 '새로운 영웅'이라며 그에게 환호했고, 한 트윗은 그가 '침묵하는 다수의 한없는 즐거움'을 촉발했다고 선언했다. 많은 정치인이 미래의 표를 위해 바로 이런 침묵하는 다수에게 계산적으로 의지할지도 모른다.

이러한 온라인 커뮤니티의 크기가 과소평가되어 있다는 점과 그 과정에서 이보다 훨씬 큰, 온건한 성차별주의 비인셀 집단까지 사로잡을 수 있다는 점을 감안하면 정치인들이 표 때문에 의도적으로 매노스피어에 구애한다는 생각은 그리 놀랍지가 않다.

실제로 2019년 10월 영국의 정치 컨설팅 기업 케임브리지애널리티카Cambridge Analytica의 내부 고발자 크리스토퍼 와일리Christopher Wylie(그는 회사가 페이스북 이용자 5000만 명의 정보를 확보하고 그 데이터를 가지고 트럼프의 2016년 대통령 선거를 위해서 주변부 유권자들의 표를 모으는 데 일조했다고 폭로했다)는 이 회사에 서비스를 신청한 배넌이 일부러, 그리고 콕 집어서 인셀을 겨냥했다고 폭로했다. 와일리의 주장에 따르면 배넌은 이런 집단들과 관계를 맺으면 경합 주에서 막대한 효과를 거둘 수 있다고 강조했다고 한다.[45]

벤 허스트Ben Hurst는 앞서 언급한 착한 사내 이니셔티브의 프로젝트 코디네이터이자 핵심 촉진자로, 착한 사내 이니셔티브는 성 불평등에 관한 프로그램과 워크숍을 개최하며 특히 소년들과의 대화를 강조하는 단체다. 그는 내게 씁쓸하게 말했다. "그렇게 할 만한 강력한 근거는 있다고 생각하지만, 우리는 결코 이 작업을 남성권리운동의 관점에서 급진화에 반대하는 예방 작업으로 규정하지 않을 겁니다." 이유를 궁금해하자 그는 준비된 듯 설명을 펼쳐놓았다. "이 나라를 운영하는 사람들이 그 운동에 참여하는 사람들이니까요. 즉 그렇게 하면 그 사람들한테서 지원금을 못 받을 거란 말입니다!" 그는 자신의 주장이 논란의 여지가 있다는 걸 의식하며 웃었다. 하지만 남성권리운동의 주장과 사고가 영국 국회에서 미국 백악관에 이르기까지 얼마나 성공적으로 국제 권력의 요소요소에 침투했는지를 생각해보라. 허스트의 말에도 일리가 있다. 문제는 정치적으로 신뢰할 만한 외피를 쓴 담론이 정상적으로 받아들여지고 확산하는 것만이 아니다. 이런 사고, 그걸 대변하는 남자들이 우리의 정치와 정책, 삶에 미치는 영향을 파악하는 것 역시 중요하다.

특히 활발하고 악랄한 여성혐오 매노스피어 포럼 r/TheRedPill을 살펴보자. 2017년 이 포럼의 창시자이자 핵심 관리자가 다름 아닌 뉴햄프셔 공화당 의원 로버트 피셔Robert Fisher인 것으로 드러났다.[46] 오프라인에서 그는 존경받는 주류 정치인이었다. 온라인에서는 최소한 강간범은 즐길 수 있다는 이유로 강간이 나쁘지만은 않다는 글을 썼다. 또 다른 게시글에는 이렇게 남겼다. '페미니스트들이 강간에 집착하는 건 우리가 강간 판타지 문화 속에서 살고 있기 때문이다. 이 판타지 속에서 페미니스트들은 자신들이 강간하고 싶을 정도로 핫한 여자이기를 바란다.'[47] 수사 과정에서 자신과 r/TheRedPill 도메인 기록의 연관성이 드러났는데도 처음에 피셔는 사임을 거부하며 공개 청문회에서 증언을 했다. 이 청문회에서 그는 선서를 하고 자신은 수년간 r/TheRedPill에서 활동을 하지 않았다는, 증거와 정면으로 배치되는 주장을 펼쳤다. 결국 피셔는 대중의 압력을 이기지 못하고 사임했다.[48]

물론 극단주의적인 사고에 이것이 타당하고 정상적이라는 외피를 빌려주고 암묵적으로 찬성의 신호를 보낼 능력이 있는 영역은 정치계만이 아니다. 학계에서도 매노스피어 이데올로기는 나날이 기반을 넓혀가고 있다. 여기서 엉터리 통계와 학술 자료를 사용하는 매노스피어의 전형적인 전술이 이목을 끌 만한 직함과 지위와 결탁하여 새로운 영향력을 획득하고 있다.

조던 피터슨의 진실 너머

캐나다의 심리학 교수 조던 피터슨을 예로 들어보자. 피터슨은 성경에서부터 '백인의 특권에 관한 마르크스의 거짓말'에 이르기까지 온갖 걸 다루는 자신의 유튜브를 통해 국제적인 유명인사로 등극한 인물이다. 피터슨이 한 말을 조금만 살펴봐도 그의 철학이 전통적인 성별 고정관념을 어떻게 지지하는지 알 수 있다. 그는 세계적인 베스트셀러 《12가지 인생의 법칙》에서 '남자는 강해져야 한다'고 말한다. '남자들은 그걸 요구하고, 여자들도 그걸 바라기 때문이다. 비록 그 강인함을 키우고 강요하는 사회적 과정에서 따르는 가혹하고 모멸적인 태도에 찬성하지 않는다고 해도 말이다.'[49]

그래서 피터슨의 책은 우리에게 '건강한' 여자는 지능, 소득, 지위 면에서 자신을 '압도하는' 남자를 찾는다고 말한다.[50] '당신과 이야기하는 남자가 어떤 상황에서도 당신과 싸우려 들지 않는 사람이라면 당신은 절대 그 남자에게 존경심을 갖지 못할 것이다.'[51]

그의 이야기 중에는 시대에 뒤떨어진 생물학적 근본주의도 일부 들어 있다. 《뉴욕리뷰오브북스》는 그의 책 《12가지 인생의 법칙》이 '경험과학으로서는 다소 기이한 종교에 가까운 의견'을 제시한다고 밝혔다. 피터슨은 남성과 여성은 생물학적으로 서로 다른 역할을 하는 게 더 적합하다는 주장을 반복해서 펼친다. 그는 '남자와 여자에게 스스로 분류를 해보라고 하면 동일한 범주에 넣지 않을 것'이라고 하면서 남성은 엔지니어가, 여성은 간호사가 되고 싶어 하는 경향을 더 많이 타고난다고 주장한다.[52]

피터슨 같은 남자들의 메시지가 더할 나위 없이 퇴행적인데도 이런 남자들이 '쿨'하고 대항문화적인 인사로 인식되는 건 정말이지 아이러니하다.

빅토리아 여왕은 1870년 5월 29일 자 편지에 이렇게 썼다. "짐은 여자다운 태도와 예의를 망각하는 부수적인 공포를 무릅쓰고, '여성의 권리'라는 이 사악한 미친 짓을 저지하는 데 합류해서 발언하거나 글을 쓸 모든 사람을 열렬히 모집하고 싶다. 여자라는 가련하고 연약한 성은 이런 공포에 쉽게 굴복하기 마련이다." '이 주제 때문에 여왕은 너무 화가 치밀어서 스스로를 제어하지 못할 지경이다. 하나님은 남성과 여성을 다르게 창조했고, 그다음에는 이들을 각자의 자리에 남겨두셨다.' 피터슨은 무려 150년이 지난 지금 여왕의 말을 앵무새처럼 되풀이하고 있다.

피터슨이 한 말 중 일부는 주류 반페미니즘의 전형적인 수사적 표현이다. 《파이낸셜타임스》에서 그는 사회는 '19세 소녀들에

게 너희의 주된 운명은 사회생활이라고 가르치기를 중단'해야 한
다고 말했다. 19세 소년들에게 너희의 주된 운명은 강인해지고
지배하는 것이라고 가르치는 일에 깊이 관여하는 사람이 할 말은
아닌 듯하다. 이 메시지가 소녀들에게 미칠 해악은 유익함을 훨
씬 능가한다.

  피터슨의 책 내용 가운데 일부는 광범위하면서도 애매하게 학
술적인데, 사실 너무 애매해서 틀렸다는 걸 증명하거나 반박하기
가 거의 불가능한 수준이다. '의식은 상징적인 면에서 남성적이
고, 시간의 기원 이후로 쭉 그랬다.' '문화는 상징적으로, 원형적
으로, 신화적으로 남성적이다.' 피터슨의 책에서 사실상 좋은 건
뭐든 왠지는 몰라도 남성적인 건가 싶어, 정확히 왜 그런지 또는
그걸 누가 결정하는지 물어보면 선제적인 방어막이 곧장 이런 질
문들을 튕겨버린다. 그건 상징적이라고, 알았어? 그럼 뭐가 상징
적으로 여성적이냐고 물으면 피터슨은 혼돈이 여성성과 결부되
어 있다고 주장한다.[53] 알려줘서 고맙다, 조던. (피터슨은 혼돈을 우
리가 알지도 이해하지도 못하는 모든 사물과 상황으로 정의한다. 그러
므로 개인적으로 그에게 있어서 그것이 어째서 여성에 대한 상당히 훌
륭한 묘사일 수 있는지 짐작할 수 있다.)

  그리고 여러분이 만약 진보와 사회적 전환이 큰 변화를 일으
키고 있다고 생각한다면 재고해볼 필요가 있다. 피터슨은 특정한
젠더 문제들은 고정불변이라고 주장하며, 지적인 느낌을 풍기는
사이비 생물학적 근본주의를 부추긴다. 이 근본주의는 인셀 이데
올로기의 패배주의적 성 운명론을 그대로 반영한 것이다.

'이런, 혼돈을 여성성으로 표현하는 것이 유감스럽지 않으요?'라고 말

할 수 있겠죠. 글쎄요, 그게 유감스러울 수도 있겠지만 그건 중요한 게

아니에요. 원래 그런 거니까요. 혼돈은 언제나 그렇게 표현되어 왔어

요. 그리고 거기에는 이유가 있어요. 여러분은 그걸 바꾸지 못해요. 불

가능하죠. 이건 모든 것의 밑바탕에 있는 문제예요. 기본적인 범주를

바꾸면 사람들은 더 이상 인간이 아닐 겁니다.[54]

피터슨이 '고대의 지혜'와 '과거의 위대한 신화와 종교적인 이
야기'라는 렌즈를 통해 현대의 삶을 깊고 정확하게 바라볼 수 있
다고 주장하는 것은 일종의 경고신호인지 모른다. 지금 남아 있
는 신화나 종교적인 이야기 가운데 여성이 집필하거나 심지어 소
유물, 성노예, 또는 그 둘 다의 역할을 넘어서서 여성 인물이 등
장하는 경우는 거의 없다는 사실을 감안하면 말이다.[55] (피터슨이
《인어공주》를 여러 번 예로 들어 자신의 주장을 뒷받침한다는 사실까
지 언급할 필요는 없을 것 같다.)

그의 어조와 접근법은 신중하고 고상하다. 그리고 추종자들이
편견을 갖게끔 사적인 주장을 구조적인 의견인 양 포장하는 일종
의 지적 속임수를 쓰기도 한다. 가령 그는 2016년에 성 정체성이
나 표현을 근거로 차별하지 못하게 막는 캐나다의 법안에 수차례
반대 의사를 밝히면서 처음으로 유명세를 얻었다. 당시 그는 트
랜스젠더 학생들을 당사자가 선호하는 대명사로 부르지 않겠다
는 입장을 밝혔다. 피터슨은 한 인터뷰에서 "나는 다른 사람들이
내게 쓰라고 요구하는 단어를 쓰지 않습니다. 특히 그게 급진 좌
파 사상가들이 만들어낸 거라면 말입니다"라고 말했다.[56]

표현의 자유를 지지하는 사람치고는 피터슨이 표현의 자유를
표현하는 방식은 대단히 기묘하다. 2017년 그는 '여성학, 그리고

모든 소수민족 연구와 인종 연구 집단' 등 자기가 보기에 '광신도적 세뇌'를 하는 대학 수업의 정원을 75% 줄이는 캠페인을 벌이겠다고 밝혔다.[57] 피터슨은 자신의 계획을 일종의 '비폭력 전쟁'이라고 표현했다(나중에는 그게 중단 상태라고 밝히긴 했지만). 하지만 그는 표현의 자유 원칙이 자신을 비판하거나 비방하는 사람들에게 적용될 때는 그다지 좋아하지 않는 듯하다. 자신의 관점을 곡해한다고 생각되는 필자를 고소하겠다고 위협하거나, 개인 블로그를 이용해서 자신의 말이 어떻게 '맥락에서 벗어났는지'를 성토하며 분노에 찬 장광설을 늘어놓는 일이 일상인 걸 보면 말이다. 그러니까 그는 합리적이고 이성적인 토론이라는 연막이 사라지고 그 속에 가려졌던 반동적이고 때로는 대단히 편향적인 내용을 사람들이 보게 될 위험에 맞닥뜨리면 방어 태세에 돌입한다. 트럼프가 그렇듯 그 역시 언론의 관심에 대해 이중적인 접근법을 취함으로써 이점을 누린다. 두 남자 모두 막대한 온라인 팔로워 권력을 휘두르고, 주류 언론을 피해서 인터넷 플랫폼을 이용해 자신의 팔로워들에게 곧바로 이야기한다. 두 남자 모두 뉴스 매체들이 자신을 배척하고 외면한다고 주장하지만, 한편으로는 클릭 낚시질에 충분히 써먹을 만한 논란과 충격 발언을 건지려고 이들의 입만 절박하게 바라보는 미디어 덕분에 항상 엄청난 관심을 누리며 이익을 얻는다.

《뉴욕리뷰오브북스》는 피터슨이 '오늘날의 편견에 놀라울 정도로 장단을 맞춘다'고 표현했고, 그가 한 주장의 상당수는 실제로 매노스피어에서 매일같이 되풀이되는 타령을 건전해 보이도록 윤색한 버전처럼 보이기도 한다. 예컨대 '남성적인 정신이 공격당하고 있다.'[58] 같은 것들 말이다. 피터슨의 트윗에 따르면 (여성의 행진이 상징하는)♦ 페미니즘은 '살인적인 평등 원칙'이다. '우린 젊은 남성들을 소외시키고 있다. 이들에게 너희는 가부장적인 억압자이자 강간문화의 주인공이라고 말하고 있다. … 끔찍하다. 너무 파괴적이다. 너무 불필요하다. 그리고 너무 슬프다.'⁵⁹

이 모든 게 남성권리운동가들이 사랑해 마지않는 주장이다. 남자들이 공격당하고 있다, 페미니즘은 말 그대로 남자들을 죽일 능력을 갖춘, 사악하고 보복적인 운동이다, 모든 남자를 상대로 마녀사냥이 한창이다 등등.

대안우파의 사고와 맞닿은 지점도 있다. 피터슨은 유튜브에 올린 한 영상에서 '백인의 특권은 마르크스주의자들의 거짓말'이라고 말했다. 한 트윗에서는 페미니스트들이 무슬림의 권리를 지지하는 것은 '무의식적으로 남성의 야만적인 지배를 갈망하기' 때문이라고 밝혔다. 이런 주장은 침략자 남성들에게 더럽혀진 백인 여성과 출생률에 대해 매우 여성혐오적이고 백인우월주의적인 관점에서 집착하는 것과 별 차이가 없다. 하지만 피터슨은 어떤 식으로 표현해야 욕을 먹지 않는지 정확하게 알고 있는 듯하다.

그는《12가지 인생의 법칙》에 '인간 여성의 까다로움은 침팬지의 공통 조상과 우리가 대단히 다른 이유이기도 하다'며 '다른 그 어떤 요인보다 너는 싫다고 말하는 여자들의 성향이 우리의 진화를 결정했다'고 썼다. 다시 말해서 피터슨은 인셀들처럼 연애 선택을 할 때 우위를 점하는 여성에 의해서 성시장이 지배된다는 생각에 엄청난 무게와 권위를 더해준다. 그리고 역시 인셀

♦   2017년 트럼프의 대통령 취임식 다음 날 워싱턴 D.C. 등 곳곳에서 벌어진 여성 행진을 말한다.

처럼 여성이 남성과의 데이트를 거절할 때 나타나는 '파괴적인 힘'에 대해서도 설명한다.

동물의 생물학적 특성에서 인간 행동과의 유사성을 찾는 피터슨의 시각은 남성 지배가 불가피하다는 매노스피어의 주장에 품위 있는 학술적 진지함을 선사한다. 피터슨은 페이스북에 이렇게 적었다. '우린 피부나, 손이나, 폐나, 뼈를 갖추기 전부터 지위 다툼을 해왔다.' '지배의 위계는 나무보다 더 오래되었다.' 물론 생물학은 피터슨의 전공 분야가 아니지만 수백만에 달하는 그의 온라인 팬에게는 별로 문제가 되지 않는 듯하다. 피터슨은 사실 자신의 전공과 가장 동떨어진 분야에 관한 주장을 할 때 자신의 학위증을 휘황찬란하게 내세워 무게감을 더한다.

여기에 여러 위험이 따른다는 것에는 별다른 설명이 필요 없을 듯하다. 한 인터뷰에서 피터슨이 '여성의 광기'에 대해 설명하면서 남성은 여성과 신체적으로 접촉해서는 안 된다는 사회적 약속 때문에 '미친 여자를 통제'하는 건 불가능하다는 듯이 말하자, 한 남자가 여성들의 반론을 향해 이렇게 윽박질렀다. "이 남자는 박사학위 소지자라고. 난 이 남자가 스스로 무슨 말을 하고 있는지 제대로 알고 있다고 생각해."[60]

예측하기 어려운 언행과 신중한 거리 두기 중에도 가끔 베일이 벗겨져서 피터슨과 매노스피어의 수사가 얼마나 유사한지 뚜렷하게 드러날 때가 있다. 이런 상황은 피터슨이 여성혐오 대량살상범들에 관해 이야기할 때 특히 두드러진다. 그는 《뉴욕타임스》와의 최근 인터뷰에서 주정부가 '섹스 재분배'를 승인해야 한다는 인셀의 입장을 판박이한 듯 그대로 전달하면서 마치 대량살상범 알렉 미내시언이 여성들에게 거절당하지 않았더라면 진정

했을지 모른다는 듯한 의견을 내비쳤다.[61]

　피터슨은 이렇게 말했다. "그 사람은 하나님한테 화가 났던 겁니다, 여자들이 자기를 거부했으니까. 그걸 해결할 방법은 강제적인 일부일처제죠. 사실 일부일처제는 그것 때문에 등장한 거기도 합니다." 이에 인터뷰어는 이렇게 덧붙였다. '피터슨은 이 말을 할 때 잠시 뜸을 들였다. 그에게 강제적인 일부일처제는 그야말로 합리적인 해결책이다. 그러지 않을 때 여성들은 모조리 가장 높은 지위의 남성에게만 돌진할 거고, 그러면 결과적으로 양쪽 성별 모두 행복할 수 없다는 게 그의 설명이다.'

　뒤이어 피터슨은 이렇게 말했다. "남자들의 절반은 실패합니다. 그리고 누구도 실패한 남자는 신경 쓰지 않죠." 선택할 수 있는 짝짓기 상대가 지나치게 많은 "소수의 남자는 여자들에게 접근할 권한을 과도하게 가집니다." 이는 완벽한 인셀 이데올로기, 분명한 80대 20 이론이다.

　일부에서 반발이 일자 피터슨은 자신의 웹사이트에 '강제적 일부일처제'는 유명한 인류학적, 과학적 개념이고, 자신은 '인셀들에게 처녀를 임의로 나눠주는' 방식이 아니라 '사회적으로 장려되고 문화적으로 학습된 일부일처제'를 뜻하는 거라면서 자신의 발언을 재빠르게 방어했다. 하지만 미내시언의 살인에 대한 책임은 당사자의 살해 의도와 행동이 아니라, 여성의 성적 자율성에 있다는 함의를 해명하려는 시도는 전혀 하지 않았다. 또한 주류 플랫폼에 학문적 언어로 포장된 인셀의 논리가 등장했을 때 인셀 커뮤니티가 얻게 될 필연적인 정당성을 무효화하려는 노력도 전혀 없었다.

　물론 피터슨이 매노스피어 커뮤니티를 전혀 알지 못하고, 심지어는 비판적인 입장이며, 이런 커뮤니티의 일부 근본 교리에 단비 같은 확산의 기회를 제공하게 된 건 전적으로 우연이라고 주장할 수도 있다.

피터슨은 믹타우를 조준해서 불쌍한 족제비라고 부르고 이들이 힘든 시간을 보내고 있는 젊은 남자들에게 과도한 영향을 미친다며 한탄했다가, 이례적으로 이 비판을 번복하고 자신이 이들에게 너무 지나쳤다며, 이들에게도 '일리가 있다'고 주장하기도 했다.

하지만 그가 여성혐오적인 우파 온라인 군중의 역학관계를 정확하게 이해하고 있는 것은 분명하다. 한 팟캐스트 인터뷰에서 그는 이렇게 말했다. "이런 말을 하면 안 되겠지만 해야겠어요. 진짜 빌어먹게 웃겨서 말을 안 할 수가 없다니까요. 내가 사회정의의 전사들을 이용해서 돈 버는 방법을 생각해냈거든요. 내가 그 사람들 이슈로 입을 열면 시끌시끌해지겠죠. 그럼 패트리온으로 돈을 더 벌 거고요…. 그 사람들이 나한테 항의를 하면 그게 유튜브에 올라가고 내 패트리온 계정은 급상승할 거예요." 패트리온은 콘텐츠 크리에이터가 창작한 작품의 팬이 구독자가 되어 정기 구독료를 지불하면, 이 크리에이터의 예술적 혹은 지적 결과물을 이용할 수 있는 플랫폼이다. 유튜브에서 피터슨의 팔로워는 200만 명이 넘는다. 그는 이 중 80%가 남성이라고 인정한다.

하지만 피터슨과 그의 팬들은 그가 대안우파의 생각을 전달하는 통로라는 비난을 단박에 반박한다. 피터슨은 자신의 책에서 극우 정당의 부상이 '불길하다'고 표현하고, 자신이 젊은 남성들을 극단주의에서 떼어놓았다고 주장하면서 그들의 정치적 관점을 온건하게 유도하는 역할을 해왔다는 말도 서슴지 않는다. 이를 뒷받침하기 위해 그가 거론하는 증거는 일화적인 수준이지만 말이다.[62] 그의 말이 맞는다고 해도 남성우월주의자들과 매노스피어 트롤 중에 열렬한 추종자가 있음을 보여주는 몇 가지 상황은 설명하기가 좀 난해하다. 피터슨의 유튜브 영상은 페미니스트나 트랜스젠더에 대해 잔인하게 공격하는 내용일 때 조회 수가 말도 안 되게 높다. 또한 피터슨이 적극적으로 구애하든 말든 이미 레딧의 r/TheRedPill 같은 남성우월주의 커뮤니티와 수천 개의 토론 스레드를 보면 그를 추종하는 광범위한 팬층이 형성되어 있음을 알 수 있다. 피터슨이 '눈송이들을 녹인다'며 칭찬하는 한 대표적인 게시글은 이렇다. '레드필 사람들 대부분이 지금까지 그 사람을 잘 몰랐다면 솔직히 놀랐을 거야.' 이보다 훨씬 분명한 건 〈채널4 뉴스〉의 진행자 캐시 뉴먼Cathy Newman이 인터뷰에서 감히 피터슨의 관점에 이의를 제기한 뒤 그를 향해 협박이 밀려든 일이다. 뉴먼은 '말 그대로 험악한 트윗 수천 개'를 비롯한 '빗발치는 욕설'을 이렇게 설명했다. "그건 반 정도는 의도적으로 조직된 작전이었습니다. 흔하게 하는 '창녀, 쌍년, 멍청한 금발'부터 '니가 사는 집을 찾아내서 널 처단할 것'이라는 말까지 다양했죠."[63] 뉴먼의 고용주들은 보안 전문가를 고용해야 했고 경찰도 개입했다. 이는 피터슨과 온라인 트롤이 완전히 중립적인 관계라고 보기는 어렵다는 것을 시사한다. 아무리 그게 완전히 일방적이라고 할지라도 말이다.

뉴먼을 향해 쏟아지는 막말 공격이 언론에 보도되자 피터슨 본인이 트윗을 남겼다. '당신이 그를 위협하고 있다면 그만두십시오.' 그러나 사건 직후 인터뷰에서 그가 이 막말 공격에 대해 했던 말을 떠올려보면 이 트윗은 약간 다른 의미로 읽힌다. "그들은 그 비판이 위협이라는 근거를 하나도 제시하지 못했습니다. 온라인에는 고약한 농담이 좀 있긴 한데, 그건 어떤 식으로든 근본적인 여성혐오를 반영한 것이고 그게 이 사태의 원인이라는 생각은 터무니없어요."[64]

실제 피터슨이 특별히 젠더 문제에 개인 활동을 크게 할애하지 않는다는 사실을 고려하면, 피터슨이 반페미니즘의 상징이 되었다는 건 상당히 의미심장한 일이다. 그가 쓴 《12가지 인생의 법칙》은 예스럽다는 느낌이 들 정도로 약간 빤한 인용구들이 넘쳐나서 마치 바닷가 일출 사진으로 장식된 자기계발 포스터 같은 인상을 풀풀 풍긴다. '당신은 이 세상의 운명 속에서 중요한 역할을 맡고 있다.' '오늘의 다른 사람과 비교하지 말고 어제의 당신하고만 비교해보라.' 그가 한 가장 유명한 조언 중에는 독자들에게 방을 청소하고 반듯하게 서라고 다독이는 말도 있다.

피터슨의 반페미니즘 철학이 그의 여러 주장 가운데 가장 유명세를 얻게 된 건 언론이 조회 수를 올릴 수 있는 논란에 집착하는 탓도 있다. 언론은 의도적으로 가부장제는 존재하지 않는다는 소리를 20분 동안 전투적으로 퍼부을 준비가 된 남성들과 (가령 강간피해 여성 위기지원센터의 지속 가능한 재원을 확보하는 법을 놓고 토론하는 데 더 관심이 많을) 페미니스트들을 붙여놓고 싸움 구경을 한다. 이는 '조던 피터슨이 코걸이를 한 페미니스트 돼지를 무찌르다' 같은 전형적인 매노스피어 영상(이 영상의 제작은 피터슨 본인과는 아무 상관이 없다) 같은 것으로 이어지고 이는 다시 유튜브 알고리즘을 통해 확산하여 수백만 회의 좋아요와 조회 수와 광고 시청으로 연결된다.

하지만 젠더 표현 대명사 논쟁에 제 발로, 그것도 대단히 공개적으로 뛰어들어 피터슨이 유명해진 과정을 생각하면, 그 자신이 논란을 부추기는 데서 비롯되는 홍보상의 이익을 전혀 몰랐다고 보기는 힘들 듯하다.

그렇게 하면 확실히 돈이 된다. 그것도 무지막지하게. 엘람이 자기 팔로워들을 꾸짖고 몇 달러를 자기 개인 주머니로 꽂아달라고 애원하는 작전을 번갈아 펼치는 인물로 전락하는 동안, 피터슨은 한때 패트리온을 통해 팬들의 성금으로 매달 8만 달러를 거둬들인 것으로 전해졌고, 책은 수백만 부가 팔렸다.[65]

의도적이든 아니든 매노스피어가 열광하는 유의 여성혐오적 주장에 학술적인 외피를 빌려주는 건 피터슨 같은 남자들만이 아니다. 과학적 근거가 사실상 전혀 없을 때마저도 자신의 주장이 탄탄하다는 걸 어떻게든 보여주려고 필자의 학문적 배경을 들먹이는 경우가 있다. 예컨대 이런 기법이 제목에서 노골적으로 드러나는 《데일리메일》의 한 기사를 살펴보자. '남편과의 잠자리를 거부하는 아내가 사회를 망치고 있다고 말하는 학자.'[66] 머리기사만 보면 이름 모를 '학자'가 자신의 연구를 근거로 한 발언이고, 이 특수한 주장을 입증할 만한 어떤 과학적 연구가 있다고 생각하기 쉽다. 하지만 이 글에는 필자인 캐서린 하킴Catherine Hakim 박사의 선정적이고 매우 여성혐오적인 주장이 들어 있긴 하지만, 이 글이 홍보하는 하킴 박사의 저서에 대한 약간의 언급을 제외하면 그 주장을 실제로 뒷받침할 만한 과학적 연구는 전혀 등장하지 않는다. 하킴 박사의 글은 인셀 이데올로기를 연상시킨다.

> 성적으로 굶주린 남자들은 매춘부를 찾고, 포르노를 보고, 최악의 경우에는 다른 여성을 성폭행할 가능성이 높다. (…) 우리가 마음 깊숙한 곳

에서 아는 것처럼 남자들이 성적 굶주림에 시달리고 그로 인해 어쩔 수 없는 분노가 쌓이면 바람을 피우거나 그보다 더 심한 짓을 할 수도 있다.

하킴 박사는 남편과 성관계를 충분히 하지 않으면 '태만한 아내'며 아내에게 '이들의 삶을 파탄 낸' 데 책임이 있다고 주장하고, 다른 여성을 강간하는 것조차 아내 탓이라며 몰아세웠다. '더 걱정스러운 부분은 내가 보기에 성적인 좌절이 여성에 대한 폭행으로 이어진다는 게 당연하다는 것이다. 이런 행동에 변명의 여지가 있다는 말은 전혀 아니지만.'

하킴 박사는 과학적 언어를 반복해서 사용함으로써 인셀들이 사족을 못 쓰는 그럴듯한 학문적 외피로 인셀의 논리를 포장한다. 그는 코앞의 문제와 애매하게 연관이 있는 듯하지만 실상 주장을 뒷받침하는 데는 아무런 쓸모가 없는 통계를 인용한다. '영국의 한 성관계 조사에 따르면 45세부터 59세 사이의 여성 1/5이 1년 이상 성관계를 하지 않은 것으로 나타났다.' '실제로 한 조사에서는 남성의 1/4이 기회만 되면 매일 성관계를 하고 싶다고 말했다.' '지구상에 여성보다 남성이 6% 더 많은 건 역사상 처음이다.' 이 중 어떤 것도 자신이 원하는 것보다 성관계를 적게 한 남자가 성폭행을 저지를 가능성이 크다는 하킴 박사의 주장과는 관계가 없다. 이런 성폭력을 다른 여성의 성적 자율성 탓으로 얼렁뚱땅 연결 짓는 것과도 무관하다.

젠더 정의 NGO 프로문도Promundo의 설립자이자 CEO인 게리 바커Gary Barker는 거창하게 학계와 결부되어 이런 관점이 정상인 듯한 인상을 주는 것은 인셀 자체보다 훨씬 큰 위협이라고 생각한다. 그는 내게 '조던 피터슨이 자기 담론을 정상처럼 보이게 만드는 걸 보면 잠이 잘 안 올 지경'이라고 말했다.

> 그 사람이 그걸 포장하는 방식을 보세요. 그 사람처럼 그걸 사이비 과
> 학으로 포장하는 다른 사람들도요. 그게 무슨 진화생물학에 근거를 두
> 고 있는 것처럼 느껴질 정도입니다(그 사람의 경우는 유대기독교 전통에 의
> 지하죠. 그게 과학이라도 되는 것처럼). 저는 그게 주류로 받아들여지는 과
> 정이 걱정입니다. 인셀과 소수가 할 수 있는 것에 대해 걱정하지 않는
> 건 아니지만… 그들이 친구의 형제처럼 보이는 남자들, 예의 바른 동
> 료들, 공개석상에서는 여성혐오의 기색을 드러내지 않는 사람들을 "그
> 래, 난 이런 페미니스트 따위는 상대할 필요가 없어"라고 말하는 공간
> 으로 슬쩍 떠민다는 게 더 겁이 납니다. 그런 담론이 더 걱정되죠.

우리는 인생의 어떤 것에는 질문을 던지고 어떤 것은 그냥 받
아들인다. 우리는 신문에 적힌 내용을 사실로 받아들이도록 권하
는 사회에서 살고 있다. 학자들은 어떤 주제에 대해서든 권위자
라고 넘겨짚는 사회에서 살고 있다. 많은 사람이 그 말이 우리가
신뢰하도록 학습받은 사람의 입에서 나왔다는 이유만으로, 쌀쌀
맞은 아내 때문에 남자들이 다른 여자를 강간한다는 대단히 여성
혐오적인 사고를 문제 삼지 않는 사회에서 살고 있다. 거기서부
터 더욱 많은 것이 조용히 파생된다. 강간은 남자들이 어떻게 할
수 없는 행동이라는 생각, 그런 일이 일어나면 책임은 여자에게
있다는 생각, 강간범을 이해하고 이들과 교감하는 방법을 찾아야
한다는 생각 같은.

이런 생각들은 누구에게든 영향을 미칠 수 있다. 피터슨이나
매노스피어 커뮤니티의 우상 같은 남자들에 대해 들어본 적 없는

사람들에게조차. 모두가 믿도록 교육받은 가방끈이 긴 사람들은 이런 생각들을 세심하게 여과해서 우리에게 조금씩 주입한다. 그리고 모든 삶에 배경막처럼 깔려 있는 가장 낮은 수준의 성차별주의는 우리가 이런 생각을 별 저항 없이 받아들이도록 단련시킨다. 성별 장난감 매장부터 '파이어맨fireman' 같은 단어에 이르기까지 아주 자잘한 것들이. 감히 그런 문제를 끄집어냈다는 이유로 여성들에게 '드센 페미나치'라는 딱지를 붙이는 사건들이. 이 모든 것이 중앙지에서나 학계의 직함을 가진 사람이 대단히 성차별적인 발언을 했을 때, 그것을 우리가 불편한 진실일 수 있다고 믿게 만드는 데 아주 조금씩 일조한다. 이런 중앙지들이 모든 비난을 억누르기 위해 선제공격을 감행하고 우리를 페미나치라고 부르며 이런 사고가 받아들여질 수 있도록 앞장서는 경우는 많다.

바커 역시 피터슨 같은 학자가 여성혐오적인 막말을 즐기는 수백만 명의 온라인 팬들에 힘입어 자신의 주장에 무게를 더할 때, 표현의 자유가 위축되는 효과가 나타날 수 있다며 우려를 표한다. 뉴먼에게 강간과 살해 위협이 날아드는 걸 목격한 여성 언론인들이 피터슨에게 문제를 제기해도 될지 고민하지 않을까? 피터슨의 이데올로기에 공개적으로 반론하고자 하는 다른 학자들은 또 어떤 영향을 받을까? 바커는 피터슨에 대한 기사 때문에 최근 《워싱턴포스트》와 했던 한 인터뷰를 거론했다. "그 기사를 쓴 기자가 그러는 겁니다. '자기 이름을 걸고 그 사람을 비판하려는 다른 사람을 찾을 수가 없었다'고 말이죠."

피어스 모건과 아기띠게이트

　마지막으로 이런 주제들을 그럴듯하게 치장해서 주류로 들이미는 미디어 논평가들이 있다. 이들은 자신의 프로그램에 누구를 초청해서 어떻게 인터뷰할지 선택함으로써, 혹은 자체적인 수사적 표현을 통해 이런 효과를 만들어낸다. 이 책을 위해 취재하는 동안 피어스 모건Piers Morgan이라는 이름이 여러 차례 튀어나왔는데, 그는 이 두 가지 방법의 딱 좋은 예시다. 하나는 쓸데없는 질문만 날리며 알랑대는 트럼프와의 텔레비전 인터뷰고, 다른 하나는 소셜미디어와 공중파에 대고 직접 여성에 관해 반복적으로 한 말들이다. 텔레비전 진행자가 전통적으로 매노스피어에 국한되던 주장을 입에 올릴 경우 새로운 지지층과 수명을 얻게 된다.

　모건의 트윗은 '정치적 올바름에 미친 징징대는 눈송이 저능아들은 내 모든 글이나 말에 끔찍하게 기분 나빠할 거다' 같은 식이다. 700만 명이 넘는 자신의 팔로워들에게 전하는 말에는 '약해 빠진 눈송이들'과 '남자다움'이 언급되거나, 페미니스트에게 분노의 화살을 돌리는 표현이 있을 가능성이 대단히 크다. 그는 여성의 행진이 있던 날 트윗을 163번 올렸는데, 전반적인 골자는 이런 식이었다. "과격한 페미니스트들 때문에 전 세계적으로 남성이 소름 끼칠 정도로 약화되는 것에 저항하기 위해서 '남성의 행진'을 계획 중이다."[67]

　모건의 소셜미디어 발언은 타블로이드지 정규 칼럼을 통해 보강된다. 그는 이 칼럼을 '위선적인 급진 페미니스트들이 남자들을 거세시키고 비굴하게 질질 짜는 동네북으로 만들게 내버려두지 말라' 또는 '나는 남성성을 겨냥한 전쟁이 너무 신물 나는 데, 나만 그런 건 아니다' 같은 주제에 할애하는 편이다. 그에게는 ITV의 아침 프로그램 〈굿모닝브리튼〉의 진행자라는 자신만의 플랫폼도 있다. 여기서 모건은 자신의 트위터에서 의도적으로 만들어낸 '논란'과 설전을 과장하고 공론화하는 역할을 능수능란하게 수행한다. 즉 모건은 합리적인 토론과 도덕적 우월함이라는 방어적 수사 뒤에 조심스럽게 자리를 잡고서, '정치적 올바름은 맛이 갔다'는 식의 반페미니즘적이고 반동적인 폭언에 대한 온라인의 터무니없는 요구에 딱 맞춰 움직인다.

모건과 그의 고용주들은 꼬리에 꼬리를 무는 관계가 원래 그렇듯 여기서 상호 이익을 얻는다. 모건은 수백만 팔로워를 향해 자극적이고 성차별적인 말을 트윗하고 미끼를 무는 사람이 나타날 때까지 기다리다가 이 논란을 최대한 시끄럽게 확대시킨다. 다음 날 아침이면 그의 프로그램은 이 트위터 설전을 '뉴스 가치'가 있는 것으로 포장한다. 페미니즘과 다른 사회정의 운동을 우스꽝스럽고 극단적이라며 손가락질하기 위해 가장 시시하고 빤한 주제를 의도적으로 부각하는 것이다. 이 프로그램은 사람들이 자기네 웹사이트에 방문해 더 많이 시청하게 하려고 가장 자극적인 클립을 트위터에 올리는 식으로 낚시질을 한다. 그런 다음 손을 털고, 재정비하고, 다시 시작한다.

모건은 이 비옥한 토양을 자기 손바닥 보듯 속속들이 알고 있다. 그가 주력하는 영역은 자기편 늑대들에게 신호 보내기, 페미니스트라고 주장하면서 감히 자신의 몸을 적나라하게 드러내는 사진을 찍은 일반 여성 비난하기, 그리고 양육 같은 끔찍한 범죄에 가담하는 일반 남성에 대한 융단폭격 등이다. 그는 영국의 배우이자 영화 제작자인 대니얼 크레이그가 감히 아기띠를 하고 돌

아다닌다며 호되게 나무라고, 제임스 본드가 '나약해'졌다는 트 윗을 남긴 것으로 유명하다.[68]

이 게임은 고통스러울 정도로 노골적이고 공개적이다. 모건은 자신이 의도적으로 부추긴 불화가 유명세를 탈수록 신나서 우쭐 댄다. 그는 크레이그 논란이 이어지는 동안 '처음에는 워싱턴포스트, 이제는 BBC 뉴스. 아기띠게이트가 워터게이트보다 더 커지고 있다'는 트윗을 남겼다.

하지만 실체적 진실 없이 잔뜩 부풀려진 분노의 표면 밑에는, 더욱 사악한 추종자들을 개입시키려는 신호가 도사리고 있다.

2019년 1월 모건은 칼럼에 '나는 남성성을 겨냥한 이 전쟁이 신물 난다'고 적었다. 모건이 개탄한 건 남성들에게 성차별적인 행위나 성적 괴롭힘을 목격했다면 나서야 한다고 독려하는 면도기 회사 질레트의 광고였다. 모건은 이 광고가 '모든 남자를 나쁘고 수치스러운 존재'로 암시한다며 남자들을 위축시킨다고 주장했다.[69] 그 뒤 얼마 되지 않아 이 광고를 만든 여성 중 한 명은 특히 모건의 기사가 나간 뒤부터 끔찍한 욕설 폭격에 시달렸다고 밝혔다. 이 여성이 발췌해서 올린 메시지의 용어를 보면, 전형적인 매노스피어 상주자들이 모건의 칼럼에 자극받아 공격에 나섰다는 것을 알 수 있다. 온라인 극단주의의 표현이 분명하게 배어 있는 한 메시지는 이런 식이었다. '계속 우릴 자극해봐, 추잡한 창녀들아. 그럼 너와 니네 무리들(남자를 혐오하는 여성 중심적인 페미니스트들)이 지옥에 보내달라고 빌게 만들어줄 테니까.' 이 메시지는 이렇게 이어졌다. "우리 백인 남자들은 이 염병할 세상에서 여자들을 최고로 대우해주는데 너넨 우릴 좆같이 대하지. … '유해한 남성성'이 어떤 건지 알고 싶어? 그럼 말만 해, 쌍년아(돌아갈 방법은 없을 거야).”

때로 모건의 표현에는 매노스피어 내부의 대화가 섬뜩할 정도로 정확히 그대로 묻어난다. 가령 '인류mankind의 미래가 달렸다'면서 '남자가 나라를 다시 장악하는 캠페인'에 돌입하겠다고 주장하는 것처럼.

벤 허스트는 이렇게 말한다.

> 피어스 모건 같은 사람들은⋯ 자기가 하는 말, 그리고 말을 하는 방식에 대해 진짜 신중하다고 생각합니다⋯. 이 남자들은 다른 남자들이 성공했다고 여길 법한 그런 부류이기도 하죠. 그건 그들이 하는 말이 공격적이거나 불쾌감을 유발한다고 비치지 않는다는 뜻이고요. 그들이 사회에서 차지하는 지위와 권력의 수준은 이런 메시지들이 남성들에게 먹혀든다는 것을 의미합니다. 피어스 모건이 하는 말에 진짜로 관심을 가지는 아이들이 있어요. 그는 영국 남성권리운동에서 가장 봐줄 만한 사람인지 모르죠. 저는 그가 아무리 그래도 스스로를 (그런 식으로) 규정하지는 않을 거라고 생각하긴 하지만, 그는 확실히 그런 정서를 공유하고 그런 종류의 의견과 관점을 보입니다.

모건은 여성혐오라는 비난이 일 때면 자신은 '여성을 사랑'하며 그저 '과격한 페미니스트들을 별로 달가워하지 않을 뿐'이라며 반발하는 태도를 보인다.

이렇게 매노스피어 이데올로기는 저평가된 음지의 온라인 군중에게 신호를 보내 이들을 불러내는 언동을 일삼는 정치인, 학자, 미디어계 인물들에 의해 양지의 주류 담론으로 끌려 나온다. 이는 서로에게 득이 되는 관계다. 이런 비공식 대변인들에게 매노스피어는 득표율이나 책 판매 부수나 조회 수를 끌어올려 주는 위력적인 세력이다. 또한 매노스피어 커뮤니티 입장에서 이런 비공식 대변인들의 활동은 자신의 사고를 고립된 온라인 공간 저 너머로 확산시켜 더 넓은 대화의 장에 발돋움하는 기회가 된다.

창문은 이미 열렸다

데이비는 이렇게 지적한다. "극단적인 포럼들을 들여다보면 사람들이 이렇게 말해요. '그 사람 진짜 꽤 쓸 만해. 사람들을 우리 입장으로 더 가깝게 끌어당길 수 있으니까 말야.' 이런 사람들을 이용하면 한계를 더 밀어붙이고 창문을 더 활짝 열어젖힐 수 있다는 의식이 분명하게 있어요."

데이비가 '창문'이라는 단어를 사용한 건 우연이 아니다. 매노스피어와 백인우월주의 포럼 모두가 '오버턴overton 윈도' 개념에 집착하기 때문이다. 이 용어는 대중 담론에서 용인되는 생각의 범위를 일컫는다. 모건 같은 인물들이 예전이었다면 급진적이어서 받아들일 수 없다고 여겨졌을 표현을 사용하거나, 트럼프 같은 정치인들이 과거에 대통령이었다면 상상도 할 수 없는 말을 내뱉을 때, 대안우파와 인셀 포럼들은 오버턴 윈도가 움직여서 자신들의 극단적인 생각들도 주류에 끼어들 만큼 더 넓은 틈을 열어줬다고 환호한다.

이렇게 꼬리에 꼬리를 무는 하나의 사슬이 완성된다. 시작점에는 가장 극단적인 온라인 포럼들이 있다. 맷 포니처럼 대놓고 여성을 구타해도 된다고 떠들어대는 남자들과 여자들을 성노예로 만들 방법을 궁리하는 인셀들. 그다음으로는 이런 커뮤니티들을 직접 진두지휘하는 선봉장들이 있다. 추종자들을 부추기는 발리자데나 '폭력적인 쌍년 두들겨 패기의 달' 같은 걸 생각해내는 엘람 같은 남자들. 그다음으로는 야노폴로스처럼 나치식 인사가 주위에서 빗발치는 가운데 목청 높여 노래해놓고서는 들키면 눈을 동그랗게 뜨고 자신은 결백하다고 항변하는 남자들. 온라인 모리배들이 떠들어대는 난폭한 생각을 반복해서 입에 담아놓고 항상 그건 '그냥 반어적인 표현일 뿐'이라고 주장하는 남자들. 온라인 우상과 오프라인 선동가 사이에서 줄타기하다가 한 번씩 스텝이 꼬이는 남자들. 그다음으로는 배넌처럼 이쪽 영역과도, 그들 뒤에 있는 다른 집단과도 친밀하지만 (심지어 그들과 직접 긴밀하게 전략적인 교류를 하면서) 한층 톤을 낮춘 표현을 사용해가면서 스스로 거리 두기를 하는 중개자 남성들이 있다. 또는 피터슨처럼 매우 비슷한 생각을 거부감 없도록 다시 포장해서 제시하는 남자들이. 마지막으로 사슬의 최상위에는 정치인과 힘 있는 미디어 논평가들이 있다. 이들은 한발 떨어진 곳에서 이 거리를 이용해 기어코 그럴듯한 부인을 하겠지만, 사실 이들의 수사적 표현과 한층 희석된 정책들은 똑같은 메시지를 사회적으로 받아들여질 만하게 윤색한 것이다. 중앙에 있는 이 남자들은 사슬 최하위에 신호를 보내 지지를 끌어내면서도, 동시에 중도적으로 사고하는 새로운 사람들을 끌어들일 정도로 충분히 그럴싸한 외양을 갖추고 있다. 사슬 최상위에 있는 사람들은 맨 아래쪽 사람들의 이데올로기를 앵무새처럼 그대로 되풀이할 필요가 없다. 오히려 그렇게 할 경우 기존 질서가 막아주던 비판에 이들을 노출시키고 새롭게 관심을 가지는 사람들이 충분히 급진화되기 전에 불쾌감을 느끼는 역효과만 생길 뿐이다.

최상위에 있는 남자들은 직접 생선 내장을 손질할 필요가 없다. 그냥 미끼를 들고서 입질이 오기만을 기다리면 된다. 낚싯바늘을 삼킬 정도로 매료된 사람들은 제 발로 알아서 갈 길을 찾아갈 것이다. 낚싯대를 들고 있는 사람들은 돈이나 온라인상에서의 열광, 득표율 같은 이익을 건져 올려 한몫을 단단히 챙길 수 있다. 오버턴 윈도는 확실히 움직였다. 새롭게 매노스피어를 접한 사람들이 자기가 하는 것 중에서 너무 과한 건 없다고 스스로를 납득시킬 정도로. 그 단계가 지나면 이제 돌이킬 수가 없어진다. 그때는 너무 과한 게 핵심인 지경이 되니까. 그리고 궁극의 급진화에 도달하지 않은 사람들조차도 쓸모가 있다. 오른쪽으로 아주 조금 움직인 중도파, 여성혐오나 인종주의에 아주 조금 더 관용적인(왜냐면 어쨌든 트럼프의 말처럼 그게 심하게 틀린 건 아니니까) 그 사람들은 사회적으로 용인 가능한 것의 기준을 바꿔서 사슬의 밑바닥에서 위로 올라온 신념과 정책에 더 큰 영향력과 파장을 미칠 수 있기 때문이다. 인셀 이데올로기를 주류화하는 것이 모든 관련자의 최종 목표는 아니다. 일부에게는 그저 충분한 지지층을 확보하고 정치적 올바름이라는 다가오는 물결에 맞서 캠페인을 펼치는 것이 충분한 보상일 수 있다. 극단주의적인 사고가 조용히 공적 담론에 스며드는 것은 나쁘지 않은 부수적 효과일 뿐이다.

온라인 극단주의 커뮤니티의 선봉장들이 이 사슬을 알고 있고 의도적으로 이용한다는 것에는 반론의 여지가 없다. 이보다 상층부에 있는 남성들이 자기 역할을 의도적으로 수행하는 건지 아니면 완전히 모르고 하는 것인지는 불분명하다. 하지만 자신의 우상들이 사적인 이익을 얻으려고 확산시키는 독설과 경직되고 케케묵은 고정관념에 빠져든 남자들은 실제로 피해를 당한다.

최종 결과는 남성우월주의자 마이크 세르노비치가 《뉴요커》와 했던 인터뷰 기사에서 적나라하게 드러난다. 기사는 해당 언론인이 목격한, 세르노비치가 거의 군사적인 수준의 정밀함으로 계획한 사건을 다룬다. 세르노비치는 소셜미디어 플랫폼 페리스코프Periscope의 동영상을 이용하고, 힐러리 클린턴의 이메일에 대해 자신이 공들여 쓴 서사에 이목이 집중하도록 #힐러리스해커#HillarysHacker라는 해시태그를 씀으로써 수천 명에 달하는 자신의 추종자들을 결집시켰다. 세르노비치가 영상 제작을 채 마무리하기도 전에 이 해시태그는 트위터로 번졌다. 하루 만에 이 해시태그가 달린 트윗 4만 2000여 개가 올라왔다. 이 주제는 레딧에서 널리 다뤄졌고, 그 때문에 미디어 전문가들이 이를 보도했으며, 한 국회의원은 워싱턴의 검사들에게 수사를 촉구했다. 연쇄작용은 완벽했다.[70] 하지만 중요한 것은 주류에 도달하기 전에 일반 미디어 소비자들에게 탄탄한 사실처럼 보이게 하려고 그럴싸한 사람들의 충분한 가공을 거쳤다는 점이다. 그리고 그 의견이 워싱턴 검사들의 위세 높은 집무실에 도착했을 때 여성혐오자 세르노비치의 아이패드에는 그 발원 기록이 거의 흔적도 남아 있지 않았다.

8

여자를
두려워하는
남자들

"이건 '마녀사냥'인가?"
_존 험프리스가 BBC 라디오4, 〈투데이〉에서 #미투에 대해 한 말

오늘날 남자들은 겁에 질려 있다. 시시콜콜한 일상에서 남자들이 박해와 위협을 당하는 세상에서 살고 있기 때문이다. 과거에 했던 행동이나 맺었던 관계로 인해 어떤 남자든 한순간에 커리어가 박살 나고 행복이 짓밟힐 위험에 취해 있다.

사기와 조작에 능한 성난 여자들이 칼을 갈고 있다. 안전한 남자는 없다. 누구의 머리 가죽이든 벗겨질 수 있고, 누구의 과거든 의도적인 왜곡과 파괴 앞에선 손쓸 길이 없다.

완벽하게 무고한 상호작용을 추악한 학대로 그리며 발작적으로 과잉 반응을 한다. 일확천금을 노리는 전문 피해자들은 부끄러운 줄도 모르고 관심과 보상, '5분짜리 명성'을 얻겠다며 30년이 지나서야 그 사람의 손길을 편리하게 '기억해'낸다.

한술 더 떠서 도덕적으로 파탄한 저 여자들은 그저 할 수 있다는 이유만으로 뜬금없는 이야기를 날조해서 죄 없는 남자의 명성과 밥줄을 모조리 끊어버린다.

"'무죄 추정의 원칙'이라는 것도 있잖아?" 나는 사람들의 고함을 듣는다. 오, 아니지. 트위터로 조직된 페미나치 폭도들과 정치적으로 올바른 눈송이들의 히스테리가 극에 달한 요즘 같은 세상에선 아니지. #미투가 워낙 막강해져서 회사들이 온라인에서 뜬소문을 수군대는 정도에 불과한 일을 가지고 정당한 절차도 없이 좌든 우든 중도든 최고위직 임원들을 폐기 처분하고 있는 이런 환경에서는 아니지.

이건 마녀사냥이다, 그러니 실수를 해서는 안 된다. 그리고 그 어떤 남자도 다음 희생양이 될 수 있다….

#미투와 #힘투

2006년 타라나 버크Tarana Burke가 창시하고, 2017년 소셜미디어를 통해 대중화된 미투운동과 할리우드 제작자 하비 와인스타인을 상대로 제기된 성폭력 고발 이후, 최근 벌어지고 있는 백래시를 요약하자면 위와 같다. 이 운동은 전 세계 수백만 명의 여성이 처음에는 직장에서, 이후에는 사회의 다양한 영역에서 자신이 당한 성적 괴롭힘과 성폭력에 대해 이야기를 나누는 상황으로 번졌다.

위의 묘사가 과장처럼 느껴진다면 세계에서 가장 저명하다고 인정받는 일부 미디어 매체에서 가져온 미투운동에 대한 다음의 머리기사와 인용문을 살펴보자.

> "#미투가 미쳐 날뛰다"_《더위크》
>
> "#미투가 너무 멀리 나갈 때"_《뉴욕타임스》
>
> "이건 '마녀사냥'인가?"_《투데이》
>
> "밀레니얼 여성은 남성을 망신시키는 데 너무 주저함이 없다."_《타임스》
>
> "숙녀분들 미안하지만, 식사 자리에서 던지는 어설픈 농담은 성폭력이 아니에요."_《데일리메일》
>
> "섹스충을 성토하는 이 새된 비명에서 여자들은 뭘 얻을까? 니캅◆이 다."_《메일온선데이》

매노스피어 커뮤니티의 남성들이 온라인에서 한 다음 발언들은 어떤가.

> '난 그게 남자들한테 무서운 일이라고 생각해. 다들 그게 겁난다고 이야기해. 하지도 않은 일 때문에 벌받는다고 생각해보라고.'
>
> _에릭 폰 마르코빅(닉네임 '미스터리'), 버즈피드에 올린 #미투에 대한 글[1]
>
>
> '무슨 교육을 받았건 배경이 어떻건 이 지구상의 모든 여자가 썅년, 창녀, 잡년, 꽃뱀, 못 믿을 년, 사기꾼, 뒤통수치는 년, 나르시시스트, 유명해진다면 몸이라도 팔 관심종자들이야…. 내가 무서운 건 이게 여자들의 진짜 본성이라는 거지. 이건 사회가 여자들의 행동이나 선택을 제한하거나 제약을 가하지 않으면 나타날 수밖에 없는 진짜 본성이라고.'
>
> _다리우시 발리자데(닉네임 '루시 V'), '여자들의 진짜 본성'이란 제목의 게시글

◆   무슬림 여성들의 얼굴 가리개. 눈만 드러낸다.

'미투가 등장하고 이 온갖 괴롭힘과 강간인지 뭔지 고발이 시작된 다음부터 여자한테 다가가기도 겁난다…. 괴롭힘당했다는 주장들을 보면 등에서 식은땀이 난다. 그리고 여자들이 비싸게 구는 건지 아니면 그냥 아니라는 건지… 이게 너무 헷갈린다. 난 처음부터 여자애들하고 썩 좋지 않았어서.'

_매노스피어 포럼 이용자, '미투가 (남자들을) 약하게 만들고 있나'라는 제목의 스레드에서

유사성을 알아챘는가?

가장 음습한 매노스피어의 한구석에서 휘몰아치던 히스테리와 공포가 들불처럼 온라인에 번져서, 포럼과 블로그와 웹사이트와 플랫폼 전역으로 아주 빠르고 효율적으로 그 촉수를 뻗었고, 인셀, 남성권리운동, 픽업아티스트의 개별 영역 저 너머로 확산했다. 사실 어찌나 광범위하게 퍼졌는지 주류의 의식을 장악해서 거의 '상식'으로 자리 잡았을 정도다. 증거는 그와 정반대 방향을 가리키는데도, 정당한 절차와 근거도 없는 고발 때문에 갑작스럽게 추락한 유명 남성의 이름을 떠올리기가 쉽지 않은데도, 성폭력 경험을 털어놓았지만 정의가 실현되는 건 보지도 못한 여성이 수백만 명에 달하는데도, 그에 반해 어떤 식으로든 대가를 치른 유명 남성은 상대적으로 얼마 되지 않는데도, 수십 명의 여성에게 성폭력을 고발당한 유명 남성들이 계속 자유롭게 길거리를 활보하는데도…. 그런데도 그게 가짜 뉴스라는 주장은 사람들에게 받아들여질 법한, 그리고 실제로 받아들여지는 서사가 되었다. 그러니까 이제는 더 이상 비주류적인 또는 극단적인 서사가 아니라 정상적인 사고가 된 것이다.

이건 매노스피어의 생각이다. 레이더망 아래서, 제대로 된 토론이나 연구도 확인도 거치지 않고 무럭무럭 세를 불린, 여성을 혐오하는 극단 세력의 생각이다. 이런 생각들을 일반 대중용으로 다시 포장해서 윤색하면 뭔가 달라 보인다. 전달자 역할을 하는 꽤 번듯해 보이는 인물을 통해, 이들의 콘텐츠를 과도하게 부각하고, 더 널리 받아들여질 수 있도록 만드는 소셜미디어 알고리즘을 통해, 논란과 클릭 낚시질과 '균형'이라는 껍데기를 추구하는 언론 매체들을 통해서 말이다. 증오에서 출발한 무언가가 다른 것으로 뒤바뀐다. 그것은 바로 공포다. 여자를 혐오하는 남자들은 다른 남자들이 여자를 두려워하게 만든다.

하지만 매노스피어의 논리와 주장에 녹아 있는 전술과 특징들은 너무 눈에 띈다. 타당한 주장에서 옆길로 새나가 과거지사를 들추며 비방에만 골몰하기도 하고, 사이비 과학이나 명백한 거짓말을 들먹이며 실제 통계를 무시하고 다른 현실을 제시하려 한다. 개별적이고 자극적인 사례에 집중해서 전체적인 흐름인 양 주장하거나 기울어진 운동장이 평평하다는 인상을 주려 하고, 폭력을 저질렀을 가능성이 큰 최상위층 사람들을 마치 최대의 피해자인 양 묘사하기도 한다.

이런 여성혐오적인 서사는 진실에 근거를 둔 게 아니라는 사실을 처음부터 못 박아두는 게 좋을 것 같다.

가령 마녀사냥이라고 되풀이해서 저격당하는 미투운동 관련 수치를 생각해보자. 《뉴욕타임스》의 한 분석에 따르면 약 200명의 '저명한' 미국 남성이 공개적인 성적 괴롭힘 고발 이후 일자리나 역할, 직업적인 유대, 프로젝트를 잃었고, 형사 고발을 낭한 남성은 '소수'였다.[2] 반면 초기 넉 달 동안에만 미투 해시태그#MeToo

를 사용한 트윗은 1200만 건 이상이었고, 이와 별개로 수백만 명의 여성이 다른 소셜미디어 플랫폼을 이용해서 자신의 이야기를 공유했다. 이 해시태그를 사용한 트윗의 상당수가 이 운동을 비판했거나 그저 논평했을 가능성, 그리고 일부 트윗은 미국이 아닌 다른 나라에서 올렸을 가능성도 충분히 있지만, 그렇다고 해도 여전히 성적 괴롭힘이나 성폭력을 알린 여성과 정의의 심판을 받은 남성 간의 격차는 극명하고, 이는 선혀 남싱에게 불리한 상황이 아니다.

사람들이 호들갑스럽게 떠들어대듯 '너무 나가버린' 미투운동이 젠더 권력의 균형을 정반대로 바꿔놓아서 '전세가 역전되었다'는 주장은 터무니없다. 우리는 일시적인 변화조차 제대로 확인하지 못했다. 그리고 여성의 비논리적인 고발 하나면 무고한 남성의 인생이 풍비박산한다는 주장은 또 어떤가. 이번에도 현실은 딴판이다. 도널드 트럼프와 브렛 캐버노 같은 유명 남성들의 궤적이 분명하게 보여주듯, 우리는 수많은 고발자가 나서고 관련된 고발이 수십 건이어도, 남성 권력자의 커리어를 무너뜨리지 못할 때가 많다는 걸 확인하고 또 확인해왔을 뿐이다.[3]

사실《뉴욕타임스》의 조사에 따르면 조사 대상 남성 200명과 관련해 성적 비위를 고발한 사람은 최소 920명이었다. 한 명당 평균 고발자가 4.5명인 것이다. 나아가《뉴욕타임스》는 '쫓겨난 남성의 10% 이상이 복귀를 시도했거나 하기를 원한다고 밝혔고, 많은 경우가 금전적인 권력을 그대로 유지했다'고 지적했다. 그러니까 어떤 식으로든 사건에 연루된 극소수의 남성 중 상당수가 그와 관계없이 자신의 커리어와 재산을 지켰던 것이다.

마지막으로, 미디어는 남성들이 '재판도 없이 처형당해' 명성이나 개인적 역할을 잃는 것이 마치 투옥이나 심지어는 죽음과 같다고 호들갑을 떨지만, 사실 이런 남성 가운데 상당수가 대중의 이목이 닿지 않는 곳에서 조용히 원래의 명성이나 역할로 복귀한다. 유명인 가해자 중 한 명인 코미디언 루이 C.K.의 빠른 복귀가 보여주듯, 이들은 새로운 자리에서 커리어를 이어갈 때도 많다. 이와 비슷하게 우버 총괄 관리자인 이열 구텐탁Eyal Gutentag은 여성 동료를 성폭행하는 것이 목격되었다고 전해진 뒤 자리에서 물러났지만, 곧장 또 다른 차량 호출 서비스의 총괄 운영자가 되었고, 그다음에는 10억 달러짜리 회사의 총괄 마케팅 책임자가 되었다. 그의 사례는 예외적인 게 아니다. 특히 기술업계에서는 '성적 비위로 고발당하거나 이를 인정한 숱한 남성이 현장에 다시 복귀하는데, 때로는 혐의가 공론화되고 나서 몇 개월 만에 복귀하기도 한다. 많은 사람이 이들의 과거 행적을 잘 아는 투자자들에게 새로운 스타트업이나 벤처 기금을 받아서 복귀했다.'[4]

형사 고발에서는 정의의 격차가 훨씬 크게 벌어진다. 일부 남성들은 직업상의 단기적인 타격만 입고, 장기 형을 선고받은 경우는 소수에 불과한데, 출소기한법Statutes of Limitations♦, 피해자를 탓하며 망신을 주는 행동, 그리고 사법제도의 여러 결함이 복합적으로 작용한 결과다. 하지만 성폭력 피해 여성들이 겪는 심리적·신체적 또는 직업적인 영향은 사실상 종신형이라고 해도 과언이 아니다.

하지만 이 온갖 확실한 근거에도 불구하고 주류 미디어에서 미투운동을 다루는 서사는 실제 사실보다는 매노스피어의 히스

♦　　사건 발생 이후 일정한 기간 내에 소송을 제기해야 한다고 정해놓은 법.

테리에 훨씬 가깝게 기울어져 있다.

미투운동이 한창이던 시기 라디오와 텔레비전에서 이 문제에 관해 이야기해달라는 요청이 나에게 쏟아졌다. 이 중에서 소수는 여성의 경험을 부각해서 성적 괴롭힘과 성폭력 문제를 탐구하겠다는 좋은 의도를 확실히 느낄 수 있었다. 하지만 그 시기에 내가 수락했던 언론 요청 가운데, 언론인들이 여성의 증언에 전혀 의구심을 품지 않고, 허위 고발에 대해 질문하지 않거나 전반적으로 이 문제 자체가 여성과 남성 간의 균형 잡힌 '논의'라는 식의 입장을 들이밀지 않은 인터뷰는 딱 하나뿐이었다.

어째서 이런 일이 벌어지는 걸까? 어떻게 수많은 매노스피어 포럼의 반페미니스트적인 음모론이 성폭행에 대한 전국적인 서사에 침투하게 된 걸까? 방법은 많다. 매노스피어의 사고는 종종 #힘투#HimToo 같은 해시태그를 전 세계에 퍼뜨리는 것처럼 트롤들의 의도적인 작전을 통해 포럼에서 빠져나와 인기 소셜미디어 사이트에 침투한다. 그러면 언론인들은 트위터 동향을 전달한다는 핑계로 트위터에 올라온 문구를 살짝 섞어서 '증거'라며 진지한 뉴스처럼 보도한다. 이들은 이 문제를 정당한 운동이 일군의 극단주의자들에 의해 통제되는 몇백 개의 가짜 계정에 괴롭힘당하는 게 아니라, '온라인을 뜨겁게 달구는 논쟁'이라는 식으로 다룬다. 일단 전국 언론을 한번 타면 이 이야기는 주류 라디오와 텔레비전에서 다룰 만한 공정한 게임이 되는데, 이때 왜곡된 '균형' 개념을 들이밀며, 예컨대 기후변화(이 경우에는 성폭력)처럼 긴박한 사안을 논쟁의 한쪽 입장으로 치부하는 일이 흔히 벌어진다.

논평가들은 이런 '극도로 온라인 상태'인 청중이 기꺼이 나서서 자신들의 표현과 세계관을 되뇌는 기사를 공유하고 댓글을 달리라는 것과 매노스피어 군중에 장단을 맞추면 보상이 따른다는 걸 알고 있다. 그래서 중앙지에 남성권리운동이나 믹타우 포럼에서 하는 말들이 거의 순화되지도 않고 일부러 극단적이고 혼란을 조장하는 듯한 기사에 실리는 것이다.

《타임스》에는 칼럼니스트 길스 코렌Giles Coren의 'xx 몇 개면 나의 영광스러운 커리어가 끝장날 수 있다'는 제목의 글이 실렸는데, 요즘 분위기에서는 문자 메시지 끝에 별 뜻 없이 입맞춤을 날리는 기호를 적어넣기만 해도 남자의 밥줄이 끊길 수 있다는 뜻이었다. 코렌은 온라인 대중들의 두려움과 중얼거림에 확성기와 플랫폼이라는 날개를 달아 (증거나 사례도 없이) 이렇게 적었다.

> 지난 몇 년 동안 이런저런 성폭력을 저질렀다며 고발하고 나선 여성들이 등장하면서 세간의 주목을 받던 남성들이 하나둘 무너져내렸다. (…) 그다음에 그 고발에 대한 반대 심문도 전혀 없이 그 남성은 끝장나버렸다. 재판이나 두 번째 기회 같은 건 없었다. (…) 웨이트리스에게 '매력적'으로 행동하기를 그만둬야 하는 때다. 여성을 웃기려고 애쓰기를 그만둬야 하는 때다. (…) 번지수를 잘못 짚은 시시덕거림 한 번이면 직장에서 쫓겨나고, 공개적인 기피 대상이 되고, 감옥행을 면치 못할 수 있다. 이런 일을 가능케 할 수 있는 여자들이 저 밖에 있다. 한 발만 헛디디면 진짜든 상상이든, 역사적인 범죄자가 될 수 있다.[5]

물론 코렌이 이 칼럼에 반어법이 섞여 있다고 주장할 수도 있다. 하지만 그가 미투운동에 비슷한 정서로 반응하는 온·오프라인 양쪽 남성 집단의 우려와 태도를 그대로 전달했다는 사실을 감안하면, 아무리 현실에서는 터무니없는 소리라 해도 독자들에게는 액면 그대로 받아들여질 가능성이 크다. 직장의 비위 고발에 대해 확인 절차도 밟지 않는 고용주에 의해서 완벽하게 무고한 남성들이 닥치는 대로 해고된다는 주장은 명백한 거짓이다. 탄탄한 통계적 증거 덕분에 우리는 수천 명의 여성이 직장 내 성희롱과 성폭력에 시달린다는 것을, 그들의 고용주는 이에 대해 거의 아무런 조치를 하지 않는 게 일상이라는 것을, 그리고 절대다수가(미디어가 그리는 잇속을 챙기는 데 능하고 조작을 일삼는 고발자라는 유령과는 영 딴판으로) 무슨 일이 일어났는지 절대 발설하지 않는다는 것을 안다. 사람들 대부분이 자신의 말을 믿지 않을 거라며, 블랙리스트에 오르거나 '말썽꾼'으로 비칠 거라며, 그 때문에 자신의 커리어가 곤란해질 거라며 겁을 집어먹는다.

이런 두려움에는 충분한 근거가 있다. 2016년 영국의 데이터 분석 기업 유고브YouGov가 노동총연맹TUC과 '일상 속 성차별 프로젝트'를 위해 1500명의 여성을 대상으로 진행한 설문조사에 따르면, 전체 여성의 절반 이상, 그리고 젊은 여성의 약 2/3가 직장 내 성적 괴롭힘을 경험했고 80%가 이를 고용주에게 신고할 수 없었다고 답했다. 신고한 여성들 가운데 약 3/4이 아무런 변화가 없었으며, 16%는 그 결과 오히려 더 부당한 처우를 받았다고 밝혔다.

코렌이 피해자와 가해자의 입장을 역전시키는 매노스피어 전략을 사용했다고 해서 그가 인셀이나 남성권리운동의 은밀한 구성원이라는 뜻은 아니다. 심지어 그는 이런 커뮤니티를 전혀 모를 수도 있다.

하지만 이는 주류의 표현 방식이 성적 괴롭힘과 성폭력에 대한 매노스피어의 논리와 얼마나 비슷해졌는지를 적나라하게 드러낸다. 주류 언론에서 사용하는 이런 표현이 온라인 극단주의자들에게는 대담함과 용기를 심어주고, 또 극단주의 커뮤니티들의 열광적인 반응이 편집자들에게는 클릭과 공유란 보상을 주는 공생 관계임을 보여준다.

2017년 나는 BBC 라디오4의 〈모럴메이즈The Moral Maze〉라는 프로그램에서 쏟아지는 성폭력 고발에 대해 논평해달라는 요청을 받고 출연했다가, 명망 있는 전국 미디어 플랫폼에서 자신의 성폭력 경험을 공개한 피해자를 노골적으로 탓하고 깎아내리는 주장들을 상대해야 했다. 이때 피해자들은 하비 와인스타인을 성폭력으로 고발한 여성들이었고, 현재 와인스타인은 그 사건으로 기소된 상태다. 내가 받았던 질문에는 이런 것들이 있었다.

> "할리우드의 경우에는, 커리어를 쌓을 기회를 노린 일부 여배우들이 연루되어 있다고 보는 것이 타당하지 않겠습니까?
>
> "어쩌면 젊은 배우들이 여기에 동조했을지 모른다고 생각하지는 않나요? 아무리 할리우드에 온 밑바닥 사람이라도 그건 이해했을 텐데… 그 사람들은 자기가 이해하는 상황에 발을 들였을 거라고요."
>
> "휘황찬란한 할리우드에 발을 들인 사람들이 이런 일로 놀랐을 거로 생각하나요?"

세월이 지나면, 성적 약탈자에게 강간당했다는 끔찍한 증거를 재판에 제출한 여성들의 이야기에 이렇게 반응한 질문들이 언론을 타고 전국적으로 송출되었다는 사실에 경악을 금치 못하는 충격을 받을 거라고 믿는다.[6] 그때가 되면 우린 이런 질문을 던질 것이다. 대체 이런 태도는 어디서 온 걸까?

성폭력과 허위 강간 고발

남자들(특히 매노스피어나 그 이데올로기의 자장 안에 있는 남자들)은 성폭력 고발 여성을 두려워만 하는 게 아니다. 직장에서 승승장구하는 여성 역시 오싹해한다. 특히 남성들은 여성의 성취가 자신들이 희생할 때만 가능하다는 믿음을 주입받아 왔다. 2017년 구글 엔지니어 제임스 다모어James Damore는 어떤 메모를 작성해서 내부 메일링리스트에 공유했다가 나중에 이 메모가 언론에서 다뤄지는 바람에 유명세를 얻었다. 메모에서 다모어는 구글의 다양성 및 포용 프로그램이 '그저 일부 남녀에게 매력적으로 비치기 위한 독단적인 사회공학'이라며 비판했다. 다모어의 10쪽짜리 메모는 여성과 남성(그리고 이들의 두뇌)의 '생물학적' 차이에 집중하면서 남성은 소프트웨어 공학 같은 기술직에 태생적으로 더 관심을 가진다고 주장했다. 그리고 '다양성 지원자들'을 고용하기 위해 문턱이 낮아졌다는 듯 구글에 있는 여성과 소수인종 대상 멘토링 프로그램 등은 '차별적인 관행'이라고, 구글이 돌이킬 수 없는 '피해'를 유발할 수 있는 '은근한 좌파 이데올로기'를 조장한다고 성토했다.[7]

다모어의 메모에는 매노스피어와의 연결고리를 보여주는 듯한 요소가 여러 가지 있다. 그중 하나는 공산주의와 '마르크스주의 … 계급전쟁'을 두서없이 남발하고 '백인, 이성애자, 시스젠더 가부장제'를 '압제자'라고 묘사하는 음모에 맞서자고 하는 것이다. 결국 다모어는 해고되었고, 그 후로 계속해서 이런 유의 생각과 자신이 백인 남성이어서 구글이 차별했다는 믿음을 널리 퍼뜨리고 다녔다. 그는 레딧과 여러 유튜브 채널 또는 플랫폼에서 인터뷰를 했는데, 나중에 한 보도에 따르면 다모어가 인터뷰했던 곳들은 반동적이고 종종 여성혐오적인, 좌파에 적대적이거나 대안우파적인 관점을 퍼 나르는 유명인들로 구성된 강력하고 파급력이 큰 네트워크의 일부였다.

해고된 후 다모어는 구글 로고 글씨체와 색깔로 '굴라그Goolag'라고 적힌 티셔츠를 입고 구글 본사 밖에서 사진을 찍었다. 이는 20세기 소련 강제노동수용소인 '굴라그gulag'라는 단어로 말장난을 한 것이었다. 당시 그 사진을 찍은 피터 듀크Peter Duke는 《뉴욕타임스》가 마일로 야노폴로스와 마이크 세르노비치 같은 남자들을 촬영한 것으로 유명한, '대안우파의 애니 리버비츠♦'라고 부르는 인물이었다. 그런 뒤 다모어가 트롤링에 익숙한 사람들에게 지원받기라도 한 듯 구글의 LA 사무실 근처에 'Goolag'라는 말장난이 포함된 가짜 안티 구글 광고가 갑자기 등장했다.

뒤이은 광란 속에서는 다모어가 의도적으로 매노스피어 이데올로기를 홍보하고 다닌 건지 아니면 매노스피어가 자기 고유 영역 밖에 퍼트려놓은 막연한 두려움에 영향을 받은 건지는 별로 중요하지 않아졌다. 미디어는 이 사례를 틀어쥐고 백인 남성들이 일자리에서 당하는 박해에 관한 논쟁을 불러일으킬 기회로 삼았다. 이쪽 미디어들은 마치 남성 개인의 일화적인 경험이, 여성과

♦   미국의 유명 사진작가. 《롤링스톤》과 《베니티페어》에서 활동했다.

유색인종 집단이 겪는 체계적이고 입증된 차별이나 불이익과 타당한 상관관계가 있다는 식의 입장을 취했다. 매노스피어의 사고가 주류로 흘러 들어가기 딱 좋은 또 다른 기회였다.

다모어의 해고는 권력에 맞서 진실을 말한 용감한 선택에 대한 정치적 올바름 세력의 처벌로 그려졌다. (여자가 남자보다 일을 더 못한다는 그의 성차별적이고 어설픈 주장이 회사의 업무 현장 정책에 위배된다는 사실을 조명하기보다는.) 그리고 다시 한번 다모어의 낡은 사이비 과학과 여성혐오를 액면 그대로 믿고 진심을 다해 요란스러운 토론을 벌인 미디어들 때문에 모든 여성이 정치적 올바름에 환장한 상사의 지원을 받아서 직장으로 몰려와 더 나은 자격을 갖춘 남성의 일자리를 빼앗는다는 인상을 심어주었다.

이런 패턴은 진행형이다. 2012년 스튜번빌 사건에서 두 젊은 남성이 미성년자 강간혐의로 기소됐을 때도 그랬다.[8] 피해자의 시련이 영상에 담겨 소셜미디어에서 일파만파 확산했는데도 미디어는 대중의 노여움을 피해자의 짓밟힌 삶이 아니라 가해자들의 '망가진' 삶으로 이끌었다. CNN의 한 통신원은 이들을 '스타 풋볼 선수, 아주 착한 학생들'이라고 묘사했다. 가해자들에게 '형이 내려졌을 때 … 그들의 삶이 산산조각' 나는 것을 지켜볼 수밖에 없었다는 식의 해설이 생중계됐다.[9]

2014년 《워싱턴포스트》 칼럼니스트 조지 윌George Will이 오바마 행정부가 진지하게 내놓은 캠퍼스 성폭력 보고서를 깎아내리고 이를 무고한 젊은 남성에 대한 공격으로 폄훼했을 때도 그랬다. 케이블 텔레비전 C-SPAN 인터뷰에서 윌은 이렇게 말했다. "젊은 남자들을 훈육하려는 겁니다. 이런 건 그들의 삶을 영구적으로 심각하게 망가뜨려 놓을 때가 많죠. 그럼 그 사람들은 의대에도 못 들어가고, 로스쿨도 못 가고, 좋은 데는 어디도 못 갑니다." 하지만 오바마 행정부의 데이터가 부풀려졌고 부정확하다면서 이를 '재해석'하려던 윌의 시도는 오랫동안 캠퍼스 강간 문제에 대한 대중의 인식을 방해해온 한 우익 집단의 불확실한 분석에 기초한 것으로 드러났다.[10]

2016년에 BBC가 흑인, 아시아, 소수인종 지원자를 위해 소규모 인턴십을 딱 한 번 진행했을 뿐인데 'BBC가 백인을 직장에서 배제한다'는 식의 분노에 찬 머리기사가 등장했을 때도 그랬다. 기사는 최근 성별과 인종에 따른 상당한 임금 격차를 해결하기 위해 고심 중인 회사를 백인 남자를 심각하게 차별하는 곳으로 교묘히 탈바꿈시켰다. 또 '이제 남자들은 (BBC에서) 절대 일자리를 잡지 못한다'고 한 영국의 텔레비전 진행자 제러미 클라크슨Jeremy Clarkson의 발언이 뉴스를 타고 널리 퍼져나갔을 때도 마찬가지였다.[11] 성난 백인 남성들은 평등을 실행하려는 최소한의 노력을 자신의 밥줄을 위협하는 행위로 둔갑시킨다. 그리고 진보는 축하할 일이 아니라 두려워할 일이라고 다른 남성들을 부추긴다.

흔치 않은 허위 강간 고발 사례를 부각함으로써 논란을 부추기고 온라인 폭도들의 분노를 자극하는 미디어의 빤한 속내에서 우리는 이런 패턴을 본다. 허위 신고자가 받는 처벌과 성폭력 가해자가 받는 선고를 비교하면서 마치 두 문제가 동일선상에 있다는 인상을 주고, 두 범죄가 비슷한 비율로 발생한다는 식의 오해를 조장하는 경향 속에서 이런 패턴은 또 발견된다. 라디오 진행자 폴 감바치니Paul Gambaccini와 음악가 클리프 리처드 경Sir Cliff

Richard이 성폭력 피의자의 익명성을 보장해주자는 청원에 착수한 2019년 7월, 두 범죄를 동일하게 여기는 그릇된 시각이 충격적으로 널리 확산되었다. 감바치니는 라디오 프로그램 〈투데이〉에서 이렇게 말했다. "이건 누가 가장 상처를 받냐는 경쟁이 아닙니다. 사실 위기는 두 가지예요. 하나는 성폭력 위기고 다른 하나는 허위 강간 고발 위기죠."[12] 그는 성폭력 고발인의 익명성을 보장하는 것이 '안타깝게도 거짓말쟁이부터 미치광이들까지 모든 사람이 허위 신고를 하고 그에 동참하도록 부추긴다'고 말했다. 이는 현실을 완전히 왜곡하는 위험한 주장이다. 오히려 영국 남성이 허위 강간 고발을 당할 가능성보다 강간 피해 당사자가 될 가능성이 230배 더 높다. 허위 신고 건수는 그 정도로 미미하다.[13] 반면 영국에서 매년 강간이나 강간 시도를 경험하는 여성은 8만 5000명에 달한다.[14] 그리고 우리의 사법제도는 신고자에게 어이없을 정도로 유리하게 편향되어 있기는커녕 경찰에 신고된 전체 강간 사건 중 기소나 소환이 이루어지는 경우는 겨우 1.5%에 불과하다는 수치스러운 기록을 보유하고 있다.[15] 하지만 미디어가 감바치니의 주장을 제대로 검토하긴 했을까? 아니다. 그저 군침도는 '논쟁'의 기회로 삼았을 뿐이다. 그리고 "폴 감바치니 '허위 강간 고발 위기' 경고하다"와 같은 머리기사들은 별생각 없이 관망하는 사람들에게 피해자 행세를 하는 거짓말쟁이 여자들이 창궐했다는 인상을 심어주었다.

《데일리메일》은 2012~2013년 사이에만 54개의 머리기사에 '강간이라는 울부짖음cried rape'이라는 표현을 썼다. 이 문제의 크기를 매노스피어처럼 호들갑스럽게 곡해한 것이다.[16] 2011년부터 2013년 사이 17개월 동안 영국 검찰청이 살펴본 결과 해당 기간에 허위 강간 고발로 기소가 이루어진 경우는 35건에 불과했다.[17] 다시 말해서《데일리메일》의 허위 강간 고발에 대한 보도는 그런 사건의 실제 발생률의 약 2배에 가까웠다. 전형적인 예에 해당하는 '강간이라고 울부짖던 사악한 여자들, 스리섬 사진으로 덜미 잡혀' 같은 머리기사는 이런 보도에 한층 자극적이고 악의적인 어조를 더했다.

다시 한번 말하지만 이 모든 것은 매노스피어식의 비유와 전략이다.

대규모의 대표적 통계를 사용해서 시스템 차원의 문제임을 증명하고, 여성들이 '요청하고' 있을 뿐 실상 문제는 존재하지 않는다는 식의 주장을 펼치다가 가해자를 사회적 편향과 억압의 진짜 피해자로 그리며 역전시키는 것, 이는 전형적인 인셀 이데올로기다.

법이 잘못 집행된 흔치 않은 개별 사례를 가지고 시스템 전체가 완전히 남자들에게 불리하게 짜여 있고 여자들의 조종과 거짓말이 판을 친다고 주장하는 것, 이는 남성권리운동가들이 애용하는 전략이다.

요즘에는 남자들에게 너무 적대적인 분위기여서 그저 여성들과 함께 지내는 걸 좋아할 뿐인 남자들도 커리어와 미래가 박살날 위험을 감수해야 한다는 주장, 이는 믹타우의 철학이다.

허위 강간 고발에 강박적으로 집착하고 의도적으로 거짓 통계를 퍼뜨려 공포 분위기를 조장하고 피해자를 몰아세우는 것, 이는 발리자데 같은 픽업아티스트들의 단골 메뉴다.

이 글을 쓰는 시점에도 발리지데의 웹사이트에는 허위 강간 고발에 대한 글이 100여 건 올라 있다. 이 가운데는 '모든 공개적인 강간 고발이 거짓이다'라는 제목의 글도 있고, 남자들에게 허위 강간 신고율이 무려 90%나 될 수 있다고 겁을 준 다음 자연스레 픽업아티스트 커뮤니티 홍보로 넘어가서 '게임은 당신을 허위 강간 고발에서 지켜줄 수 있다'고 주장하는 블로그들도 있다.

닐 스트라우스는 《더 게임》에서 이렇게 말한다. '픽업아티스트들은 여자를 증오하지 않는다. 두려워한다.'

남자들이 모든 장소에서 그렇게 겁을 낸다니 놀랍지 않은가?

섹스 재분배를 부추기는 미디어

때로 주류 미디어는 직접적인 경로를 통해 매노스피어의 주장을 채택하기도 한다. 인셀 커뮤니티에서 최초로 제기된 주장을 전국적인 플랫폼에서 유효한 명제로 진지하게 검토함으로써 정상적인 사고처럼 보이게 하는 것이다. 예를 들어 최근 인셀이 대규모 폭력 사태에 가담하는 것을 막기 위한 조치로 시작된, 매노스피어에서 유래된 개념인 '섹스 재분배'에 대한 논의가 확대되어 크게 주목받은 바 있다.

매노스피어 웹사이트와 블로그에서 오랫동안 되풀이된, 그리고 인셀 포럼에서 끝없이 논쟁이 이어지는 이 주장의 골자는 발리자데가 자신의 웹사이트에 올린 글에 대충 요약되어 있다. 해당 글('인셀이 사람을 죽이지 못하게 막는 방법')은 토론토 밴 공격 이후 인셀에 대한 비판이 일자 이에 대한 직접적인 대응에서 작성된 것이었다. 알렉 미내시언 같은 인셀 살인자들에게는 전혀 책임을 묻지 않는 발리자데는 대량살상 행위를 사회에서 '완벽하게 버림받은' 남자들이 관심을 얻기 위해 저지른 행위라고 합리화하며 이렇게 적었다. '인셀이 살인을 저지르는 것은 여성과 로맨틱한, 또는 성적인 유대를 맺는 데 실패했기 때문일 뿐이다. … 이들은 살인이라는 자신이 아는 유일한 방법으로 관심을 끌려는 것이다.'

발리자데와 다른 매노스피어 커뮤니티 회원들은 국가가 인셀을 위해 '봉사'하는 성 노동자를 제공해야 한다며 이 주장을 더 밀고 나갔다("이 프로그램의 일부인 창녀들은 인셀들을 '잘생겼다' '강하다' '자신만만하다'고 불러줌으로써 이들이 특별한 존재라는 기분을 느끼게 만드는 별도의 교육을 받을 것이다"). 이들은 피임 상품에 대한 세금을 통해 싱글 여성들이 이 제도에 들어가는 비용을 지불해야 한다고 주장한다. 발리자데는 이런 프로그램이 시행되지 않고, 대중의 태도가 인셀에게 더 공감하는 방향으로 바뀌지 않는다면 '미래에는 인셀의 총기 난사가 더 많이 벌어질 것'이라며 아무렇지 않게 위협한다.

이는 명백하게 터무니없고 여성혐오적인 생각이다. 매노스피어에서 등장한 섹스 재분배 개념은 그 자체로 대단히 성차별적이고 해로운 전제에 기대고 있어서, 주류 미디어라면 그 개념을 확산하거나 타당성을 시사하기 전에 숙고의 시간을 가졌어야 한다. 하지만 이 주장은 해외 매체에서 널리 다뤄지면서 매노스피어보다 더 광범위한 대중에게 노출되었고, 매체 자체의 후광을 업고 그럴싸한 근거가 있다는 이미지까지 얻었다. 《뉴욕타임스》에서는 칼럼니스트 로스 다우댓Ross Douthat이 인셀 포럼의 논리를 앵무새처럼 되뇌며 이렇게 적었다. '성 혁명은 새로운 승자와 패자를, 기존 계급을 대체할 새로운 계급을 만들어냈고, 아름다운 자, 부유한 자, 사회적으로 유능한 자에게 새로운 방식으로 특권을 부여하고 나머지는 새로운 형태의 외로움과 좌절로 몰아넣었다.'[18]

다우댓은 취약함과 고통 때문에 인셀 커뮤니티에 의지하는 남자들과 폭력적인 의도를 가진 남자들의 차이를 인정하면서도, 이들을 모두 똑같이 대우해야 한다고 밝히며, '나는 인셀들이 화가 나서 위험한 상태든, 그냥 우울하고 절망에 빠진 상태든, 이들의 불행을 해결하려면 포르노에서 그러는 것처럼 상업과 기술의 논리가 의도적으로 도입되리라 예상한다'고 말했다. 이는 미내시언 같은 살인자들의 진짜 동기가 성적 박탈감이라는 생각을 더 강화하고 여성에게 자행되는 폭력이 대수롭지 않다는 인상을 준다.

다우댓은 '섹스할 권리라는 생각을 놓고 공식적인 토론을 벌이지 않아도, 올바르게 사고하는 사람이라면 그런 권리가 존재하고, 이를 실현하기 위해 변화된 법, 새로운 기술, 진화된 관습의 조합을 찾는 것이 합리적이라는 데 동의하게 될 것이다'라며 '어느 시점이면' 모두 이 실용적인 인셀의 계획에 투항하게 될 것이라고 주장했다.

보수파 블로거이자 조지메이슨대학교 교수인 로빈 핸슨Robin Hanson은 자신의 블로그에 이런 글을 올렸다.

> 섹스할 기회가 훨씬 적은 사람은 저소득층과 비슷한 수준으로 고통받는다고 볼 수 있으며, 유사한 관점에서 이런 정체성을 중심으로 조직을 결성해서 도움을 얻고, 이를 주축으로 재분배를 하기 위한 로비 활동을 하고, 자신들의 요구가 충족되지 않을 경우 최소한 은연중에 폭력성을 무기로 내세운다는 기대를 할 수도 있다.[19]

그는 어떤 실행 방식이 실용적일지를 놓고 고심하며 이렇게 덧붙였다. '섹스를 직접 재분배하거나 아니면 이에 대한 보상으로 현금을 재분배할 수 있다.' 그러니까 인셀 문화에서처럼 여성은 소유와 거래가 가능한 무생물 상품과 동격인 것이다.

《스펙테이터》는 '모든 인셀에게 필요한 건 바로 섹스로봇'이라는 머리기사로 토비 영Toby Young의 글을 실었다. 해당 글에서 영은 이렇게 채근한다. "어째서 섹스의 불평등한 분배에 있어서는 '가지지 못한 자'에게 이렇게 인심이 박한가? 이런 유형의 차별에서는 '피해자'가 거의 전부 남성이고, 따라서 피억압자가 아니라 억압자로 분류되기 때문임이 틀림없다."[20]

이런 주류 미디어들과 저명한 논평가들은 의도했든 의도하지 않았든 인셀의 이데올로기를 있는 그대로 받아들이고 수백만에 달하는 독자에게도 그렇게 하도록 부추김으로써 이를 증폭시키는 역할을 했다. 그로 인해 이제는 인셀의 근본에 있는 여성혐오와 권력의 역학관계를 살피지 않은 채 매노스피어의 주장에 담긴, 심각한 결함이 있는 전제를 받아들이고 토론하게 되었다. 이런 결과까지는 예상치 못했을 수 있지만 그렇다고 해도 피해가 줄어드는 것은 아니다.

인셀의 믿음과 섹스 재분배론은 사실 테러리즘이다. 발리자데 같은 매노스피어 인물들은 사실상 여성을 인질로 붙들고 인셀의 성적인 요구가 충족되지 않으면 더 많은 사상자가 발생할 거라고 주장한다. 그런데 어째선지 여성'만' 위태로울 때는 테러리스트와 협상하지 않는다는 사회규범이 저 멀리 날아가버리는 듯하다. 어느새 우리는 여성 몇 명을 (특히 그들이 '그저 성 노동자'라면) 버스 밑으로 던져버리는 것이 꽤 괜찮은 거래고 가능한 일이란 사실을 기꺼이 받아들이는 것처럼 보인다. 심지어 논쟁에 뛰어들어 그걸 사고실험이라며 유머러스하게 표현하고 더 많은 대중에게 알려질 기회를 제공하는 것도 테러리스트들과 협상해도 된다는 메시지를 던져준다. 논설과 블로그 등에서 이런 생각을 논박하는 식이라도 말이다.

이는 그저 막연한 비유가 아니다. 미내시언, 엘리엇 로저 등 인셀 살인자들은 테러리스트와 '유사'하지 않았다. 그들이 바로 테러리스트였다. 그러므로 주류 미디어가 섹스 재분배 '논쟁'을 채택할 때 테러리스트 살인범들에게 공감하고 변호하는 사람들에 동참하는 것이라고 주장할 수 있다. 그리고 이들의 살인을 테러 행위라고 규정하는 데 실패한 언론 보도들과 마찬가지로 이런 반응은 이 문제에 대한 우리 사회의 인식에 깊숙이 지속적으로 영향을 미친다.

같은 맥락에서 다우댓의 칼럼이 특히나 이런 도입부로 시작하는데도 신문에 그대로 실렸다는 게 경탄스럽다. '최근 서구 역사에서 도출할 수 있는 한 가지 교훈은 이것인지 모른다. 때로 극단주의자와 근본주의자, 괴짜들이 존경받을 만하고, 중도적이고, 정신이 온전한 사람보다 세상을 더 분명하게 보기도 한다는 것.' 이 말(또는 《내셔널포스트》의 이와 유사한 기사 "우린 위험한 '인셀'을 어떻게 해야 할까? 어쩌면 그들을 돕는 게 좋을지도" 같은 말)이 다른 테러 사건에서 발화되었다고 상상해보라.

공포 뒤에 숨은 공모자들

여기서 중요한 것은 이 서사가 대단한 설득력을 획득하고, 믿을 만한 출처에서 반복되다 보니 비정상적인 수준의 확신을 심어주게 되었다는 점이다. 그래서 이제는 착한 남자들에게도 확신을 주기 시작했다. 매노스피어 커뮤니티는 한 번도 들어보지 못한, 그리고 진심으로 평등을 믿는 친절하고 합리적인 남성들이 별것 아닌 걱정에 시달리고 있다. 성폭력을 진심으로 개탄하고 직장에서 여성이 동등한 기회를 얻길 바라는 남자들도 균형추가 반대 방향으로 너무 기울어진 건 아닌지 내밀한 걱정에 시달리기 시작했다. 한번 뿌려진 의심의 씨앗은 어쩌면 그들이 여성의 지위 향상에 대한 대가를 생각보다 더 많이 치르고 있는지 모른다고 속살거린다. 그들에게 다음의 생각이 시작될 수도 있다. "잠시만, 나는 평등을 완전 지지해, 근데 지금 일어나고 있는 일이 정말 그거 맞는 거야?"

이들은 성폭력을 저지르지 않았어도 미투 관련 논의에서 석연치 않은 불편함을 느낀다. 이들은 언론 보도에 한 번씩 등장해서 '마녀재판이 아니라도 이젠 더 이상 무슨 일에 대해서 자기 생각을 말하기도 힘든 거 같아요' 내지는 '이건 좀 너무 멀리 나갔죠' 같은 말을 하는 평범하고 썩 괜찮은 그런 사람들이다. 과거 자신의 연애 관계와 성적인 만남을 돌아보며 울렁거리는 속으로 자신이 혹시 부적절하게 행동한 건 아닌지 심란해하는 그런. 어쩌면 이 중에는 실제로 부적절하게 행동한 사람이 꽤 있을 수도 있다. 하지만 아이러니하게도 코렌과 같은 유의 사람들은 이들에게 도움이 되는, 고통스럽더라도 과거를 성찰하는 방향으로 이들을 유도하는 게 아니라 스스로를 핍박받는 잠재적 피해자로 여기도록 촉구한다. 이제까지 코렌이 쓴 기사 중에서 가장 눈에 띄는 대목은 바로 이 문장이다. '한 발만 헛디디면 **진짜든 상상이든** 역사적인 범죄자가 될 수 있다.' (강조는 내가 한 것이다.)

여자를 두려워하는 남자들은 사실 다른 남자들도 두려워한다. 이들은 다른 남자들이 만들어낸 신화를 믿으며 무비판적으로 받아들이고 두려워한다. 현실보다는 생각을 두려워한다. 저기 어딘가에서 자신들을 호시탐탐 노리는 음험한 위험이 존재한다는, 아주 명민하게 조작되고 세심하게 유포된 생각을 두려워한다. 자신의 지위와 권리, 심지어는 정체성이 비밀스럽고도 강력한 방식으로 위협받고 있다는 생각을. 범법 행위에 대해 정의를 내세우는 여자들의 움직임이 모든 '무고한' 남자들을 위험에 빠뜨린다는 생각을. 어쨌든 알지 못하는 사이에 특권의 판도가 뒤집혔고, 남자들은 점점 더 진보적인 가치에 반하는 죄질이 나쁜 범죄로 고발당하지 않고는 스스로를 방어할 수 없는 박해받는 소수가 되어간다는 생각을. 하지만 여성이 요구해온 것은 이런 게 아니다. 여성들은 존엄을, 정의를, 그리고 범죄를 처벌하지 않는 현실을 뜯어고쳐야 한다고 요구하고 있다. 요컨대 많은 사람이 실제로 존재하지 않는 위협에 벌벌 떨며 그것을 두려워한다.

아마도 이 같은 상황은 자신의 착하고 순진한 아들이 갑자기 튀어나온 허위 강간 고발 때문에 인생을 망칠지 모른다는 두려움을 트윗한 미국 여성의 일화에 가장 압축적으로 녹아 있는지 모른다. 이 여성은 결국 아들에게 모든 만남을 영상으로 녹화하고 기술과 소프트웨어에 돈을 들여 온라인 교류를 감시하고 기록하도록 했다. 다른 트위터 이용자도 반응했듯 이는 끔찍하게 많은 수고와 비용이 들어가는 일이었다. 특히 이 어머니가 아들에게 그저 여성을 성폭행하지 말라고 가르치기만 해도 똑같은 결과를 얻을 수 있었다는 점을 생각하면 말이다.

여성혐오를 증오범죄에 포함시키자는 주장이 처음 제기되었을 때 미디어는 이와 동일한 히스테리를 조장했다. 신문들은 무고한 남성들이 여성에게 찬사를 던지는 만용을 부렸다간 철창신세를 질 수도 있다고 떠들어댔다. 호감이 가는 여성에게 휘파람을 부는 행동이 갑자기 범죄가 될 수 있다고. 세상이 미쳐 돌아간다고. 하지만 현실은 정확히 그 반대였다. 한 가지 확실한 게 있다면 여성들은 경찰에게 '사소한' 문제를 신고하려고 애쓰지 않는다는 것이다. 우리가 알고 있는 모든 통계가 그 반대임을 증명한다. 여성들은 심지어 무척 중대하고 피해가 막심한 범죄조차 신고하기를 꺼린다. 강간당했다는 신고는 필사적으로 하지 않을 가능성이 크다. 대체 왜 이들은 갑자기 휘파람을 불어대는 남자들을 신고하겠다며 여성들이 몰려들까 봐 걱정하는 걸까?

이 모든 상황에서 흥미로운 지점은 워낙 부서지기 쉬운 거짓말을 근거로 삼고 있어서 조금만 캐봐도 모든 게 산산조각 난다는 것이다. 어쨌든 주장의 핵심에는 순수한 남성들이 성적이지 않게, 또는 부적절하지 않게 여성에게 접근하거나 접촉하거나 다른 방식으로 소통하고 있는데, 페미니스트 패거리가 오해하는 거라는 생각이 있다. 하지만 이런 행동이 성적이거나 부적절하다고 전혀 생각지 않는다는 남성들이 다른 남성들에게는 이런 식으로 행동하지 않는다는 흥미로운 사실을 지적하는 순간 이 주장은 설득력을 잃고 한 줄기 연기처럼 흩어져버린다.

다른 예를 들어보자. '모든 남성이 그런 것은 아니다'라는 외침과 오늘날 눈송이들의 히스테리가 정치적 올바름이라는 지뢰밭을 만들어버려서, 현대의 남성들은 여성 옆에서 재채기만 해도 별안간 성적 괴롭힘 신고를 당할 수 있다는 주장이 반복된다. 또 동료가 무해한 '찬사'에 대해 자신과 전혀 다른 해석을 한다면 그 것은 남자의 잘못이 아니며, 어떤 여성에게는 그저 무릎을 토닥이는 친근한 행동이 다른 여성에게는 '성폭력' 행위가 되는 세상에서 남자들은 좌초되지 않으려고 절박하게 애쓰고 있다는 주장이 있다.

하지만 이 두 개의 주장('모든 남성이 그런 것은 아니다'와 '그건 모두 뜻하지 않은 사고다')을 나란히 놓고 보면 정면으로 모순된다. '모든 남성이 그런 것은 아니'든지(이 경우 고의적으로 성적 괴롭힘이나 성폭력을 저지르는 사람은 소수의 특정 남성 집단일 뿐이라고 추론해야 하는데, 나는 이 입장에 대체로 동의한다), 아니면 이건 모두 가련하고 불완전한 남자들이 아무리 완벽하게 행동해도 당사자의 의지와 관계없이 곡해될 위험이 있는 세상에서 천진하게 실수를 저지르는 문제(이는 누구에게든 벌어질 수 있는 일이라는 점에서 우리는 모든 남성의 경우라고 말할 수밖에 없다)든지 해야 하므로 다시 한번 논리가 무너진다.

이런 논리적 모순이 발생하는 건 이런 주장에 애당초 선의 같은 건 없었기 때문이다. 그냥 여성들이 제기하는 불만을 무시하고 타당성을 훼손하려는 시도일 뿐이다. 물론 아이러니하게도 똑같은 반론으로 남성들의 얼굴에 먹칠을 할 수도 있다. 그렇다, 직장이나 다른 데서 성적 괴롭힘이나 성폭력 같은 범죄를 고의적으로 저지르는 남자들은 소수에 불과할 수 있다. 하지만 남자들이 성범죄에 대한 이야기를 들었을 때 그 자리에서 같은 남자 편을 들고 피해자의 증언이 의심스럽다며 꼬투리를 잡는 반응을 보인다면, 이 문제에 모든 남성이 연루된 건 아니라는 주장은 힘이 떨어진다. 아니다, 물론 모든 남자가 이런 범죄를 저지르지는 않는다. 하지만 책임을 가리는 순간에 생존자의 신뢰성을 깎아내리는 반응을 선택한 남자들은 피해자들을 침묵시키고 지금의 특권층을 보호하는 방식으로 늘 작동해온, 지금도 그렇게 작동하고 있는 더 넓은 시스템의 공모자다.

남자들에게 여자를 두려워해야 한다고 부추기는 것은 가장 취약한 여성들에게 치명적인 피해를 입히는 것이다. 이 문제를 허위 신고 때문에 피해를 입거나 중요한 역할을 박탈당하는 개인의 문제로 접근한다면, 문제의 구조적인 본질에서 벗어나 여성의 직장 내 권리와 안전에 광범위한 영향을 미칠 수 있는 해법과 개혁의 중요성이 지워진다.

중요한 사건에 선정적으로 이목을 집중시킬 경우, 직장 내 성적 괴롭힘 피해자의 대다수를 차지하는 여성들을 소외시키는 결과가 발생한다. 대중을 상대하는 저임금 서비스직 여성들, 고충을 털어놓을 인적자원 관리부가 없는 불안정한 직종의 여성들, 영국노총의 연구에서 '일정한 형태의 괴롭힘을 경험할 가능성이 크고 그걸 신고할 가능성은 낮은 집단'으로 부각된, 제로아워 계약♦을 하는 여성들이 이에 해당한다.[21]

심각하고 복잡한 문제에 대해 논의하려는 여성들의 주장을 미디어의 서사가 심각하게 곡해할 때, 직장 내 성적 괴롭힘이 존재한다는 전제 자체를 방어하거나, 다수의 문제 제기가 허위라는 주장을 반박하는 데 발목이 잡혀 귀한 칼럼 지면과 방송 시간을 탕진하게 된다. 그 결과 문제에서 진짜 중요한 것들은 전체 그림

♦　정해진 노동 시간 없이 임시직 계약을 한 뒤 일한 만큼 시급을 받는 노동 계약. 고용인이 필요할 때 근로를 요청하는 형태로, 피고용인에게 일방적이고 불리한 계약이다.

밖으로 완전히 밀려난다. 가령 우리는 직장에서 끔찍한 수준의 성적 괴롭힘에 시달리면서도 절대로 신고할 수 없는 이민자와 난민 여성에 대해서는 입도 벙긋하지 않는다. 이들은 당국에 문제를 제기할 경우 피해자임에도 불이익을 피할 수 없다.

그래서 이 주제의 대화는 다시 남성의 요구와 공포와 권리 위주로 돌아간다.

이 모든 퍼즐 조각을 맞춰보면 인터넷과 소셜미디어와 주류 미디어와 논평가와 정치인이 매노스피어 이데올로기의 근본 교리를 부풀리고 증폭시키는 교향곡 안에서 자기 역할을 하고, 이로써 동일한 목표에 기여하는 완벽한 그림이 완성된다. 이들의 공통 목표는 공포를 확산하는 것이다. 여성에 대한 공포, 페미니즘에 대한 공포, 미투에 대한 공포, 진보에 대한 공포, 변화에 대한 공포. 평등의 확산을 반대하는 이들에게는 논리나 주장을 가지고 공개적으로 반대하기보다는 다른 사람들로 하여금 평등을 겁내게 만드는 게 훨씬 효과적이다. 공포는 사람들을 움직인다. 그리고 사람들이 타인에 대한 증오와 분노에 가장 쉽게 굴복하게 만드는 것은 공격당할지 모른다는 공포, 존재하는 줄도 몰랐던 위협에 취약할 수 있다는 공포다. 공포는 사람들이 '타인'에게 공감하지 못하도록 막아선다. 상대에게 힘을 실어주는 이런 행위가 갑자기 자신의 최대 이익에 정면으로 배치되는 일이 되기 때문이다.

그래서 아무리 착하고 온건한 남성이라 해도 여성을 믿지 못하고 상대에게 악의적인 동기가 있다고 의심할 가능성이 커진다. 2017년 공화당 성향의 남성 중 47%가 '여자는 대부분 악의 없는 말이나 행동을 성차별적이라고 해석한다'는 데 동의하는 것으로 나타났다. 1년 뒤, 캐버노가 과거 자신을 성폭행했다고 주장한 크리스틴 블레이시 포드 교수가 매노스피어에서 조리 돌림을 당하고, 미디어 전반에서 무고한 남성을 끌어내리려고 조작을 불사하는 당파적 음모의 일부로 그려진 뒤, 트럼프 대통령에게까지 모욕을 당하자 이 수치는 68%로 솟구쳐 올랐다. 그리고 우리 사회에서 성차별이 문제라는 데 동의하는 공화당 성향 남성의 숫자는 줄어들었다.[22]

우리는 자신이 실제로 피해당할 가능성이 터무니없이 낮은 문제를 두려워하고 거기에 사로잡히게 되었다. 가령 허위 강간 신고에 대한 사회적 노이로제라는 관점에서 다음 일화를 생각해보자. 2018년 10월 영국의 공영방송 채널4가 탄탄한 국가 통계자료를 바탕으로 상세한 조사를 진행한 결과 잉글랜드와 웨일스의 평범한 성인 남성이 한 해에 허위 강간 고발을 당할 가능성은 0.0002%인 것으로 확인됐다.[23] 이 이야기를 하면 사람들은 대부분 이 조사 결과에 대단히 충격받는다. 그들은 실제 수치가 이보다 훨씬 높을 거라고 생각한다. 거짓말쟁이 여성과 마녀사냥이라는 편향된 생각이 얼마나 은밀하게 우리의 집단 무의식에 침투했는지를 분명하게 보여주는 사례다.

그러므로 여자를 점점 두려워하게 되는 남자들은 인셀이나 증오를 연료 삼는 온라인 극단주의자들, 사회적으로 용인 가능함의 경계에서 줄타기하며 도발적인 성차별주의로 먹고사는 유명 논평가들만이 아니다. 그들은 여자들이 너희에게서 뭔가를 빼앗으려 노리고 있으니 조심하는 게 좋다고 속삭이는 수천 가지 작은 힌트들 속에서 그냥 자기 일상에 충실하고 이 세상에 자기 길을 내려고 애쓰는 착하고, 괜찮은, 평범한 남자들이다. '여성혐오자'

라는 비난을 들으면 충격에 빠져 즉각 자신은 성평등을 전적으로 지지한다고 설명할, 그리고 실제로 아내와 딸이 최고의 인생을 누리기를 바라는 그런 남자들이다. 성폭력을 저지르거나 길거리에서 여성에게 소리를 지르는 남자들이 아니다. 하지만 '여성혐오자'가 아니라고 해서 이따금 성차별적인 행동을 하지 않는다는 뜻은 아니다. 우리는 모두 그런 행동을 한다. 어떤 특정 역할에 누가 적합한지 무의식적으로 넘겨짚을 때. 딸에게는 외모를, 아들에게는 씩씩함을 칭찬할 때. 우리가 내켜 하지 않는 행동을 하는 여자를 부지불식간에 '쌍년'이라고 부를 때. 이런 건 극단적인 여성혐오는 아니지만, 그럼에도 불구하고 엄연한 성차별이며 우리에게 영향을 미친다. 남성의 50%는 극단적인 여성혐오자가 아니다. 하지만 최근 연구에 따르면 전체 미국 남성의 약 절반가량이 성별 임금 격차는 '정치적 목적 때문에 날조됐다'고 믿는 것으로 나타났다.[24] 대단히 성공적인 공포감 조장 전술이 어떤 것인지를 보여주는 예다.

그리고 이제 당신은 한 문학 축제에 패널로 참석해서, 반쯤 미안한 기색을 보이며 죄 없는 남자 수천 명이 아무 이유도 없이 직장을 잃었다는 '증거'가 있는데 어떻게 남자들이 미투운동 같은 것을 지지할 수 있겠냐고 질문하는 아주 훌륭하고 선량해 보이는 남성 청중 앞에 앉아 있다. 당신은 그 사람에게 묻고 싶다. '무슨 증거요? 그런 생각은 어디서 접했어요? 그건 출처가 어디인가요? 어떻게 알게 된 거예요?' 하지만 그는 그냥 아는 거다. 커뮤니티와 웹사이트와 사회자와 논평가들로 이루어진 사슬을 타고 천천히, 아주 천천히 전달된 증오가 낳은 이 생각은 결국 쉽게 이해하거나 반박할 수 없는 그늘진 공포로 탈바꿈해서 대중의 의식을 파고든다. 그러므로 당신은 그것이 어디서 왔는지 이미 알고 있다. 당사자는 모른다고 해도.

9

여자를
혐오하는 줄
모르는
남자들

"사람들이 그러더라고요.
이제는 여자들이 우리 직업을 가져가고 있다고.
그래서 조금만 있으면 우리보다 권리가 더 많아질 거라고요."
_톰, 15세 학생 인터뷰이

Men who hate Women

"하지만 선생님이 진실을 말한다는 걸 제가 어떻게 알죠?"

나는 눈을 깜박이며 나를 응시하는 무척이나 예의 바른 십 대의 눈을 들여다보았다.

아이는 말을 이었다. "선생님이 다 지어낸 얘기일 수도 있는데 어째서 제가 끼어들어야 하죠?"

아무런 할 말이 떠오르지 않았다.

미디어의 성차별주의부터 길거리 괴롭힘, 정신건강, 역할모델, 정치적 대표성 등을 다루며 성 불평등에 대해 한 무리의 남자아이들에게 한 시간 정도 막 이야기한 뒤였다. 강연의 도입부에서는 내가 직접 겪었던 성폭력 사건을 설명했다. 상당히 늦은 밤 버스에서 일어난 일이었으며, 내가 큰 소리로 무슨 일이 일어났는지 외쳤는데도 주변 사람에게 무시당했었다고. 그래서 강연을 마칠 때 나는 다시 처음에 한 얘기로 돌아와 여기 있는 학생들은 나중에 비슷한 일을 목격했을 때 나서서 이야기할 수 있었으면 좋겠다는 바람을 전했다.

가끔 어린 친구들에게 적극적인 행인이 되는 것 또는 길거리 괴롭힘 같은 문제에 항의하는 것에 대해 말하면 그들은 안전한지, 개입하는 것이 언제나 합리적인 방법인지 충분히 납득 가능하고 타당한 질문을 던진다. 나는 개입이 항상 합리적인 건 아니며 자신의 안전이 먼저고, 직접 대립하지 않는 방식으로도 조치할 수 있다고 대답한다. 예컨대 나중에 그 사건에 대해 알리거나 가해자와 직접 얽히지 않고 피해자를 지원하는 것도 있다고 말이다.

하지만 이 경우는 달랐다. 이 소년은 어째서 자신이 성폭행당한 여자를 도와주려 노력해야 하는지 알고 싶어 했다. 소년은 일차적으로 그 여성이 거짓말을 했을 수도 있다고 가정하고 있었기 때문이다. 그리고 그건 그냥 가상의 아무 여자가 아니었다. 내가 그 아이 바로 앞에 서 있었으니까. 나는 한 시간 동안 그 경험이 나로 하여금 어떻게 성폭력 반대 운동을 하도록 이끌었는지, 내게 어떤 지속적인 피해를 입혔는지 설명했다. 그리고 나서 소년이 차분하고 정중하게 내가 거짓말을 했을 수도 있지 않냐고 물었던 것이다. 마음이 너무 아팠다. 아이가 어디서 그런 생각을 접했는지 궁금해졌다. 하지만 아이의 마음을 바꿀 방법이 떠오르지 않았다.

여성을 혐오하는 소년의 탄생

항상 이런 식은 아니었다. 2012년 일상 속 성차별 프로젝트를 시작한 후로 나는 대략 일주일에 한두 학교를 방문했다. 보통 한 번에 몇백 명씩 되는 학생들을 여러 소모임으로 나누거나, 전교 학생총회 같은 형태로 만나서 강연을 하거나, 워크숍을 진행하거나, 격식을 갖추지 않고 대화를 나누었다. 처음 몇 년 동안 다양한 반응이 돌아왔다. 때로는 문제를 제기하는 일도 있었지만, 점차 예측 가능한 패턴으로 안착했다. 학생들에게도 누군가가 성차별주의나 성 불평등에 대해 설명해주는 자리는 처음이었다. 학생들은 이따금 충격받거나 놀라기도 했고, 처음에는 당황스럽고 어색해서 내가 미디어의 대상화를 설명할 때 사용하는 비키니 차림의 여성 사진을 보고 킬킬대거나 내가 '잡년'이나 '걸레' 같은 단어에 대해 생각해보라고 주문하면 헉 소리를 내는 경우도 많았다.

어른들은 내가 학교의 '유형'에 따라 다른 반응 패턴을 찾아내기를 기대하는 듯했다. 그러니까 가령 사람들은 남녀공학인 공립학교에서는 성차별이 더 심하고 여학교에는 전혀 존재하지 않을 거라는 식으로 짐작했다. 하지만 성차별 문제는 어느 학교나 보편적인 듯했다. 일반적으로 성별에 따라 나뉜 사립학교도 다른 학교만큼이나 문제가 분명히(때로는 더 많이) 있었고, 공학이든 아니든 비슷한 문제로 골머리를 앓았으며, 교사들은 성차별을 해결하고자 하는 진심 어린 바람과 그에 필요한 교육과 자원의 부족 사이에서 종종 괴로워했다.

나는 점차 어떤 학교든 학생들이 맨 처음에 즉각적으로 보이는 반응이 그 학교의 전반적인 분위기를 그대로 보여주는 강력한 지표라는 사실을 깨달았다. 성차별을 해결하려는 노력이 이미 어느 정도 있었고, 학생들이 그런 걸 수용하면 안 된다는 의식이 있는 학교에서는 대화가 더 개방적으로 이뤄졌다. 남학생과 여학생 모두가 똑같이 질문을 던지고 토론에 참여했다. 성차별이 심한 학교에서는 남학생들이 여자 교사들을 우습게 여기다가 남자 교사가 들어오면 잽싸게 자세를 바로잡는 광경이 펼쳐졌다. 특히 힘들었던 사례 중에는 십 대 남학생들이 성폭행 피해자에 대해 믿기 힘든 농담을 던지자 여자 교사가 눈물을 흘리며 교실을 나가는 일이었다.

성 불평등 문제가 현저한 학교의 여학생들은 여학생들만 있는 자리에서는 자신이 겪은 성적 괴롭힘이나 성폭력 이야기를 쏟아내다가도 남학생들과 함께한 자리에서는 입을 꾹 다물거나 그런 문제는 존재하지 않는다고 부정하며 페미니즘을 규탄하는 데 열을 올렸다(그러면서도 내내 나에게 미안한 표정을 지어 보였다). 그런 학교의 남학생들은 때로는 의도적으로 나와의 시간을 방해할 방법을 궁리하곤 했다. 한번은 내가 수백 명의 학생 앞에 있는 무대에서 걸어 내려오자 모든 남학생이 사전에 계획한 대로 일제히 휘파람을 부는 일도 있었다.

하지만 시간이 지나면서 이 정도의 저항은 진솔하고 정중한 대화를 통한다면 성공적으로 극복할 수 있다는 것을 알게 되었다. 무대 위에 서 있는 나를 향해 누군가가 휘파람을 불면, 나는 다른 학생들에게 우리가 토론할 수 있도록 아주 훌륭한 성차별 사례를 제공해준 데 대해 그들에게 박수를 쳐주자고 제안했고, 우리는 어째서 여학생들은 남자들에게 달갑잖은 휘파람 소리를 들을 가능성이 높고 남학생들은 괜찮은 여학생을 보면 휘파람을 불어야 한다고 느끼는지 이야기했다. 온라인 포르노라는 주제가 나오면 그런 걸 보는 남학생들을 '나쁘다'거나 '성차별적'이라는 관점으로 보기보다는 성적 즐거움에 대해, 포르노에 등장하는 기법들이 현실 여성들을 성적으로 흥분시킬 가능성이 별로 없다는 사실에 관해 이야기했다. 많은 남학생이 자신이 온라인 포르노를 보는 것은 노골적인 여성혐오가 아니라 좋은 연인이 되는 방법을 알고자 하는 조바심 때문이라고 인정하곤 했다.

프로그램에 처음 참여하는 남학생들이 어기대는 이유는 대개 당황해서거나, 이 프로그램 자체를 우습게 여기거나, '성차별'이라는 말에서 자신들이 혼날 거라고 지레짐작했기 때문이었다. 우리는 성별 고정관념이 성인 남성과 소년들에게 영향을 미치는 다양한 방식을 토론하고, 정신건강과 남성의 역할모델에 대해 이야기했다. 그 과정에서 자신들을 공격하려는 목적이 아니라는 걸 깨달은 남학생들은 점점 대화에 적극적으로 참여했다.

이런 패턴이 가장 분명하게 드러난 예는 한 여학교를 찾았을 때였다. 이날의 프로그램 중에는 인근 남학교 학생들이 와서 함께 이야기를 나누는 시간이 있었다. 두 학교는 종종 공동 활동을 했고, 그래서 학생들은 서로를 꽤 잘 알았다. 내가 도착하기로 한 날 아침, 여학생들은 남학생들의 소셜미디어 계정에 심상찮은 멘트가 올라온다는 걸 알아차렸다. 남학생들은 어째서 자신들이 멍청한 성차별 강의를 듣고 앉아 있어야 하냐면서, 행사 내내 야유하고 킬킬대며 최대한 소란을 일으키자는 계획을 세웠던 것이다. 여학생들은 이 사실을 교사들에게 알리지 않고 대신 오전 마지막 수업을 몇 분만 일찍 끝내달라고 부탁했다. 남학생들이 도착하기 전에 강당에 도착할 시간을 벌려는 심산이었다. 강당에 도착한 여학생들은 각자 흩어져서 한 칸씩 띄워 자리를 채웠다. 강당에 도착한 남학생들은 계획을 제대로 진행할 수 없었다. 여학생들 사이에 한 명씩 앉다 보니 깽판을 치겠다는 기백이 휘발되어 버리고, 여학생들이 주도하는 대화에 귀 기울일 수밖에 없었던 것이다. 그 결과는 놀라웠다. 진솔한 문제가 제기되고 토론이 이루어졌다. 오해는 부드럽게 풀렸다. 정중한 토론이 이어졌다. 대화는 효과가 있었다.

물론 그래도 고집을 꺾지 않는 학생들도 있다. 설득당하지 않겠다고 마음을 단단히 먹고 온 남학생들은 때로 대화를 힘들게 하려고 난폭한 말을 던지기도 한다. '사우디아라비아 여자들은 운전할 수가 없다던데, 그러면 교통사고를 당할 일이 없으니까 더 좋은 거'라고 주장하던 학생처럼 말이다. 하지만 일반적으로 이런 경우는 뿌리 깊은 여성혐오의 발로라기보다는 충격과 분란을 의도한 개인의 허세였다.

하지만 지난 약 18개월 동안 뭔가가 바뀌었다.

시작은 역사가 깊고 명망 있는 학교였다. 수 세기에 걸쳐 옥스퍼드와 케임브리지대학교에 합격한 남학생들의 이름을 금박으로 새긴 낡은 나무 명판과 역대 교장(모두 남자 일색인)의 근엄한 초상화가 식당에 줄지어 걸린 그런 학교였다.

강연장에 도착해보니 앞줄의 한 남학생이 유선 공책 위에 연필을 올려놓고 기다리고 있었다. 학생은 강연 내내 나를 열심히 쳐다보면서 맹렬히 필기했다. 강연이 끝나자 학생은 공책 앞장을 펼치더니 미리 준비했던 질문을 읽어나갔다. 학생은 강간에 관한 잘못된 통계를 인용하면서 남자가 피해자일 가능성이 훨씬 크다는 주장을 펼쳤고, 어째서 내가 그들의 곤경을 무시하는 쪽을 택했는지 질문했다. 학생은 긴장했지만 동시에 다른 학생들 앞에서 내 실체를 의기양양하게 폭로하고 내 거짓말을 잡아냈다고 확신하며 흥분한 기색이었다. 학생은 '미국을 다시 위대하게Make America

Great Again’라는 흰색 글씨가 선명한 빨간 모자를 쓰고 있었다.

이후 몇 개월 동안 이상한 현상이 펼쳐졌다. 어딜 가든 항상 그런 소년이 한 명씩 있었다. 가끔은 두세 명일 때도 있었다. 소년들은 흥분으로 눈을 번뜩이며 강렬하게 나를 응시했다. 그러고는 똑같은 질문을 던졌다. 똑같은 통계를 내세웠다. 종종 서로 같은 말을 토씨 하나 틀리지 않고 되풀이했다. 이건 사우디아라비아 여성의 운전 문제를 들먹이는 어설프고 조야한 잽과는 차원이 달랐다. 조직적이었고 자신만만했고 순조로웠다.

특정 주제가 제기되고 또 제기되기 시작했다. 여자들이 강간에 관해 거짓말을 하는데 어째서 우리가 당신 말을 듣고 있어야 하죠? 페미니즘은 남자를 혐오하는 여자들이 세상을 쥐락펴락하고 싶어서 설계한 음모고, 남자들은 요즘 사회에서 성 불평등의 진짜 피해자예요. 남자들은 사실 여자보다 가정폭력의 피해자가 될 가능성이 더 커요. 성별 임금 격차는 거짓말이에요.

소년들은 반항적이면서도 답답하다는 듯한 어조에 권력자를 향해 진실을 말하는 운동가 같은 태도였다. 내가 직접 겪었던 성폭력에 대해 거짓말을 하고 있다며 상당히 차분하게 말하던 소년은 별종이 아니라 더 큰 무언가의 일부였다.

수개월 동안 매노스피어에 빠져 살아본 지금은 그런 주장과 표현을 곧바로 알아볼 수 있다. 하지만 당시에는 그런 정서가 어디서 온 건지 도통 감을 잡을 수 없었다. 날 때부터 여성을 혐오하거나 사악한 십 대 소년은 없다. 잠시만 이야기를 나눠보면 이들에게도 사랑하고 존중하는 어머니, 누이, 여자인 친구가 있다는 걸 알 수 있다. 이들 내면에 태생적으로 여성을 혐오하게 만든 무언가가 있는 게 아니다. 외부의 무언가가 그렇게 만든 것이었다.

마침내 한 소년이 '지노크라시'라는 단어를 언급했고 또 다른 소년은 직접 마일로 야노폴로스라는 이름을 거론하며 질문을 던졌다. 모든 퍼즐이 맞춰지기 시작했다. 이제는 남학생들의 질문에 대답하며 확실한 통계를 조심스럽게 제시하는 대신 이들이 되뇌는 말들을 어디서 들었는지 묻기 시작했다. 대답은 한결같았다.

인터넷이요.

교실에서 페미 낙인찍기

2018년 퓨리서치센터의 한 연구에 따르면, 미국 십 대의 96%가 스마트폰에 접근할 수 있고, 89%가 '거의 꾸준히' 또는 하루에 수차례 이상 온라인 상태인 것으로 나타났다.[1] 영국의 규제기관 커뮤니케이션청Ofcom에서 작성한 2018년의 한 보고서에 따르면, 12세부터 15세 사이의 어린이 45만 명 이상이 주말이면 온라인에서 하루 6~8시간을 보내는 것으로 나타났다. 5세부터 15세 사이의 전체 어린이가 온라인에서 보내는 시간은 주말 평균 하루 3시간에 조금 못 미치고, 주중에는 평균 하루 2시간이 조금 안 되는 것으로 밝혀졌다(과거 10년 전보다 거의 2배 늘어난 것이다).[2]

몇 년 전이었다면 남자 어린이와 청소년 대부분이 페미니즘에 대해 딱히 들어보지 못했을 거라고 추정했을 것이다. 내가 학교에 다닐 때는 실제로 그랬기 때문이다. 하지만 지난 몇 달 동안 남자 어린이들과 이야기를 나누면서 이들이 온라인에서 여성과 성폭력, 페미니즘과 성차별에 대해 아주 분명한(그리고 아주 그릇된) 메시지를 수없이 접한다는 사실이 점점 분명해졌다.

이 책을 쓰기 시작할 무렵 나는 학부모들에게 자신의 온라인 경험, 그중에서도 특히 페미니즘에 대한 인식을 나에게 흔쾌히 이야기해줄 십 대 아들이 있으면 인터뷰하고 싶다는 공고를 냈다. 그 즉시 한 어머니가 12세 아들과 이야기해보라며 연락을 주었다. 아이가 비디오게임을 할 때 다른 게이머들이 스피커로 '페미니즘은 암'이라고 말하는 걸 들었다고 했다.

그의 아들 알렉스가 이야기꾼을 자청했다. 아이는 이렇게 말했다. "맞아요, 페미니즘에 대해서 확실히 많이 들었어요. 학교에 있는 남자애들은 보통 자기를 페미니스트라고 생각하지 않아요. 늘 페미니즘은 남자를 혐오하는 뭐 그런 거라고 생각하거든요." 그런 정보를 어디서 얻느냐고 묻자 아이는 망설임 없이 말했다. "거의 유튜브죠, 전적으로." 친구들이 페미니즘 활동을 접하게 될 때는 "걔네는 어떤 식으로든 자신에게 영향을 미칠까 봐 걱정하는 것 같아요"라고 말했다.

알렉스의 관점은 친구들과 상당히 달랐다. 어릴 때부터 엄마에게 이미 페미니즘과 불평등에 대해서 들어왔기 때문이다. 그래서 온라인 선동을 접했을 때 친구들처럼 영향을 받지는 않았다.

또 다른 인터뷰이 15세의 톰은 이렇게 말했다.

> (반페미니즘이) 사실상 소셜미디어에서는 어디든 있는 거 같아요···. 주로 유튜브, 인스타, 트위터도 그렇고, 스냅챗 같은 것도요···. 그냥 농담인 척하지만, 실은 잘 생각해보면 기분 나쁜 밈과 영상이 상당히 많아요.

톰은 학교에서 애들이 페미니즘에 대해 이야기하는 걸 자주 들으며, 애들이 '종종 위협감을 느낀다'고 덧붙였다. 톰 또래의 소년들은 친구들의 압박과 '혐오' 때문에 공개적으로 자신이 페미니스트라고 밝히기가 '절대적으로' 어렵다.

> 주위 사람들이 이제는 여자들이 우리 직업을 가져가고 있다는 식으로
> 말해요. 조금만 있으면 여자들이 우리보다 권리가 더 많아질 거라고.
> 학교에서 이런 말을 꽤 많이 들어요…. 조금만 있으면 여자들이 상당수
> 의 일에서 사실상 더 많은 발언권을 가질 거고 훨씬 동등해질 거라고,
> 그러면 전 그게 그냥 위협처럼 느껴지더라고요…. 사람들이 이젠 더 이
> 상 농담도 못 한다고 걱정해요. 전에는 재미나게 즐기던 모든 걸요. 사
> 람들은 그게 변하는 걸 원치 않아요.

이런 건 우리가 수십 년 전에나 들어본 말이다. 그런데 그런 말
이 지금 십 대의 입에서 흘러나오고 있다.

20세의 대학생 애덤 역시 이런 태도와 공포(온라인 포럼의 메시
지들과 소셜미디어의 밈이라는 형태로)가 또래 전반에 퍼져 있다고
내게 말했다.

> 그런 말 많이 들어요. 심지어는 성폭행당했다고 하는 여자는 거짓말을
> 하는 거다, 뭐 그런 이야기까지요. 미투운동 전체에 대해서도 … 그 여
> 자들은 그냥 15분짜리 명성을 노리는 거다, 그게 아니면 왜 지금 와서
> 이런 소리를 하는 거냐는 식으로 말하는 사람들도 봤어요. 어째서 나이
> 든 남자를 평생 감옥에서 썩게 하고 싶어 하냐고 말이에요. 그 사람들
> 한테는 말이 되는 소리인지는 몰라도 한발 물러서서 생각해보면 말도
> 안 되게 불쾌한 소리죠.

이 모든 것은 젊은 사람들이 일상을 보내는 세상, 그곳의 맥락

에서 이해해야 한다. 이들에게는 주류 미디어가 부정확하게 성차별적이고 고정관념적인 메시지들로 토대를 구축해놓아서, 매노스피어 이데올로기가 쉽게 싹틀 수 있는 온라인 세상이 일상의 중심이다. 이들 중 대다수의 젊은 사람이 온라인 포르노를 본 경험이 있는 세상이다. BBC의 한 설문조사에 따르면 60%가 16세 이전에 온라인 포르노를 본 경험이 있으며, 이 가운데 1/4은 처음 시청한 연령이 12세 이하였다.[3] 이 세상에서 이들이 손쉽게 구할 수 있는 영상들은 섹스를 남성이 주도하고 통제하는 공격적이고, 폭력적이고, 굴욕적이며, 때로는 인종주의적인 지배 행위로, 반면 여성은 고통을 삼키며 복종하는 존재로 바라보는 고정관념에 기여하는 것들이다. 이 말이 극단적으로 들린다면 구글에서 '포르노'라는 단어를 검색해서 상단에 뜨는 링크를 클릭해보라. 가장 쉽게 접근할 수 있고, 지극히 흔한 무료 사이트가 뜰 것이다.

대략 맛보기로 설명하자면, 내가 구글에 검색했을 때는 '보지에 칼'이 든 '십 대'에 대한 영상, '자그마한 십 대'의 질 안에 최대한 큰 물건 쑤셔 넣기에 대한 영상, 근친상간에 대한 영상, 한 남성이 손으로 한 여성의 입을 막고 강제로 올라타자 겁에 질린 표정을 짓는 여성을 보여주는 영상, 고통으로 표정이 일그러진 젊은 여성을 보여주는 '작은 십 대의 거친 항문성교와 크림파이'라는 제목의 영상, 얼굴에 정액을 뒤집어쓰고 울고 있는 여성을 보여주는 영상, 제목을 통해 여성이 '목이 졸리고' 있음을 설명하는 영상, '5대 1 윤간'이라고 하는 영상, '흑인 십 대 하녀가 친구와 함께 백인 남자와 떡치다'라는 제목의 영상이 제일 먼저 뜬다.

이상하게 들리겠지만 학교에 가면 어린 친구들한테 '강간은 사실 칭찬'이라거나 '울부짖는 건 전희의 일부'라는 말을 종종 들는다. 한 학교에서는 강간 사건에 연루된 14세 남학생에게 교사가 "어째서 상대방이 울부짖는데 멈추지 않은 거니?"라고 묻자 학생은 당황한 표정으로 교사를 바라보며 "섹스를 하는 동안 여자애들이 울부짖는 건 당연한 거잖아요"라고 말했다고 한다.

전반적인 분위기가 이러다 보니 매노스피어 이데올로기가 득세할 위험이 높아진 것이다.

오늘날 세대에게는 온라인과 오프라인의 경계가 거의 존재하지 않으며, 성폭력은 이미 끔찍할 정도로 일상화되어 있다. 이는 젊은 사람들이 많은 시간을 보내는 온라인 세상에 워낙 그런 이미지가 넘쳐나기 때문이다. 매노스피어의 표현들이 청소년기 남성들에게 얼마나 강력하게 퍼졌는지를 제대로 파악하려면 이 지점을 이해할 필요가 있다. 청소년의 또래 집단, 학교와 지역사회의 폭력과 학대에 대해 연구하고, 대영제국 훈장을 받은 영국 사회 연구자 칼린 퍼민Carlene Firmin 박사는 내게 이렇게 설명했다. "일반적으로 젊은 사람들은 온라인에서 벌어지는 일을 자신의 또래 집단과 지역사회의 일부라고 설명합니다. 그러니까 젊은 사람들한테는 온라인과 오프라인이 완전히 통합되어 있는 거죠."

퍼민 박사는 온라인에서 성폭력을 묘사하는 방식이 오프라인의 행동에 미치는 다양한 영향을 강조했다.

> 제가 지금까지 살펴봤던 교내 성폭력 사건 중에서 학생들 사이에 광범위하게 떠도는 유해한 발상들과 관련되지 않은 사례는 없었습니다. 이런 생각들은 학생들이 오프라인뿐 아니라 온라인에서 얻은 정보들이죠. 그런 폭력은 아무 맥락 없이 불쑥 등장하는 게 아니에요.

퍼민 박사는 온라인에서 '젊은 여성을 인간 취급하지 않는 세태와 사건의 심각성에 대한 인식 부재'에 특히 주목한다.

> 사건을 검토할 때면 항상 그것 때문에 충격을 받는 것 같아요. 이런 사건에서 성폭력이 참 무심하게 일어난다는 점, 그리고 젊은 사람들이 무슨 차 한잔 마시는 정도로 느끼는 것 같다는 점이요. 아주 심각한 행동을 하고 있는데 거기에 대한 설명에서는 그 심각성이 완전히 누락되어 있어요.

다시 말해 만일 젊은 사람들이 성폭력을 축소시키거나 심지어 미화하는 온라인 콘텐츠를 접할 경우 오프라인 현실 세계에서도 그것에 반응하는 방식에 중대한 영향을 미치게 된다.

학교도 이런 혼란과 성적 괴롭힘에 항상 잘 대응하는 것은 아니다. 학교에서 괴롭힘을 당하거나 심지어 폭행을 당한 여학생들이 '그걸 칭찬으로 받아들여' '남자애들이 그렇지 뭐' 같은 말을 교사에게 들었다는 소리를 한두 번 들은 게 아니다. 일부 교사들은 이런 식으로 남학생들이 이제 막 온라인으로 접하기 시작한 바로 그런 종류의 성차별적인 생각을 무의식적으로 일상으로 안착시키고 재생한다.

내가 방문했던 어떤 학교에서는 여학생들이 페미니즘 모임을 만들지 못하게 금지당했다. 교장이 그 모임에 대해 분열을 조장하고 불필요하며 성차별을 유발할 수 있다고 반대했다는 것이다. 그럼에도 여학생들은 몰래 모임을 시작했다. 교장의 딸이 저항의 의미에서 모임에 가입한 뒤에야 이 모임은 의문스러운 과정을 거쳐 승인을 받았다.

그러므로 여성혐오는 젊은 남성들이 그게 혐오라는 걸 깨닫지도 못한 사이에 그들의 신념 속으로 스며든다. 그건 여성혐오가 아니다. 남성의 권리를 지키는 일이다. 그건 여성혐오가 아니다. '진정한' 평등을 요구하는 것이다. 그건 여성혐오가 아니다. 생물학적 차이를 받아들이는 것이다. 다들 온라인에서 킬킬대는데 그게 여성혐오일 리 없다.

이런 식의 메시지와 대화가 점차 나의 레이더망에 더 많이 포착되면서 매노스피어 이데올로기와 접촉하는 젊은 사람들의 수 또한 점차 늘어나는 게 보이기 시작했다.

영국 학교에서 페미니스트라고 밝힌 여학생들이 보고한 적대감은 엄청나다. 여성혐오적인 구호로 모임이 중단되고, 포스터에 욕설이 휘갈겨 적혀 있고, 장기간의 언어적 괴롭힘 때문에 여학생들이 심각한 충격을 받거나 심지어는 전학을 하는 일까지 벌어진다는 이야기가 여러 차례 보고되었다.

톰은 "한 번씩 누가 어떤 선생님이 페미니스트라고 말하기 시작하면 그 선생님에 대해 고약한 말들이 떠돌아요"라고 말했다. 교직원도 절대 자유롭지 않은 것이다. 내가 참석했던 한 학교 토론회에서 스스로를 페미니스트라고 밝힌 한 여성 청소년은 그 때문에 또래 남자들로부터 괴롭힘 공세에 시달리다 내게 이메일을 보냈다. 그가 같은 수업을 듣는 남학생들에게서 받은 문자 메시지를 내게 보내줬는데, 그 문자의 내용은 십 대가 주고받은 문자라기보다는 매노스피어 포럼에 더 가깝게 느껴졌다. 문자를 보낸 남학생들은 페미니즘이 '성차별적'이고, 남자들은 생물학적으로 더 우월하며, 남자들에게 더 좋은 일자리를 주는 것이 인류 진보를 위한 최선책이라고 주장했다. 그들은 그것이 자기들 잘못이 아니라고, 자기들은 '못되게' 굴려는 게 아니라 그냥 원래 세상이 그런 거라고 적었다. 이들의 메시지를 읽으면서 나는 이들이 자기가 한 말을 정말로 믿는다는 것을 깨달았다. 100년 전이 아니라, 요즘의 십 대 여학생들이 이런 주장을 하는 또래 남학생들을 상대하고 있다. 당신이 반 친구들과 이야기를 나누다가 이런 시각에 부딪혔다고 상상해보라. 학교에 가서 진심으로 자신이 당신보다 유전적으로 우월하다고 믿는 남학생들 옆에서 공부해야 한다고 상상해보라. 그것이 당신의 학업에 미칠 영향을 상상해보라. 그리고 이런 생각을 대단히 논쟁의 여지가 많은 의견이 아니라 단순한 사실로 흡수해버린 십 대 남학생의 모습을 상상해보라.

나의 관찰이 더 큰 현상의 일부인지 정확히 알지 못하는 상태에서 나는 착한 사내 이니셔티브의 벤 허스트와 이야기를 나누기로 했다. 그는 여러 소년의 생각과 경험을 확인하기에 딱 좋은 위치에 있는 인물이기 때문이다.

알고 보니 허스트의 경험은 놀라울 정도로 나와 유사했다. 그 역시 나처럼 학교에서 다른 무엇보다 허위 강간 고발 문제를 물고 늘어지는 남학생들과 반복적으로 마주쳤다. 그리고 그 역시 나처럼 이런 대화가 최근 들어 상당히 늘었다고 느꼈다.

그는 '요즘 아이들은 유튜브에서 매우 활발히 활동하며 중도우파부터 극우에 이르는 남성권리운동 관련 콘텐츠를 많이 소비하고 있다'고 말했다. 또 레딧과 포챈, 인스타그램을 언급하며 '어떤 식으로도 세계관을 확장하거나 아무런 조사도 할 필요 없이 아주 쉽게 접할 수 있는 내용이 많다'고 덧붙였다.

허스트에게 활동하며 만난 청소년 중 매노스피어의 발상에 영향받은 것으로 추정되는 사람이 얼마나 되는지 묻자 그는 잘라 말했다.

"아주 일반적이라고 생각해요. 아마 우리가 접촉하는 남학생 중에서 70% 정도는 어떤 식으로든 그런 유의 콘텐츠와 접촉해본 적이 있을 거고, 그건 학생들의 사고방식에 다양한 수준의 영향을 미칠 겁니다."

중요한 점은 허스트가 활동하면서 만난 청소년 중에서 많은 수가 극단적인 매노스피어 포럼의 회원처럼 보이지는 않았다는 점이다. 그보다 그들은 사슬 위쪽에서 매노스피어 사고를 접한다. 우리는 매노스피어의 이데올로기가 여러 플랫폼에서 어떻게 변형되고 희석되는지를 정확히 파악하는 과정에서, 우리가 접해본 젊은 사람들이 다양한 수준의 노출을 경험했고, 이 중 일부는 한 플랫폼에서 다음 플랫폼으로 넘어가는 이데올로기적 여정을 밟는다는 데 의견을 모았다.

"그러니까 어떤 학교에 가면 아이들이 '나는 조던 피터슨 팬이에요'라는 식일 겁니다…. 그리고 그런 교실에서는 '페미나치'나 그 시점에 남성권리운동에서 핫한 주제면 뭐든 놓고 대화하게 되는 거죠." 하지만 허스트는 '아마 그보다 한두 단계 아래 더 많은 아이가 있을 거'라고 생각한다. 이런 아이들은 구체적인 매노스피어 커뮤니티에 대해서는 거의 알지도 못하지만 매노스피어 이데올로기의 한 측면을 흡수해, 수용하기 쉽고 기억하기 좋은 밈과 농담의 형태로 포장하거나 저명한 미디어계 인물들에 의해 주류에서 소비될 만한, 그럴듯한 것들을 재생산하는 데 동참한다.

허스트는 최소한 학교에는 인셀이나 다른 커뮤니티의 회원인 게 확실한 아이들보다는 이런 범주에 속하는 학생들이 훨씬 많다고 추정한다. "걔네도 (인셀에 대해) 압니다. 하지만 인셀에 대한 건 인셀들이 별로 멋지지 않다는 거예요. 그게 그 사람들이 결국 인셀이 된 이유 중 하나기도 하죠. 그렇지 않나요?" 허스트는 웃었다.

> 그 사람들은 비자발적인 독신이잖아요. 그래서 나는 십 대들이… 십 대 대부분이, 그 콘텐츠가 자신들에게 관계가 있는 지점에는 아직 도달하지 않았다고 생각해요. 대학에 가면 그런 내용을 훨씬 많이 접하겠죠. 하지만 아직 아주 많은 건 아니에요. 아직은 낮은 수위가 더 일반적입니다. 사람들은 피어스 모건에게 귀 기울이거나 조던 피터슨 영상을 보는 정도에요…. 그건 '내가 여자애랑 섹스를 하면 걔가 자길 강간했다고 생각할까 봐 겁나' 정도에 더 가깝죠.

허스트가 잠시 뜸을 들였다. "허세가 많이 들어간 말이죠. 그게 진짜 겁난다는 소리는 아닌 것 같았어요." 하지만 허위 강간 고발에 대해 남학생들이 공통적으로 관심을 가지는 근본적인 이유는 바로 두려움이다.

남학생들이 인셀이나 픽업아티스트 웹사이트의 '훨씬 상류'에 있는 매노스피어 사고에 접근한다는 생각은 내가 인터뷰했던 젊은 대상자들에게서도 확인할 수 있다. 알렉스도 톰도 인셀이나 야노폴로스에 대해 들어본 적이 없었다(나는 그들이 부럽다). 이는 내가 학교 프로그램에서 했던 경험을 통해서도 뒷받침된다. 내가 이야기를 나눈 남학생들 가운데 적지만 의미심장한 수가 매노스피어 커뮤니티에 깊이 빠져 있긴 했지만, 대다수는 굳이 그런 걸 찾아본 적 없었거나 알지 못했다. 그 대신 익명의 계정과 밈 공장을 통해 여과된 매노스피어 사고가 학생들을 찾아온 것이다.

어떤 학교에서는 한 십 대 남학생이 친구들 사이에서 가장 인기 있는 인스타그램 밈 계정 몇 개를 보여줬다. 그 계정 중 어떤 것도 프로필에서 페미니즘이나 매노스피어와의 관련성을 확인할 수 없었다. 그저 '밈'이나 '롤lols' 같은 단어가 포함된, 빤한 이름의 계정들이었다. 하지만 그 계정을 클릭하는 순간 익숙한 콘텐츠가 떴다. 여자들이 동등한 권리를 너무 '건방지게' 요구하면 패주라고 말하는 이미지들과 페미니스트의 위선과 허위 강간 고발은 가장 흔히 다뤄지는 주제였다. 아마 이런 계정들의 특징을 가장 잘 드러내는 부분은 해시태그일 것이다. 해시태그는 콘텐츠의 실상과 전달 시스템의 진부함이 조합된 것으로 '#신선한밈freshmemes #제일웃긴밈funniestmemes #학교총격범밈schoolshootermemes #페미니즘은암feminismiscancer #엣지있는십대를위한엣지있는밈edgymemes-foredgyteens'과 같은 것들이 있었다.

이런 계정은 일반적으로 얼굴이나 인격이 드러나지 않는 경우가 대부분이고, 팔로워가 수십만에 이르며, 이미지 하나마다 댓글이 끝도 없이 달리곤 한다. 데이트 강간과 가정폭력에 대한 농담 속에는 트랜스혐오와 이슬람혐오가 녹아 있다. 인종주의는 워낙 다반사여서 내가 봤던 게시물은 네 개 중 하나꼴로 흑인 비하 표현이 등장했다. '인셀'이나 '남성권리운동' 같은 용어는 드러나지 않을 때가 많지만 매노스피어에서 흘러나온 콘텐츠라는 건 쉽게 알아볼 수 있다. 이용자들에게 힐러리 클린턴이 감옥에 가기를 바란다면 '좋아요'를 눌러달라고 요구하는 밈(좋아요 1만 434개)이어니타 사르키시안의 머리에 총을 겨누는 합성 이미지와 경쟁을 벌인다. 이런 밈들을 소비하는 청소년들은 게이머게이트 같은 건 금시초문일지 모르고, 사르키시안이 누군지도 모를 수 있지만,

무의식적으로 여성혐오 패거리의 집단사고와 공통 지식을 주입 당한다.

유튜브에는 출구가 없다

젊은 사람들이 여성혐오 콘텐츠를 이렇게 쉽게 접할 수 있다 는 사실이 충격이라면, 아마 그건 어른들이 특히 젊은 사람들에 게 유튜브가 얼마나 중요하고 일상 속에 깊숙이 침투해 있는지 잘 몰라서일 것이다.

먼저 이런 젊은 사람들 가운데 약 90%가 매일 수차례 온라인 에 접속한다고 밝힌다는 사실을 떠올려보자. 그다음 16~24세 가 운데 1/5이 일주일에 하루 7시간 이상 온라인에서 시간을 보낸다 고 확인한 영국 커뮤니케이션청의 발표를 추가해보자.[4] 이제 그 들이 그 엄청난 시간 동안 온라인에서 무엇을 할지 생각해보자. 젊은 사람들의 통학 및 통근 시 휴대폰 사용 습관 분석에 따르면 그들은 그중 절반에 가까운 시간을 소셜미디어에서 보낸다. 그러 면 이들이 가장 많이 사용하는 플랫폼은 무엇일까. 퓨리서치센터 에 따르면 미국 십 대의 85%가 유튜브를, 72%가 인스타그램을, 51%가 페이스북을, 32%가 트위터를 사용한다. 전 세계 유튜브 이용자는 15억 명으로, 텔레비전을 보유한 가구의 수보다도 많은 숫자다.[5]

그러니까 세계 모바일 인터넷 트래픽의 무려 37%가 유튜브 때 문이라는 최근 한 보고서의 내용도 어른들에게는 충격일지 몰라 도 십 대들에게는 그렇게 놀랍지 않다.[6] (그에 비해 넷플릭스 스트 리밍은 겨우 2.4%를 차지하는 것으로 나타났다). 십 대의 경우 스마

트폰으로 인터넷에 접근할 가능성이 다른 연령대보다 더 높다는 점에서 이는 우리에게 중요한 정보다.

젊은 사람들이 유튜브에서 얼마나 많은 시간을 보내는지, 우리가 얼마나 모르고 있는지를 알고 나면, 상황이 좀 더 명확해지기 시작한다. 그렇다면 왜 이것이 대안우파와 매노스피어 이데올로기와 관련해서 특히 중요한 것일까?

유튜브가 까탈스러운 고양이 영상과 영화 예고편을 보는 곳이라고 생각하는 어른들에게 극단적인 우익사상이 그곳을 대거 점령하고 있다고 알려주면 당황할 것이다. 수많은 채널에서 백인우월주의적이고 여성혐오적인 진행자가 자신의 세계관에 맞는 수천 시간 분량의 콘텐츠를 계속 내보내는 곳이 바로 유튜브다.

존 헤르만John Herrman은《뉴욕타임스》의 통찰력 넘치는 한 기사에서 유튜브를 라디오 토론 프로그램에 비교하며 이렇게 썼다. '유튜브에는 무수한 종류의 정치적 표현이 있지만, 우익 유튜브와 그 수십 명의 완고한 브이로거들만큼이나 조직적이고 독단적인 집단은 없다.' 유튜브와 라디오 토론 프로그램 모두 극단적이고 반동적인 극우 사상가들에게 깊이 몰입한 청중들을 향해서, 아무런 방해 없이, 한번에 몇 시간 동안 떠들 기회를 제공한다는 기사였다.[7]

하지만 대안우파와 매노스피어 인플루언서들이 유튜브에서 지대한 영향을 미치고 있다는 사실을 이미 아는 사람들에게도 뉴욕의 연구기관 데이터 앤 소사이어티Data & Society가 2018년에 발표한 보고서는 충격이었다. 연구자 레베카 루이스Rebecca Lewis가 작성한 이 보고서는 80개 채널에 걸쳐 있는 60여 명의 학자, 미디어 전문가, 인터넷 인플루언서들의 '대안적인 인플루언서 네트워크'

를 밝혀냈다. 여기에는 주류의 자칭 자유주의적인 보수 논평가들부터, 극단적인 여성혐오자, 백인우월주의자, 인종주의자까지 다양한 부류가 속해 있었다. 루이스는 보고서에 이렇게 적었다. "이들 중 상당수 유튜버가 단일한 이데올로기보다는 페미니즘, 사회정의, 또는 좌파 정치 전반에 대해 반대하는 '반동적' 입장에 있는 것으로 정의된다."[8]

루이스는 유튜브가 '극우 인플루언서들의 광범위한 네트워크가 젊은 시청자들을 선동하는 방송을 통해 이익을 얻는 가장 중요하고 단일한 허브'가 되었다고 밝혔다. 그의 설명에 따르면 특히 우익 논객들은 유사한 브랜딩 작업과 검색엔진 최적화 및 기타 기술을 능숙하게 이용해 강력한 인플루언서 네트워크를 구축함으로써, 더 인기 있고 사회적으로 인정받는 인물이 비주류 인물의 신뢰도를 높이고, 결과적으로 시청자들을 확대하고 상호 교류하여 이익을 얻는다.

즉 '인플루언서들 사이의 소셜 네트워킹은 시청자들을 차츰 심각하고 극단주의적인 정치적 입장에 조금씩 노출시켜 그것을 쉽게 신뢰하도록 만든다'고 루이스는 적었다. 그리고 '많은 극단주의 콘텐츠가 인터넷의 음침한 구석이 아니라 유튜브처럼 쉽게 접할 수 있는 플랫폼에서 기량이 뛰어난 개인들의 공개적인 지지 속에 주류 문화와 직접 연결되어 전면에 등장하고 있다'고 경고했다. 이 보고서에서 개괄하는 스펙트럼을 보면 조던 피터슨 같은 인물은 사회적으로 용인 가능한 쪽을 대표하며, 반대쪽 끝에는 리처드 B. 스펜서와 마이크 세르노비치 같은 극단적인 백인우월주의와 여성혐오 커뮤니티에서 활약하는 인물들이 있다. 이용자명에 '빨간 알약red pill'이 들어간 인플루언서들도 이쪽에 속한다. 주류 쪽에 가까운 유명인들은 급진 사상가들의 입장에 공개적으로 찬성하지는 않더라도 이들을 초대하거나 이들과 플랫폼을 공유하고 '마치 이들이 완벽하게 정상'인 양 대우함으로써 '대놓고 인종주의적'이거나 여성혐오적인 사고를 확대 재생산하는 데 일조한다.

이런 영상들은 젊은 사람들의 세계관에 잠재적으로 영향을 미친다. 노출 시간 자체가 많아진 것뿐 아니라 이제는 텔레비전이나 다른 매체보다도 소셜미디어를 통해 '뉴스'를 보는 젊은 사람들이 늘어났다는 여러 연구 결과를 고려하면 그 영향력은 막대하다. 이는 양자택일이 가능한 정보 또는 엄격하게 사실이 확인된 정보로 균형을 잡지 못하고, 언제든 극단적인 유튜브 콘텐츠로 채워질 수 있는 대단히 불안정한 진공 상태가 만들어질 위험이 있다는 뜻이다.

그러나 아직 이게 다가 아니다. 2018년 사회학자들과 전직 유튜브 직원들이 기존에 시청한 영상이 끝난 다음 유튜브 이용자들에게 더 많은 콘텐츠를 보도록 유도하며 영상을 추천하는 비밀 알고리즘에 대해 발언하기 시작했다. 시청자들이 보는 전체 유튜브 영상 가운데 알고리즘이 추천하는 비중이 70%에 달한다는 점을 생각하면, 이 알고리즘이 얼마나 중요한지 알 수 있다.[9] 그래서 사람들은 원래 유튜브에서 보려고 했던 영상보다 알고리즘이 제시해준 콘텐츠를 보는 데 더 많은 시간을 쓰게 된다.

유튜브가 전체 모바일 인터넷 트래픽의 37%를 차지한다는 연구 결과를 다시 떠올려보자. 이 두 통계를 겹쳐 보면 자신들을 위해 유튜브 알고리즘이 선택해준 영상을 보는 사람들이 전 세계 모바일 인터넷 트래픽의 약 1/4을 차지한다는 뜻이 된다. 워낙 막대한 수치라서 온전히 이해하려면 시간이 약간 걸릴 정도다. 이런 맥락에서 바라보면 유튜브 알고리즘이 우리에게 늘어놓는 콘텐츠의 종류가 완전히 새롭게 보인다. 전직 유튜브 엔지니어 기욤 샬로 Guillaume Chaslot가 유튜브 알고리즘의 작동 방식에 대해 폭로한 내용을 고려하면 이는 우리에게 나쁜 소식이다.

유튜브는 광고를 통해 수익을 창출하므로 가장 큰 목적은 이용자들이 최대한 오랫동안 영상을 보게 해서 최대한 많은 이용자를 광고에 노출시키는 것이다. 2018년 샬로는 다양한 매체에 우려를 표하며 한 가지 중요한 대중의 오해를 바로잡았는데, 그것은 알고리즘이 이용자들에게 가장 관련성이 높은, 또는 고품질의 콘텐츠를 제공한다는 착각이다. 샬로의 말에 따르면 이는 전혀 사실이 아니다. 대신 알고리즘은 전적으로 '시청 시간'에 초점을 맞춘다. 여러 연구에 따르면 사람들로 하여금 계속 시청하게 하고 더 많은 것을 보도록 클릭하게 하는 것은 차츰 강도가 올라가는 극단적인 콘텐츠다.

학자들은 이 패턴의 의미를 곧바로 이해했다. 사회학자 제이넵 투펙치 Zeynep Tufekci는 《뉴욕타임스》에 기고한 글에서 평범한 영상으로 시작했으나 유튜브 알고리즘이 자신과 연관된, 하지만 더 강도 높은 콘텐츠로 어떻게 자신을 끌고 갔는지 설명했다. '채식주의에 대한 영상은 비거니즘 영상으로 이어졌다. 조깅에 대한 영상은 울트라마라톤 영상으로 이어졌다.'[10] 《월스트리트저널》의 한 탐사보도도 이와 똑같은 현상을 폭로했다.[11] 물론 재미난 댄스 동작이나 조리법을 찾는 사람들에게는 상대적으로 무해한 패턴일 수 있다. 하지만 이는 주류의 유명 정치 콘텐츠를 이제 막 보기 시작한, 외부의 영향에 취약한 젊은 사람들에게는 훨씬 깊은 함의가 있다. 샬로는 뉴스 웹사이트《데일리비스트Daily Beast》에 자신은 '유튜브의 추천이 사람들을 필터버블◆ 속으로 몰아넣고 있다고 … 빠져나갈 출구는 없다'는 사실을 금방 깨달았다고 밝혔다.

유튜브의 최고제품책임자인 닐 모한Neal Mohan은 2019년《뉴욕타임스》와의 인터뷰에서 유튜브가 비슷한 영상을 반복 시청하게 하는 '토끼굴' 현상을 심화한다는 것을 부정하고, 유튜브는 다양한 스펙트럼의 콘텐츠와 의견을 제시하며 추천 시스템이 시청 시간에 관련해서만 작동하는 건 아니라고 밝혔다. 모한은 유튜브의 알고리즘이 더 강도 높은 극단적인 영상을 늘어놓을 순 있다고 인정하면서도, '반대 방향으로 편향된 다른 영상들' 역시 제공할 수 있다고 주장했다.[12] 하지만 나의 실험과 이 현상을 기록해온 다른 연구자들의 실험에서는 그런 결과를 찾아보기 어려웠다.

그렇다고 해서 유튜브가 의도적으로 극단적인 인종주의와 여성혐오적인 관점을 확산하고 지지한다는 뜻은 아니다. 하지만 유튜브의 작동 방식에는 이런 의도치 않은, 강력한 부작용이 있는 것은 분명하다. 이런 패턴이 계획적 또는 악의적으로 소셜미디어 플랫폼의 DNA에 새겨졌을 가능성은 적지만, 이런 플랫폼을 설계하고, 조정하고, 통제하고, 여기서 이익을 얻는 이들의 인구학적 특징을 고려했을 때, 이런 문제들을 전혀 예측하지 못했다는 건 완전한 우연이라고 볼 수 없다. 유튜브를 소유한 구글의 2019년 연간 다양성 보고서에 따르면 전 세계 구글 직원의 67%가 남성이고, 미국의 구글 직원 중 흑인은 5%에 불과하다.[13]

리사 스기우라 박사는 소셜미디어 플랫폼들이 그 안에 올라오

◆   맞춤형 정보에 둘러싸인 폐쇄 공간을 뜻한다.

는 콘텐츠에 대해 더 큰 책임을 져야 한다고 주장하며, 페이스북의 유래를 지적한다. 처음에 페이스북은 하버드 학생들이 여학우들의 사진을 비교하면서 점수를 매기는 일종의 '섹시 콘테스트' 플랫폼으로 출발했다. 스기우라 박사는 신랄한 논조로 "성차별주의는 페이스북 같은 플랫폼의 기술에 내재되어 있습니다. 페이스북이 어디서 유래했는지, 그게 어떻게 시작했는지 생각해보세요! 그리고 픽업아티스트들과 그들의 제시하는 의제를 보세요. 그들은 자신들이 이용하는 플랫폼의 출발 지점에서 변명의 근거를 얻습니다"라고 말했다.

매노스피어 커뮤니티들과 그들이 양산하는 영상에는 유튜브 알고리즘과 특히 잘 맞아떨어지는 몇 가지 특징들이 있다. 이들의 영상은 긴 편인데, 그건 시청자들이 영상 전체를 볼 경우 자동적으로 시청 시간이 길어진다는 뜻이다. 특히 매노스피어처럼 회원들이 헌신적으로 몰두하는 커뮤니티에서는 영상 전체를 보는 경향이 두드러진다. 이들은 최신 뉴스를 신속하게 파악한 뒤(가령 허위 강간 고발 사건을 남성이 피해자라는 세계관의 근거로 채택하는 것) 사실 확인이나 관점에 균형을 잡는 것과 같은 번거로운 작업 없이 재빠르게 콘텐츠를 생산하는 경우가 많다. 또한 대안우파와 인셀, 백인우월주의자들과 믹타우, 픽업아티스트들과 남성권리운동가 집단의 이념적 강박 사이에는 상당한 공통분모가 있다. 즉 인종주의, 반유대주의, 이슬람혐오, 반이민자, 여성혐오, 동성애혐오라는 교차점 덕분에 '관련성' 있는 채널과 콘텐츠를 연결할 방법을 찾는 알고리즘에는 이상적인 토대가 된다.

제이컵 데이비는 나와의 대화에서 극단주의적인 관점을 유포할 수 있는 '(인터넷) 플랫폼의 기능성'에 대해 각별한 우려를 제시했다. "유튜브에서 알고리즘이 지원하는 토끼굴에 빠지면 순식간에 여성혐오적인 브이로거들만 추천받는 상황에 놓일 수 있어요…. (이건) 시정이 필요하죠."

이런 일은 실제로 어떻게 일어날까? 나는 '중립적인' 입장에서 이 사실을 확인해보기 위해 인터넷 사용 기록을 정리하고 쿠키를 삭제한 뒤, 시크릿창 모드로 인터넷에 들어갔다.

유튜브 검색창에 '페미니즘은 무엇인가?'라고 친 다음 상단에 뜨는 링크 중 하나(배우 엠마 왓슨의 친페미니즘 발언)를 클릭했다. 그다음에는 알고리즘이 이끄는 대로 따라갔다. 첫 영상이 끝나자 다음 영상이 자동으로 재생됐는데, '표현의 자유와 거대한 사고'에 대한 토크쇼를 자처하는 '러빈 리포트The Rubin Report'의 편집 영상이었다. 이 쇼의 진행자인 데이브 러빈Dave Rubin은 데이터 앤 소사이어티가 발표한 유튜브의 대안우파 인플루언서 네트워크에 관한 보고서에서 특별히 언급되는 인물 중 하나다. 영상에는 야노폴로스와의 인터뷰가 담겨 있었는데, 화면 속에서 그는 오늘날의 페미니즘에 대해 사실상 아무런 제지 없이 자유롭게 주장할 기회를 누린다. 그는 페미니즘이 '남성혐오에 초점을 맞추고 … 아주 분노에 차 있고 원한에 사무친 불경한 레즈비언들의 활동이며' '남자들은 사악하고 문제가 있고 틀렸다는 지속적인 메시지'를 퍼뜨린다고 설명한다. 또한 캠퍼스 강간 통계를 '헛소리'라고 부르고 버락 오바마가 성폭력에 대해 인용한 수치가 '사실이 아니라'고 말한다. 이 영상의 조회 수는 200만이 넘었다.

그다음으로 자동재생된 영상에는 피터슨이 등장했다. 그다음 추천 영상 10개 중에도 피터슨(이 목록에 세 번 등장한다)과 야노폴로스(이 목록에 네 번 등장한다)가 있었다. 흥미롭게도 이 영상들은 모두 레베카 루이스가 제기한 우려를 정확히 보여준다. 그러니까 이 영상들은 그 출처가 논란 많은 인물의 채널이 아니라 〈채널4 뉴스〉를 비롯해 주류의 '그럴듯한' 진행자의 채널에서 인터뷰하는 형태였다. 이런 영상들은 '페미니즘은 무엇인가?'라는 아주 단순한, 입문 수준의 질문에서 출발한 십 대 청소년에게 한정적이고 극단적인 답을 내놓는다. 균형 잡힌 다양한 관점을 제시하기보다는 여성의 권리에 대해 여성혐오적이고 왜곡된 진실을 맹렬히 반복한다.

그런데 당신이 그 주제에 대해 잘 모르는 상태로 이제 막 인터넷에 접속한 젊은 사람이라고 상상해보자. 제공되는 영상들은 모두 고품질이고, 진행자들은 세련되고 유명한 인물들이며, 토크쇼는 인기가 많다. 이 모든 것을 처음 보는 시청자로서는 이게 비주류적이거나 극단적인 발상이 아니라, 널리 알려진 타당한 관점이라고 생각할 수밖에 없다. 유튜브 알고리즘이 페미니즘에 관해 긍정적이거나 대안이 되는 콘텐츠를 전혀 제시하지 않는다는 사실은 이미 이것이 대중적인 합의로 굳어졌다는 인상을 준다. 또한 다음으로 추천되는 영상 다섯 개의 조회 수가 3600만 회에 달한다는 점을 고려하면, 유튜브의 알고리즘이 이런 영상을 제공하는 게 이상하지 않다는 인식을 갖게 된다.

내가 이야기를 나눠본 젊은 사람들의 설명은 이런 두려움을 강력하게 뒷받침한다. 알렉스는 유튜브와 반페미니즘에 관해 이렇게 말했다. "팔로워가 많은 사람들이 (반페미니즘) 이야기를 해요." 알렉스의 설명에 따르면 그의 친구들은 보통 유튜브에서 이런 반페미니즘 영상들을 추천받는다. "그리고 자기들이 주워섬기는 사람들(온라인 인플루언서들)을 통해서 세상이 이런 식으로 돌아간다는 생각이 머릿속에서 만들어지는 거죠."

애덤도 여기에 동의했다.

> 제가 보기에는 말이죠, 모두가 서로의 의견을 인정해주는 커뮤니티에 있으면 외부의 다른 어떤 영향도 사실상 받지 못하게 될 것 같아요. 그들은 그게 누구든지 눈송이든 페미나치든 자기들이 부르고 싶은 대로 부를 수 있기 때문에 자기 의견이 올바른 견해라고 생각하는 경향이 확실히 있어요. 다른 사람들이 인정을 해주니까요.

온라인 세뇌 공간은 이렇게 만들어진다. 루이스는 특히 상대적으로 낮은 연령 집단에서 이 문제가 심각하다며 '유튜브는 이런 젊은 인구집단에 매력을 발한다. … 젊은 사람들은 정치적 이상을 형성하는 데 주변의 영향에 더 크게 휘둘린다. 자신이 어떤 사람이고 자신의 정치적 입장이 무엇인지 파악하는 시기기 때문이다'라고 말했다.[14]

런던 시내의 한 남녀공학 중등학교에서 14~18세를 가르치는 교사 역시 이런 두려움을 확인시켜줬다. 이 교사는 학생들의 신원 보호를 위해 익명을 조건으로 인터뷰에 응했다. 그는 내게 이렇게 말했다. "어린 학생들(주로는 남학생들이지만 항상 그런 건 아닙니다)이 여성과 성별에 대해 아주 급진적으로 발언하는 걸 여러 번 들었습니다. 제가 그런 발언에 대해 질문하면 유튜브에 나오는 남성권리운동 영상에서 봤다고 그러더군요." 오가며 들은 학생들의 대화로 미루어 보면, 처음에는 웃긴 영상을 보러 유튜브에 들어갔다가 결국 이런 극단적인 영상들을 접하게 된 것 같다고 해당 교사는 추측했다. 다시 말해서 학생들이 애초부터 이런 영상을 찾아본 게 아니라 유튜브가 이런 영상을 들이밀었다는 게 이 교사의 견해였다.

이 교사의 학생 중 몇몇은 A레벨 수업♦에서 마거릿 애트우드 의《시녀 이야기》를 배우다가 '남자들을 위한《시녀 이야기》'도 있어야 한다며 항의했다(여성이 완전히 종속된 삶을 사는 전체주의 적인 가상의 미국을 배경으로 한 애트우드의 이 디스토피아 소설은 실 제 세계의 억압에서 영감을 얻은 것으로 잘 알려져 있다. 애트우드는 이 렇게 말했다. '내 원칙 중 하나는 아직 일어나지 않은 사건은 그 어떤 것 도 이 책에 넣지 않겠다는 것이다'). 해당 교사는 이렇게 말했다. "제 가 학생들한테 물어봤더니 어떤 유튜브 영상을 얘기하더군요. 그 영상에서는 이제 남자들의 권리가 여자보다 더 적고 여자들은 항 상 불평하지만 이젠 남자가 살아가기 더 힘든 시기라고 말했다는 거예요."

나와 똑같이 이 교사는 자신이 매노스피어 커뮤니티에서 우연 히 접한 증오의 반페미니즘을 학생들이 앵무새처럼 읊어대는 모 습을 보고 처음으로 의심스럽다는 생각을 했다. "학생 몇 명이 페 미니즘이 지나치게 멀리 나갔다는 말을 했습니다. 그래서 물어보 니 남자들은 전쟁에서 더 많이 죽는다는 둥, 양육권법이 여자들 에게 유리하다는 둥 제가 남성권리운동에서 봤던 주장들을 그대 로 인용했어요."

이런 관점에 개입해서 문제를 제기하려고 노력했는데도 학생 들에게 그 영향이 스미는 것을 지켜본 해당 교사는 온라인 급진 화의 과정이 정체를 숨긴 함정 같다고 설명했다. "초기 영상들은

♦   영국 교육과정에서 대입을 예상하고 기본 소양을 쌓는 과정.

공감을 방해하고 여성들의 '타자화'를 조장하는 정도라고 생각합니다. 그러다가 점점 극단적으로 되는 거죠…. '신랄한 유머'와 '재밌는 실패 모음' 영상, 음모론과 남성권리운동 사이에 무슨 관계가 있지 않나 싶어요."

물론 이렇게 조심스럽게, 무작위인 것처럼 차츰 극단적인 콘텐츠를 들이미는 알고리즘에 영향을 받는 건 젊은 사람들만이 아니다. 기욤 샬로 등이 2016년 미국 대통령 선거운동 기간에 유튜브 알고리즘이 추천한 영상들을 분석한 결과 유튜브는 완전히 중립적인 지점에서 시작해도 반트럼프보다는 힐러리가 중병을 숨기고 있다거나 악마적인 종교와 관련 있다는 식의 극단적인 음모론들을 비롯해 반힐러리 영상을 추천할 가능성이 6배 높은 것으로 나타났다.[15]

하지만 우리는 정치적 홍보와 영향력의 근원으로서 유튜브의 위력을 일관되게 저평가하고 무시해왔다. 이 문제에 대한 대중의 관심은 거의 전적으로 페이스북에 집중되어 있지만《가디언》이 지적했듯이 도널드 트럼프가 선거에서 겨우 8만 표 차로 승리했고, 선거 전날까지 샬로의 '유튜브 추천 선거 동영상' 데이터베이스에 있는 영상들이 총 30억 회 이상 시청되었다는 사실은 우리에게 경각심을 불러일으킨다.[16] 또한 물론 이 알고리즘은 힐러리의 건강에 대한 음모론으로 강력한 파급효과를 창출한 바 있던 세르노비치 같은 트롤들의 의도적인 조작에 바로 이용될 수 있다.

그렇다면 유튜브 알고리즘이 젊은 사람들에게 심각한 영향을 미칠 수 있다고 우려할 만한 구체적인 이유가 있을까? 이런 콘텐츠에 그저 노출되는 것만으로 실제 영향을 받는다고 확신할 수 있을까? 한마디로 말하면 그렇다. 2018년 탐사 저널리즘 단체 벨

링캣Bellingcat은 파시즘 운동가 75명이 급진화를 거치며 극단주의에 발을 들이게 된 여정을 심층적으로 분석해 발표했다. 여기에는 디스코드Discord 서버 포스트 수십만 개가 담긴 데이터베이스를 이용했다(디스코드는 주로 게이머들을 위해 고안된 채팅 플랫폼이지만, 대안우파와 매노스피어 구성원들이 종종 사용한다). 이들은 파시스트들과 백인민족주의자들이 각각 극단주의로 넘어오게 된 과정을 털어놓는 대화를 공개했다. 이에 따르면 포스트를 남긴 사람 중 다수가 자신이 온라인 콘텐츠에 의해 급진화되었다고 믿었고 '유튜브가 단일 웹사이트로는 가장 빈번하게 언급되는 것 같았다.'[17]

각각의 채팅을 살펴보면 극단적인 백인우월주의와 파시즘으로의 여정이 복잡한 매노스피어와 대안우파 웹사이트 사이에서 어떻게 굽이굽이 이어지는지를 확인할 수 있다. 예를 들자면, 한 블로그에서 '페미니즘에 관해 빨간 알약을' 먹는 데서 시작한 다음 '한 유튜브 댓글 창에서 이슬람에 관해 빨간 알약을' 먹고, 그 다음으로는 'GG(게이머게이트)에 관해 빨간 알약을' 먹는 것을 거쳐, '강간난민rapefugees'에 관한 정보를 접하고, 최종적으로 '인종IQ'(백인이 유색인종보다 더 큰 뇌를 가지고 있다는 백인우월주의자들의 잘못된 믿음)와 '우리는 우리 민족의 존재와 백인 아이들의 미래를 확보해야 한다'는 생각을 믿게 되는 식이다(마지막 표현은 유명한 백인우월주의, 테러리즘 슬로건이다). 이런 대화들은 신입들이 이데올로기를 편하게 받아들일 수 있도록 대놓고 밈과 농담들을 언급한다. 처음에는 반어법처럼 들이밀지만 그러다가 어느 순간 '갑자기 더 이상 밈이 아니게 된다.'

십 대 시절부터 극단주의적인 매노스피어 표현들을 받아들이기 시작한 데이비드 셰라트David Sherrat는 내게 이렇게 말했다. "솔직히 전 한 번도 이런 걸 찾아본 적이 없었어요…. 이런 걸 발견하게 된 건 거의 전적으로 유튜브 추천을 통해서였죠."

그러니까 여러분이 한 번도 극단주의 이데올로기를 검색할 생각조차 한 적이 없어도, 그게 뭔지도 모른 채 차츰 급진적인 사고에 물들기가 너무 쉬운 상황이다. 만일 온라인에서 보는 모든 것이 전반적으로 동일한 관점을 강화한다면, 그게 유튜브처럼 신뢰할 수 있는 플랫폼을 통해 제시된다면, 여러분은 그걸 절대 혐오라고 생각하지 않을 것이다. 그럴 리가 없잖은가.

여자가 블랙홀 사진을 찍을 리 없잖아

2019년에는 보기 드문 희소식이 신문 머리기사를 장식했다. 과학자들이 최초로 블랙홀 사진을 찍었다는 소식이었다. 엄청난 환호성이 울려 퍼졌고, 이 역사적인 성취를 달성한 팀을 이끈 매사추세츠공과대학교의 29세 대학원생 케이티 보우먼Katie Bouman에게 삽시간에 이목이 쏠렸다. 하지만 몇 시간이 지나지 않아 매노스피어가 행동을 개시했다. 핫이슈를 다루는 레딧 같은 커뮤니티를 비롯해 수많은 웹사이트에 수천 개의 스레드, 게시글, 댓글이 달리며 극단적인 여성혐오, 음모론, 가짜 뉴스, 명백한 거짓말로 보우먼에 대한 칭찬에 흠집을 내기 시작했다.

'안녕, 내 이름은 케이티 보우먼이야, 난 사기꾼이지'라는 제목의 한 스레드에는 순식간에 보우먼의 외모에 대한 온갖 추잡한 비방과 '페미나치' '사회정의의 전사들'과 같은 악플이 달렸다. 항상 그렇듯 집착적인 비난은 들불처럼 번졌다. 유튜브 영상들은 실상 일을 다 한 건 그의 남자 동료들인데 보우먼이 그 공을 가로 챘다는 (잘못된) 주장과 보우먼에 대한 험담을 퍼뜨렸다. 이 일은 많은 사람이 비주류고, 그저 소수의 행동일 뿐이라고 여기는 극단적이고 심각한 여성혐오적인 반응의 실체를 잘 보여주는 사건이었다.

하지만 유튜브 알고리즘은 다르게 생각하는 모양이었다. 얼마 되지 않아 유튜브에서 보우먼의 이름을 검색하면 최상단에 '여자는 일을 6%만 해놓고 공은 100% 가져간다: 블랙홀 사진'이라는 제목의 지극히 여성혐오적이고 사실과도 맞지 않는 영상이 나왔다. 신뢰한 만한 매체의 사실에 기반한 뉴스보다 더 눈에 잘 띄는 이 영상은 유튜브 알고리즘에 의해 이 일과 관련된 최고의 정보로 추천되었다. 비교적 무명에 팔로워 수도 적은 채널에 올라온 데다, 사실에 기반한 다른 뉴스보다 조회 수도 낮은데 말이다. 유튜브 알고리즘이 이 영상 시청 후 다음으로 추천한(그리고 자동으로 재생된) '관련' 영상은 무엇일까? 당연히 성별 임금 격차가 '거짓이라고 주장하는' 피터슨의 영상들이었다!

급진화를 유도하는 극단주의 이데올로기를 증폭하고, 일상화하고, 확산하두록 설계된 플랫폼은 유튜브만이 아니다. 인스다그램에서는 유머와 '농담'이라는 핑계로 소년들에게 인종주의와 여성혐오를 희석시키고, 이해하기 쉬우며 밈 친화적인 버전으로 제공하는 수천 개의 계정이 아무런 처벌도 받지 않고 활동할 수 있다. 비난을 예상해 백업 계정을 만들어 두거나 아니면 아예 처음부터 다시 시작하면 되기 때문이다.

학술지 《뉴미디어 앤 소사이어티New Media & Society》에 게재된 논문에서 아메리칸대학교의 에이드리엔 마사나리Adrienne Massanari 교수는 '레딧의 카르마 포인트 시스템, 서브레딧 간 자료의 통합, 서브레딧 및 사용자 계정 생성의 용이성, 지배 구조, 공격적인 콘텐츠 관련 정책이 반페미니즘 및 여성혐오운동에 비옥한 토양을 제공하는 역할을 한다'고 분석했다.[18]

작가 아자 로마노Aja Romano는 트위터를 지속적인 집단 괴롭힘 공세에 이용하려는 사람들이 트위터를 얼마나 쉽게 조작할 수 있는지 이렇게 설명한다.

> 트위터 입장에서는 아무나 쉽게 계정을 만들고 인증된 이용자들에게 바로 트윗을 날릴 수 있다는 게 장점일 수 있지만, 그런 경우 (모두 다른 사람으로 가장한 별개의 인터넷 계정인) '허수아비 계정들'이 판을 치고 트위터 전반에서 괴롭힘이 창궐하기도 극도로 쉬워진다.[19]

간단히 말해서 소셜미디어의 DNA에는 혐오와 괴롭힘을 위해 쓰일 수 있는 잠재력이 내장되어 있다.

모든 플랫폼이 혐오 행위에 대응하는 정책들을 갖추고 혐오와 가해를 선동하는 행위를 단속하기 위해 노력도 한다. 하지만 지금의 방식을 유지하는 한 특정 이데올로기가 젊은 사람들에게 확산하는 것을 막을 길이 없다.

이는 '이런, 페미니스트들은 만사를 좀 심각하게 받아들이는 거 같아'처럼 상당히 온건한 의견에서 출발한 십 대 소년이 농담과 밈에 조심스럽게 등 떠밀려 코미디 영상 편집본을 찾아보고 점점 극단적인 생각과 콘텐츠들로 넘어가게 된다는 뜻이다. 자신이 미끄러운 비탈 위에 서서 점점 아래로 내려가고 있다는 것도 모른 채로. 결국 소년은 여성이 성폭력을 당했다고 거짓말을 한다고 넘겨짚게 된다. 그 여자가 자기 코앞에 서 있는 사람일지라도 말이다. 소년은 저도 모르는 새에 여성을 혐오하는 지경에 이른다.

소셜미디어 기업들이 이런 급진화 과정을 조성하고 방조하는 것은 전혀 의도치 않은 것일 수 있다. 그러나 온라인 극단주의자들은 입문자들을 최대한 많이 끌어모으는 데 소셜 도구를 고의적으로 악용함으로써 이 과정을 노련하게 진척시킨다. 그리고 이들은 일부러 특히 젊은 남성들에게 집중하고 있다.

소년들을 위한 빨간 알약 입문서

레베카 루이스의 말대로 젊은 사람들은 세상을 탐색하고 자신의 입장을 고민하기 시작할 때 정치적·이데올로기적 착취에 특히 취약하다. 매노스피어와 대안우파의 남성들은 이 점을 잘 알고 있다. 그들은 주변의 영향을 크게 받는 젊은 사람들을 성장의 발판으로 인식하고, 이들을 최대한 활용할 준비가 되어 있다.

2019년 4월, 마이크 뷰캐넌은 AVFM에 '대학생과 학계, 특히 정치와 역사처럼 우리의 사명과 밀접한 주제를 연구하거나 가르치는 사람과 소통하는 J4MB의 새로운 전략'을 발표했다. 몇 개월 지나지 않아 그는 케임브리지대학교에 연설 장소를 예약했는데, 학생들의 저항이 일면서 주류 언론에 보도되는 성과를 거뒀다.

한 유명 픽업아티스트 교육기관은 자신의 웹사이트에 자기들의 '엄청난 신뢰도'를 '훨씬 확고하게 굳히기' 위해서 '예일, 하버드, 와튼 등과 같은 유명 대학에서 강연회를 열었다'고 으스댄다.

데일리스토머의 앤드루 앵글린은 이렇게 적었다.

> 우리의 타깃 청중은 10세부터 30세 사이의 백인 남성이다. (…) 내가
> 열 살밖에 안 되는 아이를 포함시키는 이유 중 하나는 그들에게 우리가
> 슈퍼히어로처럼 보이기를 원하기 때문이다. 우리는 소년들이 선망하
> 는 무언가가 되고자 한다. 그것이 핵심 요소다. 내가 서른 살 이상의 남
> 성을 포함시키지 않은 이유는 그 이후에는 대체로 자기 신념이 고정되
> 기 때문이다. 물론 우리는 일부 더 나이 든 남성에게도 손을 뻗을 수 있
> 지만 그들은 우리가 집중할 타깃이 아니다.

인기 매노스피어 웹사이트들은 이런 마음가짐으로 젊은 사람
들을 끌어모으기 위해서 선전용으로 특별히 고안된 자료들을 모
으고 공유한다. 일례로 '소년들을 위한 빨간 알약 입문서'는 다음
과 같이 설명한다.

> 빨간 알약 협회 요원들은 대중의 요구에 힘입어 빨간 알약 개념과 실천
> 에 흥미를 느끼는 남성들과 십 대 소년들을 위해 (…) 이해하기 쉬운 빨
> 간 알약 안내서를 편집했다. 이것은 젊은 남성들이 어디서나 편하게 이
> 용할 수 있도록 구글 프리젠테이션 형태고 무료다.

13부짜리 이 프리젠테이션에는 '페미니즘이 당신을 증오하는
이유(남성권리운동가 인큐베이터)'와 신진 픽업아티스트를 위한
'여자애들과 게임하기: 서론' 같은 항목들이 있다. 번지르르한 슬
라이드쇼의 형태를 빌린 이 문서에는 기억하기 좋은 제목과 이미
지들이 배치되어 있다. 문서는 소년들에게 페미니스트들은 모든
섹스가 강간이라고 믿는다고 말하고, 그들('젊은 백인 남성들')은

페미니스트의 1차 표적이라고 가르친다. 물론 인셀 이데올로기 슬라이드도 따로 있다. '이 전투의 중앙 무대에는 섹스하고 싶어 하는 젊은 남자들이라는 문제가 있다. 그건 바로… 당신이다… 당신의 페니스가 그들의 적이다.'

이것은 급진화의 모습을 하고 있고, 실제로도 그렇다. 극단주의적이고 이데올로기적인 급진화는 취약한 젊은 사람들을 의도적으로 노린다. 그리고 지금까지 우리는 그 영향을 짚어봤다. 앵글린은 2011년 이전만 해도 백인민족주의에 대한 배경 지식이 전혀 없었으나 '주로 포챈에서' 자신이 정치화되었다는 글을 쓴 적이 있다. 그가 다른 백인민족주의자들에게 신입을 끌어들이는 방법을 가르치느라 '공익광고' 차원에서 쓴 온라인 선언문을 보면 급진화를 경험한 그 여정이 고통스러울 정도로 분명하게 드러난다. 앵글린은 젊은 사람을 공략하는 것이 중요하다고 강조하면서 이렇게 적는다. '주류 문화와 멀어져서는 안 된다. … 성공하려면 문화 전반과 연결고리를 만들 수 있어야 한다.' 그다음 지침은 이렇다.

> 당신이 타깃으로 삼은 사람들에게 무언가를 제시하라. (…) 내 경험상 가장 울림이 있는 것은 페미니즘 때문에 원래 있던 자리에서 밀려나거나 권리를 박탈당한 백인 남자와 관련된 문제다. 그것은 이 모든 것, 인종 문제보다 훨씬 더 큰 영역으로 넘어가는 관문이다. 그러므로 반페미니즘, 동성애 반대, 그리고 남성성의 보존과 이 사회에서 남성의 역할은 항상 가장 중요한 주안점이 되어야 한다.

즉 남성우월주의 커뮤니티들은 급진화를 위해 젊은 남성들을 직접적인 표적으로 삼을 뿐 아니라, 자신들의 이데올로기를 백인

우월주의의 급진화로 나아가는 관문으로 여긴다.

극단적인 인종주의와 여성혐오에 뿌리를 둔 이들 집단의 궁극적인 목표는 인터넷을 박차고 거리로 나아가 폭력을 휘두르고 자기편을 더 많이 모으는 것이다. 인터넷은 자기편을 최대한 많이 확보해서 물리적인 실천의 토대를 마련하는 수단이다. 앵글린은 2017년 8월 9일 '우리가 이 컴퓨터로 했던 모든 작업이 성과를 내고 있다. 그리고 대안우파는 인터넷을 벗어나 진짜 세계로 나갈 준비가 되어 있다'고 적었다. 사흘 뒤 샬러츠빌에서 열린 대중집회는 미국에서 수십 년 만에 백인우월주의 정서가 물리적으로 표출된 최대 규모의 사건으로 등극했고, 이 자리에서 한 명의 여성이 목숨을 잃었다.

엘리엇 로저는 선언문에서 자신이 처음으로 인터넷을 정기적으로 사용하기 시작한 열한 살 이후부터 인터넷과 온라인 문화가 자신에게 끼친 막대한 영향에 관해 설명한다. 그는 자신의 신념에 결정적인 영향을 미치고 급진화의 길을 열어준 매노스피어 포럼들을 이야기하면서 '한번 거기에 완전히 몰두하고 나니 정말로 거기에 사로잡혀 버렸다'고 적었다.

한때 인셀이었지만 지금은 그 운동을 떠난 잭 피터슨은 나와 이야기를 나누면서 이렇게 말했다. "인셀 커뮤니티는 자발적으로 접한 곳이 아니었어요." 2010년 포챈을 둘러보는 데서 시작한 피터슨은 6년에 걸쳐 조금씩 여성혐오 담론에 빠져들었고 '비슷한 문화를 가진 여러 웹사이트'를 접하다가 2016년 레딧에서 우연히 인셀을 발견했다. 그때는 그들의 관점이 충격적이기보다는 익숙했다고 그는 말했다.

그렇다고 해서 이런 유의 표현을 접하는 젊은 사람들이 모두 급진화되거나 폭력 행위를 저지른다는 말은 아니다. 알렉스를 통해 나는 아무리 친구들이 매노스피어의 사고를 받아들였다 해도 그것을 쉽게 떨쳐버리는 사람도 있다는 걸 알게 되었다. 알렉스의 경우 자신의 어머니와 해당 문제를 놓고 이미 자주 이야기 나눈 덕분에 벗어나는 게 그리 어렵지 않았다고 말했다. 하지만 이런 일은 대개 주위에서 알아차리지 못하는 새에 일어난다. 우리 대부분은 인셀에 대해 들어본 적도 없다. 부모가 온라인에서 소년들에게 무슨 일이 일어나는지 모른다면 어떻게 이런 중요한, 어쩌면 생명을 구할 수도 있는 대화를 시작하겠는가?

이는 특히 외견상 상당히 무해해 보이는 플랫폼에서 소년들이 극단주의 사상의 표적이 될 때 문제가 된다.

엘리엇 로저 역시 인셀과 픽업아티스트 관련 포럼뿐 아니라 보디빌딩닷컴 같은 웹사이트를 자주 들락거렸다. 표면적으로는 피트니스와 근력을 전문적으로 다루는 커뮤니티인 이런 보디빌딩 포럼들은 매노스피어나 남성권리운동과는 아무런 관련이 없어 보인다. 하지만 로저가 별 매력 없는 남자들과 사귀는 매력적인 여자들의 모습에 적개심을 드러낸 곳도, 그가 대학살을 저지르기 불과 며칠 전에 다른 이용자가 농담 삼아 그를 잠재적인 총격범이라고 표현한 곳도 바로 거기였다.

처음 인셀 웹사이트를 조사할 때, 겉보기에는 아무런 관련이 없어 보이는 보디빌딩 포럼, 웹사이트, 소셜미디어 그룹들이 매노스피어와 얼마나 많은 교집합이 있는지를 확인하고서 깜짝 놀랐다. 하지만 근긴장도와 가슴 근육에 흥미를 쏟는 사람들을 부추기는 인셀 이네올로기의 실타래를 추적하기 시작하면서 차츰 윤곽을 그릴 수 있었다. 보디빌딩 세계에는 젊은 남자들이 넘쳐

난다. 이들은 취약하거나 불안정할 때가 많다. 보통은 정형화된 남성의 체격을 얻으려고 조언을 구한다. 진짜 남자가 되려면 일정한 외모를 갖춰야 한다고 믿는 그런 소년들이다. 이는 매노스피어에 대단히 비옥한 토양이 된다. 이미 전통적인 남성성 모델에 관심을 갖는 사람들에게는 매노스피어의 신념이 큰 영향을 미칠 가능성이 있기 때문이다. 크고 강한 이두박근을 갖고 싶어서 조언을 얻으려 인터넷을 뒤지고 다니는 십 대 소년이라면, 아마 다른 사람들에 비해 매노스피어 이데올로기의 포로가 될 확률이 더 높다. 그 역시 고루한 성별 고정관념이 뒤범벅되어 있기 때문이다.

보디빌딩 커뮤니티의 온라인 네트워크를 드나들면서 차츰 남성우월주의 성향과 백인우월주의 성향의 극단주의자들이 특히 젊은 남자들을 노리고서 계획적으로 신입들을 모집하는 장소로 활용하고 있다는 사실을 분명히 알 수 있었다.

보디빌딩닷컴의 온라인 토론 포럼 내에서 십 대 보디빌딩은 단연 가장 활발하고 인기 있는 섹션으로, 그다음으로 인기 많은 섹션에 비해 게시물이 10배 가까이 많이 올라온다. 이들은 주변의 영향에 쉽게 휘둘리는 젊은 이용자들이다. 게임, 남녀관계, 정치에 대한 스레드가 달리는 이 포럼의 기타 섹션에는 게시물이 9300만 개가 넘는다. 그에 비해 운동 훈련 섹션의 게시물은 38만 2600개에 불과하다. 보디빌딩 포럼에서 가장 인기 있는 주제가 사실 보디빌딩이 아니라는 것, 그것도 아주 큰 격차가 있다는 게 금세 드러난다.

'정치' 섹션에 올라오는 평범한 게시물들은 인셀이나 남성권리운동, 대안우파 웹사이트에 올라온 것과 별반 차이가 없다. 내가

410

그 포럼에 들어간 어느 날 해당 섹션에 가장 최근 올라온 글은 미국 정치인 일한 오마르Ilhan Omar를 향해 이슬람혐오, 반유대주의, 여성혐오, 인종주의를 포함한 욕설과 공격이 담긴 6쪽짜리 글이었다. 이용자들은 오마르가 자신의 '시궁창' 같은 나라로 돌아가야 한다고 주장했고 오마르를 강간할지 말지 토론을 벌이는 이용자들도 있었다. '거짓말 아냐, 난 그 여자를 박살 낼 거야, 히잡이랑 다.' 트위터에서 트럼프가 자신의 출신 나라로 '돌아가야' 한다고 말한 여성 의원 중 한 명이 오마르라는 점은 우연이 아니다.

강간에 관한 스레드에서 사람들은 이렇게 선언했다. '강간 같은 건 없어, 강간은 여자들이 지어낸 거야.' 한 이용자는 '클로로포름 효과가 사라지고 나면 그때는 강간이지'라고 말하며, 전형적으로 자신의 여성혐오를 감추고 성폭력을 무해한 농담인 양 포장했다. 또 다른 이용자는 이렇게 맞장구쳤다. '염병할 페미니스트 정부. 언제 강간이 범죄가 된 거야? 남자들은 늘 쌍년들을 강간하고 돌아다녔단 말이야.'

겉보기에는 극단적인 여성혐오 커뮤니티와 전혀 무관한 웹사이트의 입장에서 이런 콘텐츠는 처음에 큰 충격으로 받아들여진다. 하지만 거기에 글을 올리는 당사자들은 누구도 놀라지 않는다. 이 포럼에는 빨간 알약에 관한 토론이 94개(답글은 수천 개), 인셀에 관한 토론 스레드가 94개, '허위 강간'에 관한 토론 스레드가 84개, 믹타우에 관한 토론 스레드가 71개, 픽업아티스트에 관한 토론 스레드가 94개나 있다. 로저에 대한 스레드만 87개다. 토론 스레드에는 보통 20개나 40개 정도의 답글이 올라오는데, 채드의 성격 분석 같은 스레드에는 5000개가 넘는 답글이 달려 있다. 남녀관계 포럼에서는 단 하나의 픽업 스레드 조회 수가 100만

회가 넘는다.

젊은 사람들이 그루밍당할 위험이 있는 또 다른 장소는 선풍적으로 인기를 끄는 온라인 게임계다. 미국의 한 연구에 따르면 십 대 소년의 97%와 십 대 소녀의 83%가 비디오게임을 한다. 신입 모집 전략을 확장하고자 하는 극단주의 온라인 커뮤니티들은 이 사실을 간과하지 않았다.[20] 일부 게임은 컴퓨터를 통해 온라인으로 플레이해야 하지만, 요즘에는 집에서 콘솔로 하는 게임도 서로 연결된 멀티플레이어 게임인 경우가 많다. 그래서 게이머들은 인터넷 연결을 통해 친구들이나 전혀 모르는 사람들과 팀을 짜게 된다. 게임을 자주 하고 싶지만, 실제 친구들과 항상 같이 온라인에 들어올 수 없는 젊은 사람들은 일면식도 없는 낯선 사람들과 게임을 하면서 많은 시간을 보낼 수밖에 없다. 팀 내 소통은 헤드폰이나 문자를 통해 게임 내 채팅을 하거나, 누구나 쉽게 비공개 방을 만들 수 있는 전용 채팅방에서 이루어진다. 젊은 사람들과 관계를 맺고 싶다는 은밀한 동기를 가진 사람에게 이보다 더 좋은 환경은 없다. 그리고 상당한 부모가 게임이 그런 환경에서 이루어진다는 것조차 알지 못한다.

데이터 앤 소사이어티의 미디어조작 연구 책임자 조앤 도노반Joan Donovan은 한 인터뷰에서 온라인 극단주의자들은 '신입 모집 공간'의 하나로 '게임 문화'를 이용한다고 주장했다. 또한 신나치 출신으로, 글로벌 극단주의 예방 네트워크인 프리 래디컬스 프로젝트Free Radicals Project를 설립한 크리스티안 피치올리니Christian Picciolini는 같은 인터뷰에서 극단주의자들은 게임 헤드셋을 통해 젊은 사람들에게 다가간다며 "전형적으로 그들은 다른 인종이나 종교에 대한 악담을 몇 마디 던져보고 일종의 간을 볼 거예요. … 걸려들었다는 감이 오면 악담의 양을 늘리다가 다른 사이트로 연결되는 링크와 선동하는 말들을 보내기 시작합니다"라고 말했다.[21] 알렉스가 인기 비디오게임 〈포트나이트〉를 하는 동안 다른 게이머들이 그에게 '페미니즘은 암'이라고 외치는 소리를 듣고 알렉스의 엄마가 당황했다던 에피소드가 떠오르는 대목이었다.

일각에서는 게임을 간접적인 방식이 아니라 직접 활용해서 신입을 포섭하기도 한다. 게임이 젊은 플레이어들의 관점을 바꾸는 데 탁월한 효과가 있다는 사실을 인지한 것이다. 2018년 픽업아티스트 리처드 라 루이나Richard La Ruina는 〈슈퍼 시듀서Super Seducer〉라는 게임을 만들었다. 이 게임에서는 게이머가 라 루이나가 되어 공원과 술집과 나이트클럽에서 여성들에게 말을 건다(한 리뷰에서는 이 게임을 '세상에서 제일 추잡한 게임'이라고 표현했다). 온라인에서 쉽게 접할 수 있는 이 게임은 두 개의 속편을 10배 많은 예산으로 제작할 정도로 큰 성공을 거뒀다. 거대 게임 플랫폼 스팀Steam은 〈슈퍼 시듀서 2: 고급 유혹전략Super Seducer 2: Advanced Seduction Tactics〉을 '초특급 히트작'이라고 소개한다. 자신의 모험 유형을 선택하는 형태의 이 게임은 플레이어들에게 성적 괴롭힘이나 성폭력에 가까운 선택지를 반복해서 들이민다('당신을 소개'할 건가요, 아니면 '여성의 치마 속을 들여다볼' 건가요?). 여성이 게임 속 캐릭터를 거부하면 그는 분노에 차서 '이 멍청아, 난 너하고 떡을 치려는 게 아니라고' 하고 고함을 친다. 이 맥락은 전형적인 매노스피어의 방어 논리를 그대로 답습한다. 야 이거 다 그냥 웃자고 한 소리잖아.

그루밍과 온라인 급진화의 온갖 특징들이 이런 식으로 난무한다. 수백만 명의 사람이 모인 커뮤니티에서 젊은 남성들이 계획적으로 극단주의와 증오를 부추기는 이데올로기로 개종하도록 유도되고 있다. 그런 커뮤니티에서는 대량살상범들이 숭배의 대상이 되고, 다른 사람들은 그들의 전철을 밟으라는 활발한 응원을 받는데, 어떻게 해야 하는지 구체적인 조언이 곁들여질 때도 많다. 이런 커뮤니티의 주도 세력들은 적극적으로 젊은 남자들을 주로 공략한다는 것을 내세우고 다닌다.

데일리스토머의 스타일 가이드는 '모든 게시글에 밈, 재미난 이미지, 퍼온 트윗, 유튜브 영상을 항상 포함시켜라'라고 지시하면서 이렇게 덧붙인다. '이건 아주 중요하다. 기존의 문화적 밈과 유머로 우리의 메시지를 포장하는 것은 하나의 전달 방법이라고 할 수 있다. 어린이용 약에 체리맛을 추가하는 것과 같다.' 진짜 아이들을 급진화하기 위해 밈을 사용한다는 점에서 이 비유는 속이 메슥거릴 정도로 정확하다.

스기우라 박사는 이렇게 말한다.

> 거기서 아주 매력적인 부분은 쓰이는 용어, 그것의 참신함, 영상, 블로그 같은 것들이에요. (…) 그들은 밈과 상징을 사용합니다. 사람들이 애정을 가질 만한 것들, 즉시 알아볼 수 있는 정체성 같은 것을 말이죠. 그리고 그 모든 게 다시 그 커뮤니티의 일부가 됩니다. (…) 그들은 최대한 많은 사람이 자신들의 사고방식에 공감하기를 원합니다. 그리고 기술은 다른 사람들에게 매력을 어필하는 데 상당한 역할을 하죠. 물론 젊은 사람들한테 그곳은 그들이 살아가는 곳이기도 해요. 그래서 그들이 어필할 수 있는 청중이 언제나 준비되어 있죠.

우리는 왜 이것을 테러리즘으로 보지 않는가

이 모든 상황에도 불구하고 우리는 여성혐오 극단주의에 대해 말하지 않는다. 여성혐오는 고사하고 백인우월주의와 신나치주의 측면에서의 급진화 문제도 거의 거론하지 않는다. 온라인에서 젊은 사람들을 과격하게 만드는 테러리스트 집단이라고 하면 우리는 이슬람 테러리즘이나 지하디즘Jihadism♦을 떠올린다. 어쩌면 이 사실을 보여주는 가장 분명한 예는 영국 정부의 논란 많은 '예방' 전략인지 모른다. 이 전략은 학교를 비롯한 기관들에 '사람들이 테러리즘에 빠지는 것을 방지할 필요가 있으므로 충분히 주의해야 하는 의무'를 부여한다. 이 예방 전략 지침은 '영국을 향한 모든 종류의 테러 위협에 대처하기 위한 것'이라고 주장하지만 명백히 무슬림에 초점을 맞춘다. 극우 집단 역시 수차례 피상적으로 언급되지만, 인셀과 매노스피어는 전혀 등장하지 않는다. 이슬람 극단주의자들은 세세하게 다뤄지고, '시리아와 이라크의 테러리스트 조직, 그리고 알카에다 연계 집단'으로부터의 위협은 구체적으로 언급된다. '성별' '소년' '소녀' '여성' '남성' 같은 단어들은 전혀 등장하지 않는데, 이는 이 문제에 대한 젠더적 분석이 이루어지지 않았다는 뜻이다. '어린이들이 학교에서 인터넷에 접근할 때 적절한 필터링 수준을 설정하는 방법 등으로 테러리즘과 극단주의 자료로부터 안전함을 보장해야' 한다는 문구는 예방 전략이 지방 당국에 무엇을 기대하는지 보여준다. 그러나 지침의 나머지 부분을 아무리 읽어봐도 여성혐오적인 극단주의를 걸러내

♦   이슬람 근본주의하의 무장투쟁을 의미한다.

는 필터링이 포함되어야 한다는 생각은 아무도 하지 못한 듯하다.

예방 전략 지침은 '급진화'를 '어떤 사람이 테러리스트 집단과 연계된 극단주의적 이데올로기와 테러리즘을 지지하게 되는 과정'이라고 설명한다. 또한 앞서 살펴본 현재 영국의 '테러리즘'의 정의를 언급하면서, '사람(들)을 위험에 빠뜨리거나 심각한 폭력 행위를 유발하는 행동'과 '정치적·종교적·이데올로기적 목적으로 정부에 영향을 미치거나, 대중을 위협하기 위해 계획된 행동을 하는 것'을 거론한다. 이런 정의는 인셀과 다른 매노스피어 분파 등 극단주의적 여성혐오 집단들이 전개하는 급진화 방법과 폭력 행위에 정확하게 들어맞는다. 하지만 그들은 정부의 감시 대상에서 빠져 있다. 다른 형태의 극단주의는 혹시라도 젊은 사람들에게 접근할 것을 우려해 전국의 교사들에게 경각심을 일깨우고 불철주야 모니터링하지만, 여성혐오 극단주의자들은 사실상 관심 밖에 방치되어 있다.

실제로 2016년, 한 무슬림 소년이 숙제에 철자를 잘못 써냈다가 가족과 함께 경찰의 심문을 받았다. 소년이 '테라스가 있는 집terraced house'이라고 써야 하는데 '테러리스트의 집terrorist house'에 산다고 적어낸 것이다. 관계자들은 나중에도 이 상황이 철자 실수에서 비롯되었다는 걸 부인했고 추가적인 조치도 하지 않았다. 이 사건은 공학에 대한 남다른 관심이 있던 13세의 미국 무슬림 소년 아흐메드 모하메드Ahmed Mohamed 사건을 떠올리게 한다. 소년은 선생님들에게 보여주려고 자신이 직접 만든 알람시계를 학교에 가져갔다가 폭탄과 비슷한 모양새 때문에 의심을 샀고 수갑이 채워진 채 경찰서에 구금되었다.

이렇듯 우리는 특정 테러리즘에는 과도하게 예민하다. 하지만 수만 명에 달하는 남성이 온라인에서 골몰하는, 무기화되고 폭력적인 여성혐오와 이런 생각을 윤색해 정상적으로 여기도록 젊은 남성들을 그루밍하는 과정은 의제로 오르지도 않는다. 시의적절하게 개입하여 젊은 남성들을 도와줄 수 있는 어른들은 이런 문제가 존재하는지조차 모른다.

허스트는 이렇게 말한다. "그건 거의 전적으로 감시망을 벗어나 있습니다. 교사들도 모르거든요. 교직원들은 남자아이들이 어떤 유의 내용에 접근하고 있는지, 아니면 그런 걸 하고 있다는 사실 자체를 모릅니다."

런던에서 만난 교사 역시 나에게 비슷한 우려를 표출했다.

> 부모와 교사들이 문제를 심각하게 위험할 정도로 모르는 것 같아요. 젊은 사람들이 침실에서 휴대폰으로 영상을 볼 경우 그들이 뭐에 빠져 있는지 부모들은 알 길이 없죠. 우리 학생들이 어떤 식으로든 성인의 중재가 전혀 없는 상태에서 유튜브 영상과 음모론을 접하는 것이 걱정이에요. 제가 봤던 영상에서는 권위가 있는 인물을 불신하도록 부추겼는데, 교사 입장에서는 그런 데 대응하는 게 특히 힘듭니다.

이건 극소수의 소년들에게만 해당하는 특수한 우려가 아니다. 우리는 젊은 세대가 자연스럽게 진보적인 태도를 갖게 된다고 넘겨짚는 경향이 있다. 또한 우리는 구시대적 편견에 대해 오랫동안 인내심을 가지고 참으면 결국은 사라지리라 생각하는 경향도 있다. 하지만 현실은 그렇지가 않다. 영국의 사회태도 설문조사British Attitudes Survey는 매년 일반 대중에게 여성이 술에 취했거나 '심하게 시시덕'거리다가 강간이나 성폭행을 당했을 경우 여기에 전적이거나 부분적인 책임이 있다고 생각하는지 묻는다. 그리고 매년 심각하게 암울한 결과가 발표되고 있다. 술 취한 피해자에게 잘못이 있다고 생각하는 사람이 1/4, 시시덕거리던 피해자에게 잘못이 있다고 생각하는 사람이 1/3이기 때문만은 아니다. 16~19세 사이에서 이 수치가 급격하게 높아지고 있다. 1/3 이상이 술 취한 피해자가 강간이나 성폭행에 대한 책임이 있으며, 심하게 시시덕댄 피해자의 경우에는 거의 절반 가까이가 책임이 있다고 여긴다.[22] 아마도 대대적인 온라인 노출이 가속화됨으로써 이런 태도가 젊은 세대 사이에서 줄어들기는커녕 득세하고 있는 것으로 보인다.

내가 학교에서 만나는 소년들은 자신이 여성을 혐오하고 있다는 사실을 모른다. 이들은 온순하고 무구하다. 이들은 페미니스트들이 되뇌는 거짓말과 틀린 사실을 지적하는 게 정당한 행동이라고 생각한다. 온라인상에서 여성혐오를 자주 목격하고 설득력 있게 포장하는 목소리에 길들다 보니 그게 혐오의 일종이라는 사실을 인지조차 못 하는 것이다.

이런 형태의 급진화, 그리고 그것이 젊은 사람들에게 미치는 막대한 영향력에 대한 전적인 무지가 계속된다면, 사태가 통제 불능에 이르기 전에 문제를 해결할 기회를 놓치게 된다. 이는 젊은 남성들에게도 비극적인 일이다. 온라인상에 이들을 대상으로 심각하게 유해하고 의도적으로 조작된 메시지들이 유포되고 있다는 것을 알아차리지 못한다면 소년들에 대한 의무를 방기하는 것과 마찬가지다. 아이들이 도움받을 수 있고, 자신의 두려움과 불안을 표출할 수 있는 안전한 토론의 장에서 이런 문제에 대해 공개적이고 진지하게 논의할 기회를 마련하지 않는다면 아이들의 기대를 저버리는 것이다. 지금 우리의 대다수는 의미 있는 대화나 정확한 사실에 기반한 정보는 전혀 얻지 못한 채 아이들을 방치하고 있고, 그로 인해 아이들은 온라인에서 빙빙 돌며 그들을 노리는 상어 떼에게 공격받기 쉬운 상태가 되었다. 물론 앞서 설명한 의도적인 공포심 조장 전략도 아이들을 인터넷 극단주의자들의 품속으로 곧장 밀어 넣고 있다.

우리가 매노스피어를 과소평가할수록 젊은 남성들이 극단주의자들의 먹잇감으로 전락할 위험은 커지고 있다.

10

여자를
혐오하는 남자를
혐오하는 남자들

"성인 남성들과 소년들의 치유를 돕지 않으면
그들이 협력자가 될 가능성을 저버리는 거예요."
_게리 바커, 프로문도의 설립자 겸 최고경영자

기니아충Guinea worm은 물속에 유충을 낳는 기생충이다. 물벼룩이 이 유충을 먹고, 사람이 그 물벼룩이 든 물을 마시면 유충에 감염된다. 처음에는 아무런 증상이 없다. 하지만 1년 정도 지나면 보통 다리 아래쪽에 고통스러운 물집이 생긴다. 이 물집은 작열감을 유발하므로 감염자들은 다리를 깨끗한 물에 집어넣게 되는데, 이때 기니아충은 수십만 마리의 유충을 물에 방출하고 사이클을 다시 시작한다. 그러고 나서 몇 주 동안 기생충은 물집 밖으로 나오기 시작한다.

매노스피어를 기니아충이라고 생각해보자. 다른 숙주를 동해 몸속으로 침투한 이들의 이데올로기는 당신이 미처 알아차리기도 전에 당신을 감염시킨다. 일단 몸속에 침투한 이데올로기는 번식하고 성장하여 결국 엄청난 고통을 유발한다. 숙주는 그 고통을 가라앉히려다가 다른 사람들에게 해를 끼치며, 감염은 더 빠르고 넓게 퍼져나간다. 눈에 보이는 문제는 빙산의 일각처럼 아주 작지만, 훨씬 큰 덩어리가 수면 아래 도사리고 있다.

다리에서 기니아충을 그냥 뽑아내는 건 불가능하다. 끄트머리가 돌출되어 있긴 해도 이 기생충의 몸은 무려 1미터에 달할 수 있고, 순순히 밖으로 미끄러져 나오지 않는다. 너무 세게 또는 빠르게 잡아당기면 몸통이 끊어질 수 있는데, 이런 경우 부패가 일어나 몸에 심각한 문제를 초래할 수 있다. 이 기생충을 빼내는 유일한 방법은 작은 막대로 감은 뒤 이 막대를 매일 조금씩 천천히 돌려서 몇 주에 걸쳐 뽑아내는 것뿐이다.

매노스피어도 똑같다. 눈에 보이는 끝부분을 쳐내는 건 별반 효과가 없다. 한번에 끌어내거나 몇몇 문제에만 초점을 맞추는 것으로도 충분치 않다. 성마른 땜질은 도움이 안 된다. 느리면서도 꾸준하고 인내심 있고 철두철미한 방법만이 실효성이 있을 것이다. 우리는 기생충 전체를 들어내야 한다.

이 책에서 개괄한 이 복잡한 문제는 단 하나의 간단한 해결책으로 해소하지 못한다. 하지만 효과적으로 대응할 방법을 찾고자 한다면 필요한 조치가 어디에서 행해지지 않고 있는지, 어디에 구멍이 있는지를 인정하는 데서 출발해야 한다.

여성혐오는 극단주의인가

우리는 마침내 백인우월주의, 백인민족주의, 대안우파가 온라인에서 어떤 형태의 극단주의로 표출되는지 그 실상에 눈뜨긴 했지만, 악의적 여성혐오를 담고 있는 극단주의의 여러 갈래를 알아차리는 데 있어서는 아직 뒤처져 있다. 2017년《뉴욕타임스》의 '온라인 급진화에 맞서는 방법을 추적하다'라는 기사는 우리가 오랫동안 간과해온 주제인 인터넷을 이용해서 젊은 무슬림 남성들을 급진화하는 방식과 백인우월주의자들에 의해 인터넷이 그루밍 수단으로 이용되는 방식의 유사성을 살폈다. 기사는 공적 담론에서 특정 극단주의와 온라인 그루밍은 과도하게 다뤄진 반면 다른 것들은 그렇지 않았다는 것에 특히 집중했다. 하지만 이런 맥락에서마저 기사는 이슬람주의자와 백인민족주의자를 분리하는 이중적 서사를 반복적으로 사용했다. 이는 극단주의에 반대하는 싱크탱크나 정부 대책위원회의 전체 의제에서 되풀이되는 관점이기도 하다. 실제 기사를 보면 이러한 이중성이 명백히 드러난다.

> 미국과 유럽의 여러 연구집단은 이제 백인우월주의와 지하드의 위협을 동전의 양면으로 보고 있다. 이들은 두 가지 위협에 함께 대응할 방법을 연구하고 있으며, 이들 집단이 새로운 조직원을 모으는 방법을 제한하기 위해 아이디어를 차근차근 내놓고 있다.[1]

여성에 대한 온라인 혐오를 악의적으로 퍼뜨리고, 여성을 강간하고 해치자고 폭넓게 선동하는 행위에 대한 언급은 어디에도 없다.

안타깝게도 최상위 기관들은 소년과 성인 남성들에 대한 의도적인 그루밍을 포함해, 온라인 여성혐오와 극단주의에 소극적으로 대응한다. 극단주의, 테러리즘, 급진화에 대처하는 주요 조직과 정부기관들을 살펴보면 여성혐오 커뮤니티가 가하는 위협을 진지하게 고려하지 않고 있다는 사실을 알 수 있다.

영국 정부에서 2015년 10월에 발간한 〈대극단주의 전략Counter-Ex-tremism Strategy〉은 약 1만 5000단어로 구성된 문서로, '이슬람'이 어근인 단어와 표현('이슬람' 또는 '이슬람 극단주의'를 비롯)이 52회, '무슬림'이 33회 등장한다. '신나치'나 '신나치주의'는 14회 등장하고 '백인우월주의' '백인민족주의' '반유대주의'가 모두 언급되며, '극단적인 우익'이라는 표현은 10회 등장한다. 하지만 '여성혐오'나 '여성혐오 성향' '인셀' '남성성' 같은 단어는 전혀 등장하지 않는다. 사실 여성을 의도적으로 겨냥하는 모든 폭력적인 극단주의는 한 번도 언급되지 않는다.

이 문서에서 서론만 잠시 정독해봐도 정부가 무엇을 극단주의의 요소로 생각하는지 분명하게 파악할 수 있다. 서론에서는 인종과 신념을 언급하고, (ISIS의 또 다른 표기인) ISIL을 거론하고, '이슬람 극단주의에 맞서는 투쟁'을 '우리 세대의 위대한 투쟁 중 하나'라고 표현한다. 반유대주의와 신나치 극단주의, 신앙 공동체와 영국의 무슬림을 거론하고, 마치 이런 것들이 극단주의를 무너뜨리고 '더 응집력 있는 공동체'를 건설한다는 목표의 구심점이라는 인상을 준다. 젠더에 대해서는 어떤 식으로든 언급하지 않는다. 이것은 단순히 극단주의적인 여성혐오가 누락됐다는 것만을 의미하지 않는다. 다른 형태의 테러의 배후가 압도적으로 남성이라는 사실을 인식하는 데 있어 완전한 사각지대가 있다는 뜻이기도 하다. 극단주의라는 문제를 젠더의 측면에서 바라보는 시각을, 즉 이 문제를 해결하기 위한 중요한 가닥 중 하나를 완전히 놓치고 있음을 드러낸다.

2013년 급진화와 극단주의를 해결하기 위해 총리의 대책위원회에서 발표한 〈영국의 극단주의에 대한 대처Tackling Extremism in the UK〉 역시 비슷한 시각을 보여준다. 여기서도 이슬람 극단주의를 영국에 맞선 주요 테러 위협으로 부각한 다음 '온갖 종류의 극단주의'를 언급하고 그중에서도 특히 이슬람혐오와 신나치주의를 거론한다. 남성우월주의나 여성혐오 성향의 극단주의는 한 번도 언급되지 않는다.

미국도 상황은 비슷하다. 2017년 미국의 정부회계감사원Government Accountability Office이 폭력적인 극단주의에 대응해 작성한 2017년의 한 보고서는 이렇게 시작된다. '미국에서 폭력적인 극단주의(일반적으로 이데올로기나 종교, 정치적 동기가 배경인 폭력행위로 정의되는)는 백인우월주의자, 반정부 집단, 급진적인 이슬람 세력 등등에 의해 영속되고 있다.'[2] 나아가 여기 언급된 '등등'으로는 '임신중단, 동물권, 환경, 연방의 공공토지 소유권에 관해 극단적인 관점을 보유한 집단'이 포함된다고 설명한다. 이 보고서가 다루는 기간이 2001~2016년(조지 소디니, 엘리엇 로저, 크리스 하퍼머서가 명백하게 남성우월주의와 인셀 이데올로기의 이름으로 대량살상을 자행한 시기가 포함된)이라는 사실을 고려하면, 어떤 여성혐오 성향의 폭력적인 극단주의도 언급조차 되지 않은 건 상당히 기이한 일이다. 반면 문서는 "이 기간에 미국에서 환경 관련 극단주의적 신념이나 극단주의적 '동물해방' 신념을 가진 사람이 자행한 공격으로 목숨을 잃은 사람은 없다"고 말하면서도 환경과 동물권 극단주의는 포함되어 있다.

이 문서에는 '2001년 9월 12일부터 2016년 12월 31일까지, 사망자가 발생한 미국 내 폭력적인 극단주의 공격'을 정리한 표가 들어 있다. 표는 크게 두 범주, 바로 극우와 급진 이슬람으로 나뉘어 있다. 이 기간에 남성우월주의자들이 저지른 대량살상 사건들이 극우 범주에 포함되었는지 확인해보았다. 두 이데올로기가 대체로 겹치니 말이다. 하지만 표에는 소디니나 로저의 대량살상 사건은 등장하지 않았고 하퍼머서도 전혀 거론되지 않았다. 폭력적인 극단주의 공격을 자행한 극우 성향 사람들을 특징별로 세세하게 분석해놓았지만, 민족주의, 음모론에 대한 믿음, 백인우월주의, 자기 삶의 방식이 공격받고 있다는 믿음 같은 요인들은 있어도 여성혐오는 그 어디에도 없었다.

보고서는 미국 극단주의 범죄 데이터베이스US Extremist Crime Database, ECDB를 바탕으로 폭력적인 극단주의 공격 목록을 작성했다고 밝혔다. 나는 좀 더 파고들었다. 이 데이터베이스에 포함되려면 다음 두 가지 기준을 충족해야 한다. '첫째, 불법적인 폭력사건 또는 불법적인 금융계획이 미국 안에서 저질러질 것. 둘째, 불법 행위를 자행한 용의자 가운데 최소한 한 명이 극단주의적인 신념체계에 동의할 것.'[3]

그렇다면 소디니, 로저, 하퍼머서가 저지른 세 가지 공격 사례가 포함되지 않은 건 이상하다. 세 가지 공격 모두 이 간단한 기준을 충족하고 있기 때문이다. 하지만 그 뒤 작은 활자가 눈에 들어왔다. 어떤 설명 없이 거기에는 이렇게만 적혀 있었다. 'ECDB에는 극우거나, 알카에다에서 영감을 얻었거나, 극단주의적인 동물권·환경권 신념체계를 신봉하는 한 명 이상의 용의자가 저지른 폭력범죄와 금융범죄만 포함되어 있다.'

즉 소디니, 로저, 하퍼머서가 입에 올린 극단주의 이데올로기는 정부의 극단주의 범죄 데이터베이스에 포함될 자격이 없다고 쓰여 있었다. 단 세 명의 남자가 폭력적인 여성혐오 극단주의의 이름으로 18명을 살해하고 31명 이상에게 상해를 입혔는데도 말이다. 반면 동물권과 환경 극단주의 이데올로기는 같은 기간에 해당 신념체계를 명목으로 전혀 살인을 일으키지 않았음에도 데이터베이스에 포함될 만큼 심각하게 간주된다.

이 데이터가 폭력적인 극단주의에 대해 정부의 대응을 조사한 정부회계감사원의 보고서에 포함될 때 그 여파는 분명하다. 이는 극단주의에 대한 미국의 대응을 평가하고 개선 방안을 추천할 때 남성우월주의와 인셀 살인범들은 고려하지 않는다는 뜻이다. 애당초 그런 게 존재한다는 걸 알지 못한다면 어떻게 큰 위협에 맞서 대응 방안을 개선하거나, 그런 방안을 마련하는 작업을 시작할 수 있겠는가?

조직적인 대중운동과 수천 명의 지지자로 이루어진 온라인 커뮤니티의 지원을 토대로 여성에 대한 폭력적이고 극단주의적인 혐오가 수십 명에 달하는 실제 피해자와 사상자를 낳고 있지만, 현 정책은 이를 무시하고 있다. 하지만 테러리즘과 극단주의에 대한 거의 모든 정의를 바탕으로 살펴봐도 매노스피어 이데올로기의 이름으로 잔혹 행위를 저지른 사람들은 두 범주에 모두 딱 들어맞는다.

이 책에서 설명한 극단주의적인 여성혐오 커뮤니티들은 그저 우연히 각각의 공격자를 양산한 게 아니라, 다른 신입들이 유사한 폭력 행위를 자행하도록 반복적으로, 의도적으로 유도한다는 사실을 봐도 이 정의는 정확히 맞아떨어진다. 매노스피어 커뮤니티는 단순히 대량 공격자 몇몇이 가입된 곳이 아니라, 이들이 살인을 저지르도록 적극적으로 자극하고 동기를 부여하는 곳이다. 토론토의 밴 공격 살해범 알렉 미내시언은 체포 직후 경찰 인터뷰에서 '급진화'라는 단어를 가지고 인셀 포럼에서의 자신의 경험을 설명했고 로저를 '창시자'라고 표현했으며 로저와 하퍼 머서와 직접 연락을 취한 적이 있다고 진술했다. 그들이 자신에게 동기를 제공했듯 '나는 미래의 대중에게 나의 봉기에 동참하도록 영감을 줄 수 있을 거라 생각했다'고 미내시언은 말했다.[4] 그는 대량살상을 저지르기 전 포챈에 '내일 베타의 봉기가 있을 것이다, 다른 사람들은 그 뒤를 따르기를 바란다'는 글을 올렸다. 미내시언은 '적지 않은' 사람들이 자신을 치하했다며 '그들은 내 말이 무슨 의미인지 알았을 것 같다'고 말했다. 미내시언의 사건과 관련된 영상과 기타 문서가 공개되면서, 캐나다 온타리오에서 다른 사람들을 살해하겠다고 협박한 혐의로 또 다른 남성이 체포되었다는 사실도 드러났다. 그는 미내시언의 공격에서 영감을 받은 것으로 추정되었다.[5]

그런데도 내가 이 책을 쓰기 위해 진행한 모든 인터뷰에서, 중앙 정부의 최고위급으로 대테러 업무를 하는 사람들과 나눈 모든 사전 조사 논의에서, 폭력적인 여성혐오 극단주의는 전혀 경계의 대상이 아니었다. 대극단주의와 관련된 영국의 주요 정부기관과 비공식적인 대화를 나누었을 때, 그곳의 대변인은 이슬람 극단주의와 극우 극단주의를 곧장 언급한 뒤, 동물권 극단주의 집단을 거론했다. 내가 인셀에 관해 물어보자 전화기 너머로 오랜 침묵이 이어지더니 그는 나에게 다시 한번 말해달라고 부탁했다. 나는 이 대변인이 인셀이라는 말 자체를 들어본 적이 없을 거라는 확신이 들었다. 한번 조사해보고 다시 연락하겠다는 답이 돌아온 뒤 몇 주가 지나 걸려온 짧은 전화에서 나는 그가 이 분야에 대해 아직 어떤 데이터나 증거를 본 적이 없다는 걸 확인할 수 있었다.

이슬람 극단주의, 백인우월주의적 극단주의, 반유대주의, 신나치주의, 이슬람포비아 등 모든 형태의 테러리즘을 수사하는 것은 말할 필요 없이 중요하다. 나는 다른 형태의 극단주의에는 시급히 대처할 필요가 없다는 것을 보여주기 위해 이러한 모순을 강조하는 게 아니다. 하지만 극단주의적 테러의 위협에서 우리를 보호하기 위해 설립된 기관이 젠더에 대한 증오와 공격자의 압도적 다수가 남성인 점, 여성혐오는 폭력적인 극단주의의 한 형태라는 논의에서 완전히 빠져 있다는 건 충격이 아닐 수 없다.

내가 이야기를 나눠본 전문가들은 모두 이 의견에 동의한다. 리사 스기우라 박사는 이렇게 말했다.

> 사람들이 그 문제에 관한 이야기를 시작하고는 있지만 안타깝게도 테러와 같은 종류의 담론에서 언급되는 건 아니에요…. 아직 (위협이) 심각하게 받아들여지지 않고 있고, 예를 들어 이슬람 극단주의와 같은 맥락에서 논의되는 건 확실히 아니라고 생각합니다.

정부의 예방 전략에서 누락된 것처럼, 매노스피어 커뮤니티에 의한 젊은 사람들의 온라인 급진화와 그루밍을 감시하거나 예방하는 어떤 노력도 이루어지지 않고 있다. 칼린 퍼민 박사는 이렇게 말했다. "제대로 논의된 적이 없어요. 수없이 다양한 부처 회의를 참관했지만 제가 참관한 회의에서 이 문제가 거론되는 걸 들어본 적이 없습니다. 다른 형태의 온라인 그루밍에 대한 토론은 있었던 것 같지만요."

어느 흐린 봄날 오후 나는 런던에 있는 '연구 및 실천 탱크think and do tank' 전략대화연구소의 비밀 장소를 방문했다. 폭력적인 극단주의에 관한 정책과 작전 대응을 선도하는 이 조직은 연구와 분석을 바탕으로 정부 자문 업무와 그 내용을 전달하는 프로그램을 진행했다. 그러니까 극단주의와 테러리즘 대응에서 최전선에 있는 곳이었다. 유리 벽으로 둘러싸인 회의실에서 북적이는 개방형 사무실을 내다보며 전략대화연구소의 기술, 소통 및 교육 담당자이자 소통 조정자인 제이컵 데이비를 만났다.

데이비는 그 자리에서 "급진화, 극단주의, 유해한 남성성의 역할이라는 관점에서 그 문제는 하나의 분야로서 충분히 다뤄지지 못하고 있습니다"라며 반극단주의 영역이 여성혐오 극단주의 문제를 놓치고 있다고 인정했다.

전략대화연구소 안에서 데이비는 매노스피어와 여성혐오 극단주의에 관한 대부분의 연구를 맡고 있으며, 일부 동료들은 '극단주의 운동에서 여성의 역할'에 관한 별도의 연구를 수행한다. 그러나 데이비는 그 문제의 전반적인 상황을 잘 알고 있음에도 남성우월주의 커뮤니티에 관한 자신의 전문지식은 자신의 '주요 관심사'인 '극우파'와 겹칠 때 '그냥 스치듯이… 언급하는 정도'일 뿐이라고 말한다. 전략대화연구소에서 여성혐오 극단주의 연구만 하는 직원이 있느냐는 내 질문에 그는 한 명도 없다고 답했다. 이 조직의 웹사이트에는 56명이나 되는 직원 목록이 있는데도 말이다. "제가 남성에 특화된 연구와 남성운동 연구의 대부분을 맡고 있지만, 조직 안에는 그렇게 특정한 연구 포트폴리오를 가진 사람이 없어요."

이런 경우는 전략대화연구소에서 그리 이례적인 일이 아니다. 실제로 데이비가 극우운동에 대한 자신의 연구에 매노스피어와의 교차점을 포함시킨 것도 다른 유사 조직들보다 앞서 나간 행보였다. 데이비는 이 분야가 이제야 현장을 따라잡았다고 생각한다. 그는 요즘 "격차가 있긴 하지만, 그래도 급격한 변화를 목격하고 있어요. 내부에서 이것을 독립적인 문제로 보는 시각이 늘어나고 있습니다"라고 말했다. 그는 남부빈곤법센터가 2018년에야 활동 중인 증오 집단 목록에 남성우월주의 단체들을 기록하기 시작했다는 사실을 지적했다. 당시 남부빈곤법센터는 다음과 같이 발표했다. '이런 단체들의 여성 비방은 타고난 특징을 가지고 성소수자 커뮤니티, 무슬림, 유대인 같은 인구집단 전체를 비하하는 다른 단체들과 전혀 다르지 않다.'[6] 하지만 '모든 형태의' 극단주의나 테러리즘에 맞서겠다고 주장하는 대부분의 국제기구나 대책위원회의 행보를 살펴보면 이런 전환이 일어나고 있다 해도 아주 초기적인 단계임이 분명해 보인다.

이렇게 말하는 데는 여러 이유가 있다. 먼저 이런 여성혐오 극단주의를 명목으로 자행된 대규모 오프라인 폭력 행위가 비교적 적었다는 점을 꼽을 수 있다. 하지만 반극단주의 단체들이 조사하고 추적하고 대응하는 극단주의 이데올로기의 스펙트럼에서 남성우월주의를 제외할 이유로는 충분하지 않다. 특히나 동물권과 환경 극단주의가 대개 그 스펙트럼에 포함되고 최근에는 남성우월주의에 비해 훨씬 적은 사망자를 유발한다는 사실을 고려하면 말이다. 또한 하나의 일관된 온라인 운동으로서 인셀이 비교적 근래의 현상이라는 점에 비추어보면, 국제적인 인셀 커뮤니티가 주도한 살인과 부상자의 수는 결코 적지 않다. 이들이 빠르게 성장하면서 많은 수의 신입을 끌어모으고 폭력적인 증오범죄를 적극적으로 선동하고 있다는 증거를 감안하면 더욱 그렇다. 인셀이 조장하는 폭력과 백인우월주의와 신나치주의 등 극우 이데올로기의 이름으로 자행되는 테러 공격은 유의미한 방식으로 결코 분리할 수 없다. 이는 극우 이데올로기에 여성혐오적 극단주의가 스며들어 있을 때가 많고, 더 정확히 말하면, 상당수가 여성혐오적 극단주의에 기반한 것이기 때문이다. 하지만 상대적으로 최근 들어 극단주의와 테러 위협에 관한 분석과 그에 대한 정책적 대응에 마땅히 남성우월주의를 포함시키는 흐름이 생겨나고는 있지만, 그런 사실은 거의 언급되거나 고려되지 않는다.

또한 극단주의적 위협과 이데올로기가 드러나는 방식은 대량 폭력 행위만이 아니다. 온라인에서 엄청난 기세로 확산하는 여성혐오 극단주의와 남성우월주의를 억제하지 않고 계속 방치한다면, 이미 우리 사회에서 크게 주목받지 못하고 지적되지 않는 학대적 관계, 강간 등 여성 대상 폭력의 형태로 오프라인에 더 교묘한 영향을 미칠 수 있다.

이것은 그 자체로 남성우월주의에 관해 우리가 가진 맹점의 또 다른 주원인일 수 있다. 여성을 향한 폭력과 여성혐오가 만연하고 일상화된 사회에서는 이런 일들을 '극단적'이거나 '급진적'이라고 생각하기가 어렵다. 별로 특별한 일이 아니기 때문이다. 남성 때문에 여성들이 공포에 떨고, 남성에게 폭력을 당하고, 살해당하는 현실이 이미 일상화되었기에 우리는 여성을 향한 테러 위협에 맞서 싸우려고 애쓰지 않는다.

그러므로 가장 먼저 필요한 큰 변화는 조직이나 정부에서 여러 형태의 테러리즘을 모니터링하고 관련 법안을 만들고 해결하기 위한 대책을 세울 때 남성우월주의와 여성혐오 극단주의를 반드시 포함시키는 것이다(가령 국내 테러법을 도입하거나 개정해서 이런 범죄들이 극단주의적 혐오가 빚어낸 다른 폭력 행위와 똑같이 엄중하게 다뤄질 수 있도록 해야 한다). 충격적이게도 인셀 관련 살인 사건에서 테러로 기소된 건 (캐나다 당국에 의해) 단 한 번이었다. 이런 공격이 테러리즘의 정의에 분명하게 포함될 경우 다른 나라들도 그 전철을 따르게 될 것이다. 두 번째로 필요한 중요한 변화는 끔찍할 정도로 일상화된 테러리즘의 형태들(가정폭력 같은) 역시 진지하게 다루는 것이다.

가장 강력한 사회적 집단인 이성애자 백인 남성에게서 비롯된 문제를 규명하는 게 꺼림칙하다는 이유만으로 극단주의적 여성혐오의 존재를 더 이상 외면해서는 안 된다. 이 집단의 주장을 그들에게 유리하게 해석해주고 이들에게 여성과 소수자를 훨씬 능가하는 개별성과 지위를 부여하는 우리의 풍조가 극단주의자들을 비판적인 시각으로부터 오랜 시간 보호해왔다.

매노스피어의 가장 큰 피해자

우리는 '남성혐오자'나 '남자를 증오하는 사람'이라는 꼬리표가 달리는 것을, '모든 남자가 그런 건 아니다'라는 전형적인 항변에 맞닥뜨리는 걸 너무 두려워한다. 하지만 이는 어이가 없을 정도로 지나치게 단순한 항변이다. 물론 현실의 위협과 여성혐오 극단주의의 존재에 맞설 때 모든 남성이 여기에 얽혀 있다는 암시를 주지 않을 수도 있다. 실제로 앞서 살펴본 것처럼 이 운동이 가하는 가장 큰 위협은 남성들 자신에 대한 것이다.

매노스피어에 대한 가장 강력한 해독제 중 하나는 그것이 남성에게 가하는 위협에 맞서 현실적이고 일치된 조치를 하는 것이다. 매노스피어가 가장 신실한 추종자들을 방해하고 억누를지라도 맹목적으로 집착하는 엄격하고 초남성적인 고정관념에 도전하는 것. 남성권리운동가들이 혐오를 정당화하기 위해 악용하지만 실제로는 해결하려 하지 않는 문제에 해법을 제시하고 실질적인 지원 대책을 마련하는 것. 누가 주양육자가 되어야 하는가에 대한 가정으로 이어지는 성별 고정관념에 맞서는 것. 일하는 부모를 위해 더욱 유연한 노동 시간을 요구하는 것. 부부가 모두 사용할 수 있도록 육아휴직 권리 증대 캠페인을 벌이는 것. 성폭력과 가정폭력 남성 생존자들에게 찍히는 낙인에 맞서 싸우고, 그 과정에서 여성 생존자를 공격하거나 이들이 받는 서비스를 축소하지 않고도 남성 생존자들이 전문적인 지원 서비스를 받을 수 있도록 보장하는 것. 정신건강 서비스의 재원을 마련하고 그 중요성을 부각하는 한편 남성, 그중에서도 특히 젊은 남성들이 이 서비스에 더 쉽게 접근할 방안을 마련하는 것이 필요하다(최근 BBC의 정보공개 청구로 대학 상담 서비스를 찾는 사람 중 남성은 31%에 불과하다는 사실이 드러났다).[7]

이를 실현할 수 있는 혁신적이고 효과적인 방법들은 이미 존재한다. 하지만 그러려면 단합된 노력과 자금이 필요하다. 가령 자살예방 단체인 '비참한 삶에 저항하는 캠페인Campaign Against Living Miserably, CALM'은 자살방지운동을 활발히 전개하면서 특히 성인 남성과 소년들을 지원하는 데 주력한다. 비밀 상담 서비스와 웹채팅 등의 긴급 서비스를 제공하는 동시에 직장, 대학, 술집, 클럽, 교도소에도 공간 지원을 함으로써 지역사회 참여 역시 독려한다. 또한 CALM은 유명 코미디언 같은 인기인과 함께 남성성 고정관념에 맞서고 '예술, 음악, 스포츠, 코미디 같은 문화적 접점을 활용하여 도움을 구하는 행위'를 독려하는 캠페인을 진행한다. 다시 말해서 CALM은 긍정적이고 건설적인 목표를 가지고 문화적인 공간과 지역사회에 침투하는 매노스피어의 전략을 그대로 채택하고 있다.

이런 저항을 이미 가장 효과적으로 이끌고 있는 이들의 상당수가 남성이다. 여자를 혐오하는 남자들을 혐오하는 남자들이다.

1970년대 남성해방운동은 남성들이 여성혐오와 맞서 싸우는 강력하고 긍정적인 전통을 시작했고, 이는 오늘날까지 이어지고 있다. 굳어진 고정관념과 가부장적 사회구조가 자신들의 성별에 미치는 극심한 피해를 인지한 남성들은 성차별주의의 파고를 막기 위한 투쟁을 멈추지 않았고, 무엇보다 페미니즘의 틀 안에서 이 투쟁을 이어가고 있다.

이런 노력은 남성 중심의 개입을 수행하는 국제 자선기구부터 남학생들을 대상으로 워크숍을 진행하는 작은 단체들, 그리고 자신의 플랫폼을 활용해서 모든 형태의 성 불평등과 여성혐오에 반대하는 목소리를 높이는 개인에 이르기까지 광범위한 영역에 걸쳐 진행된다. 이 중 가장 규모가 크고 널리 알려진 단체로는 1997년 브라질에서 설립되어 성인 남성과 소년들을 대상으로 젠더 정의를 증진하고 폭력예방 활동을 벌이는 선도적인 국제 NGO 프로문도, 그리고 전 세계에서 여성에게 자행되는 폭력을 종식시키기 위해 노력하는 남성들의 최대 네트워크인 화이트리본캠페인이 있다.

여성혐오 극단주의의 위협에 대처하는 방법에 대한 가르침을 얻기 위해 프로문도의 창립자이자 CEO인 게리 바커를 찾아가 이야기를 나눴다. 그는 청중이 자기 발로 찾아올 때까지 기다려서는 안 된다고 강조한다. "'우리 남자들이 어떻게 여성혐오를 극복할 수 있을지 이야기해봅시다'라는 문구가 적힌 포스터, 전단지, 이메일 광고를 뿌려보세요. 그러면 두세 명 올까 말까 할 겁니다!" 대신 그는 '소년과 성인 남성들이 있는 곳으로 우리가 할 일'을 가져가야 한다고 말한다.

> 그걸 학교 행사의 일부로 만들고, 그들이 속한 스포츠 모임의 일부로 만들고, 그걸 고용주가 제공하는 직업 안전과정의 일부로 만듭니다. 남자들은 '이봐, 내가 여성혐오와 성평등에 대해 한번 이야기해볼게!' 하면서 그냥 문을 열고 들어오지 않아요. 그게 진짜 필요한 남자들조차 방 안으로 그냥 걸어 들어오지 않기 때문에 우리가 그들이 있는 곳에 방을 만들어야 합니다.

궁극적으로 가장 쉽게 달성할 수 있고 확장 가능한 형태는 이러한 문제를 교육 과정에 포함시키는 것이다. 교육은 여성혐오 극단주의에 맞서는 데 중요한 역할을 하며, 대응책이 아닌 예방책으로 활용되는 것이 바람직하다. 즉 끈끈한 실타래로 거미줄에 묶인 아이들을 떼어내려고 노력하는 게 아니라 매노스피어를 접하기 전에 온라인 그루밍의 감언이설에 넘어가지 않도록 소년들에게 예방주사를 놓고, 그런 이데올로기에 맞설 수 있도록 신뢰할 만한 도구로 이들을 무장시켜야 한다. 매노스피어 단체부터 백인우월주의자에 이르는 극우 세력들이 공신력 있는 정보원에 대해서 불신을 조장하고 잘못된 정보를 믿도록 유도한다는 점에서 이 부분은 특히 중요하다. 이런 상황이기에 신입들이 일단 걸려들고 난 뒤에는 논리적인 논증으로 이들을 설득해내기가 매우 어려워진다.

내가 인터뷰했던 런던의 한 교사는 학생들이 매노스피어 콘텐츠 때문에 급진화되고 있다는 우려에 공감하면서 이렇게 말했다.

> 학생들에게 (성차별적인 농담에서 시작해서 폭력으로 끝나는) 성폭력의 피라미드를 보여주고 '그냥 농담이잖아'라는 식의 주장에 맞서려고도 해봤습니다. 그렇지만 제가 여성 교사다 보니 이미 남성권리운동의 주장을 접한 학생들은 그걸 진지하게 받아들이기 어렵다는 것을 알겠더라고요. 학생들의 여성혐오적인 관점을 지적할 때 오히려 그걸 강화하는 꼴이 될 수 있다는 생각이 들어 긴장됩니다.

이 교사는 여성혐오 문제를 해결하기 위해 최전선에서 노력하는 사람으로서 '이런 문제를 놓고 학생들에게 개입하는 법에 관한 교사 연수 과정이 더 많아져야 한다'고 말했다.

그러므로 (국가에서 의무로 시행하고, 적절한 자금과 실효성 있는 연수가 뒷받침하는) 교육은 해결책의 또 다른 중요한 부분이다. 여기에는 극단적인 여성혐오에 관해 젊은이들을 직접 교육하는 것만이 아니라 이들에게 성별 고정관념과 건강한 관계, 성적 동의와 존중 같은 문제에 관한 기본적인 도구와 지식을 제공하는 것 역시 포함된다. 이런 근본적인 개념들은 소년들이 나중에 온라인에서 마주칠 수 있는 해로운 오해에서 자신을 보호할 수 있도록 기초를 다지는 데 도움을 줄 것이다.

착한 사내 이니셔티브의 벤 허스트는 소년들에게 뉴스의 출처를 분석하고 평가하는 방법을 가르치는 것이 효과적인 개입 목록의 상단에 있어야 한다고 강조한다. "정말 위험한 것은 특히 학교에서 아이들이 출처를 비판적으로 보는 태도를 배우지 않는다는 거예요. 아이들은 자기들이 뭘 배우는지 질문하지 않아요. 그냥 과학 교과서를 공부하는 식의 과학에 익숙하거든요." 그는 자신이 연구하는 젊은 남성들이 매노스피어에 노출된 후, 실제로 왜곡되거나 노골적으로 날조된 정보가 매노스피어 자체에서 나왔는데도, 공신력 있는 출처에서 나온 사실을 받아들이는 데 극도로 저항하게 된다는 모순점을 지적한다. 오히려 이런 공신력 있는 출처에서 나온 사실을 '가짜 뉴스'로 간주하도록 학습한 탓이다.

허스트는 다년간 청년들과 직접 대화를 진행하면서 이러한 교육을 가장 효과적으로 전달하는 방법을 추천할 때 활용할 만한 풍부한 경험을 쌓았다. 그는 남성성이라는 주제가 오늘날 특히 학교 수준의 개입에서는 논의가 부족하며, 사람들은 '어떻게 대화를 안내해야 할지 그 방법을 알아내는 게 정말로 쉽지 않다'고 느낀다고 지적했다.

> 아이들과 어떻게 이야기해야 할지 부모들도, 교사들도 잘 모릅니다. 아이들과 대화하는 방법을 아는 사람이 아무도 없어요. 그러나 또한 사람들은 남성의 경험에 대해 서로 대화하는 방법도 모르죠. 공격처럼 느껴지지 않는 방식으로 그걸 문제 삼기가 힘들다 보니 사람들은 정말 순식간에 말문을 닫아버립니다.

그래서 중요한 첫 단계는 청소년들이 온라인에서 무엇을 접하는지 그 실상을 부모와 교사에게 가르쳐주는 것이다. 2014년의 한 연구에 따르면 13세에서 18세 사이의 미국인 가운데 가장 영향력이 큰 인물 5명은 모두 유튜브 스타였다.[8] 퓨다이파이와 로건 폴Logan Paul 같은 인물들은 청소년의 세계에서는 수억 명의 팔로워를 거느린 유명 인사다. 이들은 젊은 사람들의 삶에 지대한 영향을 미치지만, 어른들에게는 전혀 알려지지 않아서 부모들은 이름조차 생경해한다. 이는 청소년들이 사는 세상과 부모들의 인식 사이에 커다란 간극이 있음을 뜻한다. 그러므로 부모들은 온라인에 접속해 젊은 사람들이 접하는 콘텐츠를 어느 정도 탐색하면서 자녀들과 대화의 물꼬를 틀 수 있는 배경 지식을 쌓을 필요가 있다.

어디서 시작하는 게 좋을까? 물론 유튜브. 끝없는 '~가 무찌른 성난 페미나치' 모음집처럼 십 대들이 쉽게 접하는 콘텐츠 몇 개를 살펴보자. 픽업 요령과 믹타우의 불호령 같은 매노스피어 영상을 어느 정도 둘러보자. 그다음에는 알고리즘이 이끄는 대로 차츰 여성혐오의 강도가 높아지는 '사실들'의 늪으로 들어가 보자. 30분 정도 댓글들을 충분히 읽어보자. 댓글이 상황 파악에 도움이 되리라고 장담할 수 있다. 보디빌딩 포럼 몇 곳에 들어가 보거나 레딧의 대세 '빨간 알약' 콘텐츠를 몇 개 살펴보자. 인스타그램에서 가장 인기 있는 밈 계정들에 가입해서 타임라인에 무엇이 쏟아져 들어오는지를 보자. 이 모든 게 십 대들이 매일 듣는 배경 소음이 무엇인지 당신에게 기본적 토대를 제공해줄 것이다.

젊은 사람들의 대화에 매노스피어의 언어가 튀어나오는지 눈여겨보자. '파란 알약 당했다blue pilled' 또는 '호구됐다cucked'는 말은 아직 매노스피어에 입문하지 않은 사람들을 향한 노골적인 빈정 거림일 수 있다. '발작버튼이 눌린triggered'이나 '열폭한butthurt' 같은 단어는 그들이 자신들의 편견에 반대하는 사람을 조롱하는 방법을 이미 배웠다는 뜻이다. '페미나치' '눈송이' 아니면 '사회정의의 전사' 같은 단어들도 눈여겨볼 필요가 있다.

빨간불이 들어오면 이의를 제기하라. 다시 제기하고 또 제기하라. 매노스피어는 메아리가 되풀이되는 반향실 같은 곳이다. 매노스피어가 그토록 설득력 있게 느껴지는 이유는 폐쇄된 커뮤니티와 알고리즘의 지원을 받아 계속 유사한 영상을 추천하는 방식이 본질적으로 완전한 세뇌로 귀결되기 때문이다. 반대되는 관점은 절대 공유되지 않는다. 그러니 우리는 반대 의견을 나눠야 한다. 젊은 사람들에게 다른 생각, 다른 의견도 있다는 걸 전하자. 매노스피어의 생각에 이의를 제기하고 질문을 던지자. 젊은 사람들이 '증거'라며 접했을 그릇된 사실과 조잡한 과학의 한계를 뒤흔들자. 젊은 사람들에게 신뢰할 만한 정보를 가능한 한 많이 제시하고 이들이 스스로 결론을 도출할 수 있게 하는 것이 이들을 소외시키거나 무시하지 않고 이 문제에 대처할 수 있는 최선의 방법이다.

허스트는 젊은 사람들에게 그냥 너희들이 온라인에서 접한 정보가 허위라고 말하는 것보다는 그것을 출발점으로 받아들이고 이들이 스스로 검토하는 과정을 거쳐 이 이데올로기의 한계를 깨달을 수 있도록 돕는 것이 더 생산적일 수 있다고 말한다.

"교실에서 저의 목표는 아이들에게 너희가 귀 기울이고 있는 그 사람이 헛소리를 하고 있다고 알려주는 게 아니라 '그래, 그 문제를 함께 탐색해보자. 그 말을 어디서 들었니? 그 세계관 또는 의견을 따라갔을 때 어떤 논리적 결론에 이르게 될까?'라고 말하는 쪽에 더 가까워요." 그는 이렇게 할 때 긍정적인 결론이 도출될 가능성이 더 크다고 말한다. 세상이 자신들을 믿어주지 않는다며 진작부터 비운의 예언자 행세를 하는 매노스피어 선동가들의 장단에 놀아나지 않는 방식이기 때문이다.

유명 유튜브 채널 콘트라포인트ContraPoints를 운영하는 스타 유튜버 내털리 패럿Natalie Parrott, 일명 '콘트라'는 이런 대화에 접근하는 훌륭한 예를 보여준다. 패럿은 대안우파들의 영역에 직접 들어가 보고 그들의 기이하고, 웃기고, 관심을 받으려고 기를 쓰는 전략들을 가져와 자신의 영상에 그대로 재현한다. 이렇게 만들어진 완성도 높으면서도 재미난 영상들은 '알파 수컷'이라는 매노스피어의 개념부터 '사회정의의 전사'라는 페미니스트 묘사에 이르기까지 모든 것을 반박한다. 그리고 그건 효과가 있다. 한 명의 교육자는 한 주에 학교 몇 개를 방문해서 한번에 몇백 명 정도 되는 아이들에게 설명할 수 있지만, 패럿의 채널은 구독자가 현재 50만 명 이상이고 그가 올린 영상들은 몇백만씩 되는 조회 수를 자랑한다. 패럿의 접근 방식은 우리가 메시지를 전달하기 위해 사용하는 전략과 수단을 개선할 필요가 있음을 잘 보여준다. 온라인 극단주의자들이 기술을 이용해서 완성한 소통 방식에 비하면 우리의 전략과 수단은 구태의연한 훈계조일 때가 많기 때문이다.

소년들을 (그리고 나아가 잠재적인 미래의 피해자들을) 매노스피어라는 수렁에서 보호하려면 우선 무엇이 그들을 끌어들이는지를 이해해야 한다. 우리는 현 사회의 남성성이 이들을 좌절시키고 있음을 알아야 한다. 지금의 남성성은 이들이 자신의 감정을 이야기하거나 상호 지지하는 관계를 형성하지 못하게 가로막고, 과장된 허세를 떨도록 강요하여 이들을 고립시킨다.

소년들을 현실로 끌어내는 법

나는 인셀을 위한 '구원' 서사에는 딱히 관심이 없다. 그것은 개인들이 생각해볼 문제다. 우리는 다른 테러의 피해자들에게는 가해자를 용서하고 교화해달라고 간청하지 않는다. 다른 극단주의자들도 상처받고 오해받는 피해자로 인정해달라고 요구하지 않는다. 실수를 범한 남성들에게도 인간성과 개별성이 있음을 고려해달라며 여성들에게 압력을 가하는 건 모순적이다. 인셀들은 여성에게 그런 예의를 전혀 차리지 않는데 말이다.

내 관심은 사이에 낀 남성들이다. 틈새로 떨어진 소년들. 겁에 질린 '착한' 남성들. 두려움이나 슬픔, 외로움을 느꼈지만 혼자서는 해결할 수 없어서 도움을 구했던 남자들. 아직 이런 얘기는 한 번도 들어보지 못한 남자들. 버스에서 반대 방향만 보고 있던 남자들. 이런 남자들을 빼놓고는 아무것도 바꿀 수가 없다. 그러면 우리는 어떻게 이들에게 다가가야 할 것인가?

허스트는 말한다. "제가 이해한 바에 따르면, 그런 운동을 하는 남자들 대부분에게 출발점은 고통의 상황, 상처받은 상황, 어째서 나는 내가 되어야 한다고 생각하는 그런 사람이 아닌지 이해하지 못하는 상황입니다." 이런 남자들에게는 매노스피어운동의 발견이 커다란 해방감을 주거나 진정제와 같은 역할을 한다고 그는 설명한다. 그게 "그들이 그냥 제도를 탓하거나 여자들을 탓하면서 '그건 저 사람 잘못이야, 그들이 내가 받아 마땅한 걸 나한테 주려 하지 않으니까'라고 말하는 정말 쉬운 탈출구를 제공하기 때문이죠."

화이트리본캠페인의 공동 설립자 마이클 코프먼은 '남자다움에 대한 요구와 압박은 어떤 남자도 감당하기 어려운 일'이라며 '항상 통제해야 하고, 절대 물러서면 안 되고, 두려워해선 안 되고, 고통을 감수해야 한다'고 말한다.

바커는 신체적 폭력을 경험하는 남학생의 비율이 높다는 점을 지적하며 이에 동의했다.

> 트라우마, 다른 남성에 대한 두려움, 폭력, 진단되지 않은 우울증 등 어린 시절에 어떤 폭력의 피해자가 된다는 것이 어떤 의미인지에 대한 목록은 계속 이어집니다. 그걸 위한 공간을 만들지 않으면 성인 남성과 소년들이 치유하는 걸 돕지 못할 겁니다. 그들이 협력자가 될 가능성을 저버리는 거예요.

허스트는 매노스피어가 강박적으로 집착하는 허위 강간 고발 같은 주제를 거론하는 소년들에 대해 이렇게 말한다.

> (그들이) 그렇게 말하는 건 어려워서가 아닙니다, 겁이 나서 이야기하는 거죠. 그리고 남성성에서 크게 차지하는 부분은 두려움을 내비치지 않는 거죠. 그래서 그들은 '내가 어떤 사람하고 성관계를 하려고 하는데 그 사람이 내가 자기를 강간했다고 말할까 봐 정말 겁나'라고 말하지 않아요. 그보다는 '여자들은 강간당했다고 거짓말을 해'라고 말할 가능성이 더 크죠. 하지만 본질적으로 그건 같은 말입니다.

감정을 드러내는 건 수치로 여겨지므로 소년들은 어떻게든 감정을 숨기려 한다. 고립감은 커뮤니티에 대한 갈망을 낳는다. 그리고 수치심은 명성과 인정, 목적의식을 얻으려는 필사적인 몸부림을 낳는다. 부분적으로는 소년이 폭력적인 범죄의 피해자가 될 위험이 가장 높다는 사실, 그것에서 기인한 취약하다는 감각이 자연스럽게 집단에 충성함으로써 비롯되는 안정감에 대한 갈망으로 귀결된다. 권리를 박탈당했다고 느끼며 분노한 젊은 남성들을 끌어모으고 거짓 약속과 비뚤어진 논리, 그리고 증오로 이들의 빈 구멍을 채우는 데 혈안이 된 매노스피어 커뮤니티들은 이 모든 갈망을 즐겁게 충족시켜준다.

그렇다면 어떻게 해야 젊은 남성들이 애초에 고립되지 않도록 예방할 수 있을까? 그 대답에는 사회적인 방법과 정치적인 방법이 모두 포함된다. 지금 우리 눈앞에 펼쳐진 결과들은 지역 당국의 예산 삭감과 지역 문화센터의 폐쇄에서 기인한 것이다. 소년들이 함께 어울리고 사회화할 수 있는 현실의 장소들이 점진적이고 체계적으로 사라졌기 때문이다. 그래서 소년들은 그 대신 온라인 세계에 의지한다. 이들이 스스로 의미와 만족감을 찾을 수 있는 오프라인 공간을 만들도록 지원할 필요가 있다.

하지만 낙인, 편견, 부조리한 고정관념 때문에 만들어진 사회적 분열 역시 해결할 필요가 있다. 낮은 수준의 인종주의는 백인 소년들이 자신과 외모가 비슷하지 않은 다른 소년들을 위협적인 침입자라고 생각하며 성장하게 만든다. 성차별주의는 소녀와 소년 간의 우정에 수치심과 성적 대상화의 시각을 덧씌우고, 십 대 초반부터 남녀가 거의 어울려 지내지 않는 성별 분리 현상을 낳는다. 너무 간단하게 들릴 수도 있다. 하지만 젊은 남성들이 다른 커뮤니티에 속한 사람들과 알고 지내고, 자기 또래의 소녀들과 의미 있는 우정을 유지한다면, '다른' 집단에 대한 끔찍한 왜곡에 그렇게 쉽게 속아 넘어가지는 않을 것이다. 더 깊이 알면 반발할 수밖에 없다. 나는 데이비드 셰라트가 자신에게 말을 건 소녀 덕분에 아주 간단히 매노스피어에서 빠져나오게 되었다는 사실을 곱씹어본다.

젊은 사람들을 극단주의적인 매노스피어에 의한 착취와 그루밍으로부터 보호하려는 노력에서 아쉬운 부분 중 하나는 착취와 그 대응법에 대한 우리의 이해가 여전히 현실과 동떨어져 있다는 데 있다. 퍼민 박사는 젊은 남성들을 이런 온라인 커뮤니티로 가장 강력하게 끌어당기는 청소년기의 특징을 기존의 지원 방법이 제대로 파악하지 못하고 있다고 설명한다. 퍼민 박사에 따르면 청소년기에는 소속감과 자율성, 독립을 가장 중요하게 생각한다. 이 시기에 젊은 사람들은 강렬한 감정들을 다스리느라 애를 먹는다. '위험을 감수하는 경향이 너 커지'고 '장기적인 결과'는 생각하지 않는 경향이 특히 강해진다. 따라서 기존의 지원 정책은 '위험을 감수하는 것을 좋아하지 않고, 자신의 행동이 가져올 장기적인 결과에 대해 생각하며, 보통 정서적으로 안정된 개인을 대상으로 하는' 경향이 있기 때문에 이 시기의 젊은 사람들에게는 적합하지 않다.

퍼민 박사의 설명에 따르면 지원 프로그램들은 이런 전형적인 청소년기의 행동양식에 맞서려고 하는 반면, 젊은 사람들을 착취하는 자들은 아이들과 '함께 움직이는 경향이 있다.'

> 뭔가 위험하다는 느낌, 또는 주류 질서에 역행한다는 느낌을 안기고, 단기적인 성취와 여기서 지금 그것이 무엇을 의미하는지에 집중해서, 장기적으로 부정적인 결과를 초래할 수 있는 잠재적인 요소는 뒤로하게 만듭니다. (⋯) 그들은 매우 감정적으로 열정을 뿜어낼 수 있는 수단을 제공할 거예요. (⋯) 그리고 다른 어른들은 '너무 흥분하지 마'라고 말할 때 그런 감정이 진실한 거라고 인정해주죠.

이 모든 것이 매노스피어의 전략과 강력하게 맞아떨어진다. 이들은 젊은 사람들에게 매우 감정적인 서사와 깊은 소속감을 들이민다. 가령 인셀 포럼에서는 결과에 대해 크게 생각하지 않고 반문화적인 파괴자로 자리매김하도록 이들에게 폭력적인 행동을 반복적으로 부추긴다. 퍼민 박사는 '규범에 맞서는 행동'을 자랑스럽게 떠벌리는 커뮤니티에서는 '그런 생각을 납득시키기가 아주 쉽다'고 덧붙인다. 그는 이런 것이 매노스피어에서는 '새로운 남성성이나 … 양육에서 남성의 역할 증대 같은 생각에 반대하는 것'으로 표현된다고 말한다. "이 서사는 모든 것에 반대합니다. 미투도 반대하고요. 그래서 그것을 위험 요소라고 하면서, 여물지 않은 자아감, 개인의 정체성을 쥐고 흔드는 거죠." 퍼민 박사는 지금의 분위기를 감안하면, 어떤 면에서는 매노스피어가 젊은 남성들에게 어필하는 것이 '전혀 놀랄 일은 아니'라고 말한다.

퍼민 박사는 기존의 개입 모델이 청소년들에게 실효성이 없다고 보고 '상황별 보호장치contextual safeguarding'라는 선구적인 모델을 만들었다. 이 이론은 청소년들이 가정 내에서만 피해를 당한다고 가정하지 않고, 이들이 시간을 보내는 환경에 대한 개입과 지원 방안을 마련하는 것이 중요하다고 강조한다. 퍼민 박사는 웹사이트에서 '개인은 특정 환경에서 시간을 보내면 그 환경의 규칙을 체화하며, 그 환경을 탐색하고 지위를 획득하기 위해 주어진 환경에서 작동하는 규칙에 가담한다'고 설명한다. 이 관점은 지금까지 번화가와 공공 공원 같은 장소에 적용해서 상점 주인부터 공원관리 기관에 이르기까지 일반적으로 안전 보호 업무에 관여하지 않는 사람들과 함께 협력하는 개념을 개척했다. 그러나 이는 온라인에도 근본적인 변화를 가져올 수 있겠다는 생각이 든다. 필경 소셜미디어의 일상적인 성차별부터 여성혐오를 유도하는 매노스피어 포럼까지 온라인 세계는 기존에 우리가 젊은 사람들에게 무해하다고 간주해온 곳이면서, 효과적인 개입 방안이 엄청난 가치를 발휘할 수 있는 무대의 완벽한 예이기도 하다.

퍼민 박사는 상황별 보호장치가 온라인 세계에서 긍정적으로 적용될 수 있다는 데는 동의하지만, 현실에 전체적으로 적용하기 전에 많은 연구와 전략 수립이 필요하다고 강조한다. ("번화가와 온라인 공간의 차이는, 번화가에서는 젊은 사람들이 청소년 지도사가 거기 있다는 사실을 알고 있다는 거죠.") 퍼민 박사가 목격한 가장 효과적인 개입은 청소년 지도사들을 파견했을 때였다. 그러니까 공식 프로그램이나 업무 공간보다는 젊은 사람들이 있는 환경에 들어가서 소통할 때 효과가 더 크다는 것이다. 그러면 점진적으로 신뢰 관계를 쌓고 여성혐오적인 사고와 극단주의의 메시지들을 분열시킬 유미의한 기회를 자연스럽게 만들 수 있다는 것이 퍼민 박사의 설명이다. 퍼민 박사는 현재로서는 아직 걸음마 단계지만 일부 북유럽 국가에서 파견형 청소년 지도사를 활용하는 사례가 있고, 인터넷상의 여성혐오를 무너뜨릴 기회를 마련하겠다는 목적으로, 청소년센터에서 젊은 사람들이 소통할 수 있는 인터넷 공간을 만들기 시작한 사례도 있다고 말한다. 물론 현실적인 어려움은 있지만, 극복 불가능한 수준은 아니다.

퍼민 박사의 말은 이 문제에 관해 젊은 사람들과 이야기해본 나의 경험과도 딱 들어맞는다. 전교 학생총회나 교사가 참관하는 토론 모임 등의 환경보다 젊은 사람들이 속한 영역으로 가서 소규모로 나누는 대화가 대부분 더 생산적이고 흥미롭다. 퍼민 박사와 파견형 청소년 지도사 이야기를 나누면서, 이제야 마침내 청소년 커뮤니티에 음험하게 스며든 극단적인 여성혐오에 맞설 잠재적인 해법을 찾은 것 같다는 생각이 나를 흥분케 했다.

하지만 지난 10년간 파견형 청소년 지도사를 위한 예산은 다른 어떤 공공 서비스보다 훨씬 많이 삭감되었다. 2012년부터 2016년까지 영국에서 600개 이상의 청소년센터가 문을 닫았고 2009년부터 2017년까지 의회의 청소년 서비스 재정이 62% 삭감됐다. 영국의 자선단체 전국청소년기구National Youth Agency의 최고경영자 리 미들턴Leigh Middleton은 이런 재정 감축이 '외롭고 고립된 젊은 사람들'에게 영향을 미칠 가능성이 특히 크다고 지적한다. 그가 지목한 대상은 매노스피어 커뮤니티의 유인에 가장 취약한 사람들과도 정확하게 일치한다. 충격적이지만 공공 서비스 중에서도 파견형 청소년 지도사(일대일 지원이 필요한 장기적인 프로젝트)는 1순위 감축 대상이다. 그리고 퍼민 박사가 간단명료하게 표현한 것처럼 '그런 서사를 뒤흔들 기회를 날리면, 그것이 증식할 공간이 생긴다.'

하지만 이런 파견형 청소년 지도사는 우리가 매노스피어의 영향에 선제적·예방적으로 대처하고자 할 때 반드시 투자해야 하는 서비스다. 내가 수백 곳의 학교를 방문하면서 한 가지 놀랍고도 분명한 교훈을 얻었다면, 그건 초기 개입이 이미 급진화를 거친 학생들의 마음을 뒤늦게 돌이키려고 노력하는 것보다 훨씬 간단하고 효과적이라는 것이다.

솜방망이 처벌, 제도화된 편견

이미 매노스피어에 세뇌된 학생의 경우에는 사후대처식 해법

역시 필요하다. 그러므로 극단적인 여성혐오에 뿌리를 둔 오늘날의 범죄에 대처하려면 법 집행에 의지할 수 있어야 한다. 이미 불법으로 규정된 행위를 단속하라는 것은 간단한 요구처럼 들리지만, 매노스피어 트롤들이 아무런 처벌도 받지 않고 방대한 불법 행위를 저지르고 있다는 점을 감안하면 그렇게 만만하지가 않다. 기존의 단속 활동과 온라인 범죄 사이의 단절도 큰 장애물이다. 영국에서는 실제 생활에서 그렇듯 온라인에서 누군가를 강간하거나 살해하겠다고 협박하는 건 불법이다. 하지만 온라인에서는 매일 수백, 심지어는 수천 명의 남성이 이런 행동을 저지르고도 아무런 처벌을 받지 않는다.

경찰 집단 내에도 제도화된 편견이란 문제가 있다. 그로 인해 여성과 일부 집단, 특히 유색인종 여성과 성소수자가 경찰에 신고했을 때 적절한 조치를 받지 못한다. 따라서 피해자를 탓하는 데서 비롯되는 문제들, 이런 범죄들에 진지하게 대처하지 않는 경향을 바로잡으려면 제도 전반에 걸쳐 편견을 근절하기 위한 교육이 이루어져야 한다. 하지만 이는 개인의 결함 문제가 아니다. 사실 수많은 경찰관과 법 집행 인력들이 피해자를 배려하고 지원하고 있지만, 재원과 교육이 워낙 부족하다 보니 진보가 더딜 수밖에 없다. 또한 전문적인 사이버범죄 수사대 외의 경찰관들의 경우 이런 범죄에 대응할 때 도움이 될 만한 전문 지식과 이해가 터무니없이 부족할 때가 많다. 내 경험에 비추어볼 때, 이런 사건들은 수사가 난관에 부딪히면 그냥 종결되어 버리고 만다.

내가 쏟아지는 살해와 강간 위협을 처음으로 경찰에 신고했을 때는 맹견 사건 현장에 들렀다가 온 관내 경찰관들이 손에 수첩과 펜을 쥐고 내 진술을 받아적다가, 자꾸 내 말을 끊으며 트위터 핸들이 뭐냐고 조심스레 묻곤 했다. 그리고 내가 제공한 IP 주소 수백 개 중 어느 것도 제대로 추적하지 못했고, 나를 겨냥한 온라인상의 집단 괴롭힘 선동을 중단시킬 아무런 조치도 하지 못한 채(그 공격을 선동한 포럼이 해외에 등록되어 있어서) 그 사건은 그냥 종결되었다.

내가 살해 협박을 인쇄한 두툼한 종이뭉치를 손에 꼭 쥐고 경찰서에 처음 가서 책상에 앉아 있던 경찰관에게 내밀었을 때 경찰관은 놀란 표정을 지으며 "그 사람들이 당신을 정말로 찾아낼 거라고 생각해요?"라고 물었다.

온라인 여성혐오 극단주의의 심각성과 그것이 실제 삶에 미치는 영향에 대한 몰이해는 다른 치안 영역에도 심각한 악영향을 연쇄적으로 미칠 수 있다. 내가 이 책을 쓰는 동안 영국 경찰 당국은 강간 신고를 한 피해자는 경찰에 자신의 휴대폰을 제출해야 하고, 그러지 않으면 기소가 진행되지 않을 수 있다는 계획을 발표했다. 피해자들로 하여금 마치 심판을 받는 듯한 기분이 들게 하고, 여자들은 강간당했다고 거짓말을 한다는 관념을 강화할 위험이 있는 정책이다. 실제로 영국에서는 17개월 동안 5651건의 강간 기소가 있었는데, 이 중 허위 신고는 35건에 불과했다.

하지만 온라인 여성혐오 범죄를 잘 알지 못하는 경찰들이 내가 지난 1년간 헤집고 다닌 매노스피어 포럼에 허위 강간 주장에 관한 음모론이 널리 퍼져 있고, 그에 연결된 수천 개의 스레드가 있으며, 이 스레드들이 성폭력을 저지른 다음 날 아침에 여성을 상대로 꼼수를 쓰라고 남성들에게 권장하고 있다는 사실을 어떻게 알 수 있을 것인가? 구체적으로 말하면 이런 글에서는 남성들에게 성폭력이 일어난 바로 다음 날 여성에게 문자 메시지를 보내도록 지시한다. 이는 강간 혐의를 제기하려는 여성의 주장을 약화시킬 수 있는 반응을 유도하기 위해 고안된 것이다. 전날 밤이 어땠는지 대답하라고 압박하고, 두 사람 모두 즐거운 시간을 보냈다고 가볍게 언급하면서, 트라우마에 시달리는 피해자가 상대방의 기분을 거스르지 않으려고 또는 감정적인 혼란 상태에서 우호적인 반응을 보이도록 유도하는 식이다. 물론 경찰들도 이런 온라인 커뮤니티를 주의 깊게 조사한다면 다 알 수 있는 사실이다. 하지만 아쉽게도 내가 연구를 진행하는 내내 한 번도 경찰을 마주치지 못했다.

그다음으로 과소평가되고 반복적으로 경시되는 온라인 학대는 여러 방식을 거쳐 오프라인 학대로 번진다. 이런 현실은 당국의 대응 과정에서 일관적으로 무시된다. 여성 정치인을 향한 온라인 위협에는 항상 미온적인 대응이 뒤따른다. 헤어진 연인을 괴롭히려고 자행되는 사이버 스토킹을 묵살하고, 선제적인 개입을 미루다 결국 온라인 폭력이 오프라인 폭력으로 번져 치명적인 결과를 초래하게 만든다. 여성이 스토커에게 살해당하기 전에 경찰이 개입할 수 있었는데도 기회를 놓친 여러 사건과 괴롭힘 사이의 연관성을 파악하지 못하는 경우가 많다는 것을 보여주는 사례들이 이어지고 있는 상황에서 이는 매우 실체적인 우려다.

데이비는 여성혐오를 증오범죄 범주에 넣기만 해도 남성우월주의와 극단주의에 대한 공적·제도적 인식에 큰 변화가 일어날 수 있으며, 젠더화된 혐오가 인종과 종교 등 기존의 다른 범주들만큼이나 강력한 범죄 동기가 될 수 있음을 인정하는 것이 중요하다고 주장한다. 데이비는 내무상임위원회Home Affairs Select Committee에 증오범죄에 대한 자신의 권고 사항을 제출했고, 페미니스트 활동가들은 이 범주의 도입을 위해 치열한 캠페인을 벌였지만, 경찰과 언론 모두에서 이 제안에 대한 강력하고 예측 가능한 반발이 나왔다. 타블로이드지의 머리기사는 남자들이 음흉하게 휘파람을 불었다는 신고가 경찰 업무를 마비시킬 정도로 쇄도한다고 호들갑을 떨었고, 고위 경찰들은 이 문제가 주요 치안 활동에 따르는 기본 업무에 집중할 수 없게 하는 사소한 문제라고 주장했다.

소셜미디어가 할 수 있는 일

우리가 이 문제를 유의미하게 해결하고자 한다면 다음으로 소셜미디어 플랫폼 자체를 들여다봐야 한다. 지금까지 우리는 소셜미디어 플랫폼 회사들과 이들의 알고리즘이 극우 극단주의자들에게 신입들을 모집할 수 있는 막강한 수단과 공간을 제공하는 다양한 방법을 살펴보았다. 극우 극단주의자들은 이 방법들을 통해 수많은 남성에게 접근한다. 그리고 취약한 젊은이들을 그루밍하며 급진화하고, 콘텐츠를 적극적으로 홍보하여 금전적 이득을 취하고, 소득원과 선전 플랫폼을 마련하고, 대규모 공격과 사이버 스토킹을 조장하고, 피해자를 보호하지 않으며, 할 수 있는 한 모든 책임을 회피한다.

지금까지는 이 소셜미디어 플랫폼들이 모른 척 가장할 수 있었지만, 더 이상은 아니다. 물론 처음엔 이런 기업들의 의도와는 다르게 이들의 기술이 온라인 극단주의자들에게 도움을 줬을 수 있다. 하지만 문제가 명확하게 드러난 뒤에도 그것을 해결하려고 조치하지 않은 데는 변명의 여지가 없다. 그런데도 책임보다 이익을 앞세우는 행태가 반복적으로 나타나고 있다. 2019년 언론에서는 유튜브의 알고리즘이 옷을 일부만 갖춰 입은 어린이들의 영상을 자동 식별하고 그룹화하여 유사한 콘텐츠를 본 시청자에게 추천하는 매우 충격적인 경향에 대해 경고했다. 전혀 의도치 않게 유튜브는 소아성애자들에게 끊이지 않는 먹잇감을 제공하고 있었다. 영상 밑에 달린 수백 개의 댓글에서 소아성애자들은 다른 이용자들에게 수영복을 입고 노는 순진한 아이의 사타구니나 젖꼭지가 정확히 영상의 어느 부분에서 뜻하지 않게 드러나는지를 알려주었다. 이 알고리즘은 매우 정확해서 완전히 무해한 홈비디오까지 영상 추천 목록에 넣었다. 이 일로 수영장에서 노는 모습을 촬영한 어린 딸의 영상이 며칠 만에 수십만 조회 수를 기록하면 그 가족들은 갑자기 경각심을 가져야 했다.

유튜브에서 매노스피어의 급진화가 그렇듯 이 문제는 전혀 고의적인 게 아닐 수도 있지만, 그 결과는 참혹하다. 중요한 점은 유튜브가 이 문제에 대해 경고를 받은 뒤 분명한 해법도 전달받았다는 사실이다. 연구자들은 유튜브에 어린이 영상에 관한 추천 시스템을 끌 것을 제안했다. 자동적으로 쉽게 구현할 수 있는 변화였고, 그렇게 할 경우 그 자리에서 즉시 착취를 중단할 수 있었다. 하지만 유튜브는 실행을 거부했다. 왜일까? 유튜브는 《뉴욕타임스》에 자신들의 추천 방식은 유튜브 최대의 트래픽 발생 요인이기 때문에 그것을 중단할 경우 "클릭에 의지하는 '창작자들'에게 피해가 갈 수 있다"고 주장했다. 다시 말해서 그렇게 하면 유튜브의 수익에 타격이 있다는 말이었다.[9]

소셜미디어 플랫폼들이 가장 취약한 이용자들을 피해자로 전락시키고 착취당하는 상황을 피하기 위해 이미 최선을 다하고 있다고 생각한다면 재고해볼 필요가 있다. 유튜브는 젊은 사람들에게 이루 말할 수 없이 큰 영향력을 행사하고 있다. 유튜브는 매시간 전 세계 수백만 명에게 제공되는 콘텐츠를 일방적으로 통제한다. 유튜브는 제이넵 투펙치의 표현대로 '21세기의 가장 막강한 급진화 수단 중 하나'라고 해도 과언이 아니다.[10] 그러므로 시청자들이 차츰 극단주의라는 토끼굴로 끌려 들어가지 않도록 알고리즘에 변화를 준다면 획기적인 전환이 일어날 수 있다.

미디어와 정부처럼 소셜미디어 플랫폼 역시 극단주의와 급진화에 매우 다른 방식으로 접근한다는 걸 보여주는 연구도 있다. 백인민족주의 소셜미디어 네트워크와 ISIS 관련 소셜미디어 네트워크를 비교한 2016년의 한 연구는 트위터에서 데이터를 수집한 기간에 백인민족주의 계정은 3개, 나치 계정은 4개가 정지된 반면, ISIS 계정은 약 1100개가 정지되었다고 밝혔다.[11] 동일한 연구에 따르면 미국의 백인민족주의운동이 '팔로워 수에서부터 하루 트윗 수에 이르기까지 거의 모든 소셜 척도에서 ISIS를 능가'했는데도 말이다.

이 영역에 대해 전문가들이 권장하는 개선안은 전혀 부족하지 않지만 문제는 이행 의지다. 데이터 앤 소사이어티의 보고서는 가령 유튜브가 관리 정책을 결정할 때 채널에 있는 콘텐츠만이 아니라 그 안에서 활동하는 인플루언서들을 고려해야 한다고 제안한 바 있다.

그렇다, 표현의 자유는 귀중한 가치다. 그렇다고 해서 무한한 건 아니다. 남성우월주의운동이 이런 플랫폼을 이용해서 적극적으로 폭력을 선동하는가 하면 대상을 찍어놓고 악의적인 괴롭힘과 신상 털기를 일삼고, 의도적으로 분열과 증오를 부추기는 등 이미 표현의 자유의 한계를 넘어선 사례는 숱하게 많다. 임계치에 도달하면, 소셜미디어 플랫폼들은 해당 사이트에 올라오는 콘텐츠에 책임을 져야 하고 이용자들의 안전을 고민해야 한다. 하지만 임계치에 도달하지 않았을 때도 '현실' 공간에서 그러하듯 온라인 세계의 환경과 논쟁의 방향에 집단적인 책임을 지고, 플랫폼을 활용하지 못하는 사람들을 지원하고, 온라인 괴롭힘 문화가 일상화되지 못하게 하고, 사람들이 저쪽으로 넘어가지 않도록 제삼자들의 대대적인 개입을 장려해야 한다. 이 또한 스스로 열렬한 지지를 선언한 남성들이 나서서 의미 있는 역할을 할 수 있는 기회다.

분명 이는 복잡한 문제다. 온라인 가해자들을 기소하려면 소셜미디어 사이트들과 여러 플랫폼이 이용자의 IP 주소를 공개하도록 해야 하고, 그다음에 그걸 이용해서 이들의 법적 신원을 알아내야 한다. 이런 강제성은 온라인의 익명성에 얽매인 데다 내부 고발자와 반대자 등의 권리와도 균형을 맞춰야 한다. 강경한 법안은 정부와 국제 행위자들의 권력 남용으로 이어질 위험이 있다. 하지만 복잡한 법안을 만들어서 복잡한 문제를 처리하는 것도 가능하다. 그러니까 이 정도로는 무대책에 대한 충분한 변명이 되지 못한다.

그다음으로는 플랫폼 퇴출no-platforming♦이라는 문제가 있다. 전문가들은 극단주의 커뮤니티 전체를 그냥 폐쇄할 경우 더 지하로 몰아넣을 위험이 있다고 우려하기도 한다. 특히 극우 소셜 네트워크라고 알려진 갭Gab 같은 플랫폼이 이용자들에게 '횡행하는 기업의 검열' 일체를 우회할 방법이 있다고 자부한다는 사실

♦　　　소셜미디어 회사의 정책을 위반한 개인이나 커뮤니티의 플랫폼을 폐쇄하는 것.

을 감안한다면 말이다.[12] 수많은 집단이 주류 소셜미디어에서 퇴출될 정도로 폭력적이거나 충격적인 정서를 표출한 다음 갭을 통해 안전한 피난처를 마련했다. 데이비는 갭이 '사실상 어떤 형태의 규제나 관리도 없이 극단주의자들에게 숙주를 제공'하는 플랫폼이라고 설명한다. 포챈과 에이트챈에 대해서도 똑같이 말할 수 있을 것이다.

물론 집단 전체를 다 똑같은 극단주의자라고 매도한다면, 이런 커뮤니티들은 갈수록 반대 의견을 맞닥뜨리기 힘든 곳으로 숨어들고, 자신들이 박해받는 피해자라는 매노스피어식의 서사가 더욱 득세할 위험이 있다. 하지만 현재로서는 인셀 포럼과 서브레딧 안에서 건설적인 대화가 일어나리라고는 기대할 수 없다. 나는 음지에서 양지로 끌어낼 경우 이들의 세만 더욱 불릴 뿐이라는 엘런 파오의 결론을 떠올려본다. 그리고 플랫폼 퇴출은 개인에 한해서, 그중에서도 특히 이런 집단들의 유명 리더들과 대변자들의 경우에는 효과가 있다는 강력한 증거가 있다. 아무리 이들이 순교자 행세를 하면서 비주류 포럼에서 피난처를 찾는다고 해도 주류 온라인 공간에서 밀려나면 이들의 의견에 귀 기울이던 사람의 수가 줄어들 수밖에 없기 때문이다.

크리스티안 피치올리니는 극단주의자들의 플랫폼 퇴출이 유의미하다는 또 다른 강력한 근거를 제시한다. 바로 이들의 돈줄을 끊을 수 있다는 것이다.

> 예를 들어, 이들 집단은 자신의 선전 영상 곳곳에 광고를 게재하여 수익을 창출하고 있다. 만약 동영상에 광고가 게재되고 있다면 조회 수에 따라 구글, 페이스북, 유튜브에서 콘텐츠에 대한 광고를 게재하여 광고

수익을 창출하고 있을 가능성이 크다. 그런 의미에서 플랫폼 퇴출은 좋은 일이다. 그들의 기세를 상당히 꺾을 수 있다.[13]

소셜미디어 기업들이 용기를 내서 이렇게 조치했을 때, 그 영향은 상당했다. 마일로 야노폴로스는 트위터에서 활동을 금지당한 뒤 자금이 급감해 투어를 취소하는 등 그의 영향력과 플랫폼이 크게 위축되었다. 데이비는 이렇게 지적한다. "예를 들어서 (극우 음모론자) 알렉스 존스를 보세요. 그 사람이 플랫폼에서 퇴출당했을 때 조회 수가 0으로 떨어졌잖습니까." 내가 이 장을 쓰는 동안 트위터와 똑같은 용기를 내는 데 수개월이 걸린 페이스북이 결국 야노폴로스와 존스, 그 외 다른 유명 극단주의 인사 5명의 활동을 영구 금지키로 했다는 소식이 전해졌다. 그리고 이어서 페이스북과 인스타그램에서 '백인민족주의와 분리주의를 찬양, 지지, 재현'하는 행위를 금지한다는 계획을 발표했다.[14] 얼마 전에는 도메인 등록 대행사 고대디가 리처드 B. 스펜서의 대안우파 웹사이트를 삭제했고, 패트리온 같은 모금 사이트들은 극우 극단주의자들이 자신들의 플랫폼에서 모금을 하지 못하게 막기 시작했다(조던 피터슨과 데이브 러빈 같은 여러 논란의 인물들이 대안 크라우드펀딩 플랫폼 출시 계획을 즉각 발표하며, 온라인 두더지게임과 다를 바 없는 이 문제의 성격을 예시하긴 했지만). 그럼에도 불구하고 소셜미디어 플랫폼들이 혐오로 먹고사는 유명인들을 상대로 한 조치들은 이들이 주류에서 활개 치지 못하도록 위축시킬 뿐 아니라 우리가 무엇을 정상으로 여기고, 무엇을 공적인 '논쟁'의 소재로 수용하는지에 관해서 중요한 사회적 메시지를 던졌다. 이런 최근의 움직임은 최소한 이 영역에서는 마침내 진전이 이루어지기 시작했음을 보여준다.

하지만 정부는 여전히 소셜미디어 기업들에 어떤 식으로든 책임을 묻는 것을 매우 꺼린다. 그리고 극단주의자와 트롤들도 정부의 이런 미온적인 태도를 모르지 않아서, 자신들이 계속해서 아무런 처벌도 받지 않고 활동할 수 있다는 것을 잘 알고 있다. 2019년 증오범죄와 백인민족주의의 증가에 관한 미국 하원 법사위원회의 청문회는 이를 단적으로 보여주는 사례다. 해당 청문회는 원래 페이스북과 구글(유튜브의 소유자) 같은 거대 기술 플랫폼의 대리인들을 불러놓고 이러한 극단주의가 확산되는 데 있어 그들의 역할에 대해 따져 묻기 위한 것이었다. 그런데 아직 청문회가 진행 중인 상태에서 이 청문회를 송출하는 유튜브 라이브 스트림의 댓글 창에 갑자기 백인민족주의자들의 밈과 반유대주의 욕설, 여성혐오성 발언, '백인 학살'에 대한 불평이 넘쳐나기 시작했다. 한 시간도 안 되어 유튜브 관리자는 해당 영상의 댓글을 아예 비활성화했다. 참관인들은 당시 참석한 기술회사 대표들이 '대부분 앉아서 페이스북이 혐오 신고 정책을 도입할 생각이 있는지 또는 유튜브가 정책을 위반한 동영상을 어떻게 발견하는지' 같은 지나치게 단순한 질문에 대처하는 데 그쳤고, 위원회 위원들은 어떤 확답을 듣거나 책임을 묻지 못했다고 전했다.[15]

유럽연합 의회 연설로 유명세를 얻은 뒤 인종주의적이고 여성혐오적인 온라인 괴롭힘에 혹독하게 시달린 세이 아키워우는 교차성의 시각으로 온라인 괴롭힘을 종식시키기 위한 야심 찬 비영리기구인 글리치Glitch를 설립했다. 그 결과는 인상적이었다. 글리치는 단 2년 만에 3500여 명의 청년에게 온라인 세계를 탐색하면서 괴롭힘과 욕설 같은 피해 행위에 맞서 적극적인 역할을 할 수 있도록 도구를 제공하는 디지털 시민 워크숍을 개최했다. 또한 정치인 등 공적 활동을 하는 여성들에게 디지털 자기방어 교육을 제공함으로써, 온라인에서 자신의 의견을 표출할 때 안전하다고 느끼는 참가자 비중이 55% 늘어나는 결과를 얻었다.

하지만 아키워우는 '유해한 온라인 공간'이라는 환경에서 진정한 변화를 이루려면 소셜미디어 기업들 스스로가 책임을 짊어질 필요가 있다고 강조한다. 아키워우는 나와 인터뷰하면서 우리는 "모든 형태의 온라인 괴롭힘과 '현실' 공격 사이의 연결고리를 찾고 패턴을 규명할 수 있는 데이터 수집에 투자"하는 한편, 디지털 시민 교육에 투자하고, 소외된 공동체와 이런 목소리들을 온라인 괴롭힘 관련 논의와 의사결정에 참여시킬 필요가 있다고 말했다. 그는 흑인과 소수인종 여성들이 온라인에서 점점 더 극심한 괴롭힘에 시달리고 있음을 지적하고 "온라인 피해에 접근할 때 교차성 접근법도 필요하지만 다양한 시민사회 집단의 지혜를 모아야 합니다"라며 소셜미디어 기업들이 이 문제와 관련해서 함께 일할 전문 인력을 확대해야 한다고 주장했다. 그는 온라인 이용자들이 '자신의 온라인 공간이 어떤 방식으로 관리되는지 더 많은 발언권과 관심을 가져야' 한다고 말했다.

이는 애처로울 정도로 흔하게 우선순위에서 밀리는 이런 단체의 자금 조달 문제로도 확대될 수 있다. 영국의 극단주의 대응위원회를 이끄는 사라 칸Sara Khan은 이렇게 말한다.

아직 충분히 인정받지는 못했지만, 여성들은 지역이나 국가 수준에서 극단주의에 맞서고 평화와 안전을 확보하기 위한 노력에서 중요한 역할을 하고 있습니다. 그러나 여성들의 시민사회 모임은 극히 적은 자본으로 운영될 때가 많죠. 극단주의 대응 활동을 강화하고자 한다면 이런 상황이 바뀌어야 합니다.

글리치는 거대 기술회사들 스스로가 온라인 괴롭힘 예방 활동에 자금을 대야 한다고 주장하는 한편, 영국 정부의 신규 디지털 서비스 세금의 1%를 이 문제를 해결하는 용도로 지정하기 위한 캠페인을 벌이는 과감한 행보를 취하고 있다.

소셜미디어가 막강한 영향력을 가진 수십억 달러짜리 산업으로 몸집을 불리는 동안 아키워우 같은 여성들은 탄광의 (들어주는 사람도 없는) 카나리아 같은 행보를 이어왔다. 이들은 온라인 괴롭힘 같은 문제에 실제로 변화를 일으킬 만한 제안을 하기에 가장 좋은 입장에 있는 사람들일 때가 많다.

최근 한 기사는 2014년 익명의 포챈 트롤들이 흑인 페미니스트들의 명성을 실추시키기 위해 착수한 대대적인 괴롭힘 및 허위 정보 작전을 조명했다.[16] 아버지의 날 직전에 이 트롤들은 흑인 페미니스트들의 계정인 양 꾸민 가짜 계정과 가짜 아이디를 동원해서 분노한 흑인 여성에 대한 모욕적이고 과장되고 진부한 표현과 비유를 담아 트위터에 #아버지의날을없애자#EndFathersDay 해시태그를 퍼뜨리기 시작했다. 삽시간에 이 해시태그는 전 세계로 퍼졌고, 변화를 위해 일하는 진짜 흑인 여성들을 몰아세울 준비가 되어 있던 보수 언론들이 펜으로 광란을 부리는 결과를 낳았다.

게이머게이트처럼 큰 작전에는 더욱 무게가 실리고 더 많은 분석이 이루어지는 데 반해, 소외된 집단에 비이성적인 악플을 퍼부은 다른 허다한 사례들과 마찬가지로 이 사건 역시 대체로 사람들의 뇌리에서 사라졌다. 또한 이에 대응하여 흑인 페미니스트운동이 현명하고 조직적이며 기술에 정통한 저항 캠페인을 일으켜 무시할 수 없는 성과를 이루었다는 사실 역시 잘 언급되지 않는다. 샤피콰 허드슨Shafiqah Hudson과 아이나사 크로켓I'Nasah Crockett 같은 여성들이 신속하게 이 해시태그의 진원지를 파악해서 그것이 남성권리운동가들의 의도적인 날조임을 밝혀냈다는 것 같은. 알고 보니 이 계획은 남성권리운동가들의 인종주의적 언어와 강간 농담, 그리고 '어머니 두 명 중 한 명이 자기 아이를 학대한다' 같은 가짜 통계가 가득한 포럼 스레드(제목이 '#아버지의날을없애자로 페미니스트들을 쓸어버리자!'였다)에서 시작됐던 것이다.

그다음 허드슨은 #너의실수가보인다#YourSlipIsShowing라는 새 해시태그를 가지고 트위터에서 활동하는 흑인 페미니스트들이 흑인 여성 행세를 하는 가짜 아이디와 가짜 계정을 신고하고, 의도적으로 혐오를 조장하는 자들을 폭로하며, 트롤들이 실제 흑인 여성들의 사진을 동의 없이 사용하는 사건을 조명했다. 괴롭힘에 맞서는 이 캠페인은 대대적인 트롤 공격의 피해자들이 유사한 기술 작전과 온라인 조직을 활용해서 가해자들에게 보복했다는 점에서 의미심장했다. 거대 플랫폼을 가진 흑인 여성들은 이 해시태그를 자신의 팔로워들에게 퍼뜨리도록 도움을 주었고, 운동가들은 트롤로 확인된 이용자를 차단하고 자신의 차단 리스트를 다른 사람들과 널리 공유했다. 덕분에 사람들은 수백 명의 가해자 계정을 트위터에 일제히 신고해서 조치가 이루어질 가능성을 높일 수 있었다(이 캠페인의 최전선에서 활동한 여성들은 잡지 《슬레이트》에 이 문제의 해결을 위한 조치가 거의 없었다고 말하긴 했지만 말이다). 이 여성들은 주류 언론들이 이 문제에 주목하기 훨씬 전부터 대대적인 괴롭힘 작전의 뿌리를 파헤쳐서 트롤들이 허위 정보를 어떻게 조직적으로 무기화하는지, 그리고 포럼을 어떻게 활용해서 전략을 수립하는지 밝혀냈다. 또한 이들은 분명한 목표를 설정해 다면적이고 확장 가능한 대응을 펼쳤다. 만일 소셜미디어 기업과 다른 주체들이 여기에 귀 기울였더라면 게이머게이트라는 재앙이 빚어지기 전에 값진 교훈을 얻었을 것이다.

소셜미디어 플랫폼에 즉각 조치하라고 요구하는 동시에, 이런 문제에 앞장서고 있는 시민사회 모임, 그중에서도 특히 소외된 사람들을 대변하는 집단에 대한 더욱 장기적인 투자와 STEM(과학·기술·공학·수학) 분야의 다양성 증진을 위한 투자를 촉구할 필요가 있다. 그렇게 해야 여성과 소수자들이 조직적인 괴롭힘에 직면하면서도 이에 대응하는 과정에서 거의 아무런 역할을 하지 못하는 분야의 역학관계를 바꿀 수 있기 때문이다. 2018년의 한 보고서는 영국의 기술 분야에서 고위급 관리자 중 소수인종은 8.5%, 이사회 구성원 중 여성은 12.6%에 불과하다고 발표했다. 이 분야 이사회의 약 3분의 2와 고위급 관리자 팀의 40% 이상이 여성 대표자가 한 명도 없는 것으로 드러났다.[17]

미디어가 나팔수를 그만둘 때

의미 있는 진전을 이루기 위해 변화가 필요한 다음 분야는 주류 미디어다. 미디어는 논란과 낚시성 클릭 체제 속에서 혐오를 팔아 먹고사는 자들의 메시지를 증폭하고 퍼뜨림으로써 유해한 온라인 혐오가 오프라인에서 활개를 칠 중요한 통로를 제공했다. 혐오 발언에 '균형 잡힌 토론'의 한쪽이라는 프레임을 씌움으로써 극단적이고 용납 불가능하다고 여겨야 하는 주장을 정상적인 발언으로 취급하고 합리화해왔다. 논란과 분노를 부추기기 위해 페미니즘을 폄훼하고 과장함으로써 여성혐오 음모론자들과 괴롭힘의 앞잡이들에게 기름을 부어줬다. 여성을 상대로 한 폭력적인 공격의 극단주의적 성격을 인식하지 못함으로써 우리가 여성혐오 테러리즘의 진상을 파악하고 맞서기 힘들게 만들었다. 이로써 미디어는 때로는 의도치 않게, 한때는 비주류였던 극단주의 온라인 커뮤니티들이 수용 가능한 담론의 한가운데로 확장하는 걸 돕고 방조해왔다.

하지만 미디어는 더 이상 문제를 악화시키지 않고 해결하는 데 도움을 줄 가장 큰 기회를 쥐고 있기도 하다. 미디어는 조회 수가 아니라 윤리에 입각한 편집 결정과 책임감 있는 보도를 통해, 혐오를 연료로 타오르는 극단주의 이데올로기를 축소시켜서 일반적인 담론에서 몰아낼 역량을 갖추고 있다.

2018년의 한 보고서는 2016년 미국 대선을 전후해 '언론과 유해·오염·허위 정보의 증폭 사이의 관계'와 온라인 극단주의자들이 조작 기술을 가지고 의도적으로 언론인들을 겨냥해서 '폭력적인 편견을 여과해 주류 담론'으로 유입시키고 '조작에 능한 대안우파들이 사람들의 눈에 잘 띄게 만들' 위험에 대해 적나라하게 설명했다.[18]

보고서의 주저자인 휘트니 필립스Whitney Phillips는 미디어에서 그랬듯 이런 적대 세력들을 고분고분하게 반복적으로 다뤄주기만 해도 그 여파가 막대하다고 말한다.

> 아무리 비판적인 관점으로 쓰였더라도, 아무리 폭로할 필요가 있었다 해도, 이런 극단주의자들과 조작을 일삼는 자들을 보도하는 것은 질 나

쁜 행위자들에게 그들조차 믿을 수 없는 수준의 가시성과 정당성을 내어주었다. 민족주의적이고 우월주의적인 이데올로기가 불과 몇 달 만에 변두리에서 문화의 중심으로 옮겨갔으니 말이다.

필립스는 기자와 뉴스룸 직원 수십 명을 인터뷰한 다음 '악의적 행위자들에 의해 서사가 납치당하는 일을 최소화'하기 위해 객관적으로 허위인 정보를 사실인 정보와 동일한 비중으로 전달하지 말 것 등이 포함된 편집 모범 사례에 관한 권장 사항을 확정했다. 또한 그는 편견과 악담을 퍼붓는 사람들에 대해 보도할 때 개인적인 세부 정보를 피하고 '트롤'이라는 단어는 최대한 자제하며, 피해자의 신원이 드러날 수 있는 정보를 최소화하고, 아무리 완곡하더라도 그들에게 신호가 될 만한 표현은 사용하지 말라고 권한다.

하지만 가장 기본적인 수준에서도 미디어는 최근의 대량살상 사건 사이에서 확인되는 모방성에서 분명한 교훈을 얻어야 한다. 이들의 선언문은 서로 베낀 듯 중복되고, 종종 국제적인 언론을 통해 대대적으로 발표되기도 한다. 《뉴욕타임스》는 엘리엇 로저의 선언문과 영상 진술을 공개했는데 국내 부문 편집인 앨리슨 미첼Alison Mitchell은 당시 이 결정을 이렇게 옹호했다. '이 사건에서 영상과 선언문은 범죄의 동기를 이해하는 데 대단히 중요했고 (그래서 우리가 그걸 공개하지 않았다면) 이 사건의 큰 부분을 아주 의식 있게 다루지 못했을 것이다.' 하지만 ISIS 학살이 일어난 뒤 지하드 테러리스트 선언문을 공개하면서 이런 식의 이유를 대지는 못할 것이다. 또한 이 책에서 상세히 다루고 있듯 그 이후 수년간 대량살상범들이 로저에게서 영감을 받았다고 여러 차례 언급했다. 미디어는 교훈과 선동을 위한 대량살상범들의 장광설을 퍼뜨리는 나팔수 역할을 하지 않고도 충분히 이들의 범죄를 보도할 수 있다.

결국 온라인 여성혐오 극단주의의 위협을 실효성 있게 분석하고 여기에 대응하고자 한다면 정부, 기술회사, 미디어와 교육 등 광범위한 분야에서 커다란 변화가 일어나야 한다. 하지만 코프먼, 허스트, 바커 같은 여자를 혐오하는 남자들을 혐오하는 남자들이 시사하듯 이런 변화가 주류적인 태도가 되길 바란다면, 남성성 개념에 대한 접근법에도 근본적인 지각변동이 필요하다. 이는 매노스피어에 대한 직접적인 대응에서 몇 단계 떨어진 것처럼 보일 수 있지만, 마치 남성우월주의자들이 자신들의 이데올로기를 온라인과 오프라인의 경계에 유연하게 침투시킬 수 있도록 최적화하는 데 놀라울 정도로 능란하듯, 우리는 똑같이 반대 방향으로 작동할 수 있는 남성성에 관한 강력한 서사를 만들어내기 위해 힘을 모아야 한다. 특히 접근 가능한 대안이 없는 상태에서는 젊은 남성들이 매노스피어의 메시지에 너무 취약해질 수밖에 없음을 염두에 두고 이를 막기 위한 예방 조치로서 말이다.

유해한 남성이 아니라 '유해한 남성성'

사회가 변화하는 과정에서 남성들은 자신의 남자다움을 확인할 수 있는, 고정관념이 처방한 전통적인 수단들을 잃었다. 하지만 우리는 이 사실을 인지하고, 남성성의 전통적인 요구사항들과 그것이 미칠 수 있는 유해한 영향은 주저 없이 비판하고는, 이런 비판을 유통시키는 데는 그리고 대안적이고, 현실적이며, 긍정적인 남성성을 마련하는 데는 그렇게 유능하지 못했다.

페미니스트들이 '유해한 남성성'에 대해 이야기할 때는 일반적으로 남자가 된다는 것이 무슨 의미인지에 대한 구시대적 관념들이 막대한 피해를 초래할 수 있다는 전제를 깔고 있다. 약점을 감추고 힘을 과시해야 한다는 생각. 모든 인간관계에서 주도권을 쥐고 통제해야 한다는 생각. 나약함이나 감정을 인정해서는 안 된다는 생각. 두려움이나 괴로움을 금욕적으로 틀어막고 어떤 피해를 감수하더라도 도움의 손길이나 소통을 피해야 한다는 생각. 가정에서 가장, 부양자, 보호자 역할을 맡아야 한다는 생각. 여성 배우자와 자녀를 동등한 파트너와 지지의 원천이 아니라 나약한 이차적 부양자, 자기 자신이나 재산의 연장으로 대해야 한다는 생각. 강인함, 신체적 기량, 성적인 승리감을 지성, 감성 지능, 우정보다 더 중시해야 한다는 생각. 실패를 인정하느니 몰래 스스로를 채찍질하고 알아서 치유해야 한다는 생각. 직업적 만족도보다 돈과 지위가, 양육자로서의 참여보다는 커리어가, 자신보다는 사회가 더 중요하다는 생각 같은 것들 말이다.

이 모든 게 사실이다. 하지만 유해한 남성성은 성인 남성과 소년들에게도 마찬가지로 막대한 피해를 초래하고 있는데도, 우리는 이런 피해가 여성과 자녀들에게만 가해지는 듯 강조할 때가 많다. 소년들과 성인 남성, 운동가들이 내게 수없이 이야기한 바에 따르면, 문제는 우리가 '유해한 남성성'이라고 말하면 남자들은 '유해한 남성'이라고 받아들인다는 점이다.

극도의 불쾌감을 초래한 질레트 광고에 대한 폭발적인 반응만큼 이를 더 고통스럽게 보여주는 사례는 없을 것이다. 광고는 유해한 남성성에 맞설 방법을 모색하면서 남성들에게 이 문제를 해결하는 데 적극적으로 나설 것을 촉구하고자 했다. 괴롭힘을 막기 위해 개입하는 남성들을 보여주고 '우리는 남성들 안에 있는 최선의 것을 믿는다'는 문구가 들어간 상당히 온건한 영상이었다. 그럼에도 불구하고 광고는 매노스피어 커뮤니티들과 대안우파 유튜버, 주류 미디어를 하나로 묶는 거센 분노를 일으켰고, 유튜브 역사상 최단 시간에 가장 많은 싫어요 수를 기록했다(당시 140만 개의 싫어요를 받았다). 인터넷에는 남성들이 질레트 면도기를 부러뜨리고 그 회사가 만든 다른 제품들을 불태우는 영상이 올라왔다. (한 인셀 포럼 회원은 자신의 면도기를 망가뜨린 뒤 '여섯 곳을 베었지만 그만한 가치가 있었다'며 '좆까 질레트!'라고 불길을 뿜어냈다.)

이런 식의 행동은 최근 제4물결 페미니즘의 폭발로 인한 젠더화된 긴장감과 미투운동이 왠지 모르게 '남성다움'을 범죄화했다는 분노에서 비롯된, 아주 최근에 생긴 불안감처럼 느껴질 수 있지만 (그리고 그렇게 묘사될 때가 종종 있지만) 실제로 이런 유의 담론은 수십 년간 조금씩 영역을 넓혀왔다. 1958년 11월, 잡지 《에스콰이어》의 한 기사에서 역사학자 아서 슐레진저 주니어Arthur Schlesinger Jr.는 이런 질문을 던졌다.

> 미국 남자들에게 무슨 일이 일어난 걸까? 오랫동안 그들은 자신의 남성다움에 완전한 자신감을 가진 듯, 사회에서 자신의 남성적인 역할에 확신을 가진 듯, 자신의 성 정체성 감각에 편안하고 흔들림이 없는 듯 보였다. 오늘날 남성들에게는 남자됨을 사실이 아니라 문제로 의식하는 경향이 점점 두드러진다. 미국 남성들이 자신의 남성성을 긍정하는 방식은 불확실하고 모호하다. 미국 남성들의 자기개념이 뭔가 크게 잘못되었다는 신호가 진짜로 급증하고 있다.[19]

그렇다면 우리는 어떻게 이런 역할모델을 제시하고, 남자가 된다는 것이 어떤 의미인지에 관해 새롭고 긍정적인 개념을 만들어낼 수 있을까? 허스트는 처음 남학생들을 대상으로 진행할 남성성 관련 교육 내용을 구상하기 시작했을 때 자신이 받았던 조언을 떠올리며 웃음을 터뜨렸다. "많은 사람이 이런 식이었습니다. '남자애들을 숲으로 데려간 다음 나무를 자르게 해. 그렇게 하면 애들이 자신의 남성성을 발견할 수 있을 거야.' 하지만 전 절대로 그런 유의 꼬마가 아니었어요. 전 미술이나 음악, 드라마를 좋아했죠."

북적이는 런던의 한 카페에서 테이블을 사이에 두고 허스트와 마주 앉아 있던 나는 그가 우리에게 필요한 바로 그 역할모델의 완벽한 예라는 생각이 들었다. 후드티 차림에 몇 가지 액세서리 아이템을 자연스럽게 소화하는 이 카리스마 있고 씩씩한 젊은 남자는 십 대 소년들이 성차별을 운운하며 자신들을 나무란다고 생각하는 괴팍하고 꼬장꼬장한 페미니스트와는 아주 거리가 멀었다. 나는 그가 십 대 소년들이 받는 영향과 의견에 대해 나보다 훨씬 솔직한 통찰을 얻을 수 있으리라고 생각했다. 그리고 그가 어떻게 성평등 활동에 참여하게 되었는지 그 과정을 나에게 설명하는 동안, 나는 허스트 같은 남자보다 더 위력적인 위치에서 비자발적인 독신의 유혹으로부터 소년들을 떼어놓을 수 있는 사람은 없을 것 같다고 확신했다. 그는 그야말로 비자발적 독신의 정반대를 상징하는 인물이기 때문이다. 그는 독신을 유지해야 하는 신학교에서 성관계를 했다는 이유로 퇴학을 당한 다음부터 청소년 교육 활동에서 경력을 쌓기 시작했다.

허스트는 남자가 된다는 게 무슨 의미인가에 대한 우리의 새로운 관념에서 다양성이 중요하다고 강조한다. 그러니까 한 가지 고정관념을 또 다른 고정관념으로 대체하면 안 된다는 뜻이다.

> 남성성에서 진짜 골치 아픈 것 중 하나는 그게 너무 규범적이라는 거예요. 그래서 난 그냥 교실에 들어가서 '이 목록은 이제 끝났고 우린 이제 너희한테 어떤 사람이 되어야 하는지를 알려주는 새로운 목록을 줄 거야'라는 식으로 말하고 싶지 않아요. 그건 어쩔 수 없이 지금이랑 똑같은 상황을 낳을 거잖아요. 자신이 기준에 맞춰 살지 못한다는 기분과 패배감, 거기에 저항하거나 아니면 그걸 다른 사람들에게 무기처럼 사용하려는 행동같이 말이에요. 하지만 사람들에게 자기만의 대안을 도출할 수 있는 상황을 마련해주는 게 아주 중요해요.

　남자가 된다는 게 어떤 의미인지에 대한 또 다른, 복잡한 버전의 모델을 조용히 만들어나가는 남자들이 있다. 공개적인 자리에서 눈물을 보이는 걸 부끄러워하지 않고 대통령 재임 기간에 캠퍼스 성폭력 문제를 핵심 현안으로 삼았던 버락 오바마, 기자들이 이미 윌리엄스 자매 같은 여성 테니스 선수들이 깬 기록을 자신에게 갖다 붙이려 할 때면 번번이 겸손하게 기자들의 오류를 바로잡은 앤디 머레이Andy Murray, 미투운동을 다룬 〈뉴스나이트〉 패널 토론에서 머리에 화관을 쓰고 내 옆에 앉아서 남자들이 숨막히는 고정관념에서 벗어나 자기 자신과 그리고 타인들과 친밀한 관계를 맺는 경험을 쌓을 필요가 있다고 공개적으로 이야기한 힙합 듀오 리즐 킥스Rizzle Kicks의 조던 스티븐스Jordan Stephens 같은 남자들이 그들이다.
　이렇게 다르고 '비범해' 보이는 남성성이 젊은 사람들에게 커다란 영향을 미칠 수 있다. 자신의 친구들이 극단적인 온라인 여성혐오에 어떤 식으로 영향을 받았는지 내게 설명해준 스무 살 학생 애덤은 좋아하는 밴드 덕분에 심각한 정신건강 문제에서 회복될 수 있었다고 말했다. '한 번도 특히 외향적이고 남성다운 사람'이 되어본 적이 없는 애덤은 학교에서 괴롭힘과 놀림을 당하기 일쑤였고 늘 사회적 압박감과 힘들게 싸워야 했다. 대학에서 '내가 어떤 사람인지 알아내려고 애쓰며' 범성애자pansexual로 커밍아웃을 한 뒤 그는 우울함과 불안감을 느끼기 시작했고 결국 집 밖에 나가고 싶지 않다고 생각하는 지경에 이르렀다. 하지만 애덤은 예상하지 못한 장소에서 위안을 얻었다. 영국 록밴드 아이들스IDLES의 엄청난 팬인 그는 이 밴드가 남성 유명 인사들에게서 전형적으로 나타나는 '마초적인 허세 연기'를 거부한다고 생각한다. 애덤의 우울증이 최고조였을 때 발매된 싱글 〈사마리아인들Samaritans〉은 남성들에게 가해지는 '남자처럼 행동해… 고개를 들어… 울지마… 그냥 거짓말을 해'라는 압력을 묘사하며 '남성성의 가면'을 지적하고 '나는 진짜 소년/소년, 그리고 나는 울지'라는 가사를 들려준다. 브릿어워드 최우수 신인상British Breakthrough Act 후보에 올랐던 이 유명 밴드가 남성성 문제를 이렇게 공개적으로 다룬 것이 수많은 팬에게 막대한 영향을 미쳤을 거라고 애덤은 말한다. "이런 행동들이 다른 집단이나 다른 시기였더라면 아마 불가능했을 대화를 시작하게 해주는 거죠."

　간단한 말처럼 들릴 수 있지만, 특히 토론 자체에 낙인이 아주 깊게 찍힌 분야에서는 역할모델이 더 넓은 주제의 대화를 시작하는 데 매우 중요한 영향을 미친다. 이때 유해한 온라인 담론에 장악되어 다른 담론이 끼어들 여지가 없는 주제를 허심탄회하게 이야기할 수 있는 대안 공간을 제공할 필요가 있다. 한때 인셀이었던 잭 피터슨에게 극단적인 여성혐오 포럼의 매력에 대해 묻자 그는 이렇게 말했다.

> 문제는 이런 걸, 그러니까 익명의 인터넷 포럼 바깥에서 이야기하는 거 자체가 금기시된다는 거예요. (…) 우리 사회 안에 우리가 무슨 이야기를 할 수 있는지에 관해서 장벽이 있다는 게 문제라고 생각해요. 그리고 남자들의 외로움이 완전히 그런 주제 중 하나인 거 같아요. 사람들에게는 그런 이야기를 듣고 싶어 하지 않는 어떤 장벽 같은 게 있어요. 그러니까 이런 남자들은 그냥 계속 입 다물고 있거나 그런 온라인 포럼 같은 데를 갈 수밖에 없는 거죠. (…) 우리가 이런 문제를 전 사회적으로 편히 이야기할 수 있는 분위기가 만들어지면 상황이 크게 좋아질 거라고 생각해요.

애덤은 이런 대화를 할 수 있는 물리적인 공간을 찾는 것이 감정적 영역만큼이나 중요하다고 지적한다. 그는 청소년센터의 자금 삭감에 대해 언급하며 이렇게 말했다.

> 청소년센터가 없으면 소년들에게는 분노와 에너지를 배출할 출구가 없습니다. 그러면 온라인 말고 달리 어디로 가겠어요? 그리고 바로 거기서 불길이 시작되는 거예요. 소년들은 달리 할 게 없어서 온라인으로 들어가고, 거기서 에너지를 배출할 이런 출구를 찾고, 자신들에게 말을 거는 유튜브나 다른 우익 논평가들을 접하게 되고, 그러다가 점점 깊이 빠져들게 되는 거죠.

피치올리니 역시 《애틀란틱》에서 똑같이 경고했다.

> 30년 전에는 소외되고 망가지고 분노한 젊은 사람들을 운동에 끌어들이려면 직접 만나야 했다. 요즘에는 젊은 사람 수백만 명이 현실 세계와 연결되지 않은 채 대부분의 삶을 온라인에서 살아간다. 그리고 실제 세상이 아니라 온라인에서 커뮤니티를 발견하고, 폭력 조장에 관한 대화를 나눈다.

남성은 남성을 도울 수 있다

남성 개인은 온라인과 오프라인에서 횡행하는 극단적인 남성 우월주의 메시지를 비판하고 문제를 제기하고 약화시킬 수 있는 영향력 있는 위치에 있는 경우가 많다. '내가 뭘 할 수 있지'라고 묻는 선량한 남성들이라면 누구나 이런 흐름에 합류해서 주변 남성들에게 말을 걸고 더 폭넓은 파급효과에 기여할 기회가 있다.

가령 매노스피어 음모론자들이 처음으로 블랙홀 이미지를 포착한 케이티 보우먼의 업적에 재를 뿌리기 시작했을 때 남성권리운동가들이 보우먼에게 공을 빼앗겼다고 주장했던 바로 그 백인 남성 과학자 앤드루 차엘Andrew Chael이 앞장서서 반론을 폈다. CNN에서 차엘은 "온라인 논평가들이 제 이름과 이미지를 들먹이면서 우리 글로벌 팀에서 케이티가 했던 주도적인 역할이 날조된 거라는 성차별적 주장을 펼치고 있다는 걸 알았을 때, 제가 그런 관점에 반대한다는 걸 분명히 밝혀야 한다고 느꼈죠"라고 말했다. 그리고 즉각 트위터에 들어가 음모론자들이 활개 치는 바로 그 포럼에서 자기 동료에 대해 한 여성혐오 공격은 '끔찍하고 성차별적'이라고 지적하며 매노스피어에서 퍼뜨리고 있는 가짜 통계를 바로잡고 이렇게 썼다. '그러니까 나는 내가 수년간 공들인 결과에 대한 축하의 말이 고맙긴 한데, 만일 당신이 케이티를 향한 성차별적인 보복 심리 때문에 나를 축하하는 거라면 제발 저쪽으로 가서 당신 인생에서 중요한 게 뭔지 다시 생각해봐.'

영국의 힙합 가수 프로페서 그린Professor Green, 영화 〈백투더퓨처〉의 등장인물 브라운 박사, 예술가이자 작가, 방송인인 그레이슨 페리Grayson Perry, 잉글랜드의 배우이자 희극인이자 방송인 로버트 웹Robert Webb과 같은 남성들은 개인 플랫폼을 활용해서 강압적인 남성성 문제에 관해 발언하고 글을 쓰고 랩을 하며, 남자가 된다는 것의 의미를 살피는 새롭고 섬세한 방식들을 찾고 있다. 우리에게는 남성들에게서 시작되는 이런 작업이 많이 필요하다. 남성성이 문제라면 새로운 형태의 남성다움을 결정하고 이끌어가야 하는 것은 다름 아닌 남성 자신이다. 페미니스트들이 나서서 소년들에게 남자가 되는 올바른 방법을 가르치는 모양새는 별 소득이 없다는 데 많은 사람이 동의하고 있는 듯하다. 그렇다고 해서 남성성 개혁 프로젝트가 실패했다는 뜻은 아니다. 우리 사회에서 평등을 추구하는 힘든 노력들이 그렇듯 이제까지 엉뚱한 사람들이 남성성을 개혁하기 위한 힘겨운 작업을 떠안고 있었다는 뜻이다.

우리는 다른 남성들의 거짓말과 선동적인 수사에 현혹되어 여성을 두려워하는 남성들의 에너지를 활용해야 한다. 성폭력을 당했다고 신고하는 여자들은 남자는 다 똑같다고 치부할 위험이 있기 때문에 여자를 두려워해야 한다는 거짓말에 속아온 그런 남성들 말이다. 사실 남자는 다 똑같다고 치부할 위험이 있는 건 가해 남자들이다. 그러니까 이들은 여자를 두려워하는 남자들과는 완전히 다르다. 이들은 여자를 혐오하는 남자들을 혐오하는 남자들이다. 아직 스스로 그 사실을 모르고 있을 뿐.

중요한 것은 우리가 문제의 본질을 파악하고 이를 심각하게 받아들이지 않을 경우 어떤 개입 활동도 효과가 없으리라는 점이다. 눈으로 보기 전까지는 저 밖에 무엇이 있는지 알 수 없다. 우리는 여성에 대한 폭력적인 혐오를 부추기는 대중운동에 대해 말하고 싶어 하지 않는다. 우리는 그것을 직면하지 않는 쪽을 더 선호한다. 성차별을 모호하고 가해자가 없는 문제로 그리고, 공기 중에 둥둥 떠서 여성에게 해를 끼치기만을 기다리고 있는 문제로 그리는 건 훨씬 쉬운 일이다. 하지만 우리가 모른 척할수록 사태는 악화한다.

나는 이 책을 쓰려고 매노스피어를 조사하기 시작한 뒤에야 나를 강간하고 살해하는 판타지를 품은 수많은 포럼의 무심한 토론들과 채팅방 스레드들을 접하게 되었다. 여러 매노스피어 커뮤니티를 돌아다니면서 감히 자신에 대한 글을 쓰는 또는 그저 소셜미디어에서 자신에 대한 아주 짧은 댓글을 단 여성을 그들이 어떻게 대하는지 눈으로 확인했다. 어떤 인셀 게시판에는 그곳에 대한 유튜브 영상을 처음이자 마지막으로 만든 한 여성 언론인에 대해, 지하디스트 테러리즘의 표현을 차용한 이런 선언이 올라와 있었다. '이 씨발년에 대한 파트와. 모든 인셀은 이년을 볼 경우 해를 끼칠 의무가 있다. **인셀루 악바르!!!**'

나는 이 책이 출간되는 게 두렵다. 내가 인터뷰했던 몇몇 트롤링 피해자들과 달리 나는 무슨 일이 일어날지 알고 있다. 그걸 예상하고 어떻게든 완화하려고 최선을 다했다. 살인 협박이 시작된 이후 몇 년 동안 여러 번 집을 이사했고, 소셜미디어에서 내 개인정보를 차츰 제한시켰고, 내 가족이나 친구에 대해서는 구체적인 내용을 절대 공유하지 않으려고 조심했다. 개인적인 일에 대한 글쓰기를 중단했다. 집에서 인터뷰하거나 사진 촬영을 할 때면 언론에 동네를 언급하지 말아달라고 부탁하고, 사진 기자에게는 도로가 사진에 드러나지 않게 해달라고 요구했다. 정말 지칠 대로 지친 생활이었다. 이다음에 무슨 일이 벌어질지 모르겠지만 어떤 의미에서 나는 도전장을 던지고 있다. 내가 설명한 집단에 속한 남자들이 이 책을 알게 된다면 딜레마에 처할 것이다. 이들은 자신의 커뮤니티가 악의적으로 왜곡되었다고 주장할 것이다. 하지만 이들이 전에 이미 숱하게 그랬듯 나를 향해 위협과 괴롭힘을 퍼붓는다면 내가 옳다는 걸 증명하는 셈이 된다. 나는 이런 혼란의 순간이 그들에게 닥칠 거라는 걸 생각하면 즐겁다.

그러므로 이 책을 쓰는 건 두렵지만 저항 행위기도 하다. 사람들이 문제가 존재하는 줄도 모른다면 우리는 거기에 맞설 수 없다. 그리고 일단 한번 알고 나면 모두에게는 간단한 질문에 대답할 책임이 생긴다. 우리는 이 문제에 관해 무슨 일을 할 것인가, 라는.

우리에게 필요한 변화는 충분히 달성할 수 있다. 내가 그걸 아는 건 직접 본 적이 있기 때문이다.

내가 교실에서 시작한 것

내 경험상 학교는 사회의 가장 흥미로운 축소판일 수 있다. 그 안에는 패거리와 커뮤니티가, 지도자와 시민이, 문화와 규범이 있다. 그래서 여러 학교가 극단적인 여성혐오의 침투에 대처하는 다양한 노력을 관찰하면서 아주 큰 깨달음을 얻었다. 나는 학교들이 한 번의 학생총회를 열어서 질문지에 체크를 하고 넘어가면 된다는 생각으로, 이 기생충 같은 문제를 빨리 제거하려고 시도하는 것을 본 적이 있다. 이 문제의 본질적인 원인이 마법처럼 해결될 거라는 희망에서 주모자 한 명에게 단 한 번의 처벌을 내려 수면 위로 드러난 문제만 잘라버리는 것을 본 적이 있다. 그리고 이런 피상적인 대처 이후 편견이 더 고착화되면서 피해자들이 반발에 직면하고, 정상화가 이루어지지 않고, 같은 일이 반복되면서 상황이 점점 곪아가는 모습을 본 적이 있다.

하지만 완전히 다르게 대처한 학교도 본 적이 있다. 이들에게는 큰 문제가 있었고 그들은 그것을 알고 있었다. 내가 처음 그 학교를 찾았을 때 맞닥뜨린 태도는 대단히 여성혐오적이라는 표현으로도 불충분할 정도였다. 여학생들은 죽은 듯이 말이 없었다. 남학생들은 전형적인 매노스피어식 토막 뉴스를 공유했다. 분위기가 유해하기 그지없었다. 하지만 적지만 결단력 있는 교사 집단에 자극받은 학교는 아주 중요한 첫 번째 조치를 했다. 바로 문제를 인정한 것이었다. 이들의 다음 행보는 획기적이었다.

이들은 문제 해결에 접근할 수 있는 다양한 방식을 고려했다. 그리고 이 모든 방법을 다 이행했다. 학생의회를 소집해서 학생들 스스로가 무엇이 문제인지 생각해내고 그걸 바로잡을 방안을 제안할 수 있게 했다. 이들은 대규모 조회도 열었는데, 모두 남성 교직원들이 이끌었고, 그 배후에는 상급 지도부 전체의 지지가 있었다. 이들은 모든 수준에서 이 문제를 심각하게 다루겠노라는 메시지를 전달했다. 그리고 정말로 그냥 내버려두지 않았다.

이 조회의 후속 조치로 교사들의 집단 토론을 통해 다양한 주제를 들여다보았고, 성별 고정관념과 정신건강 문제를 깊이 파고들면서 여학생들뿐 아니라 남학생들이 어떤 영향을 받았는지를 살펴보았다. 이들은 학생들에게 이 문제를 탐구하고 토론할 안전한 공간을 제공했다. 이들은 온라인이었다면 잘못된 정보로 길을 잃었을 학생들에게 사실을 제시했다. 탁상공론에만 머물지도 않았다. 학교는 성적 괴롭힘에 맞서는 조치로, 그게 용납할 수 없는 문제라는 메시지를 보냈다. 정신건강 문제를 지원해주는 상담사를 지정했다. 부모들을 초대해서 아이들 앞에 놓인 문제에 대해, 부모들이 잘 모르는 온라인 콘텐츠에 대해 교육하는 시간을 가졌다. 부모들이 십 대 자녀와 중요한 대화를 풀어갈 수 있는 수단과 정보와 자신감을 제시했다.

시간이 흘렀고 그동안 이 학교는 나를 여러 번 초대했다. 매년 이들은 신입생들에게 똑같은 강의를 해달라고 내게 요청했다. 그리고 나는 변화가 일어나는 걸 볼 수 있었다.

두 번째로 방문한 해에는 상황이 아주 조금 달라져 있었다. 많지는 않지만 용감한 소수의 학생이 페미니즘 모임을 시작한 것이다. 10명도 안 되는 학생들이었고, 친구들의 거센 저항을 맞닥뜨렸지만 이들은 싸움을 이어가겠다는 투지를 불태웠다. 분위기는 여전히 적대적이었으나, 내가 프로그램을 진행할 때 남학생들의 노골적인 반발이 줄어들었다. 이제는 여성혐오 때문에 숨도 못 쉴 정도는 아니었다. 심지어 여학생 한둘이 의견을 이야기하려고 손을 들기도 했다.

그다음 해에는 페미니즘 모임이 2배로 커졌다. 허심탄회한 토론 분위기가 조성되었다. 여성혐오적인 사고와 허위 정보가 아직도 많았지만 완전히 이의를 제기하지 못할 정도는 더 이상 아니었다. 여성 교직원들도 이제는 질의응답 시간에 그렇게까지 참혹한 표정을 짓지 않았다.

처음으로 그 학교를 찾았던 그 힘겨웠던 날 이후로 5년이 흘러, 내가 마지막으로 그 학교를 찾았을 무렵 학교는 알아볼 수 없을 정도로 달라져 있었다. 우리는 같은 교실에 앉아 있었고, 나는 똑같은 회의실에서 이야기했지만 분위기가 완전히 변해 있었다. 집단적인 순응 같은 게 아니었다. 학생들은 여전히 다양한 관점을 가지고 있었고, 물론 모두가 마법처럼 설득된 것도 아니었으며, 여전히 분란을 일으키는 남학생들과 어려운 문제들이 있었다. 하지만 학생들 사이에서 어떤 변화가 일어났다. 여학생들이 손을 들었다. 그곳은 더 이상 무언가에 감염된 듯한 느낌이 들지 않았다.

하룻밤 새에 일어난 일은 아니지만, 충분히 다양한 전선에서 충분한 노력을 기울이고, 남성 역할모델들이 책임감 있는 의지를 발휘한다면 충분히 가능한 일이다.

발본색원은 이렇게 하는 것이다.

감사의 말

　엄청나게 운이 좋게도 이 책을 처음부터 응원하고 지지해준 명민한 팀에 둘러싸여 있었다. 그 가운데 으뜸은 아무래도 애비게일 벅스트롬일 것이다. 그는 기이한 운명의 장난으로 사이먼 앤드 슈스터에서 일했을 때는 내 담당 편집자로서 이 책을 의뢰했고, 글림 타이틀로 옮긴 뒤에는 경이로울 정도로 든든한 에이전트로서 이 책을 마무리하는 동안 힘차게 응원해주었다. 친절하고 성실하게 일해준 애비게일과 메건 스탠턴, 그리고 글림의 모든 직원에게 깊은 감사의 마음을 전한다.

　언제나처럼 훌륭한 사이먼 앤드 슈스터 팀과의 작업은 황홀했다. 이들은 시작부터 내가 이 책을 통해 무엇을 얻고자 하는지 정확히 이해했고, 사려 깊고 유익하며 통찰력 있는 제안으로 내가 이 책을 현실화할 수 있도록 힘을 실어주었다.

이 책에 필요한 조사를 하는 동안 자신의 시간과 전문 지식을 아낌없이 내어준 모든 인터뷰이에게, 그리고 내가 그들의 세계를 들여다볼 수 있도록 창을 용감하게 열어준 전국의 어린 학생들에게 깊은 감사의 마음을 전한다.

사전 대화나 독서를 통해 이 책을 지지해준, 혹은 집필하는 동안 다방면으로 응원과 격려를 보내준 모든 분에게 큰 빚을 졌다. 휴, 헤일리, 에일린, 아일린, 루시, 에마, 레이철, 브레나, 새러, 샬럿, 조에게 고마움을 전한다. 그리고 아무리 큰 역경이 닥치고 때로는 더 쉬운 길이 보이는 것 같을 때마저도 나의 커리어를 한결같이 지지해준 나의 가족에게도 고마움을 전한다.

사람들이 이미 그랬던 것처럼 여자를 혐오하는 남자에 대한 책을 쓰려면 남자를 혐오하는 여자가 되어야 하냐고 물어볼 때면 나는 슬며시 미소를 짓게 된다. 그건 매노스피어의 구성원들이 믿게 만든 고정관념이 분명하다. 현실은 오히려 정반대다. 나는 여자를 사랑하는 남자들의 영향력과 힘에 대한 진정한 이해가 없었더라면 이 책을 쓸 수 없었다. 여성을 위해 부단히 싸우는 남자들, 여성혐오의 실제 영향력을 이해하고 자기만의 묵묵한 방식으로 각자의 영역에서 여성혐오를 저지하기 위해 최선을 다하는 남자들, 이런 남자들은 나의 뜻을 지지해주었고, 내 커리어의 많은 부분에서 이들에게 빚을 졌다. 이들 모두가 다양한 방식으로 이 책을 끌고 가는 데 일정한 역할을 해주었다.

점심시간 전이기만 하면 내가 불가능한 일을 얼마든지 해낼 수 있다고 믿도록 (앨리스의 표현을 빌리자면) 나를 지지해준 밥 커리, 언어적인 성 불평등을 자분자분 헤집어놔서 성차별주의의 구조적인 속성에 내가 처음으로 눈을 뜰 수 있게 해준 마이클 헐리 박사,

묵묵한 관대함과 친절함으로 일상 속 성차별 프로젝트가 초창기 이후로 만개할 수 있게 해준 제임스 바틀릿, 내 시간의 가치를 믿도록 도와준 톰 리빙스턴 같은 남자들. 말뿐 아니라 자신들의 직업 영역에서 성평등을 증진하기 위해 열심히, 그리고 생색내지 않으며 노력하는 피터 플로렌스와 스티븐 던바–존슨 같은 남자들.

무엇보다 나는 나의 파트너이자 공모자이자 절친인 닉에게 엄청난 빚을 졌다. 그의 믿음과 행동은 이 책에서 설명한 남자들과는 완전히 다르다. 페미니즘에 대한 내 관심이 움틀 때 그의 응원이 있었기에 일상 속 성차별 프로젝트가 촉발되었고, 그의 끝없는 지지가 있었기에 그 후에도 이 책을 이어서 집필할 수 있었다. 그는 새로운 성역할을 개척했다며 거만하게 굴지 않고 그저 실천하는 사람, 노동 분담에 대해 설교하지 않고 그냥 짊어지는 사람, 끝없는 도움을 제공한 데 대한 대가를 기대하지 않고 그냥 내어주는 사람이다. 그는 다른 세상이 가능하다는, 남자다움을 과시하는 건 생물학적 필연이라는 주장이 헛소리라는, 모든 남자가 그런 건 아니라는 증거다.

내가 이 책을 쓸 수 있도록 힘을 실어주는 동안 그는 자신의 경력을 단절해야 했고, 낯선 사람들의 경멸을 받고, 트롤들의 극심한 괴롭힘에 시달리면서도 꿈쩍하지 않았다.

이런 말을 해야 하는 것 자체가 좀 어처구니없긴 하지만, 어딜 가든 항상 빠지지 않고 나오는, 당신은 남자들을 혐오하느냐는 질문에 대해 그는 나의 해답이다. 그리고 내가 스스로에게 의문을 품거나, 이 책을 쓰느라 발버둥 칠 때, 혹은 괴롭힘에 압도당했을 때, 그럴 때 역시 그는 나의 해답이었다.

고마워, 닉, 사랑해.

주

들어가며

1 'Nearly half of girls have self-harmed', *The Times*, 1 March 2018; 'Quarter of girls are depressed at 14 in mental health crisis', *The Times*, 20 September 2017.

1. 여자를 혐오하는 남자들

1 'Woman behind "incel" says angry men hijacked her word as "weapon of war"', *The Guardian*, 25 April 2018.

2 'The Making of an American Nazi', *The Atlantic*, December 2017.

3 'Inside the Alt-Right's Violent Obsession with "White Sharia War Brides"', *Vice*, 3 April 2018.

4 'Teenage neo-Nazis jailed over terror offences', BBC, 18 June 2019.

5 'Congressional Candidate In Virginia Admits He's A Pedophile', *HuffPost*, 1 June 2018.

6 'The Perverse Incentives That Help Incels in Tech', *Wired*, 19 June 2018.

7 'Chilling report details how Elliot Rodger executed murderous rampage', *The Guardian*, 20 February 2015.

8 'Transcript of the disturbing video "Elliot Rodger's Retribution"', *Los Angeles Times*, 24 May 2014.

9 'Blog Details Shooter's Frustration', *New York Times*, 5 August 2009.

10 'Pa. Gunman "Hell-bent" on Killings, Had 4 Guns', ABC, 5 August 2009.

11 'Full text of gym killer's blog', *New York Post*, 5 August 2009.

12 'Virgin teenager Ben Moynihan "stabbed women in revenge"', BBC, 13 January 2015.

13 'Teenager Ben Moynihan sentenced to 21 years for attempted murder of three women because he could not lose his virginity', *The Independent*, 6

March 2015.

14 'Oregon community college shooter was bitter', *USA Today*, 2 October 2015.

15 'Edmonton Man Uses "Involuntary Celibacy" as Excuse in Stomping Death', *Vice*, 30 August 2018.

16 'The Alt Right is Killing People', Southern Poverty Law Center, 5 February 2018.

17 'After Toronto attack, online misogynists praise suspect as "new saint"', NBC, 24 April 2018.

18 'Death Toll Is at 17 and Could Rise in Florida School Shooting', *New York Times*, 14 February 2018.

19 'Alleged school shooter was abusive to ex-girlfriend: classmate', *New York Post*, 15 February 2018.

20 'Toronto van attack suspect says he was "radicalized" online by "incels"', *The Guardian*, 27 September 2019.

21 'Florida yoga studio shooter planned attack for months and had "lifetime of misogynistic attitudes," police say', CNN, 13 February 2019.

22 'He pledged to kill "as many girls as I see" in mass shooting. After second chances, he's going to prison.', *Washington Post*, 24 May 2019.

23 'Troubled Sudbury Man to Undergo Psychiatric Assessment', *Sudbury Star* 17 August 2020.

24 'Gunman dead after shootout with police outside Dallas court building', NBC, 17 June 2019.

25 'Updated Charge, Young Person Charged with First-Degree Murder and Attempted Murder, Updated to First-Degree Murder - Terrorist Activity and Attempted Murder - Terrorist Activity, Homicide #12/2020, Dufferin and Wilson Avenue', 19 May 2020, Royal Canadian Mounted Police.

26 'The FBI Says A Guy Blew His Hand Off With A Bomb Possibly Planned For An Attack On "Hot Cheerleaders"', *BuzzFeed*, 6 June 2020.

27 'California drive-by shootings: Elliot Rodger kills six near Santa Barbara university', *The Independent*, 24 May 2014.

28 'Seven dead including gunman in "mass murder" California shooting', *The Guardian*, 24 May 2014.

29 '"Mass Murder" In California, 7 Killed By "Disturbed" Man', *BuzzFeed*, 24 May 2014.

30 *The Independent* (24 May 2014), op. cit.

31 *The Guardian* (24 May 2014), op. cit.

32 'The Disturbing Internet Footprint of Santa Barbara Shooter Elliot Rodger', *Forbes*, 24 May 2014.

33 'Misogyny Didn't Turn Elliot Rodger into a Killer', *Time,* 25 May 2014.

34 'Isla Vista Mass Murder May 23, 2014: Investigative Summary', Santa Barbara County Sheriff's Office, 18 February 2015.

35 'Toronto Van Driver Kills at Least 10 People in "Pure Carnage"', *New York Times*, 23 April 2018.

36 *The Guardian* (27 September 2019), op. cit.
37 'What should we do about dangerous "incels"? Maybe help them', *National Post*, 24 April 2018.
38 'So-called "incels" celebrate Toronto van attack, praise alleged driver Alek Minassian', Global, 25 April 2018.
39 'Before Brief, Deadly Spree, Trouble Since Age 8', *New York Times*, 1 June 2014.

2. 여자를 사냥하는 남자들

1 'Inside Britain's "seduction bootcamps" teaching men how to pick up women', *Daily Telegraph*, 7 October 2019.
2 Neil Strauss, *The Game: Penetrating the Secret Society of Pickup Artists* (ReganBooks, 2005).
3 'The Game and Real Social dynamics: is the seduction community pushing the idea that "no" just means "not yet"?', *The Independent*, 24 January 2013.
4 'The Secret World of Pickup Artist Julien Blanc', *Daily Beast*, 1 December 2014.
5 Eric Weber, *How to Pick Up Girls!: The Fool-Proof Guide to Meeting Women without a Formal Introduction* (Symphony Press, 1970).
6 '395: the number of women who have contacted The Times with allegations of sexual harassment against James Toback', *LA Times,* 7 January 2018.
7 'Dating game turns ugly', *The Observer*, 16 January 2000.
8 'The Game at 10: Reflections From a Recovering Pickup Artist', *The Atlantic,* 13 October 2015.
9 'This Canadian Pick-Up Artist Bragged About Forcing Sex On a "Slut Whore"', *Vice*, 12 November 2014.
10 'Julien Blanc "apologises" in CNN interview: "I am the most hated man in the world"', *The Independent*, 18 November 2014.
11 'California pick-up artist who raped woman and blogged about it jailed for 8 years', *International Business Times*, 14 December 2016.
12 'The Pickup Artist Rape Ring', *Daily Beast*, 21 September 2016.
13 'Pickup Artist: I'm Autistic and Didn't Know Rape Was Bad', *Daily Beast,* 6 October 2017.
14 'Ohio State University Students Have Come Together To Shame A Notoriously Creepy "Pick-Up Artist"', *Business Insider*, 31 October 2013.
15 'Relationships and Sex Education (RSE)', Terrence Higgins Trust.
16 'Prominent Pick-Up Artist Drives a "Rape Van" and Harasses Women on OkCupid', *Jezebel*, 1 February 2013.
17 'The Fall of the Pickup Artist', *Mic,* 7 April 2016.
18 Roosh Valizadeh, *Game: How to Meet, Attract, and Date Attractive Women* (Kings Media, 2018).
19 Roosh Valizadeh, *Lady: How To Meet And Keep A Good Man For Love And*

Marriage (Kings Media, 2019).

3. 여자를 피하는 남자들

1 'David Sherratt, 18, is a men's rights activist who won't have casual sex in case he is falsely accused of rape', Wales Online, 22 November 2015.
2 'Powerful Men Have Changed Their Behavior at Work Since #MeToo', *Bloomberg*, 4 October 2018.
3 'Unintended Consequences of Sexual Harassment Scandals', *New York Times*, 9 October 2017.
4 'Austin Official Is Reprimanded for Avoiding Meetings With Women', *New York Times*, 15 September 2017.
5 'Another Side of #MeToo: Male Managers Fearful of Mentoring Women', *New York Times,* 27 January 2019.
6 'Wall Street goes full Mike Pence to avoid #MeToo accusations', *Vanity Fair*, December 2018.
7 'Wall Street Rule for the #MeToo Era: Avoid Women at All Cost', *Bloomberg*, 3 December 2018.
8 'Do People Understand That the Pence Rule Is Illegal at Work?', *Medium*, 18 November 2019.

4. 여자를 탓하는 남자들

1 'Champions of the downtrodden male', *The Independent*, 28 January 1994.
2 Alice E. Marwick and Robyn Caplan, 'Drinking male tears: language, the manosphere, and networked harassment', *Feminist Media Studies*, Volume 18, Issue 4.
3 Warren Farrell, The Myth of Male Power: Why Men are the Disposable Sex (Simon & Schuster, 1993).
4 *The Independent* (28 January 1994), op. cit.
5 *Feminist Media Studies* (2018), op. cit.
6 'Mad Men: Inside the Men's Rights Movement -and the Army of Misogynists and Trolls It Spawned', *Mother Jones*, January 2015.
7 'Why Is an Anti-Feminist Website Impersonating a Domestic Violence Organization?', *Cosmopolitan*, 24 October 2014.
8 'Interview With Matt Forney', *Amerika*, 3 November 2017.
9 'A Look Inside the "Men's Rights" Movement That Helped Fuel California Alleged Killer Elliot Rodger', *American Prospect,* 24 October 2013.
10 'A Fond Salute to "Honey Badgers," the Ladies' Auxiliary of Online Anti-Feminism', *Slate*, 23 September 2015
11 'The Women of the Men's Rights Movement', *Vice*, 4 August 2014.
12 *Slate* (2 September 2015), op. cit.
13 'The Men's Rights Movement and the Women Who Love It', *Mother Jones,* August 2014.
14 'Maternity leave discrimination means 54,000 women lose their jobs each year', *The Guardian*, 24 July 2015.

15 'FactCheck: are "up to 21 fathers" dying by suicide every week?', *The Conversation*, 14 November 2017.

16 'Do 21 Fathers Commit Suicide Each Week Over Custody Issues?', *Skepchick,* 21 February 2019.

17 Jonathan M. Raub, Nicholas J. Carson, Benjamin L. Cook, Grace Wyshak and Barbara B. Hauser, 'Predictors of Custody and Visitation Decisions by a Family Court Clinic', *Journal of the American Academy of Psychiatry and the Law*, Volume 41, Issue 2 (2013).

18 'Study finds English and Welsh family courts not discriminating against fathers', University of Warwick.

19 Nico Trocme and Nicholas Balab, 'False allegations of abuse and neglect when parents separate', *International Journal of Child Abuse & Neglect,* Volume 29, Issue 12 (2005).

20 A. J. Kposowa, 'Divorce and suicide risk', *Journal of Epidemiology and Community Health*, Volume 57, Issue 12 (2003).

21 *Skepchick* (21 February 2019), op. cit.

22 'Male Supremacy', Southern Poverty Law Center.

23 'How this feminist found herself sympathising with the men's rights movement', BBC, 8 March 2017.

24 'Dear Cassie Jaye, Sorry For Manspreading Your "Red Pill" Kickstarter', *Breitbart*, 29 October 2015.

25 'An Anti-Feminist Party Is Standing In The General Election', *BuzzFeed*, 14 January 2015.

26 '"There's going to be civil war": Inside men's rights meeting', news.com.au, 31 August 2018.

27 'Suspect in fatal shooting at home of judge Esther Salas described himself as an "anti-feminist" lawyer, once argued a case before the judge', CNN, 21 July 2020; 'One man's losing fight against ladies' nights,' City Room *New York Times*, 13 January 2011.

28 'Jordan Peterson: It's ideology vs. science in psychology's war on boys and men', *National Post*, 1 February 2019.

5. 여자를 괴롭히는 남자들

1 Nelli Ferenczia, Tara C. Marshall and Kathrine Bejanyan, 'Are sex differences in antisocial and prosocial Facebook use explained by narcissism and relational self-construal?', *Computers in Human Behavior*, Volume 77 (2017).

2 'Feminist games critic cancels talk after terror threat', *The Guardian,* 15 October 2014.

3 Alice E. Marwick and Robyn Caplan, 'Drinking male tears: language, the manosphere, and networked harassment', *Feminist Media Studies*, Volume 18, Issue 4.

4 'Is Gamergate about media ethics or harassing women? Harassment, the data shows', *Newsweek*, 25 October 2014.

5 'Milo Yiannopoulos's Twitter ban, explained', *Vox*, 201 July 2016.

6 'Man who harassed MP Luciana Berger online is jailed for two years', *The Guardian*, 8 December 2016.

7 'I will not be silenced: Australian Muslim fights Twitter "troll army"', CNN, 27 February 2015.

8 'Chat logs show how 4chan users created #GamerGate controversy', *Ars Technica*, 10 September 2014.

9 'Visualizing The Two Sides Of #Gamergate's Twitter Debate', *Fast Company*, 28 October 2014.

10 'Feminist Bullies Tearing the Video Game Industry Apart', *Breitbart*, 1 September 2014.

11 'If we took "Gamergate" harassment seriously, "Pizzagate" might never have happened', *Washington Post,* 14 December 2016.

12 'Trolls for Trump', *New Yorker*, 31 October 2016.

13 'When in Doubt, Whip it Out', *Danger & Play*, 27 February 2012.

14 'Macroanonymous Is The New Microfamous', *Fimoculous*, 18 February 2009.

15 'Man admits sending sickening death threats to MP Angela Eagle', *Liverpool Echo*, 19 October 2016.

16 'Britain's vilest troll: "I'm here to expose hypocrisy"', *Daily Telegraph*, 5 February 2015.

17 'Britain's worst troll: We expose dad-of-two youth football coach living double life as UK's sickest troll -targeting celebs including Katie Price with barrage of vile racist tweets', *The Sun*, 21 February 2018.

18 'Heavily pregnant woman's bold response to a man who refused to let her sit down on a bus is taking the Internet by storm', *Daily Mail*, 10 September 2018.

19 'Online abuse and harassment', Ipsos MORI, 20 November 2017.

20 'Review of the Committee on Standards in Public Life into the Intimidation of Parliamentary Candidates', National Democratic Institute for International Affairs, 8 September 2017.

21 'Mistreatment of women MPs revealed', BBC, 25 January 2017.

22 'Diane Abbott more abused than any other female MP during election', *The Guardian*, 5 September 2017.

23 'It Started as an Online Gaming Prank. Then It Turned Deadly', *Wired*, 23 October 2018.

24 'Violence Against Women in Politics Case Study: The United Kingdom', Westminster Foundation for Democracy, 22 June 2018.

25 'Alarm over number of female MPs stepping down after abuse', *The Guardian*, 31 October 2019.

26 'Jo Cox death: Labour MP reported "malicious communications" to police before attack amid concerns for security', *The Independent*, 17 June 2016.

27 'Far-right terrorist Thomas Mair jailed for life for Jo Cox murder', *The*

Guardian, 23 November 2016.

28 'The Guardian view on the Jo Cox murder trial: a killing of our times', *The Guardian*, 23 November 2016.

29 'Jo Cox murder: Judge's sentencing remarks to Thomas Mair', BBC, 23 November 2016.

30 'The Perverse Incentives That Help Incels Thrive in Tech', *Wired,* 19 June 2018.

31 'Why are white men carrying out more mass shootings?', Sky, 6 August 2019.

32 '"Not a Classical Neo‑ Nazi": What We Know About the German Hookah Bar Terrorist', *Vice,* 21 February 2020.

33 'It's no coincidence the synagogue shooter posted about the "red pill" movement', *ThinkProgress*, 30 April 2019.

6. 여자를 해치는 남자들

1 'Global Study on Homicide: Gender‑related killing of women and girls', UNODC, 2018.

2 Bianca Dekel, Naeemah Abrahams and Michelle Andipatin, 'Exploring the Intersection Between Violence Against Women and Children from the Perspective of Parents Convicted of Child Homicide', *Journal of Family Violence*, Volume 34, Issue 2 (2018).

3 'Student's lip was BITTEN OFF by her ex ⋯ because he wanted to "leave his mark" for her next boyfriend', *The Sun*, 8 April 2019.

4 'London attack: Rachid Redouane's wife says she is "numbed" by his actions amid reports of domestic abuse', *The Independent*, 7 June 2017.

5 'Westminster attack inquests: Khalid Masood's mother "feared he would kill" because of extreme violence and crime', *The Independent*, 19 September 2018.

6 'Orlando and Nice attacks: Domestic violence links to radicalisation', BBC, 22 July 2016.

7 'Sitora Yusufiy, Ex‑Wife of Orlando Suspect, Describes Abusive Marriage', N*ew York Times,* 13 June 2016.

8 'Man Haron Monis "would not have been on bail if domestic violence was taken as seriously as terrorism", *The Guardian,* 17 December 2014.

9 'In 2012 Assault, Texas Gunman Broke Skull of Infant Stepson', *New York Times,* 6 November 2017.

10 'Gun used by airport by shooting suspect was once taken away from him ‑ then returned', NBC, 8 January 2017.

11 'Armed and Misogynist: How Toxic Masculinity Fuels Mass Shootings', *Mother Jones*, May 2019

12 'Mass Shootings in America, 2009‑020', Everytown, 21 November 2019.

13 'A Study of Active Shooter Incidents in the United States Between 2000 and 2013', Texas State University and Federal Bureau of Investigation, US Department of Justice, 2014.

14 Erin M. Kearns, Allison E. Betus and Anthony F. Lemieux, 'Why Do Some Terrorist Attacks Receive More Media Attention Than Others?', *Justice Quarterly*, Volume 36, Issue 6 (2019).

15 Kimberly A. Powell, 'Framing Islam: An Analysis of U.S. Media Coverage of Terrorism Since 9/11', *Communication Studies*, Volume 62, Issue 1 (2011).

16 'Almost all news coverage of the Barcelona attack mentioned terrorism. Very little coverage of Charlottesville did', *Washington Post*, 31 August 2017.

17 'Charlottesville Attack Driver James Fields Sentenced to Life in Prison', *Wall Street Journal*, 28 June 2019.

18 'The FBI Says A Guy Blew His Hand Off With A Bomb Possibly Planned For An Attack On "Hot Cheerleaders"', *BuzzFeed*, 6 June 2020.

19 'Terrorism's Double Standard', *The Intercept*, 23 March 2019.

20 'As Trump Calls Protesters "Terrorists," Tear Gas Clears a Path for His Walk to a Church', *New York Times*, 1 June 2020.

21 'Western tabloids condemned for "humanising" NZ mosque attacker', Al Jazeera, 17 March 2019.

22 'Boy who grew into evil far-right mass killer as 49 murdered at prayers', *Daily Mirror*, 15 March 2019.

23 '"Angelic" terrorist? Tabloid treatment of Christchurch shooter slammed on social media', RT, 16 March 2019.

24 'Elliot Rodger Killings in California followed years of withdrawal', *New York Times*, 1 June 2014.

25 'Blog Details Shooter's Frustration', *New York Times*, 5 August 2009.

26 Dennis Chong and James N. Druckman, 'Dynamic Public Opinion: Communication Effects over Time', *American Political Science Review*, Volume 104, Issue 4 (2010).

27 'Man killed wife and kids before jumping from Anglesey cliff where he'd proposed to her', *North Wales Live*, 5 March 2019.

28 'A cycle of violence: when a woman's murder is called "understandable"', *The Guardian*, 26 July 2016.

29 'UK judge tells convicted abuser that there are "lots more fishes in the sea"', *Stylist*, 8 May 2019.

30 'A Texas Massacre', *People*, 4 November 1991.

7. 다른 남자를 착취하는 남자들

1 'Trump has turned the racial dog whistle into a steam whistle', *Boston Globe*, 19 July 2019.

2 'Trump condemns "racism, bigotry and white supremacy" in speech after mass shootings kill 31, CNBC, 5 August 2019.

3 'Here's How Breitbart And Milo Smuggled White Nationalism Into The Mainstream', *BuzzFeed*, 5 October 2017; 'The Movement Formerly Known As The Alt-Right Tries To Evolve', *Vanity Fair*, April 2017.

4 'Pickup Artists Are Still A Thing. And They Want You To Know They've Evolved', *BuzzFeed*, 22 September 2018.

5 *BuzzFeed* (5 October 2017), op. cit.

6 'How Men's Rights Leader Paul Elam Turned Being A Deadbeat Dad Into A Moneymaking Movement', *BuzzFeed*, 6 February 2015.

7 'Jordan Peterson & Fascist Mysticism', *New York Review of Books*, 19 March 2018.

8 'The Making of an American Nazi', *The Atlantic*, December 2017.

9 *BuzzFeed* (6 February 2015), op. cit.

10 'Trump's rationalization for calling women "dogs" helped define his campaign', *Washington Post*, 14 August 2018.

11 'Controversial pick-up artist Roosh V celebrates Donald Trump's victory: "If the President can say it then you can say it"', *The Independent*, 16 November 2016.

12 'Donald Trump's False Comments Connecting Mexican Immigrants and Crime', *Washington Post*, 8 July 2015.

13 'Trump ramps up rhetoric on undocumented immigrants: "These aren't people. These are animals."', *USA Today*, 16 May 2018.

14 'Trump mocks Christine Blasey Ford at Mississippi rally as supporters cheer', *The Guardian*, 2 October 2018.

15 'Trump Jr Accuses Facebook Silencing Conservatives Day After It Bans Some Far Right Users', *Washington Post*, 3 May 2019.

16 Brian F. Schaffner, 'Trump, the 2016 Election, and Expressions of Sexism', Tufts University, 2018.

17 'The State Of The Union On Gender Equality, Sexism, And Women's Rights', Planned Parenthood, 17 January 2017.

18 'Equality and Diversity (Reform) Bill 2010-2', UK Parliament, 2011.

19 'Feminist zealots want women to have their cake and eat it, says Tory MP', *The Guardian*, 12 August 2016.

20 'Tory MP Philip Davies to speak at US men's rights conference', *The Guardian*, 26 April 2019.

21 'Philip Davies interview: I don't like being bullied', *The Spectator*, 6 January 2017.

22 'Men's rights MP Philip Davies: Gender must be irrelevant', BBC, 14 December 2016.

23 'Conservative MP tries to derail bill protecting women against violence', *The Guardian*, 16 December 2016.

24 'Tory MPs filibuster plans for LGBT-inclusive sex education', *Pink News*, 23 January 2017.

25 'Pauline Hanson sparks fury with claim domestic violence victims are lying to family court', *The Guardian*, 18 September 2019.

26 'One in seven young Australians say rape justified if women change their mind', study finds, *The Guardian*, 21 May 2019.

27 'Brothers and Blokes: The Men Behind One Nation's Domestic Violence

Policy', ABC, 24 November 2017.

28 'FactCheck: are 'up to 21 fathers' dying by suicide every week?', *The Conversation,* 14 November 2017.

29 'Betsy DeVos Plans to Consult Men's Rights Trolls About Campus Sexual Assault', *Slate*, 11 July 2017.

30 'The so-called "manosphere" is peopled with hundreds of websites, blogs and forums dedicated to savaging feminists in particular and women, very typically American women, in general', Southern Poverty Law Center, 2012.

31 'Steve Bannon: Five Things to Know', ADL

32 'How Donald Trump's New Campaign Chief Created an Online Haven for White Nationalists', *Mother Jones*, August 2016.

33 'White Nationalists Rejoice Trump's Appointment of Breitbart's Stephen Bannon' Southern Poverty Law Center, 14 November 2016.

34 'The horror, the horror', *Tortoise*, 3 April 2019.

35 'Only a proper Brexit can spare us from this toxic polarisation', *Daily Telegraph*, 15 April 2019.

36 'Steve Bannon: 'We went back and forth' on the themes of Johnson's big speech', *The Guardian*, 22 June 2019.

37 'MPs' fury at Boris Johnson's "dangerous language", BBC, 25 September 2019.

38 'Man arrested outside office of Labour MP Jess Phillips', *The Guardian*, 26 September 2019.

39 'Trump defends response to Charlottesville violence, says he put it "perfectly" with "both sides" remark', *USA Today*, 26 April 2019.

40 'Dominic Cummings: Anger at MPs "not surprising", PM's adviser says', BBC, 27 September 2019.

41 'Labour MP calls for end to online anonymity after "600 rape threats"', *The Guardian*, 11 June 2018.

42 'Ukip MEP candidate blamed feminists for rise in misogyny', *The Guardian*, 22 April 2019.

43 'Police investigate Ukip candidate over Jess Phillips rape comments', *The Guardian*, 7 May 2019.

44 'Under Siege For His Comments About Rape, UKIP's Star Candidate Carl Benjamin Has Recruited Milo Yiannopoulos To Join His Campaign', *BuzzFeed*, 8 May 2019.

45 'Steve Bannon Targeted "Incels" Because They Are "Easy To Manipulate," Cambridge Analytica Whistleblower Says', *Newsweek*, 29 October 2019.

46 'Reddit's TheRedPill, notorious for its misogyny, was founded by a New Hampshire state legislator', *Vox*, 28 April 2017.

47 'Red Pill Boss: All Feminists Want to Be Raped', *Daily Beast*, 29 November 2017.

48 'New Hampshire State Rep Who Created Reddit's "Red Pill" Resigns', *Daily Beast*, 22 May 2017.

49 'Jordan Peterson & Fascist Mysticism', *New York Review of Books*, 19 March 2019.

50 'Op-Ed: Hate on Jordan Peterson all you want, but he's tapping into frustration that feminists shouldn't ignore', *Los Angeles Times*, 1 June 2018.

51 'Jordan Peterson: "I don't think that men can control crazy women"', *The Varsity*, 8 October 2018.

52 'Why Can't People Hear What Jordan Peterson Is Saying?', *The Atlantic*, 22 January 2018.

53 *New York Review of Books* (19 March 2019), op. cit.

54 'Jordan Peterson, Custodian of the Patriarchy', *New York Times*, 18 May 2018.

55 *New York Review of Books* (19 March 2019), op. cit.

56 'Jordan Peterson, the obscure Canadian psychologist turned right-wing celebrity, explained', *Vox*, 21 May 2018.

57 'U of T profs alarmed by Jordan Peterson's plan to target classes he calls "indoctrination cults"', CBC, 10 November 2017.

58 *New York Times* (18 May 2018), op. cit.

59 *Vox* (21 May 2018), op. cit.

60 *The Varsity* (8 October 2018), op. cit.

61 *New York Times* (18 May 2018), op. cit.

62 'What the left gets wrong about Jordan Peterson', *The Guardian*, 22 June 2018.

63 'Cathy Newman: The internet is being written by men with an agenda', *The Guardian*, 19 March 2018.

64 '"Back off", controversial professor urges critics of Channel 4's Cathy Newman', *The Guardian*, 21 January 2018.

65 'The rise of Patreon -the website that makes Jordan Peterson $80K a month', *The Guardian*, 14 May 2018.

66 'Academic who says wives who deprive husbands of sex are wrecking society', *Daily Mail*, 15 February 2017.

67 'Why Is Piers Morgan So Threatened By Feminism?', *Grazia*, 23 January 2017.

68 'Piers Morgan Calls Daniel Craig An "Emasculated Bond" For Using A Baby Carrier', *The Independent*, 16 October 2018.

69 'I'm so sick of this war on masculinity and I'm not alone -with their pathetic man-hating ad, Gillette have just cut their own throat', *Daily Mail*, 15 January 2019.

70 'Trolls for Trump', *New Yorker*, 31 October 2016.

8. 여자를 두려워하는 남자들

1 'Pickup Artists Are Still A Thing. And They Want You To Know They've Evolved', *BuzzFeed*, 22 September 2018.

2 'These Tech Execs Faced #MeToo Allegations. They All Have New Jobs.',

BuzzFeed, 16 April 2019.

3 'The 25 women who have accused Trump of sexual misconduct', *Business Insider*, 9 October 2019.

4 *BuzzFeed* (16 April 2019), op. cit.

5 'A couple of xx's could end my career', *The Times*, 21 October 2017.

6 'The six women who accused Harvey Weinstein at his trial, and what they said', *The Guardian*, 11 March 2020.

7 James Damore 'Google's Ideological Echo Chamber: How bias clouds our thinking about diversity and inclusion', July 2017.

8 'Ohio Teenagers Guilty in Rape That Social Media Brought to Light', *New York Times*, 18 March 2013.

9 'CNN Reports On The "Promising Future" of the Steubenville Rapists, Who Are "Very Good Students", *Gawker*, 17 March 2013.

10 'George Will Defends Controversial Column On Campus Sexual Assault', *ThinkProgress*, 21 June 2014.

11 'Jeremy Clarkson: BBC won't give jobs to men any more, so no wonder Nick Robinson didn't get Question Time role', *Daily Telegraph*, 7 January 2019.

12 'DJ Paul Gambaccini and Sir Cliff Richard behind petition urging anonymity in sex offence arrests', *Press Gazette*, 1 July 2019.

13 'Factcheck: Men are more likely to be raped than falsely accused of rape', Channel 4, 12 October 2018.

14 'An Overview of Sexual Offending in England & Wales', The National Archives, Office for National Statistics, 10 January 2013.

15 'Just 1.5% of all rape cases lead to charge or summons, data reveals', *The Guardian*, 26 July 2019.

16 'The Daily Mail Used the Term "Cried Rape" in 54 Headlines in the Last Year', *Mic*, 1 April 2013.

17 'False allegations of rape and domestic violence are few and far between', *The Guardian*, 13 March 2013.

18 'The Redistribution of Sex', *New York Times*, 2 May 2018.

19 'Two Types of Bias', *Overcoming Envy*, 26 April 2018.

20 'What every incel needs: a sex robot', *The Spectator*, 3 May 2018

21 'Still just a bit of banter? Sexual harassment in the workplace in 2016', TUC, 2016.

22 'How the Kavanaugh Hearings Changed American Men and Women', *The Cut*, 16 April 2019.

23 Channel 4 (12 October 2018), op. cit.

24 'Nearly Half of Men Believe the Pay Gap Is "Made Up," Survey Finds', *Time*, 2 April 2019.

9. 여자를 혐오하는 줄 모르는 남자들

1 'Teens, Social Media & Technology 2018', Pew Research Center, 31 May 2018.

2 'Thousands of teenagers spending more than eight hours a day online at weekends, Ofcom figures show', *Daily Telegraph*, 12 July 2017.

3 'BBC Three survey reveals one in four young people first view porn at age 12 or under', BBC, 10 April 2014.

4 'A fifth of 16-4-year-olds spend more than seven hours a day online every day of the week, exclusive Ofcom figures reveal', *Daily Telegraph*, 11 August 2018.

5 'Fiction is outperforming reality: how YouTube's algorithm distorts the truth', *The Guardian*, 2 February 2018.

6 'The Mobile Internet Phenomena Report', Sandvine, February 2019.

7 'For the New Far Right, YouTube Has Become the New Talk Radio', *New York Times*, 3 August 2017.

8 'Alternative Influence: Broadcasting the Reactionary Right on YouTube', Data & Society, 18 September 2018.

9 'YouTube's AI is the puppet master over most of what you watch', *CNET*, 10 January 2018.

10 'YouTube, the Great Radicalizer', *New York Times*, 10 March 2018.

11 'How YouTube Drives People to the Internet's Darkest Corners', *Wall Street Journal*, 7 February 2018.

12 'YouTube's Product Chief on Online Radicalization and Algorithmic Rabbit Holes', *New York Times*, 29 March 2019.

13 'Google Diversity Annual Report', 2019.

14 'How YouTube Built a Radicalization Machine for the Far-Right', *Daily Beast*, 19 December 2018.

15 'How an ex-YouTube insider investigated its secret algorithm', *The Guardian*, 2 February 2018.

16 *The Guardian* (2 February 2018), op. cit.

17 'From Memes to Infowars: How 75 Fascist Activists Were "Red-Pilled"', *Bellingcat*, 11 October 2018.

18 Adrienne Massanari, 'Gamergate and The Fappening: How Reddit's algorithm, governance, and culture support toxic technocultures', *New Media & Society*, Volume 19, Issue 3 (2015).

19 'Milo Yiannopoulos's Twitter ban, explained', *Vox*, 20 July 2016.

20 '5 facts about Americans and video games', Pew Research Center, 7 September 2018.

21 'Right-Wing Hate Groups Are Recruiting Video Gamers', NPR, 5 November 2018.

22 'Drunk or flirty victims often "to blame" says survey', *Daily Telegraph*, 12 February 2015.

10. 여자를 혐오하는 남자를 혐오하는 남자들

1 'A Hunt for Ways to Combat Online Radicalization', *New York Times*, 23 August 2017.

2 'Countering Violent Extremism', United States Government Accountability

Office, April 2017.

3 Joshua D. Freilich, Steven M. Chermak, Roberta Belli and Jeff Gruenewald, 'Introducing the United States Extremist Crime Database (ECDB)', *Terrorism and Political Violence*, Volume 26, Issue 2 (2014).

4 'Toronto van attack suspect says he was 'radicalized' online by "incels"', *The Guardian*, 27 September 2019.

5 'Years before Toronto van attack, Alek Minassian says he connected online with misogynistic radicals', *Globe and Mail*, 27 September 2019.

6 'The Year in Hate: Trump buoyed by white supremacists in 2017, sparking backlash among black nationalist groups', Southern Poverty Law Center, 21 February 2018.

7 'How can universities get men to talk about mental health?', BBC, 1 August 2019.

8 'Survey: YouTube Stars More Popular Than Mainstream Celebs Among U.S. Teens', *Variety*, 5 August 2014.

9 'On YouTube's Digital Playground, an Open Gate for Pedophiles', *New York Times*, 3 June 2019.

10 'YouTube, the Great Radicalizer', *New York Times*, 10 March 2018.

11 J. M. Berger, 'Nazis vs. ISIS on Twitter: A Comparative Study of White Nationalist and ISIS Online Social Media Network', GW Program on Extremism, September 2016.

12 'Users of far-right social network Gab can now comment on the entire internet', *Vice*, 27 February 2019.

13 'A Reformed White Nationalist Says the Worst Is Yet to Come', *The Atlantic*, 6 August 2019.

14 'Facebook bans white nationalism two weeks after New Zealand attack', CNN, 28 March 2019.

15 'In Congressional Hearing on Hate, the Haters Got Their Way', *Wired*, 4 September 2019.

16 'The Black Feminists Who Saw the Alt-Right Threat Coming', *Slate*, 23 April 2019.

17 '"Worrying" lack of diversity in Britain's tech sector, report finds', *The Guardian*, 14 November 2018.

18 'The Oxygen of Amplification: Better Practices for Reporting on Extremists, Antagonists, and Manipulators Online', Data & Society, May 2018.

19 Michael Kimmel, *Manhood in America* (Oxford University Press, 2018 edition).

인셀 테러

초판 1쇄 발행 2023년 10월 18일
초판 2쇄 발행 2023년 12월 27일

지은이 로라 베이츠
옮긴이 성원
펴낸이 이승현

출판2 본부장 박태근
지적인 독자 팀장 송두나
편집 송두나
디자인 김준영

펴낸곳 ㈜위즈덤하우스 **출판등록** 2000년 5월 23일 제13-1071호
주소 서울특별시 마포구 양화로 19 합정오피스빌딩 17층
전화 02) 2179-5600 **홈페이지** www.wisdomhouse.co.kr

ISBN 979-11-6812-822-4 03300

· 이 책의 전부 또는 일부 내용을 재사용하려면 반드시 사전에 저작권자와
  ㈜위즈덤하우스의 동의를 받아야 합니다.
· 인쇄·제작 및 유통상의 파본 도서는 구입하신 서점에서 바꿔드립니다.
· 책값은 뒤표지에 있습니다.